PAU BRASIL 06

Brazil on the Rise: The Story of a Country Transformed
| Larry Rohter

빠우-브라질 총서 **06**

떠오르는 브라질: 변화의 스토리

1판1쇄 | 2020년 4월 13일

지은이 | 래리 로터
옮긴이 | 곽재성

펴낸이 | 정민용
편집장 | 안중철
편 집 | 강소영, 윤상훈, 이진실, 최미정
외부 교정 | 김정희

펴낸 곳 | 후마니타스(주)
등록 | 2002년 2월 19일 제2002-000481호
주소 | 서울 마포구 신촌로14안길 17(노고산동) 2층
전화 | 편집_02.739.9929/9930 영업_02.722.9960 팩스_0505.333.9960

블로그 | humabook.blog.me
S N S | humanitasbook
이메일 | humanitasbooks@gmail.com

인쇄 | 천일_031.955.8083 제본 | 일진_031.908.1407

값 19,000원

ISBN 978-89-6437-350-7 04950
    978-89-6437-239-5 (세트)

이 도서의 국립중앙도서관 출판예정도서목록(CIP)은 서지정보유통지원시스템 홈페이지(seoji.nl.go.kr)와
국가자료종합목록 구축시스템(kolis-net.nl.go.kr)에서 이용하실 수 있습니다. (CIP제어번호: CIP2020012962)

브라질 지도

'미래의 나라'가 자신을 드러내다

1972년 9월 처음 브라질에 도착했을 때, 나 역시 대부분의 첫 방문자들처럼 무엇을 기대해야 하는지조차 모르는 상태였다. 그 당시 나는 현대 중국의 역사와 정치를 전공하는 대학원생이었고, 브라질 최대의 언론 재벌인 헤지 글로부Rede Globo의 뉴욕 지사에서 아르바이트를 하고 있었다. 그러므로 리우데자네이루의 본사로 와서 음악 페스티벌 업무를 맡으라는 제안을 받았을 때의 흥분은 말로 표현할 수도 없었다. 뉴욕 사무실에 근무하던 브라질 사람들은 고향에 두고 온 축구 경기, 삼바, 카니발, 맛있는 음식 그리고 아름다운 해변과 여자들을 열정적으로 되새기며 향수에 젖어 있었다. 이런 달콤 쌉싸름한 열망을 나타내기에는 '갈망'saudade이라는 포루투갈어 단어가 가장 적당하다는 것을, 이제는 안다.

그러나 나에게 첫인상으로 강렬하게 다가온 것은 이 나라를 지배하던 억압적인 군부독재와 여전히 커피와 설탕 등의 농산물에 의존하는 후진적 경제 상황이었다. 공항 벽을 가득 메운 '현상 수배' 전단지에는 정부가 쫓는 '테러리스트들'의 사진이 실려 있었다. 그 사진 속 인물들은 대부분 순진해 보이는 장발의 학생으로, 내 모습과 별 차이가 없어 보였다. 언론은 검열을 받았다. 처음으로 참석했던 오후 편집회의에서 저녁 메인 뉴스에 대해 논의했는데 정보 장교가 같이 회의실에 앉아 어떤 뉴스가 허가되고 어떤 것이 안 되는지를 편집진에게 지시하는 모습을 보았다. 어느 날 밤에는 중무장한 경찰이 브라질인 동료와 함께 타고 가던 차를 멈추게 한 다음, 차에 타고 있는 우리 모두의 신분증을 우악스럽게 요구하기도 했다.

호텔이 있는 리우데자네이루의 조나술Zona Sul 지역에서는 억압적이고 개발이 덜된 제3세계라는 것을 실감하기 어려웠다. 마치 5번가나 로데오 거리를 걷는 듯한 착각을 불러일으킬 만큼 이빠네마Ipanema와 꼬빠까바나Copacabana 해변 거리에는 패션 부티크들이 줄지어 늘어서 있었고 구릿빛 미녀들은 미국 라디오에서 듣던 보사노바 가사에 나오는 그 소녀들이었다. 매장 유리창 안에는 강렬한 원색으로 치장한 화려한 의상과 장신구들이 있었다. 그러나 이 세련된 거리에 주저앉아 있는 거지들도 보았다. 그들은 경찰의 눈을 피해 가며 구걸했고, 가끔은 경찰에게 쫓겨나기도 했다. 거리의 부랑아와 스킨헤드 불량배들은 끼리끼리 모였고, 주로 가족 단위로 구성된 거지들은 종이상자를 안식처 삼아 웅크리고 앉아 있었다. 해변의 잘 꾸며진 거리와 거기 앉은 거지들은 극명한 대비를 이루었다. 가난한 사람들은 대부분 흑인이었고 부유함이 흘러넘치는 거리와는 어울리지 않는 생활을 했다. 이런 가난한 사람들에 대해 잘 차려입고 거리를 활보하는 부유층들이 보이는 무관심이 나는 혼란스러웠다.

반쯤 짓다 만 경기장 밖에서 열린 일요일 시장에서 노랫소리가 들려왔다. 브라질에서 가장 가난한 지역으로 늘 가뭄에 시달리는 북동부에서 온 이주자들의 노래였다. 고통스럽고 절망적인 현실이 구슬프게 담겨 있는 노래로부터 어릴 적 시카고에서 들었던 블루스를 떠올렸다. 그들은 열대의 태양에 고스란히 노출된 채 트럭 짐칸에 실려 2,400킬로미터를 와야 했던 고난의 여정을 노래했다. 소작농이었을 때의 끔찍한 가난과 자신들을 착취하던 지주를 노래했다. 약속을 남발하고 절대 지키지 않는 정치인들을 노래했다. 남쪽으로 내려왔지만 공장의 저임금 노동자나 하녀나 청소부로 전락한 것, 특유의 어투와 '시골 사람' 같은 생김새 때문에 겪는 편견과 가난하기 때문에 빈민가에서 살 수밖에 없는 현실을 노래했다.

그러나 리우데자네이루는 엄청난, 혹은 과도한 에너지를 지녔으며 무척 매력적이고 전염성이 강했다. 정부의 비효율을 유쾌한 농담으로 비웃고 '징가'ginga라고 하는 경쾌한 리듬에 맞춰 흥겹게 걷는 모습을 보면 브라질 사람들은 상황이 아무리 나빠도 축 처져 있거나 패배주의에 빠지지 않는다는 것을 알 수 있었다. 마치 내면 중심에 가난과 우울한 정치적 상황도 꿰뚫고 들어가지 못하는 공간, 낙관주의와 진정한 브라질 정신이 살아 있는 공간이 존재하는 것 같았다. 나는 이런 브라질에 감정적으로 그리고 이성적으로 반해 버렸다. 마치 두 개의 브라질이 있는 것 같았다. 하나는 공식적이지만 비현실적인 브라질이고 다른 하나는 현실적이지만 속임수 뒤에 가려진 브라질이었다. 겉과 속이 완전히 다른 사회가 어떻게 제대로 기능할 수 있을까? 나는 좀 더 알고 싶었고, 그 열망 때문에 1977년부터 5년, 1999년부터 9년 동안 기자로서 브라질에 머물렀다.

처음 브라질에 갔을 때 지인들이 브라질 국기의 의미를 알려 주었다. 국기의 대부분을 차지하는 녹색은 브라질의 무성한 자연과 비옥함을 상징한다. 가운데 노란색 다이아몬드 모양은 금, 그리고 더 확대된 의미로 자연의 부를 뜻한다. 정중앙의 푸른색 구에는 국가 표어인 "질서와 진보"라는 문구가 적혀 있는데 이런 우스갯소리를 들었다. 브라질의 통치자들은 질서를 만든 적 없고, 브라질은 진보를 이룬 적 없으니 글귀를 "무질서와 퇴보"로 바꿔야 현실적이며 적절하다는 것이다. 브라질 사람들은 모든 것을 이렇게 회의적인 프리즘을 통해 바라보는 것에 익숙했다. 과장된 야망과 박살 난 희망의 역사로 인해 냉소주의가 몸에 배었고, 이 때문에 상황이 나아질 수 있다고 상상하는 것은 쉽지 않았다.

그러나 지난 40년 동안 브라질은 완전히 다른 모습으로 탈바꿈하고 있다. 씁쓸한 과거의 흔적이 여전히 빈곤 계층의 모습과 몇몇 관료의 권위적인 행동에 남아 있지만 오늘날의 브라질은 세계에서 네 번째로 큰 민주국가이며 여섯 번째로 큰 경제 규모를 자랑한다. 개발도상국가 중에서 중국을 제외하고 외국인 투자를 가장 많이 유치한다. 중국이나 인도와는 달리 브라질은 공산품과 식품 및 원자재를 모두 활발히 생산하며 동시에 수출한다. 2007년부터 막대한 양의 석유와 천연가스가 발견된 데다, 30년 동안 사탕수수를 원료로 한 에탄올 기반의 재생에너지 산업을 개발한 덕분에 에너지 수출량도 크게 늘고 있다.

이 책은 이러한 변화를 추적하고 설명하려고 한다. 앞부분에서는 브라질의 역사를 다루고 지난 500년 동안 자리 잡은 사회상을 긍정적인 면과 부정적인 면에서 검토해 볼 것이다. 가장 중요하게는 내가 처음 브라질에 왔던 1972년 이후 어떻게 변화했느냐에 초점을 맞추었다. 당시 브라질은 여전히 냉전 중이었고 비틀스가 해체한 지 얼마 안 됐으며 미국에서 휘발유 1갤런이 고작 36센트였다. 역사에서 40년은 눈 한번 깜박하는 순간에 불과하다. 하지만 브라질은 지난 40년 동안 포르투갈의 식민지였던 몇 백 년보다 더 깊고 심오한 변화를 경험했다.

브라질이 이렇게 부흥한 이유의 상당 부분은 운이 좋았기 때문일 수도 있다. 우선 브라질은 비옥한 땅이 광활하게 펼쳐져 있고, 광물과 수자원 및 기타 자원들이 풍성하다. 또 의도하지는 않았지만 브라질의 수출 시장으로 빠르게 부상한 중국의 출현도 일조했다. 브라질의 정치적 리더십도 기여했다고 할 수 있다. 여기에는 현재의 문민정부뿐만 아니라 과거의 암울했던 군부독재 정권도 해당된다. 기업들, 땀과 노력을 착취당한 국민들도 브라질 부흥에 기여했다. 그동안 이 나라는 장기적 계획이라는 것을 극도로 싫어했고 즉흥적으로 일을 벌이길 좋아했다. 막바지에 기적이 일어나 모든 문제가 해결되기를 기대하면서 말이다. 그런데 나라의 책임자들이 앞을 내다보며 행동하는 것의 유익함을 깨달았고 이제 그 결실을 수확하는 중이다.

어쨌든 땅과 자원은 늘 그 자리에 있었고, 그 잠재성은 1500년에 포르투갈인들이 처음 도착한 순간부터 모두가 분명하게 알고 있었다. 그러나 이 모든 조각을 짜 맞춰 전도유망한 나라를 만드는 데 필요한 규율과 통찰력을 개발하기까지 450년 이상이 걸렸다. 상파울루나 리우데자네이루의 교통 체증에 갇힌 사람은 전혀 아니라고 하겠지만, 최소한 필요한 질서를 갖추었으니 이제 진보에 집중할 때이다. 과연 이들은 힘겹게 배운 교훈을 완전히 자기 것으로 만들었을까? 이것이 21세기의 브라질에 던지는 핵심 질문이다. 만약 긍정적으로 대답할 수 있다면 브라질의 성장과 진보에는 거의 한계가 없을 것이다.

따뜻한 사람들과 아름다운 자연 때문에 브라질의 첫인상은 강렬할 수밖에 없다. 녹색과 청색과 흰색이 어우러진 바다와 땅, 해변과 두근거리는 음악, 연중 따사로운 햇살, 편안한 열대의 분위기! 브라질의 모든 것이 내뿜는 풍성함과 수려함은 끊임없이 탄성을 내뱉게 한다. 세계에서 다섯 번째로 큰 나라인 브라질은 미국 본토보다 크며 몇몇 주는 유럽의 어느 국가보다도 크다. 인구 역시 세계 5위로, 거의 2억 명에 육박한다. 인종적으로는 유럽인, 아프리카인, 아메리카 원주민, 아시아인이 혼합되어 세계 어디에서도 볼 수 없는 배경과 가치를 가지고 있으며 그들의 역동적인 문화 또한 이러한 혼합을 반영하고 있다. 일본 바깥에서 가장 많은 일본인 후손이 거주하고 있는 곳은 어디일까? 바로 브라질에서 가장 인구가 많은 도시인 상파울루이다. 이탈리아 바깥에서 가장 많은 이탈리아 후손이 모여 있는 곳은 어디일까? 이 역시 상파울루이다.

그동안 브라질은 이기심과 관대함, 잔인함과 연민의 극단을 오갔다. 브라질식 표현으로는 "8이거나 80이거나"라고 옮길 수 있을 것이다. 흥분과 좌절을 오갈 뿐 중간이라는 것이 없었다. 지금도 여전히 같은 모습이다. 리우데자네이루에서는 문자 그대로 엄청난 부유함이 절망적인 가난에 이웃한다는 것을 목격할 수 있다. 허름한 오두막이 즐비한 언덕의 빈민가 아래로 이빠네마나 꼬빠까바나 해변의 부촌이 내려다보인다. 매년 흥청망청하는 카니발이 열리면 주정꾼 디오니소스의 후예들이 욕망을 발산하지만 곧이어 사순절의 금욕으로 돌아선다. 여전히 가장 가난하고 후진적인 북동 지역의 가혹한 메마름은 풍성한 아마존과 맞닿아 있어 북동부의 농민들은 사막에서 열대우림으로 엘도라도를 찾아 떠난다.

이렇게 역동적이고, 지구에서 제법 큰 땅덩어리를 차지하고 있으며, 세계에서 가장 넓고 가장 큰 위기에 빠진 열대우림 아마존을 가장 많이 차지하고 있는 브라질이지만 외부에는 상대적으로 덜 알려진 것도 사실이다. 브라질 하면 외국인들은 어떤 이미지를 떠올릴까? 브라질 정부의 바람과는 달리 해외 여론조사 결과에는 늘 축구, 삼바, 해변 등이 상위에 올라온다. 다른 이미지도 크게 다르지 않다. 〈이빠네마의 소녀〉The Girl from Ipanema를 비롯한 보사노바 풍의 노래, 아마존 정글 등이 있다. 자신을 나름의 전문가라고 자부하는 몇몇 사람들은 최신 유행의 신상품들, 예를 들면 브라질리언 왁싱, 슈퍼모델 지젤 번천이 유행시킨 일명 '쪼리' 샌들, 까이삐리냐 칵테일, 아사이나 과라나 같은 파워드링크를 언급할 것이다.

그러나 브라질의 깊고 진정성 있는 부분이 현란함, 유행, 관능미 같은 것들보다 더 크다. 이 책『떠오르는 브라질』의 목표는 보다 실재적인 관점에서 브라질을 조명해 보는 것이다. 현란한 발재간을 자랑하는 축구 선수와 깊게 파인 수영복을 입은 미녀의 이미지에 온 세계가 현혹되어 있을 때 브라질은 별다른 팡파르도 없이 조용히 산업과 농업의 강자로 부상했다. 비행기와 자동차 수출에 주력하고 있으며, 농장과 목장으로 전 세계의 많은 사람들을 먹여 살리고 있고, 상파울루 시내는 남반구에서 은행, 무역, 산업이 가장 많이 집중된 핵심 지역이다.

브라질의 경제 호황을 인식한 월가의 분석가와 투자자들은 러시아, 인도, 중국을 포함하는 브릭스BRICs라는 신흥국 그룹 이름의 첫 글자를 브라질에서 따와 지었다. 라틴아메리카 국가들은 미국의 경제·군사적 힘의 그림자 아래에서 지낼 수밖에 없었다. 그러나 21세기 세계경제의 변혁을 상징하는 브릭스는 브라질에 특권과 책임감을 동시에 부여했고 지금까지 미국, 유럽, 일본이 쥐고 있던 주도권의 횃불을 이들 신흥국과 함께 나누어 들게 되었다.

앞으로 몇 년간 브라질은 세계의 이목을 받을 수 있는 흔치 않은 기회를 누릴 것이고, 우리에게는 그 일이 어떻게 되어 가는지 상기시켜 줄 것이며, 일류 국가에 속하게 될 것이라는 주장이 나올 것이다. 2014년에는 월드컵이 개최된다. 브라질은 벌써 다섯 번의 우승 전력이 있고 1950년 이후로는 첫 번째 월드컵 개최이며 9개 이상의 도시에서 경기가 진행될 것이다. 그로부터 2년 뒤인 2016년에는 세계적으로 가장 큰 스포츠 이벤트인 하계올림픽이 남미 최초로 리우데자네이루에서 열린다. 매년 카니발을 통해 경험을 쌓은 브라질 사람들은 파티를 어떻게 열어야 할지 제대로 안다. 국민들은 이 두 개의 이벤트를 브라질이 스포츠 경쟁에 선수로 참여하는 것뿐만 아니라 세계무대에 등장하는 일종의 데뷔 공연으로 받아들이고 있다.

브라질은 새로운 지위를 획득하면서 특별한 부담을 짊어지게 되었다. 정말이지, 저주라고 해도 좋을 것이다. 70년 전, 오스트리아 작가 슈테판 츠바이크는 나치로부터 탈출해 고향 알프스를 떠올리게 하는 리우데자네이루의 시원하고 조용한 산자락에 정착했다. 그는 세계적 베스트셀러, 『브라질: 미래의 나라』*Brasilien: Ein Land der Zukunft*● 에서 브라질은 "거의 새로운 종류의 문명"을 창조했으며 "의심의 여지없이 미래 세계 발전에서 매우 중요한 역할을 담당하게 될 것이다"라고 예측하며 브라질을 칭찬했다.

츠바이크의 이 말은 브라질에 대한 모든 토론에서 빠지지 않고 등장하는 상투적인 문구가 되었다. 그러나 이는 브라질 사람들에게 불가능한 일로 보였고, 그리하여 브라질 작가 아우베르뚜 지니스 Alberto Dines는 "예언에 대한 수치"라고 했다. 츠바이크의 말을 이 책에서는 브라질에 대한 높은 기대감과 그로 인해 겪게 된 열등의식을 지적하기 위해 이번 딱 한 번 인용할 것이다. 실제로 브라질이 얼마나 많이 성취했는지는 상관없이, 예언을 충족시키지 못한다는 사실만 남았다. 처음에는 일본이 강국으로 부상했고 뒤이어 중국과 인도가 급성장했으며 한국과 동남아시아의 '호랑이들'까지 칭찬과

● 슈테판 츠바이크, 『미래의 나라, 브라질』, 김창민 옮김, 후마니타스, 2016.

관심, 투자를 받았다. 브라질은 신랄한 표현으로 대응했다. "브라질은 미래의 나라이고 앞으로도 항상 그럴 것이다."

그러나 어쩌면, 정말 어쩌면, 그 미래가 마침내 도달했는지도 모른다. 브라질 국가國歌에는 나라를 묘사하는 이런 가사가 있다. "용감무쌍한 거인이여, 아름답고 강하도다", 그러나 그는 "영원히 요람에 누워 있도다". 이 거창한 표현은 브라질이 가진 나태한 이미지를 환기한다. 훌륭하고 위대한 자연유산에 너무나 만족하고 너무나 자족하며 신이 베푼 호의에 너무도 자신감이 넘친 나머지, 지속적으로 규율을 세워 추진하는 것을 귀찮아하는 브라질의 이미지를 말이다. 브라질이 잠재력에 미치지 못하는 듯 보일 때마다 이 나라 사람들은 손사래를 치며 이 가사를 인용하곤 한다.

그러나 오늘의 브라질은 분명히 깨어났다. 편안한 게으름을 떨치고 일어나 요람을 뒤로 하고 활력이 넘치는 완숙함으로 성큼성큼 나아가고 있다. 여기서 중요한 것은 지난 세대에 걸쳐 브라질이 물질적으로 이뤄 낸 성과뿐만 아니라 현재 국가가 취하고 있는 입장과 방식에도 주목해야 한다는 점이다. 브라질은 독립국가로서의 200년 역사 동안 달갑지 않은 권위주의 통치하에 놓인 경험이 있고 최근까지도 그런 경험이 있었지만, 이는 러시아나 중국이 감내해야 했던 전체주의에 비할 바는 아니다. 이제 브라질은 주요 정책 결정에 있어 국민의 토론과 승인을 통하고 선거를 통해 선택을 할 만큼, 짧은 시간에 먼 길을 달려왔다. 1985년 우익 군사독재가 무너진 이후, 약간의 잡음도 있었지만 적어도 명목상으로는 법치를 존중하며 정치 행위가 기대에 미치지 못할 때 분노를 표출할 정도로 평화적인 정권 이양과 민주화를 이룩한 모범 사례를 이룩했다.

이제 브라질은 점점 더 번영하고 강해지며 여러 국가와 협력하면서 지도력을 발휘하고 있다. 앞으로 우리가 브라질 사람들이 어떻게 생각하고 무엇을 할 것인지 관심을 기울여야 할 이유는 그 밖에도 많을 것이다. 그러나 브라질에서는 국제사회를 당혹스럽게 하는 일들이 일어나기도 한다. 왜 브라질은 지구온난화를 막는 데 생태적으로 중요한 기능을 하는 아마존의 대대적인 파괴를 방관할까? 아마존 파괴를 줄이는 방안을 제안하면, 특히 미국이 제안하면 왜 그렇게 적대적으로 반응할까? 왜 대도시에서는 그렇게 많은 폭력이 일어날까? 화합에 기반을 두면서도 왜 계층과 인종에 따른 끔찍한 불평등에 눈을 감고 있는 걸까? 이란의 핵무기 프로그램을 억제하기 위한 유엔의 노력을 왜 좌절시키려고 할까?

나를 만나기 위해 브라질을 방문한 친구와 친척들은 이런 질문을 던졌다. 1972년의 첫 번째 방문 이후 나는 14년 넘도록 브라질에서 충분히 살아 보는 행운을 누렸다. 성인이 된 이후 그 어떤 곳에서보다 오래 살아 본 셈이다. 내가 가장 좋아하는 브라질 예술가 중한 사람으로 그래미상을 수상한 보사노바 작곡가 겸 피아니스트인 앙또니우 까를루스 조빙Antônio Carlos Jobim은 첫 방문자들에게 이런 경고를 보낸다. "브라질은 초보자를 위한 곳이 아니다." 이 재치 있고 냉소적인 표현은 내가 언제쯤에야 이 나라를 안다고 자신 있게 말할 수 있을지 고민하게 만든다. 그동안 나는 충분한 시간을 가지고 여러 질문의 답들을 생각했고 내 생각을 브라질인인 처가 식구들 및 지인들에게 검증해 보았다. 내가 모든 답을 안다고 말하지는 않겠다. 가끔은 내 설명이 너무 비판적이거나 가혹해 보일 수도 있을 것이다. 그러나 이는 브라질과 그 국민들에 대한 깊은 애정과 존경에서 우러나온 것이다. 브라질은 내가 경험한 어떤 사회보다 인간적인 곳이고, 결점만큼 장점도 많은 곳이다.

호황과 불황의 역사

브라질이라는 이름의 국가가 생기기 오래전, 남아메리카 북동 해안에는 브라질이라고 불리는 나무가 울창하게 자라고 있었다. 1500년 4월 22일, 포르투갈 탐험가들은 아시아로 가려다가 이곳으로 흘러와 첫발을 디뎠다. 그들은 브라질에 있는 나무의 가치를 바로 알아보았고 '브라질나무'라고 불렀다. 이방인들을 구경 나온 원주민들은 이 나무에서 추출한 밝은 붉은색 염료를 몸에 두껍게 바르고 있었다. 사업가 기질이 다분했던 포르투갈인들은 재빨리 그 잠재적 가치를 발견했다. 브라질나무로 진홍색 가루를 만들어 유럽으로 가져갔고 때마침 부상하고 있던 중산층을 위해 벨벳 등 화려한 옷감을 만들었다.

포르투갈인들에게 브라질의 천연자원은 무한한 것처럼 보였다.

1500년대 초 이곳을 방문한 예수회 수사는 "만약 지구상에 천국이 있다면, 바로 브라질에 있다고 말하겠다"라고 기록했을 정도이다. 녹색으로 가득한 신세계의 한구석으로 유럽인의 물결이 도착했을 때, 유럽인들 사이에는 그 풍성함을 향한 거침없는 탐욕이라는 공통점이 있었다. 그들은 제각각의 방식으로 자원을 탈취할 방법을 모색했다. 목재와 값비싼 귀금속과 원석부터 설탕이나 커피 그리고 콩 등의 식료품까지, 새로운 지역의 개척과 발전을 불러온 아이템은 시대별로 다양하게 변화했다. 오늘날 브라질은 새롭게 발견된 석유와 가스 등 화석 연료를 채굴해 엄청난 부를 확보하고 있다. 분명히 어딘가에는 아직도 노다지가 숨어 있을 것이라는 굳은 믿음은 브라질 사람들을 낙천적으로, 때로는 경솔하게 만들었다. "낮에 인간이 손상시킨 것을 밤사이 신께서 고쳐 주신다"라는 브라질의 오래된 속담이 말해 주듯이.

이러한 사고방식은 브라질 역사의 상수가 되어 지속되고 있을 뿐만 아니라 오늘날 브라질 스스로 내세우는 자국 이미지에서도 분명하게 드러난다. 그러나 끝없는 부의 풍성함이 브라질을 어두운 시기로 이끌기도 했다. 몇 세기에 걸쳐 브라질의 강력한 엘리트 계층은 노동자들의 등 뒤에서 그들만의 부를 축적했다. 순식간에 무진장한 부를 가져다주는 사냥질에 한껏 고무된 브라질 엘리트는 이나라의 천연자원이 국민들보다 더 가치 있다고 여기며 국민을 희생시켜 자원 개발에 힘을 쏟아부었다. 이는 500년 전, 바이아Bahia 지방 해안선의 붉은 땅에서 울창하게 자라는 브라질나무를 발견한 단순한 사건으로부터 이미 시작된 것이다.

포르투갈 사람들도 금이나 은이 발에 채이기를 바랐겠지만 남다른 열린 마음과 독창성 덕분에 반짝이는 광물이 아닌 다른 원자재들의 잠재성도 알아보았다. 그들의 경쟁자인 스페인은 북쪽 지역인 카리브 해안에서 이미 개발을 시작했고 재빨리 자신들의 돈궤를 값비싼 돌[은]로 채우고 있었다. 그러나 해양 기술로 이름을 날리던, 유럽 끝자락의 인구수 적은 소국 포르투갈은 자신들 앞에 어떤 기회가 오더라도 이를 최대한으로 뽑아낼 수 있는 법을 터득하고 있었다.

포르투갈은 처음 마주친 원주민들과 거래를 시도했다. 그러나 원주민의 삶의 방식에서 나타난 조화 및 단순함에 대한 최초의 경탄은 곧 변질되었다. 뚜삐Tupi 또는 지Ge 언어를 쓰는 부족들은 금속 냄비와 원했던 도구 몇 가지를 얻자 거래에 흥미를 잃었다. 그래서 포르투갈인들은 원주민을 노예화하기 시작했다. 인구통계학자들은 1500년 브라질 원주민 인구가 300만 명에서 800만 명 사이였을 것이라고 추산한다. 수치가 얼마였든, 당시 100만 명 정도에 불과했던 포르투갈 인구보다는 훨씬 많았다. 투피와 지 부족은 서로 끊이지 않는 전쟁을 이어가고 있었고, 포르투갈은 수적인 열세를 감안해 고전적인 분할-정복 전략을 활용했다. 원주민들이 유럽 침략자에 연합해 대항하지 못하도록 계속 부족 간의 분쟁을 조장했고, 이에 휘말린 원주민들은 적을 포로로 포획하면 포르투갈인에게 팔아 버렸다.

스페인은 재빠르게 원주민들을 굴복시켜 노동력을 착취하기 시작한 반면 브라질은 포르투갈에게 다른 어려움을 주었다. 스페인

정복자들은 3대 토착 문명인 멕시코의 아즈텍 문명, 페루의 잉카 문명 그리고 중미의 마야 문명을 난폭하게 파괴했다. 이들 문명은 모두 황제를 신성하게 여겼는데, 일단 그가 제거되면 저항도 물러졌다. 반면 브라질에서는 전혀 다른 양상이 펼쳐졌다. 원주민들은 조직적이거나 중앙집권화되어 있지도 않았고 저항 역시 산발적이었다. 무장한 반란 조직을 굴복시키기도 어려웠으며, 한번 진압한 부족을 통치하기도 쉽지 않았다.

포르투갈은 유럽의 다른 경쟁국에 비해 작고 가난했기 때문에 포르투갈 왕은 브라질나무를 수확하거나 새 영토를 개척할 때 민간 자본에 의지할 수밖에 없었다. 토지를 포르투갈에 귀속시켰으므로 명목상 주인은 왕이었지만 자본가와 파트너 관계를 맺은 특정 투자자나 귀족들에게 독점 사용권을 허가해 줄 수밖에 없었다. 브라질의 역사가 까이우 쁘라두 주니어Caio Prado Jr.가 표현한 대로 브라질은 "하나의 거대 상업 기업"이 되었다. 그리고 포르투갈인들은 습한 해안가의 요새화된 교역지를 중심으로 활동할 뿐, 이후 세르떠웅sertão이라고 불리게 되는 관목이나 자라다 만 선인장으로 가득한 길이 없는 내륙지역은 망설이며 조금씩 탐험해 볼 뿐이었다.

브라질은 곧 빠른 속도로 세습 까삐따니아capitanias라는 새로운 봉건제도로 진입했다. 봉토를 받은 땅 주인은 모든 비용을 자신이 지불하는 조건으로 영토를 식민화하는 책임과 권한을 누리게 되었다. 심지어 새로운 지역을 개간할 개척자들을 끌어모으기 위해 영토를 거대한 사유지로 분할할 수 있는 권한까지 갖고 있었는데 그중 어떤 사유지는 모국 포르투갈보다 넓었다.

거의 500년이 지난 지금도 이 나라가 당면한 가장 심각한 두 가지 문제의 근원인 지나친 사회적 불균형과 천연자원의 분별없는 개발은 여전히 두드러진다. 봉토의 주인들은 실질적으로 그 땅의 주권자였다. 이들은 법 위에 존재했으며 충성을 바쳐야 할 포르투갈 왕은 너무 멀리 있었고 머나먼 식민지에서 어떤 일이 벌어지고 있는지 알지도 못했다. 이런 상황에서 빚어진 사고방식은 현대에 이르러서도 없어지지 않고 남아 있다. 특히 브라질 북동 지역의 토호들과 지주들은 국가의 권위를 무시함은 물론, 자기들 왕국이라고 생각하는 그 지역에서는 어떤 처벌도 받지 않는다. 게다가 까삐따니아 제도는 대토지 소유제를 선호하는 경향을 만들었기 때문에 브라질의 토지 분배는 극도로 불공평해질 수밖에 없었다. 옛날에 비하면 상대적으로 작은 토지이지만 오늘날에도 소수 지주들이 이 나라의 가장 비옥한 땅 대부분을 좌지우지하고 있다. 수백만 명의 농촌 빈민은 경작지도 없이 소작인으로서 처절한 삶을 겨우 연명하거나, 조금이라도 자기 땅을 소유하기 위해 아마존 내부로 이주하고 있다.

포르투갈에서 온 식민지 이주민들은 그 광대한 사유지를 스스로 경작할 수 없었기 때문에 노동력을 구할 방도를 모색했다. 첫 번째 선택은 원주민이었지만, 다루기 힘든데다가 노동력 문제를 만족스럽게 해결하지도 못했다. 게다가 가톨릭교회에서는 원주민을 노예가 아니라 기독교로 개종시킬 영혼으로 간주했다. 그리하여 지주들은 16세기 중반부터 노예의 공급지로 아프리카를 선호하게 됐다. 아프리카에서 도착한 노예 화물을 언급한 첫 번째 기록은 1538년으로 거슬러 올라간다. 1552년에 뻬르낭부꾸Pernambuco의 예수회 수사는 이런 기록을 남겼다. "이곳에는 원주민과 아프리카인을 포함한 엄청난 수의 노예가 있다." 브라질나무 거래의 중심지 뻬르낭부꾸는 곧 사탕수수 경작의 핵심 지역으로도 떠오르는데, 해안을 끼고 있는 비옥한 땅에 훈훈한 바람까지 불기 때문이다.

아프리카인들을 소유물로 삼은 노예제도는 몇 세기에 걸쳐 브라질 최악의 저주가 되었다. 미국에서 노예제도가 폐지된 지 사반세기가 지난 시점인 1888년까지 노예제가 지속되었는데, 노예제도는 인종(차별)주의와 가난과 사회적 차별과 주변화를 낳아 21세기의 브라질에도 악영향을 미치게 된다. 그럼에도 불구하고 이는 당시 엘리트들에게 땅을 일굴 노동력을 확보할 유일한 방법처럼 보였다.

식민지 이주민들은 땅의 주인이 아니었고 가능하면 빨리 부자가 되어 유럽으로 돌아가고 싶어 했기 때문에, 얻을 수 있는 만큼 최대한으로 뽑아내려 했다. 토지는 명목상 여전히 국왕에게 속해 있었으므로 이 땅을 조심스럽게 다룰 이유가 전혀 없었던 것이다. 한탕주의 사고방식은 파괴적인 행위를 조장하며 경제구조를 왜곡했고 이는 오늘날의 브라질을 계속 괴롭히고 있다. 가장 큰 수익원인 브라질나무를 무분별하게 벌목했고 면화, 담배, 콩 그리고 마니옥man-ioc(순식간에 유럽식 식이요법의 주요 재료가 된 토종 괴경 식물) 등의 농작물 경작에도 손을 대기 시작했다. 포르투갈 사람들은 나무를 베고 다시 심지 않아 해안선의 숲을 모조리 발가벗겼다. 그곳은 원래 노아의 방주를 타고 피난했을 것 같은 이국적인 새와 동물로 가득했던 곳이었지만 대서양의 열대우림은 급속도로 파괴되었고 이 나라에 브라질이라는 이름을 붙여 주었던 그 나무는 식물원 밖에서는 거의 찾아볼 수도 없게 되었다. 오늘날 브라질에 해악을 입히고 있는 아마존에서의 파괴적인 행위는 이런 태도에서 그 기원을 찾을 수 있다.

호황과 불황boom and bust의 반복은 실제 브라질 역사에서 끊임없이 이어졌다. 시대에 따라 지주, 정부 관료, 그리고 개인 투자자들은 일확천금의 욕망을 이기지 못해 자본과 에너지를 한 가지 상품이나 작물에 쏟아부었다. 처음에는 어마어마한 부를 얻었다. 이와 같은 부는 무한한 풍부함에 대한 환상과 결합해 벼락부자를 꿈꾸는 또 다른 사람들을 끌어들였고 어쩔 수 없이 다음 둘 중의 한 가지 일로 귀결되었다. 자원이 완전히 바닥나거나 상품이 세계시장에서 넘치도록 공급되어 가격이 폭락하거나.

16세기 후반에 이르러 마침내 브라질나무가 고갈되었고 이제는 달콤한 것을 찾는 유럽의 미각에 부응하기 위해 서로 앞다투어 설탕 생산으로 몰렸다. 덕분에 거의 한 세기 동안 경제 부흥을 이루었지만 신세계 식민지를 가진 다른 유럽 열강이 경쟁에 뛰어들자 가격은 또 곤두박질치고 말았다. 이 와중에 남쪽에 위치한 구불구불한 계곡과 굽이치는 강물과 굉음을 내는 폭포가 있는 바위투성이 땅에서 18세기에 금이 발견되었다. 한동안 브라질은 세계 최대의 독보적인 금 생산국이었다. 19세기에 독립을 이루고 난 뒤에는 커피가 경제의 중추로 떠올랐고 1880년대에는 아마존에서 자라는 고무나무가 그것을 넘겨받아서 1920년까지 호황을 이루었다. 브라질에서 '순환'cycles이라고 부르는 이런 패턴은 20세기 말이 되어서야 지금까지 이어지는 경제 다양화 시도의 결과로 드디어 끝을 맺었다.

그 사이 많은 세습 봉토들이 어려움을 겪을 때 단 두 지역, 즉 북쪽의 뻬르낭부꾸와 남쪽의 서웅비셍치São Vicente[현재의 상파울루 지역]만 번영을 누렸는데 이는 두 곳에 정착한 리더들의 행보 덕분이다. 포르투갈에서 온 여성을 찾아보기가 매우 어려웠고 거의 발가벗다시피 한 원주민 처녀들에게 이끌리기도 했던 리더들은 약삭빠르게 그 지역 부족장의 딸들과 결혼했다. 덕분에 부족과의 연대가 공고해졌고 포르투갈에서 갓 넘어온 신규 정착민들은 보호막과 노동력, 물자를 제공받을 수 있었다. 인종 혼합은 오늘날 우리도 알다시피 브라질을 정의하는 특징이 되었다. 처음 남미 원주민을 대상으로 시작된 인종 혼합은 곧이어 노예로 팔려 온 아프리카인으로 확대되었다. 17세기에서 19세기에 이르는 동안 대서양 남부를 오가며 노예무역이 활성화되었기 때문이다.

현대에 이르러서 브라질은 인종 간의 결합을 국가적 특성으로 인정한다. 1970년대 군부독재 시절 정부의 라디오방송에서는 "우리는 무지개의 모든 색을 가지고 있다"라고 떠들썩하게 선전했다. 그러나 이러한 자부심은 식민 시대에는 해당되지 않았다. 그때는 수치스러운 것이었고 심지어 20세기 초반까지도 그러했다. 지금도 브라질인들은 이런 현상의 기원과 그 안에 내재된 성적·계급적 착취 요소를 마지못해 인정하고 있다.

16세기 중반 들어 개인 봉토 제도의 문제점이 드러나자 1549년 포르투갈왕은 뻬르낭부꾸와 서웅비셍치를 제외한 모든 지역에 대한 직접 통치를 명령했다. 이에 따라 또메 지 소우자Tomé de Sousa가 브라질의 첫 총독으로 임명됐고 북동 지역 바이아지또두스오스상뚜스Bahia de Todos os Santos에 수도를 세우라는 명령을 내렸다. 현재 브라질에서 세 번째로 큰 도시이자 흑인문화의 중심지인 사우바도르Salvador는 이렇게 세워졌다. 포르투갈이 이 지역의 지배권을 공고히 하려 하면서 원주민을 상대로 한 전쟁도 격해졌으나, 새로운 총독이 브라질에 남긴 가장 오래 지속된 족적은 이것이 아니었다. 그는 사무원, 필경사, 조사원, 호적 담당자와 그 외의 공무원을 포함한 수행원을 이끌고 도착했다. 이들은 오자마자 관료주의를 뿌리내려 뇌물을 받아먹고 편파 행위를 일삼고 제멋대로 친족을 등용했다. 브라질의 역사가들은 이때가 부패 및 정치적 무능 문제가 시작된 시점이라고 종종 지적한다. 식민지 영토와 인구가 계속 증가하면서 상황은 더욱 악화되어 오늘날까지 브라질의 병폐로 남아 있다.

브라질나무 무역에서 얻은 이익과 설탕으로 얻을 더 큰 부에 대한 기대는 다른 유럽 국가의 질투와 탐욕을 자극했다. 그들은 포르투갈의 세력이 약해지는 것을 틈타 해안 지역에 교두보를 마련하고자 했다. 가장 크고 지속적인 위협을 가한 것은 17세기의 네덜란드였지만, 첫 번째 도전은 프랑스로부터 왔다. 1555년, 배 두 척과 600명의 군사, 그리고 위그노Huguenot 정착민들로 구성된 원정대가 과나바라Guanabara 만에 항구를 조성했다. 현재의 리우데자네이루 앞에 있는 아름다운 천연 항구가 바로 그것이다. 포르투갈이 프랑스를 쫓아내는 데에는 12년이 걸렸다. 또 다른 침략을 두려워한 리스본의 왕은 내륙으로 식민화 작업을 진전시키라는 결정을 내렸다. 이로써 현재 브라질의 가장 중요한 두 도시인 리우데자네이루와 상파울루 두 곳의 토대가 세워지게 된다.

그럼에도 다른 나라들은 브라질의 한 조각이라도 붙들어 보려는 시도를 멈추지 않았다. 1494년 스페인과 포르투갈은 바티칸의 승인을 얻어 카보베르데 제도Cape Verde Islands의 서쪽 2,100킬로미터 지점에 선을 그어 분할한다는 조약을 체결한 바 있다. 그 선의 동쪽에서 새롭게 발견된 땅은 포르투갈에, 서쪽은 스페인에 속한다는 것이었다. 포르투갈 탐험가들은 경계 따위는 아랑곳하지 않고 남미 대륙의 깊숙한 곳을 계속 탐험해 나갔다. 1580년 스페인 왕이 포르투갈의 왕위를 차지했고, 이러한 상황은 1640년까지 지속되었다. 포르투갈은 독립국가로서의 정체성에 위기를 맞았고 브라질도 명목상 스페인의 통치를 받게 되었다.

그러자 스페인의 적인 네덜란드는 브라질로 진격하며 처음에는 사우바도르, 다음에는 뻬르낭부꾸를 접수해 네덜란드 식민지를 세웠다. 1494년의 경계선은 더 이상 걸림돌이 되지 못했다. 상파울루를 근거지로 삼고 있던 탐험가들과 노예 사냥꾼들, 즉 '기수'라는 뜻의 방데이랑치Bandeirante들은 스페인과의 합병을 기회로 삼아 남미 대륙 내부 깊은 곳의 미개척지로 진출했다. 그리고 평원과 저지대의 늪지부터 '대삼림'이라는 뜻의 '마뚜그로수'Matto Grosso까지 방대한 지역을 브라질 영토에 편입시켰다. 포르투갈이 독립을 다시 쟁취한 뒤에야 비로소 브라질인들은 뻬르낭부꾸를 되찾는 데 관심을 가졌다. 그러느라 또 14년이 소요되었지만, 덕분에 식민지 내부에서 정체성과 자부심 등의 감각을 불러일으킬 수 있었다. 그때까지 브라질 정착민들은 서로 접촉하는 일도 드물었고 모국에 비해 늘 열등하다고 여겼다.

스페인에 의한 공위 기간이 끝나고 네덜란드의 위협이 제거되고 포르투갈 정권이 회복되자마자 브라질의 심장부인 북동쪽 지방이 불경기의 늪으로 빠져들었다. 네덜란드와 영국은 수리남과 카리브 해 지역에 설탕 산업을 다져 놓아 브라질의 시장점유율을 떨어뜨리고 있었다. 그러다 1700년 즈음에 이르러 서웅프랑시스꾸São Francisco 강의 수원지 부근에서 금이 발견되었다는 말이 나오기 시작했다. 곧 북동쪽의 노예 주인들과 포르투갈에서 온 약탈자 등이 대거 이주하기 시작했고 왕실은 브라질 통치를 강력하게 정비해야 할 필요성을 절감했다. 1730년대에 같은 지역에서 다이아몬드가 발견되면서 이 지역은 미나스제라이스Minas Gerais['최대 광산'이라는 뜻]로 알려지게 되었고 이런 과정들은 가속화되기만 했다.

직접적인 결과 가운데 하나는 브라질의 중심지가 북동 해안에서 그로부터 1,600킬로미터 정도 떨어진 남부 중앙의 해안가로 바뀐 것이다. 1763년 사우바도르다바이아Salvador da Bahia에서 리우데자네이루로 수도를 옮긴 사실은, 지금까지도 이어지고 있는 북동 지역의 정치적·경제적 쇠락을 공식화한 셈이었다. 반면 미나스제라이스는 전성기에 전 세계 금 공급량의 절반을 책임지며 새로운 중심 지역으로 부상했다. 1710년에는 고작 3만 명이 살았는데, 1780년에 이르자 열 배로 인구가 불어나 브라질에서 가장 인구가 많은 지역이 되었다.

산으로 둘러싸인 고원인 미나스제라이스는 노다지꾼들이 금과 다이아몬드 채굴 주도권을 놓고 난폭하게 다투는 폭력적이고 말썽 많은 곳이었다가, 시간이 흐르면서 부가 쌓인 곳이 어떤지를 뽐내는 곳으로 변모했다. 법에 의해 대부분의 보물은 육로를 통해 해안가로 수송된 후 포르투갈로 보내졌고, 이는 모국에서 영국산 섬유 등 유럽의 사치품을 수입하는 데 사용되었다. 그러나 남은 것으로도 충분히 로코코 양식의 사치스러운 교회 건축물, 광산주와 상인들의 궁전 같은 집을 지을 수 있었다. 이들은 또한 건물 내부를 장식하고 옥외의 분수와 다리들을 꾸미기 위해 종교화와 조각상을 주문했다. 바로크 양식으로 빛나는 오우루쁘레뚜Ouro Preto, 서옹주어웅델헤이São João del Rei, 지아망치나Diamantina 같은 소도시들은 지금까지도 세계 각국의 관광객들을 끌어들이고 있다.

마침내 브라질 식민 지배에 대한 분노가 특히 미나스제라이스에서 표출되기 시작했다. 18세기의 마지막 사반세기 동안, 포르투갈은 브라질과 스페인 식민지 간의 금과 다이아몬드 밀무역을 엄중하게 단속하려고 무던히 애를 썼다. 또한 모국으로부터의 상품 수입량을 감소시키는 식민지의 의류 생산 공장에 제동을 걸고자 했다. 왕실은 이를 위협으로 간주했고 자급자족이 가능한 브라질이 결국 미국이 영국에 그랬던 것처럼 독립을 주장할까 우려했다. "브라질이 없는 포르투갈은 아무것도 아니다"라는 간략한 주장과 함께 왕실의 식민지 장관은 1785년에 직물 공장들을 폐쇄하는 조치를 취했다.

1789년 미나스제라이스의 몇몇 지도층 인사는 포르투갈이 브라질의 발목을 잡는 기생충과 같다면서 반란을 계획했다. 그들의 강령에는 광산과 공장에 대한 제한을 폐지하는 것, 학생들이 리스본으로 갈 필요 없이 브라질에서 공부할 수 있도록 대학을 건립하는 것, 브라질에서 태어난 노예를 해방시키는 것, 의회를 세우고 리우데자네이루와 상파울루를 포함하는 연합 독립국을 만드는 것 등이 포함되어 있었다. 내용의 상당 부분은 당시의 관점에서 보면 매우 급진적이었다. 그러나 경제적인 고려도 음모를 꾸미는 데 일조했다. 예를 들어 왕실에 진 빚을 무효화하자는 것은 광산 소유주, 지주, 상인, 법관 그리고 성직자에게 분명히 이득이 되는 것이었다.

"광산 비밀"Inconfidência Mineira이라고 불리게 되는 이 음모는 곧 발각되어 진압되었다. 포르투갈은 신대륙의 식민지에 보다 관심을 기울이겠다고 다짐했다. 그러다 1798년 프랑스혁명이 고조되고 아이티에서 노예 반란이 일어났던 해에, 바이아 지방*에서 물라뚜mulatto**가 주동한 음모가 밝혀지자 포르투갈의 왕은 가혹하게 대응했다. 브라질은 스페인의 많은 라틴아메리카 식민지들과 동일한 방향으로 가는 것처럼 보였다. 불만을 품은 크리올***들이 조만간 무기를 들고 왕권에 대항해 독립을 주장할 것 같았다. 그러나 유럽 내 나폴레옹 세력의 확산과 그로 인해 유럽의 군주국들이 느낀 위협감은 브라질을 전혀 다른 길로, 다시 말하면 19세기 서반구에서 유례를 찾아볼 수 없는 길로 이끈다.

● 브라질 북동부 지역으로 최초의 수도인 사우바도르가 위치한 곳이다. 흑인과 물라뚜 인구가 대부분이다.

●● 백인과 흑인의 혼혈.

●●● 식민지에서 태어난 유럽인.

1808년 나폴레옹의 침공을 피해 포르투갈 왕실이 리우데자네이루로 망명했다. 왕실이 옮겨온 것을 리우데자네이루의 엘리트들이 달가워할 리가 없었다. 자신들의 집과 특권, 지위를 새로 온 이들에게 양보해야 했기 때문이다. 그러나 이 일은 후미에 방치된 식민지였던 브라질을 그 힘이 멀리 아시아까지 미치는 제국의 중심으로 바꿔 놓았다. 브라질 항구는 문호를 개방했고 무역과 투자가 크게 확대되었다.

왕실 이전으로 인해 나타난 가장 중요한 변화는 나폴레옹이 패배해 주어웅 6세와 그 일가가 포르투갈로 돌아간 이후에 나타났다. 왕의 아들이자 후계자인 뻬드루Pedro는 브라질에 남기로 결심했다. 1822년 초반, 의회는 뻬드루에게 리스본으로 돌아가라고 명령했지만 그는 한 단어로 이를 거부했다. 현재 브라질의 모든 학생들이 국가로서의 브라질이 탄생한 순간으로 알고 있는 그 한 단어는 '나는 남는다'라는 뜻의 "피꾸"Fico이다.

다른 라틴아메리카 국가들이 독립을 쟁취하기 위해 피 흘리며 힘겹게 싸웠던 것과는 달리 브라질은 뻬드루가 브라질 황제로 즉위하며 평화롭게 독립을 이룩했다. 여전히 산발적인 저항이 난무했고 특히 노예 인구가 집중되어 있던 북동 지역의 몇몇 지방은 적도연방Confederation of the Equator을 구성해 독립하려고 노력했지만 별다른 물리적 갈등은 없었다. 북쪽의 그란꼴롬비아Gran Colombia 공화국은 곧 세 국가●로 분열되었고 남쪽에 이웃한 아르헨티나도 유사

● 콜롬비아, 에콰도르, 베네수엘라.

한 문제로 인해 경제가 취약해졌다. 이와는 대조적으로 브라질은 황제를 중심으로 연합했다.

뻬드루 1세는 진보적이며 자애로운 지배자가 되고자 했다. 예를 들면, 노예제를 반대하면서 노예제는 "브라질을 갉아먹는 암적인 존재"라고 표현했다. 그러나 그가 승인한 헌법으로 탄생한 의회는 노예의 주인들이 차지하고 있었다. 그들은 민주주의의 언어와 형식을 받아들였지만 그 본질은 무시하고 오로지 자신들의 권력을 강화하기 위한 수단으로 이용했다. 1826년 주어웅 6세가 사망한 후, 뻬드루의 반대자들은 소문을 퍼뜨렸다. 그가 헌법을 바꿔 브라질과 포르투갈을 다시 합쳐 새로운 왕국을 건설하려고 한다는 것이었다. 결국 뻬드루는 자리를 지킬 수 없었고, 고작 다섯 살이던 아들에게 1831년 왕위를 양도하고 물러났다. 새 왕의 이름도 뻬드루였다.

뻬드루 2세는 50년 이상 성장 및 근대화의 시기를 통치했다. 그때도 브라질의 정치는 여전히 엘리트주의적이었다. 아버지처럼 뻬드루 2세는 여러 방면에서 계몽적인 시각을 가지고 있었고 새로운 기술을 재빨리 수용했다. 전보, 전화, 철도 등은 광대한 영토를 하나로 엮어 줄 수 있었다. 뻬드루 2세의 긴 통치 기간에 처음에는 커피가, 이후에는 고무가 붐을 일으켰다. 아이러니하게도 이는 황제의 진보적인 이념과는 반대로 보수적인 과두제 집권층을 부유하게 만들었고 그들의 정치적 영향력도 강해졌다.

새로운 부는 브라질 사회에서 가장 퇴행적인 최악의 결과를 낳았다. 수익성 높은 사업 계약이나 각종 경제적·사회적 이권을 따내는 데는 능력보다 친인척, 친구 혹은 뒷배를 봐주는 후원자를 통한 비공식적 사회관계를 통하는 것이 효과적이었다. 강력한 후원자 없이 가능한 것은 거의 아무것도 없었다. 대부compadrazgo●와 같은 후원자를 통한 통로가 있으면 무엇이든 허용되고 어떤 잘못도 사면되었다.

이 기간에 노예제 문제는 점점 곪아 가고 있었다. 1850년 영국은 브라질 정부에 대서양을 오가는 노예무역을 불법화하라는 압력을 넣었다. 이 때문에 브라질에서 태어난 노예의 가격이 가파르게 치솟았다. 농업 생산을 위한 노동력이 계속 필요했기 때문이다. 특히 수출까지 해야 하는 커피의 경우가 그랬다. 그러나 그 후 30년에 걸쳐 노예제 폐지 운동은 점차 힘을 얻었고 결국 대규모의 노예 탈주 및 해방이 이루어졌다. 1887년에는 이미 탈주 노예에 대한 포획 의무를 군대가 거부하고 있던 상황에서 한 군사령관이 군에는 "노예제 폐지에 동참해야 할 의무"가 있다고 선언하기에 이른다. 그리고 1년 뒤, 노예 문제를 둘러싼 갈등이 보다 첨예해졌고 황제가 해외에 나간 사이에 그 딸이 마침내 노예제 종식을 선언했다.

그러나 노예제 폐지가 진보주의자들이 열망하고 예상했던 긍정적인 효과를 즉각 가져오지는 않았다. 자유주의 왕정을 강화하기보다는 지방 호족에 유리한 상황이 되었다. 그들은 더 이상 노예를 매입하고 유지할 필요가 없었고, 브라질로 쏟아져 들어오기 시작한 저렴한 이민 노동력을 활용하기 시작했다. 공화주의적 성향을 지닌 젊은 장교들 사이에 퍼져 있던 좌절감은 1870년대와 1880년대를 거쳐 점점 증폭되었고, 결국 1889년 11월에 군사 반란이 일어났다.

● 가톨릭의 신앙적 부자/모녀 관계.

군인들의 초심은 단지 의회를 갈아 치우는 정도였을 것이다. 그러나 군이 힘을 얻고 목표가 확대됨에 따라 쿠데타가 되었고, 결국 뻬드루 2세의 왕정을 무너뜨리고 그와 가족들을 추방시켜 버렸다.

1889년부터 1930까지 이어진 제1공화국 시기, 경제성장은 정치적 변화를 앞지르고 있었다. 황제를 몰아낸 군부 주도의 쿠데타는 선거를 치를 만큼 충분한 대중적 지지를 얻지 못했고 자신들이 어떤 정부 형태를 원하는지에 대한 최초 합의도 이루지 못했다. 1890년대에는 저 멀리 남쪽의 완만하게 기복한 초원으로부터 바이아의 건조한 배후지에 이르기까지 여기저기에서 반란이 터져 나왔다. 군 장교가 아니면서도 '대령'colonels이라고 불린 지방 호족들은 중앙정부의 약점을 최대한으로 이용해 개별 지역의 자치권을 강화하는 데 힘썼다. 지방 실세들이 주지사를 뽑았고 다시 이들이 대통령을 정했는데, 차라리 덜 유명할수록 좋았다. 어차피 이 결정을 비준하는 투표는 부정 선거였고 소수의 인구만 투표권을 행사할 수 있었다.

제1공화국의 정치를 지배한 것은 커피 경작지인 미나스제라이스와 상파울루, 두 주였다. 대통령 자리를 서로 주거니 받거니 하며 지역 내 유력 가문들의 이익만을 편협하게 증진시킬 뿐, 다른 지역 및 다른 계급에는 일절 무관심했다. 상파울루와 미나스제라이스는 몇몇 다른 주와 함께 무장 세력을 강화해 군대로 양성했고, 중앙정부에 대항했다. 사회적 불평등 역시 증가했다. 노예제 폐지 이후 자유를 얻은 노예들에 대한 도움은 거의 없었으며 도시화와·더불어 선거권 없는 시민의 수가 급증했다. 교육의 중요성은 전혀 강조되지 않았는데, 많은 호족들이 교육을 자신들의 권위에 대한 잠재적 위협 요소로 보았기 때문이다. 유권자들은 문해 능력을 증명해야 했고 엘리트들은 대중이 교화되어 그들이 좌지우지할 수 없는 유권자 수가 늘어날까 두려워했다.

그러나 경제적으로 브라질은 진보하고 있었다. 노예제도가 폐지되자 정부는 유럽(주로 이탈리아, 포르투갈, 독일, 스페인)과 일본으로부터의 이민을 적극 추진했고, 그들은 커피 농장에 필요한 노동력을 제공했다(또한 인구를 백인화 하는 데 힘을 실어 주었다). 특히 상파울루의 커피 농장주들은 이윤의 일부를 직물은 물론이고 성냥에서 주방 용기에 이르기까지 다양한 제품을 생산하는 공장들에 투자했다. 제1차 세계대전으로 국제무역이 제한되자 공장들이 더 많이 생겨났다. 산업 변동은 더 많은 이민자 노동력의 유입으로 이어졌고 이는 국내시장 형성에 도움을 주어 다른 라틴아메리카 국가들처럼 브라질 경제가 수출에 의존하지 않아도 되도록 만들었다. 1890년부터 1930년까지 브라질 인구는 160퍼센트 증가해 3,400만 명에 이르렀다.

1930년 모든 것이 붕괴되었다. 대공황으로 인한 세계경제의 불황은 커피 산업을 위축시켰고 브라질의 재정도 그에 따라 어려워졌다. 이때 워싱턴 루이스Washington Luis 대통령이 교차 집권의 전통을 무시하고 커피 농장주들의 지원을 받는 다른 상파울루 출신 인사를 자신의 후임자로 결정했다. 미나스제라이스는 분개한 다른 주들과 연합해 영토의 남쪽에 자리한 히우그랑지두술Rio Grande do Sul 출신의 제뚤리우 바르가스Getúlio Vargas를 대통령으로 밀었다. 이 '자유당 연맹'은 4월 투표에서 패배했지만 정치적 불안정이 지속되어 10월에는 동맹의 지지자들이 거리로 나와 시위를 벌였다. 결국 군부가 개입해 루이스를 내쫓고 임시 군사평의회를 구성했다. 그리고 재빠르게 바르가스를 대통령으로 세웠다. 이렇게 군사 반란으로 탄생한 제1공화국은 똑같은 방식으로 끝을 맞았다.

바르가스는 이후 브라질의 사반세기 역사를 지배한 인물이 되었다. 그는 1930년부터 1945년까지 독재자로서 군림했고 의회를 폐쇄했고 언론을 검열했으며 반대파를 감옥에 가두고 고문하거나 국외로 추방했다. 그는 무솔리니와 히틀러를 추앙하며 파시즘에 추파를 던지다가 미국이 제2차 세계대전에 참전한 이후 승패의 명암이 갈리자 연합군 편에 섰다. 미국의 프랭클린 루스벨트Franklin Roosevelt 대통령은 그의 협조를 구하기 위해 리우데자네이루 가까이에 있는 보우따헤동다Volta Redonda의 제철소에 투자했고, 그 덕분에 브라질의 산업 기반이 형성될 수 있었다. 연합군은 그에 대한 대가로 대서양을 건너 아프리카와 유럽에 이르는 원형 항로를 구축하는 데 필수적인 브라질 영토 내 기지를 이용할 수 있었으며 이 루트를 통해 브라질 군은 연합군의 일원으로 이탈리아에 파병되었다.

전쟁이 끝나자 바르가스는 자리에서 끌어내려졌다. 그러나 1950년, 민주적으로 치러진 선거에서 다른 세 후보를 물리치고 승리한다. 그는 포퓰리즘 방식으로 통치했으며, 아르헨티나의 후안 뻬론Juan Perón과는 다르게 미국과의 관계에서 긴장감을 유지했다. "석유는 우리 것이다"라는 슬로건으로 대중을 선동해 국영 석유 회사인 페트로브라스Petrobras를 설립했다. 브라질 최대 규모인 이 회사는 아직도 국영기업으로 남아 있다. 그러나 부패를 일삼고 정적을 위협하던 바르가스 정부는 정국을 위기로 몰아넣었고 결국 군부는 바르가스의 하야를 요구했다. 1954년 8월 24일, 바르가스는 불명예스러운 사임 대신 자살을 선택했고 국가 영웅으로 장례가 치러졌다.

바르가스는 브라질 역사상 가장 복잡한 인물 가운데 하나로 지금까지도 사랑과 비난을 동시에 받고 있다. 분명 그는 독재자적 성향을 지니고 있었다. 그러나 그가 창조한 '이스따두 노부'Estado Novo, 즉 '신국가'는 브라질 현대화의 토대를 만들었다. 파업을 불법으로 규정했지만 노동법은 당시로서는 매우 진보적으로 최저임금을 보장하고 노동자에게 여러 혜택을 제공했다. 그 결과 바르가스는 '가난한 사람들의 아버지'라는 별명을 얻었고 그가 창건한 브라질노동당은 도시 노동자와 농민이 가장 선호하는 정당이 되었다.

바르가스의 죽음 이후 혼란과 긴장이 뒤따르고 브라질이 권위주의로 뒷걸음질치고 있는 것 같던 1955년, 카리스마 넘치는 탁월한 지도자가 대통령 선거의 승자로 등극했다. 주셀리누 꾸비셰끼 지 올리베이라Juscelino Kubitschek de Oliveira가 대통령 선거에서 근소한 차로 승리한 것이다. [취임을 막기 위한] 군사 반란이 있었지만 선거 결과의 정통성만 부여해 주었다. 20세기에 태어난 브라질 최초의 대통령인 꾸비셰끼는 내과 의사였고 벨루오리종치Belo Horizonte의 시장과 미나스제라이스의 주지사를 역임했다. 그는 브라질을 흥분시켰던 그런 류의 큰 야망을 가지고 취임했다. "5년 안에 50년을"이라는 슬로건은 브라질에 영감을 불러일으켰고 그의 재임 기간 동안 브라질은 엄청난 도약을 이룩했다.

브라질이 공화국이 된 후, 헌법에 따라 수도를 리우데자네이루에서 국가의 중앙 지역으로 옮겨야 했다. 'JK'라고 불린 꾸비셰끼 대통령은 4년이라는 짧은 시간에 그 꿈을 현실로 만들었다. 목장뿐이던 고이아스Goiás의 광활한 사바나 지역에 브라질리아Brasília를 창조한 것이다. 수억 달러를 들여서 국내외에 새롭고 진보한 브라질의 상징이 된 높은 건물들을 세웠을 뿐만 아니라, 새 수도와 주요 대도시들을 연결하는 고속도로망을 건설했다. 이로써 브라질의 중심이 역사상 처음으로 해안에서 내륙으로 이동했고, 광활하지만 낙후됐던 내륙에 마침내 현대화와 개발의 기회가 열렸다.

이 성과만으로도 꾸비셰끼는 브라질 역사의 위인 자리를 확보하기에 충분했다. 여기에 그는 금융 지원과 회유를 통해 국내에 자동차 산업을 유치하려 했다. 이는 제강 및 중공업, 제조업 기반 확장에 필요한 전력을 공급하는 발전소 및 댐 건설, 조선업, 대규모 가전제품 생산업 등의 확장에 자극이 되었다. 그 결과 꾸비셰끼 정권 5년 동안 산업생산은 80퍼센트 성장하고 브라질 기업들의 수익은 76퍼센트 증대되었다.

브라질 사람들은 꾸비셰끼 시절을 성장과 번영, 풍요와 낙천주의 시대로 애정을 가지고 기억한다. 그러나 훗날이 되어 진보와 성장을 위해 지불했던 비용에 대해 알게 됐다. 미래의 문제점으로 자랄 씨앗이 이 시기에 심어졌던 것이다. 예를 들어 브라질리아로의 수도 이전 한 달 뒤인 1960년 5월, 꾸비셰끼는 국제통화기금IMF으로부터 4,750만 달러를 빌려와 상파울루의 자동차 산업에 쏟아부었다. 이후 40년간, 국제통화기금은 브라질 경제의 주요 행위자가 되었고, 차관을 대가로 요구한 긴축재정 조치들을 두고 문민정부나 군사정부 가릴 것 없이 정부는 물론이고 지역 주민들과 자주 충돌했다. 부채는 점점 늘어나 1998년에는 415억 달러에 육박했다.

더욱 암울한 사실은 꾸비셰끼 재임 기간에 브라질의 대외부채가 67퍼센트 증가해 38억 달러에 이르게 되었다는 점이다. 차관 도입의 이유는 간단하다. 산업 확장에 필요한 설비를 대부분 수입에 의존했기 때문에 달러나 다른 경화를 지불하고 사와야 했지만 국내 자본 시장은 이를 뒷받침할 능력이 없었다. 또 인플레이션이 발생해 실질소득이 점점 낮아졌다. 1960년에 이미 25퍼센트이던 인플레이션이 1961년에는 43퍼센트, 그다음 해에는 55퍼센트, 1963년에는 81퍼센트까지 올랐다. 1990년에는 인플레이션이 너무나 일반화되어, 한 달 사이에 물가가 80퍼센트나 오르기도 했다. 수년간 경제를 목 조르고 성장을 불가능하게 만든 이 문제의 근원은 확실히 꾸비셰끼 재임 시기로 거슬러 올라간다.

꾸비셰끼가 재임 기간에 가장 잘한 것은 민주적 제도를 확고하게 자리 잡도록 했다는 것이다. 그가 바르가스처럼 급진적인 포퓰리스트는 아닐까 걱정했던 군부의 염려는 기우였다. 꾸비셰끼는 대통령으로서 반대 세력과의 협상에 능숙했고 의회의 권위를 존중했다. 그러나 1961년 그가 물러나자마자 정치 상황이 어수선해졌고 그 후로부터 1998년까지 문민 대통령 중 재임 기간을 모두 채운 대통령은 한 명도 없었다.

포스트-바르가스 시대에 브라질 사람들은 대통령과 부통령 선거를 구분해서 시행했다. 꾸비셰끼의 후임자로 그들이 선택한 것은 사교적인 성격의 자니우 꽈드루스Jânio Quadros 상파울루 주지사였

고 부통령으로는 그의 경쟁자 중 한 명인 주어웅 굴라르뜨João Goulart
를 뽑았다. 굴라르뜨는 꾸비셰끼의 부통령이기도 했으며 그전에는
멘토였던 바르가스 밑에서 노동부 장관을 지내기도 했다. 바르가스
처럼 그는 브라질 최남단 지역인 히우그랑지두술 출신이었고 바르
가스의 자살 이후 브라질노동당 대표직을 맡아 정치적 후계자로 등
장했다. 브라질 군부는 굴라르뜨를 공산주의 동조자로 간주해 그가
민주주의를 파괴하고 군대를 정치에 개입시킬 것이라고 여겼기 때
문에 그가 대통령이 되는 것을 공공연히 반대했다. 굴라르뜨가 부
통령으로 있던 기간에 군부 엘리트들은 잠시 비켜나 정치에 공개적
으로 간섭하지 않았다.

1961년 8월 25일, 자니우 꽈드루스는 대통령직에 오른 지 8개월
도 안 되어 갑자기 사임했는데 그 이유는 지금도 명확하지 않다. 그
는 사임 연설에서 압박을 받았노라고 언급했고 브라질 언론은 그것
을 "어두운 힘"이라고 불렀다. 그러나 소문난 주정뱅이였던 꽈드루
스가 술김에 충동적으로 발표한 것인지도 모른다. 일각에서는 자신
의 정치적 영향력을 강화하려는 시도였을 거라고 주장하기도 한다.
자신의 정치 공약에 반대하는 정당들이 굴라르뜨가 집권하는 위험
을 감수하기보다는 자신의 사임을 만류하고 돌아오라고 간청하리
라 예상했다는 것이다. 그러나 꽈드루스의 기대와는 달리 굴라르뜨
가 대통령이 되었고 정치권은 대치 상황을 맞게 되었다. 이후 2년
반은 브라질 현대사에서 가장 혼란스러운 격동의 시기였다.

꽈드루스가 사임을 발표했을 때 굴라르뜨는 중국을 공식 방문 중
이었고 군부는 곧장 그가 정권을 승계하지 못하도록 방해했다. 굴

라르뜨는 군부와 민간 정치권이 협상을 마무리할 때까지 이웃 나라 우루과이에서 대기해야 했다. 우여곡절 끝에 굴라르뜨는 브라질로 돌아와 대통령 취임 선서를 했지만, 곧 브라질은 대통령제에서 내각제로 정치체제를 바꾸고 대통령의 일부 권한을 포함해 일상적인 모든 정부 결정권을 총리에게 넘기는 개혁을 단행했다. 당시 총리는 미나스제라이스 출신의 신중한 정치인 땅끄레두 네비스Tancredo Neves였다. 그러나 이 방안은 오래 지속되지 못했다. 굴라르뜨는 계속해서 상실한 권한을 되찾으려 했고 반대 세력은 그를 흔들어 놓으려고 했다. 대중의 지지를 받기 위해 굴라르뜨는 점점 더 좌편향으로 나아갔다. 그가 발표한 '3개년 계획'은 전면적인 농지 개혁, 외국 기업의 이윤 송금 제한, 문맹인 투표권의 인정, 도심 지역 다주택 보유 제한 등을 포함했고, 정적들이 당연히 반기지 않을 여타 포퓰리즘 정책도 있었다.

미국 역시 이러한 전개에 차츰 경계심을 갖게 되었다. 피델 카스트로Fidel Castro는 1959년에 쿠바를 장악했고 케네디 정부는 그의 혁명적인 복음이 라틴아메리카 다른 지역으로 확대될 것을 두려워하고 있었다. 워싱턴은 빈부 격차가 극심하고 온갖 사회적 불평등이 내재된 브라질이 가장 불안한 지역이라고 판단했다. 꽈드루스가 독립적인 외교정책을 천명하고 브라질을 방문한 체 게바라Che Guevara에게 훈장을 수여하자 미국은 브라질 우파들만큼 화를 냈다. 굴라르뜨가 정권을 잡자 상황은 더욱 심각해졌고, ITT 사의 자회사를 국유화하는 등 그가 집권한 이후의 정책들은 브라질에 투자한 미국 기업들에 적대적으로 비쳤다.

1964년 3월이 되자 상황은 걷잡을 수 없이 불안정해졌다. 3월 중반, 굴라르뜨와 그를 지지하는 좌익 계열 및 노동당 측은 15만 명이 운집한 대형 집회를 리우데자네이루에서 개최했다. 대통령은 그 자리에서 민간 석유 회사의 국유화와 제헌의회 소집을 위한 계획을 발표했다. 그의 반대자들 역시 상파울루에서 '신과 자유를 위한 가족의 행진'이라는 대규모 반대 집회를 열었다. 3월 31일 밤, 군부대가 리우데자네이루로 진입했고 굴라르뜨는 자신의 출신 주인 히우 그랑지두술로 피신했다. 그곳의 굴라르뜨 지지자들은 무장 투쟁을 주장했다. 그러나 내전으로 치닫는 것은 원하지 않았기에, 그는 우루과이로 건너갔다. 12년간 지속될 그의 망명 생활이 시작된 것이다. 의회는 대통령 공석을 선언했고 국가의 운명은 군부에게로 넘어갔다.

브라질 좌파 진영은 항상 미국이 굴라르뜨의 축출을 지시하고 선동했다고 주장했다. 그러나 텍사스주립대학교에서 보관 중인 린든 존슨Lyndon Johnson 대통령 개인 자료나 미국 정부의 공식 자료에는 그러한 주장을 입증할 만한 내용이 없다. 워싱턴이 쿠데타를 명백히 반기고 전적으로 지지했으며 브라질 주재 미국 대사관의 무관이던 버넌 월터스Vernon Walters 대령이 쿠데타를 일으킨 사람들과 사전에 접촉했다는 것은 사실이다. 월터스는 이후 미국 중앙정보국 CIA 부국장과 국제연합UN 주재 대사를 역임하게 된다. 쿠데타 주동자이며 향후 21년 동안 지속된 군사정권의 첫 대통령을 역임한 웅베르뚜 까스뗄루 브랑꾸Humberto Castelo Branco 장군은 월터스 대령과 제2차 세계대전 당시 이탈리아에서 함께 복무한 전우였다.

돌이켜 보면 쿠데타 당시 굴라르뜨를 축출한 장교들은 자신들의 힘만으로 정권을 잡을 만큼 충분한 자원과 지지 기반을 갖고 있었다. 그러나 워싱턴의 군부 쿠데타 지원이 일정한 패턴으로 남미 곳곳에서 반복됐다는 것에는 반론의 여지가 없다. 이후 12년 동안 칠레, 볼리비아, 우루과이, 아르헨티나는 모두 우익 군부독재 세력이 장악하게 되었다. 1964년 미국의 군부 쿠데타 지지는 그런 시대를 여는 본보기였다. 라틴아메리카에서 경제 착취와 사회 불평등을 줄이기 위한 정치적 자유를 위한 노력은 국가 안보와 공산주의의 위협에 맞서 싸워야 한다는 미명하에 모두 미국의 콧김으로 꺼져 버렸다.

처음 브라질 사람들은 새로운 군사정권을 일종의 관리인 정도로 여겼고 1965년에 예정대로 선거가 치러지면 폭넓은 인기를 구가하던 꾸비셰끼가 다시 대통령 자리로 돌아오리라고 예상했다. 까스뗄루 브랑꾸 장군 역시 그렇게 되기를 바랐다. 그러나 군부 내에서는 그 문제로(물론 그 외 다른 문제에 대해서도) 심각한 대립이 일어났고 결국 강경파가 득세하게 되었다. 군 지도자들은 쿠데타가 일어난 순간부터 굴라르뜨를 포함해 주요 민간 인사의 정치적 권리를 박탈하기 시작했다. 1965년, 꾸비셰끼의 권한까지 똑같이 박탈하자 그들이 정권을 포기하고 물러날 의도가 없음이 분명해졌다.

까스뗄루 브랑꾸는 1967년, 자신의 자리를 아르뚜르 다 꼬스따 이 시우바Artur da Costa e Silva 장군에게 넘겨주었는데 그는 나라를 좌지우지하는 군부 세력을 더욱 강화했다. 1968년 12월 13일, 악명 높은 긴급 조치 5호로 인해 독재 권력이 보장되고 헌법은 정지되었으며 의회와 주 의회는 해산되었고 검열이 시작되었다. 1년도 안 되어 꼬스따 이 시우바가 뇌졸중으로 사망하자, 그보다 더한 강경 노선을 취하고 있던 에밀리우 가하스따주 메디시Emílio Garrastazu Médici 장군이 뒤를 이었다. 군부 밖에서는 전혀 대중적 지지를 받지 못했던 인물이었기 때문에 스스로 강력한 철권통치를 해야 한다고 생각했다.

메디시가 정권을 잡았던 5년은 아마도 브라질 현대사에서 가장 암담한 시기였을 것이다. 억압은 저항을 낳았고 도시에서나 아마존에서나 상관없이 좌익 게릴라 운동이 일어났으며 정부는 이들을 테러리스트로 규정했다. 게릴라들은 쿠바, 중국과 관계를 맺고 주요 도시에서 폭탄을 터트리거나 은행을 털었을 뿐만 아니라 미국 대사 등 외국 외교관들을 납치하기도 했다. 브라질에서 가장 영향력이 큰 기관이라고 할 수 있는 가톨릭교회는 인권을 유린하고 사회 정의를 희생시키면서 경제개발에만 집중하는 정권에 반대했다. 그러자 군부 정권은 강압적이고 억압적인 거대 정보기관을 창설해 신부와 수녀를 포함한 잠재적인 반대자를 감시할 뿐만 아니라 반체제 인사들을 납치하고 고문하기도 했다.

인권 유린은 1960년대 후반부터 1970년대 초반까지 다각도로 자행되었다. 그러나 전체적으로 본다면 브라질 내의 정치 억압은 상황이 나쁘긴 했지만, 아르헨티나나 칠레에 비할 정도는 아니었다. 브라질 인구는 아르헨티나 인구의 약 다섯 배인데, 군부 정권이 들어섰던 21년 동안 브라질에서 400명 정도의 반체제 인사가 정보기관에 의해 실종되었다. 반면 아르헨티나에서는 10년도 안 되는 기간에 실종된 사람이 거의 3만 명에 이른다. 칠레가 계속 아우구스토 삐노체뜨Augusto Pinochet 장군 통치하에 있었던 것에 반해, 브라질에서는 한 사람이 독재하지 않았다. 한 장군이 제법 주기적으로 다른 장군에게 자리를 넘겨주는 방식으로 다섯 명의 군부 지도자가 브라질을 통치했다.

또한 아르헨티나와 칠레의 군부 정권들과 달리, 브라질 군부는 표면적으로 민주주의를 유지하려고 했다. 개별 정치인의 정치 활동은 금지되었지만, 의회가 완전히 폐쇄된 것은 아니었다. 기존 정당들은 불법화되었지만, 새롭게 등장한 두 단체, 즉 군부가 자칭하는 소위 '3월 혁명'을 지지하는 국가혁신동맹National Renewal Alliance과 그 반대편에 선 브라질민주운동Brazilian Democratic Movement이 그 자리를 대신했다. 심지어 군부 정권은 공개적으로 대통령을 뽑는 것까지 용인해 밀실의 군부 지도자들에 의해서가 아니라 신중하게 걸러 낸 선거인단을 통해서 대통령을 선출했다.

전통적으로 권력의 중심지였던 상파울루와 미나스제라이스의 영향력을 약화시키기 위해 군부는 새로운 주 몇 개를 만들면서 각 주당 최소 의원 수를 늘렸다. 그 주된 수혜자는 주로 작고 가난한 주였으며 군부가 영향력을 행사하기 쉬운 곳이었다. 그러나 크고 부유한 도시화된 지역들이 대표권을 침해받았다고 해서 저항하기는 어려웠다. 이렇게 왜곡된 제도의 여파는 오늘날까지 남아 '1인 1투표권'의 원칙이 무색하게 되었고 원활한 입법을 위해서 대통령은 작은 지역의 정치 세력과도 협상을 해야 한다.

군사정권은 브라질 국민들에게 국가적 자긍심과 목표를 확고하게 주입하려고 했다. "전진 브라질", "브라질을 사랑하라, 아니면 떠나라" 등의 슬로건이 빠르게 확산되었다. 1970년에 브라질이 축구 월드컵에서 세 번째로 우승하자 당국은 이를 국가주의 및 승리주의 선전에 이용했다. 위대한 브라질을 허세라고 보거나 의문을 갖거나 조롱하는 행위는 전혀 용납되지 않았다. 라디오, 텔레비전, 신문, 잡지는 물론 대중음악이나 도서도 검열의 대상이 되었다.

이 시기의 경제정책은 범주화하기 어렵다. 정부에서는 반공주의라고 단언하지만 국가 안보를 위해서라는 이유로 국가가 경제에 두드러지게 개입하는 것도 허용했다. 기업 활동이 장려되었고 굴라르뜨 시절 적대시하던 외국인 투자는 다시 환영받았다. 페트로브라스나 거대 광산기업 꽁빠냐 발리두히우도시Companhia Vale do Rio Doce 같은 국유기업은 각종 특혜를 유지했다. 또한 정부가 직접 대규모 프로젝트를 시행해 국가 기본 인프라를 확충했고 새로운 전략 산업 분야로 진출하도록 했다.

이런 맥락에서 1969년에 국영 항공기 제조사인 잉브라에르Embraer 가 설립되었고, 탱크와 무장 차량을 생산해 국내 수요를 충당하거나 이라크 등에 수출하는 방산 업체도 세워졌다. 대규모 건설도 시작해 아마존을 관통하는 총연장 4,800킬로미터의 고속도로를 건설하고 과나바라 만을 가로지르는 다리를 만들어 리우데자네이루와 니떼로이Niterói를 연결했다. 1970년대 초반, 파라과이의 부패한 독재자 알프레도 스뜨로에스네르Alfredo Stroessner와 협상해 당시로서는 세계 최대 수력발전소인 이따이뿌Itaipu 댐을 빠라나Paraná 강에 건설했다. 또 1974년에는 사탕수수에서 에탄올을 추출하는 쁘로아

우꼴Pro-Álcool 프로그램이 정부 지원으로 시작됐다. 곧이어 여러 개의 핵 원자로를 건설하기로 서독과 협정을 맺었고 그 첫 번째가 리우데자네이루 서쪽에 위치한, 섬들과 백사장으로 풍경이 아름다운 앙그라두스헤이스Angra dos Reis에 세워졌다.

이 모든 것에 힘입어 브라질은 1970년대 초반 놀라운 급성장을 이뤘고, 이 시기를 브라질의 기적이라고 부른다. 4년 연속 경제는 10퍼센트 이상 성장했고 수출과 외국인 투자가 호황을 이뤘다. 독재 기간 초반에 사그라졌던 인플레이션이 다시 문제로 등장했지만 앙또니우 데우핑 네뚜Antônio Delfim Neto 재무부 장관이 이끄는 경제 팀은 당시에는 빈틈없어 보였던 해결책을 제시했다. 정부는 물가지수 연동 시스템을 구축해 금리와 임금 및 기타 자산을 주기적으로 올려 구매력이 인플레이션에 타격 받지 않도록 만들었다.

그러나 브라질의 경제 기적은 1974년 세계 에너지 위기와 함께 끝을 맞았고 때마침 군부 내에서는 승계 문제로 다툼이 일었다. 결국 강경파가 힘을 잃었고 대통령에 오른 에르니스뚜 제이제우Ernesto Geisel 장군은 천천히 민주국가로 선회하려 노력했다. 그는 폭압적인 지역 군사령관들을 충성스런 장교들로 대체했고 헤비어스코퍼스● 부활시켰으며 해외 망명 중인 사람들이 돌아올 수 있게 했다. 독립적인 노동조합들이 재조직되었고 몇 년에 걸쳐 파업을 일으켜도 상대적으로 부드럽게 대응했다. 긴급조치 5호를 거의 철회한 그

● 위법한 신체 구속에 대한 인신의 자유를 확보하기 위한 제도로, 타인의 신체를 구속할 때 피구금자의 신병을 법원에 제출하도록 한 것이다.

는 자신의 목표에 공감하는 후임자를 두었다. 후임자는 정보부 수장이었던 주어웅 피게이레두João Figueiredo 장군이었다.

1979년에 취임한 피게이레두하에서 독재 정권은 마침내 종지부를 찍었다. 그는 사면법에 서명하며 개방정책abertura을 약속했다. 야당은 즉각적으로 이를 시험해 1980년 2월 노동계 지도자인 루이스 이나시우 룰라 다 시우바Luiz Inácio Lula da Silva와 여러 분야의 지식인들, 해방신학 옹호자들, 환경보호론자들이 상파울루에서 노동자당을 창당했다. 언론과 교회도 점차 발언 수위를 높였고 1982년 주지사와 국회의원 선거에서 야당은 큰 성과를 얻었다. 피게이레두는 심장 절개 수술이 필요한 심장질환으로 건강이 좋지 않았기 때문에 점차 정치력이 약화되었고, 임기 말에 이르자 수백만 명의 국민들이 거리로 나와 민간으로의 권력 이양을 확실하게 보장하기 위한 수순인 대통령직선제를 요구했다.

비록 이 시위는 실패했지만, 신체적·정치적으로 약해진 피게이레두는 군부가 만든 선거인단에 자신이 선택한 후임자를 뽑으라고 할 수조차 없었다. 반대파들은 재빨리 그 틈을 비집고 들어가 1985년 1월 15일, 땅끄레두 네비스를 당선시켰다. 네비스는 75세의 보수주의자로 굴라르뜨 시절에 수상을 역임한 인물이다. 마지막으로 깜짝 놀랄 일이 하나 더 남아 있다. 3월 중순 취임식 전날, 네비스는 복막염으로 입원하더니 5주 후에 사망하고 만다. 당시 군부는 이미 힘이 약해졌을 뿐만 아니라 신임을 잃었으므로 정권이 민간으로 넘어가는 것을 막을 수 없었다. 이로써 21년에 걸친 군부 통치는 총소리 대신 작은 신음소리와 함께 막을 내렸다. 마침내 민주주의는 복원되었고 지금의 브라질 정치 시스템이 탄생되었다. 그러나 500년 전 포르투갈이 지배하던 때부터 이 나라를 괴롭힌 불공정한 사회 구조와 불평등은 아직도 해결되지 않은 채 그대로 남아 있다.

적도 남쪽의 죄와 구원

〈적도 아래쪽에는 죄가 존재하지 않는다〉"Sin Doesn't Exist Below the Equator"는 가수이자 작곡가인 쉬꾸 부아르끼Chico Buarque의 히트곡 중 하나이다. 발표된 뒤 40년 동안 브라질 전역에서 라디오 전파를 타고 있으며 카니발 축제에서도 불린다. 또한 노래 제목만 따로 쓰이기도 하는데, 정치적 부패부터 성적 추문에 이르기까지 도덕의 부재를 언급할 때 어쩔 수 없다는 식의 체념 표현으로 자주 입에 올린다.

브라질 사람들은 종종 자국이 원칙도 없고 도덕도 없다고 불평한다. 맥주나 커피를 마시며 습관처럼 사회문제를 한탄한다. 그러나 브라질은 매우 관대한 사회이고 이는 장단점을 모두 가지고 있다. 유럽인, 아프리카인, 원주민의 가치와 관습이 혼합되어 빚어진 독특함 덕분에 인간이라는 존재에는 결함이 있다고 인식하며, 따라서 어느 정도의 불완전함을 용납한다. 그 결과 다른 어떤 지역보다 종교적 다양성을 폭넓게 인정하고 심지어 성적 방탕함에도 관대하다. 용서, 구원, 관용 등을 강조하며 특히 융통성이 풍부해, 어떤 특정 행동이 초래된 환경을 잘 고려한다.

브라질 사람들은 스스로를 '유쾌한 사람'이라고 생각하고 유쾌함을 개인적인 특성일 뿐만 아니라 브라질의 국민성이라고 평가한다. 대인관계는 아주 잠깐의 관계조차 따뜻함과 우정이 넘쳐서 이방인을 매료시킬 정도이다. 프랑스 사람들이 "삶의 환희"라는 말을 만들었다면, 브라질 사람들은 그 환희의 기교를 완성했다. 의욕적이고 낙천적으로 살면서 작은 것에서도 아름다움을 찾아 감사하고 세상은 적대적인 곳이 아닌 따스한 곳이라고 믿는다. 심지어 이런 표현도 있다. "모든 것은 결국 좋게 끝나게 돼 있다. 만약 어떤 것이 좋지 않다면, 그것은 아직 끝에 이르지 않았기 때문이다."

이는 브라질의 긍정적인 모습이다. 그러나 이런 특성은 덜 매력적이고 오랫동안 갈등과 불평을 조장한 다른 특성과 공존하고 있다. 예를 들어 평등에 대한 온갖 미사여구에도 불구하고 브라질 사회는 계급, 인종, 성별에 따라 심각하게 계층화되어 있다. 부유층과 특권층은 법 위에 있는 것처럼 행동하고 불법을 저지르고도 종종 처벌받지 않는다. 자신들보다 아래에 있는 사람들을 하인 취급한다. 한편 빈곤층은 빈곤층대로 법과 공공기관을 신뢰하지 않는다. 어차피 계층화되어 있으니 차별을 피할 방법을 궁리할 뿐이다.

인구 2억 명의 나라이니 개인마다 신념이나 행동 양식이 다르고 다양할 수밖에 없으나, 브라질 사람들이 성장하며 사회에서 체득하는 만연된 전형이 있다. 바로 '제이뚜'jeito인데, 일상을 구성하는 기본적인 특징 중 하나이며 축소형 단어인 '제이치뉴'jeitinho로 더 많이 알려져 있다. 제이뚜는 '어떤 것에 노련하거나 그런 재능, 요령, 재주'라고 직역할 수 있다. 또 '해결하다, 고치다'라는 뜻도 있는데 여기서는 비유적으로 목적 달성에 방해가 되는 법이나 사회 관습을 요리조리 피해 교묘하게 처리하는 기술을 뜻한다.

제이뚜의 대표적인 동의어 두 개는 축구 용어에서 왔다. 하나는 '드리블랑두'driblando, 즉 '드리블하다'라는 뜻으로, 뛰어난 발재간과 창의력으로 앞을 가로막는 상대 선수를 제칠 때 사용하는 용어이다. 다른 하나는 '조구 지 싱뚜라'jogo de cintura로, 상대를 속이면서 민첩하게 엉덩이와 허리를 움직이는 것을 말하는데 농구나 하키에서 이쪽으로 공을 보낼 것처럼 하다 반대 방향으로 보내는 것과 비슷하다.

몇몇 제이뚜는 매우 일상화되어 있어 외국인들도 쉽게 알아챌 수 있다. 브라질에서 경찰이 속도위반이나 불법 회전한 차를 멈춰 세우면 운전자는 대부분 이렇게 묻는다. "경관님, 이 문제를 해결할 제이치뉴가 없을까요?" 또 저녁 시간에 붐비는 식당에서 좋은 테이블을 얻고 싶을 때 매니저에게 슬쩍 돈을 찔러 주면 도움이 되기도 한다.

브라질의 많은 공공기관이 부패했거나 비효율적이거나 또는 둘 다인 경우가 많기 때문에 사람들은 자기들끼리 힘을 합쳐 서로 돕는다. 학교 입학, 전기 설치, 주택 매입 등 생활 곳곳에 관료주의가 만연해 있어 이런 불편한 상황이나 법을 모면하기 위해 뇌물, 팁 또는 그들을 '만족시키는' 다른 불법적인 방법을 쓴다. 아예 문제를 해결할 메커니즘 혹은 비공식적인 기관을 만드는 제이뚜를 쓰기도 한다. 이때 중요한 점은 도움을 주고받거나 도움을 줄 수 있는 누군가와 끈끈한 인간관계를 구축하는 것이다.

예를 들어, '무치러웅'mutirão은 지금은 사라진 미국의 풍습인 헛간 상량식과 같이 집이나 학교, 창고, 교회, 진료소를 지을 때 마을 사람들이 노동력과 자원을 모으는 것이다. 아마존이나 북동부 내륙처럼 정부의 기본적인 서비스를 기대하기 힘든 곳에서 아직 상당히 일반적으로 행해지고 있고 농기계 없이 농작물을 심거나 수확할 때도 행해진다. 또한 영어로 정확히 번역할 단어가 없는 '필류 지 끄리아서웅'filho de criação이라는, 널리 행해지는 풍습이 있다. 고용인이나 이웃이 고아를 남기고 죽거나 생물학적 부모가 가난이나 다른 이유로 아이를 키울 수 없을 때 다른 사람이 나서서 자신의 아이처럼 키우는 것이다. 공식적인 입양 절차는 필요 없다. 아이가 그냥 그 가족의 일원이 되는 것이다. 세계적인 흑인 팝가수 미우똥 나시멩뚜Milton Nascimento도 그렇게 해서 자신의 생모를 고용했던 백인 가정에서 자랐다. 이런 방식으로 사회는 복지제도의 부재를 메우고 아이가 음식, 옷, 사랑이 부족한 고아원으로 보내지는 것도 막는다.

제이뚜는 사업 운영 방식의 결함을 메울 때도 발생한다. 통신사가 민영화되고 휴대전화가 넘치게 된 1990년대 이전까지 브라질은 만성적인 전화회선 부족을 겪었으며 회선을 얻으려면 10년을 대기해야 했을 정도였다. 이 문제를 해결하기 위해 탄생한 제이뚜가 암

시장이다. 전화를 보유한 사람이 사망하면 전화회선의 소유권은 상속인에게 넘어간다. 만약 이 상속인이 이미 전화를 가지고 있다면 높은 가격을 제시하는 사람에게 판매하는데 가끔 신문에 광고를 내 매입자를 모집하기도 했다. 전화회선이 급한 사람이나 회사는 몇 년씩 기다리느니 1천 달러를 지불하는 것이 나은 선택인 것이다. 이로써 통신사를 제외한 모든 사람이 행복할 수 있었다. 그리고 문제를 자초한 것은 통신사 측이므로 그 부분은 아무도 신경 쓰지 않았다.

나 역시 제이뚜를 활용한 적이 있다. 2008년 브라질에서 내 책이 출판되면서 상파울루에서 열리는 홍보 행사에 초대받았다. 리우데자네이루 공항에 도착해 행사 관계자가 준비해 둔 상파울루행 항공권을 받아야 했는데 문제는 미국 여권과 브라질 외국인 거주증에 적힌 이름 대신 내 필명이 적혀 있었던 것이다. 이 사소한 차이 때문에 항공사는 발권을 거부했고 나는 비행기를 놓칠 위기에 놓였다. 어떻게 해야 하는가?

나는 이렇게 물었다. "이 문제를 해결할 제이뚜가 없을까요?" 직원은 내 필명이 적힌 서류를 보여 주지 않는 이상 불가능하다고 했다. 그런 것이 있을 리가 없었다. 절망의 와중에서 나는 여행 가방에서 내 책을 꺼내 표지 사진을 보여 줬다. "이건 어때요?" 직원은 웃으면서 "아, 이거 좋은데요"하더니 상사에게 의논하러 갔다. 그리고 잠시 뒤 돌아와서 말했다. "출발하셔도 됩니다." 홍보 행사가 끝나고 행사 관계자들과 점심을 먹으면서 이 이야기를 해줬더니 모두들 즐거워하면서 이렇게 말했다. "래리, '조구 지 싱뚜라'를 갖췄

군요." "브라질 사람 다 됐네요."

지금까지 들었던 제이뚜의 예시들은 본질적으로 무해하며 사회 계약을 해치지도 않는다. 그러나 도덕적으로 애매한 제이뚜도 많다. 예를 들어 브라질의 공공병원은 만성적으로 병상이 부족하고 재정도 빈약하다. 어머니가 아파서 병원을 찾았지만 자리가 없다는 말을 들었다고 가정해 보자. 그런데 당신에게 의사인 친구가 있다. 당신은 제이뚜를 활용해 친구인 의사에게 어머니의 입원을 도와 달라고 할 테고 그 보답으로 언젠가는 의사의 부탁을 들어줘야 한다.

이번에는 차를 도둑맞았다거나 집이 털렸다고 상상해 보자. 늘 그렇듯 경찰은 수사에 관심도 없고 당신의 물건을 찾아 줄 생각도 없다. 그런데 당신에게 경찰 친구가 있다면, 제이뚜를 활용해 담당 형사에게 잘 수사해 달라고 압력을 넣을 수 있다. 물론 그런 친구가 없다면 형사에게 직접 돈을 건네는 제이뚜를 쓸 수도 있다. 실제로 브라질의 보험사는 이 방법을 쓴다. 도난당한 컴퓨터나 자동차를 보상하기 위해 고객에게 거액의 돈을 주는 것보다 경찰에게 '팁'을 주고 도둑맞은 물건을 찾는 것이 훨씬 싸기 때문이다.

제이뚜가 공인된 방법 가운데 하나로 데스빠샹치despachante라는 제도를 통하는 것이 있는데, 이는 특히 정부의 관료주의와 관련이 있다. 당신이 정식 절차를 밟지 않고 운전면허증을 발급받고 싶다고 가정해 보자. 단순히 급하거나 기다리기 싫어서일 수도 있고 필기시험 공부를 하지 않았거나 이미 시험에서 떨어졌기 때문일 수도 있다. 아니면 아예 운전법을 몰라서일 수도 있다. 이럴 때 방법은 '데스빠샹치'를 고용하는 것이다. 그는 운전면허 담당 공무원과 친분을 쌓아 두었으므로 빛의 속도로 당신의 면허를 발급해 줄 것이다.

제이뚜에 의지하는 사람들은 대부분 본인들이 하면 안 되는 짓을 하고 있음을 안다. 하지만 그들은 어깨를 으쓱하며 다음과 같은 말로 자신의 행동을 정당화한다. "다른 방법이 없잖아요."Não tem outro jeito. 누구나 한두 번은 제이뚜로 문제를 해결한 적이 있고 제이뚜를 쓸 능력이 있으면 항상 쓰기 때문에 이를 비난의 눈초리로 보는 사람은 없을 것이다. 도리어 원칙대로 행동하는 '오따히우'otário를 얼뜨기나 호구로 생각하며 조롱과 웃음거리의 대상으로 삼기 때문에 아무도 '오따히우'가 되려고 하지 않는다.

'오따히우'의 반대말은 '말랑드루'malandro로, 잔꾀로 먹고 사는 사기꾼을 뜻하는데 종종 후회나 죄책감 없이 다른 사람을 속인다. 예전에 외국인 친구들, 다시 말해 브라질 사람들이 볼 때는 호구인 친구들과 식당에서 식사를 했을 때였다. 계산서를 받아 보니 한 잔에 1달러씩 "코카콜라 6잔"6 C. Cola이 포함되어 있었다. 콜라를 주문한 적이 없었으므로 웨이터를 불러 물었더니 그는 어깨를 으쓱하고는 그저 "Se cola"라고 대답했다. 이 말은 '실수가 있었나 보네요'라는 뜻으로 'C. Cola'와 발음이 똑같다. 이 말로써 그는 우리 일행을 무슨 일이 일어나는지도 모르는 채 사기를 당하는 호구로 보고 '말랑드루'가 그렇듯이 우리를 속이려 했음을 시인한 것이었다. 웨이터에게는 안 됐지만 내가 속임수를 눈치챘고 그는 계산서에서 콜라 값을 지워야 했다. 또 다른 예로 아내에게 헌신적인 남편인 척 굴면서 사실은 처제와 바람을 피우는 남자를 들 수 있는데 이는 2009년에 유행한 팝송의 내용으로 남편이 '말랑드루'이고 아내는

'오따히우'인 셈이다.

'말랑드루'는 브라질 대중문화에 반복적으로 등장하는데 이를 보는 이중적인 시선이 존재한다. 공식적으로는 순진무구하고 성실한 사람들을 먹잇감으로 삼는 사기꾼, 협잡꾼으로 비난받는다('말랑드루'는 대부분 남자이다). 그러나 한편으로는 삼바 가사나 책, 영화 등에서 온갖 장애물과 어려움을 능숙하게 피할 줄 아는 능력자로 은근히 추앙받는다. 브라질 사람들이 '말랑드루의 자연 서식지'라고 말하는 리우데자네이루의 몇몇 지역에서는 '말랑드라젱'malandragem이라는 용어를 사용한다. 이는 '말랑드루'의 전략을 뜻하는데 예술의 한 경지로 여겨질 정도이다.

'말랑드루'의 기본 원칙은 '제르송의 법'Gerson's Law으로 요약할 수 있다. 제르송은 축구 선수로 1970년대 후반 담배 광고에 출연해 "Gosto de levar vantagem em tudo, certo?"라고 외쳤다. "난 뭐든지 1등을 해야 돼, 알았어?"로 번역되는 이 문장은 순식간에 인기를 끌었고 넓은 의미로 브라질 사람들은 뭐든 1등, 즉 우위에 서기를 좋아한다는 것으로 확대되었다. 나중에 제르송은 이 문구가 자신의 이름과 함께 언급되는 것에 유감을 드러냈지만 '말랑드루'를 한 줄로 요약한 대표적 표현이 됐고, 누군가 비윤리적·냉소적으로 자신의 이익을 쫓아 행동할 때마다 대개 비난하기 위해, 때로는 정당화하기 위해 인용된다.

브라질 사람들의 또 다른 특징은 브라질 인류학자 호베르뚜 다마따Roberto DaMatta가 말한, "집과 거리"에서 보여 주는 행동의 차이이다. 앵글로색슨 사회는 공정, 정의, 평등한 기회를 추구한다. 그러나 인간이란 존재가 불완전하고 일상생활을 하다 보면 이런 이상에서 종종 멀어지기 마련이다. 그렇다고 이 원칙에서 너무 동떨어진 행동을 하면 공개적으로 비난을 받거나 법에 의해 처벌 받는다. 2007년 패리스 힐튼이 갖은 방법으로 징역형을 피하려다 대중의 따가운 시선에 결국 형기를 채워야 했던 일화가 그 예다.

그러나 브라질 사람들은 거리에서의 행동과 집에서의 행동이 일치하지 않을 수 있다고 생각한다. 집에서의 생활은 가족과 친구들의 세계로 혈연, 애정, 희생으로 묶여 있고, 성별, 나이, 도리에 따른 역할이 있다. 반면 공적인 생활에서는 평등주의가 적용되기보다는 불공평과 족벌주의, 차별이 횡행한다. 'salve-se quem puder'의 세계, 즉 각자 알아서 살아남아야 하는 곳으로 공공의 안녕이나 복지보다 개인 또는 개인의 최측근의 이익을 추구한다. 그 결과 관공서는 종종 공익을 위한 곳이 아니라 개인의 이익을 취하는 곳이 되어 버리곤 한다.

많은 브라질 사람들은 가족이라는 개념에 직계 핵가족 단위를 넘어서 사촌은 물론 사촌의 사촌까지 포함시킨다. 최근까지 브라질의 출산율이 높았기 때문에, 특히 출산율이 가장 높은 내륙지역에서는 이 확장된 개념의 가족에 열 명이 넘는 형제자매와 수십 명의 사촌들이 포함되는 것이 다반사다. 어떤 경우에는 가족보다는 가문이라고 이야기하는 편이 더 정확하다. 가문이라는 용어는 햇필드Hatfield 가문과 맥코이McCoy 가문 간의 반목이 수대에 걸쳐 지속된 북동부 지역과 같은 곳에서 자주 사용된다.

확장된 가족의 구조는 양날의 검이 될 때가 많다. 보호 및 지지 기반이 되어 주기도 하지만 제이뚜 때문에 의무에 얽매여 개인의 자율성을 포기해야 할 때도 있다. 브라질에 사는 동안 아내의 사촌의 사촌들이 나를 찾아와선 비자가 빨리 그리고 호의적으로 승인되도록 브라질 주재 미국 대사관에 말을 넣어 달라 부탁하는 경우가 있었다. 내가 비자 업무는 그런 식으로 진행되지 않으며 제이뚜를 써서 비자를 받을 수 없다고 말하면 그들 중 일부는 기분 나빠 했고 내가 자신들을 위해 노력하지 않는다고 생각했다.

대가족의 유대를 중시하는 경향은 정치와 경제에도 영향을 끼쳐왔다. 최근 세계경제에 통합되면서 누그러지는 추세이지만 전통적으로 브라질의 대기업들은 가족이 소유하고 경영했다. 한편 정치는 아직도 가족주의가 강한 지역이 많아서 북동부나 아마존 지역에서는 주지사, 시장, 의원직을 상속재산처럼 아버지가 자녀들에게 물려주고 있다.

가장 대표적인 예가 마라녀웅Maranhāo 주에서 40년이 넘도록 정치 지도자 행세를 하는 조제 사르네이José Sarney 전 대통령이다. 그의 장남 페르낭두Fernando는 가족 기업인 방송국의 사장이며 브라질 축구협회의 부회장이다. 2009년 아내와 함께 공갈, 돈세탁, 위증, 문서 위조 등으로 기소됐지만 여전히 그 자리를 지키고 있다. 그의 여동생 호제아나Roseana는 주지사로 세 번, 국회의원으로 두 번 당선됐으며 남동생 조제 사르네이 주니어는 장관을 역임했고 세 번이나 당적을 바꾼 지금 하원의원이 되어 있다.

브라질이 현대화되면서 친인척을 밀고 끌어 주는 경향은 흔들리고 있다. 지극히 사적으로 해결하던 옛날 방식과 공정함을 추구하는 새 방식이 충돌하고 있다. 그럼에도 불구하고 공공기관이 모든 사람에게 공평하게 일을 처리한다고 생각하면 오산이다. 공개적이든 비공개적이든 여전히 편파주의에 따라 포상과 벌이 부과된다. "Aos meus amigos, tudo, aos meus inimigos o rigor da lei"라는 포르투갈어 속담이 있다. '친구에게는 모든 것을, 원수에게는 법의 엄중함을'이라는 뜻으로, 브라질 사람들이 생각하는 것보다 흔하게 대통령부터 거리의 경찰관까지 공권력을 가진 이들의 행동 원칙으로 작용하는 듯 보인다.

높은 지위의 친구가 많고 제이뚜를 쓸 줄 알면 법을 지키지 않는 것도 가능하다. 법전에 뭐라고 씌어 있든 언제라도 예외를 만들 수 있고 위반을 눈감아 줄 수 있다. 법의 엄격한 잣대는 권력을 가진 사람들의 적에게만 해당된다. 예를 들어 시장이나 시의원의 친인척은 토지 이용 규제법을 따르지 않아도 된다. 건축법이 규정한 것보다 더 높이 건물을 세우고 싶은가? 마음껏 세워라. 주거지역으로 규제된 곳에 가게를 열고 싶은가? 당장 열어라. 그러나 정적이나 사업 경쟁자가 같은 일을 시도한다면, 태도는 당장 바뀐다. "그들에게는 법문 그대로!"A lei neles!

그 결과 많은 브라질 사람들은 법을 정의의 수단이 아닌 힘과 권력의 도구로 본다. 법을 지키지 않고 법망을 피하는 것이 자랑스러운 일처럼 되었다. 특히 법이 개인의 목표나 이익을 방해할 때 더욱 그렇다. 그러나 때로는 자아를 뽐내고자 장난처럼 법을 안 지키기도 한다. 잘 지켜지지 않는 법규나 규칙에 대해 토론할 때 브라질 사람들은 이렇게 말한다. "저 법은 인기가 없었어."Aquela lei não pegou.

앵글로색슨 사회에서 처음 온 사람들에게는 이해할 수 없는 말일 것이다. 어쨌든 법은 법인데 어떻게 "인기가 없다"라고 말할 수 있는가?

금주법은 미국 역사에서 이례적인 경우였다. 금주령을 조롱하는 사람들이 많아져서 법의 권위가 실추되자 결국 금주법은 폐지되었다. 그런데 브라질에서는 이런 식으로 '인기 없었던' 법이 너무 많았고 지금도 많다. 대기업은 법에 명시된 직원들의 사회복지 및 의료보험 분담금을 부담하지 않고, 도시의 운전자들은 깜깜한 밤 적색 신호가 켜졌을 때에도 달린다. 신호 위반이 너무 많은 나머지 리우데자네이루를 비롯한 몇몇 도시에서는 밤 10시 이후 적색 신호 시 멈추는 것을 의무가 아닌 선택 사항으로 개정했을 정도이다.

법규를 지키지 않는 경향 때문에 브라질 사회는 이기적이거나 무질서하게 보이기도 한다. 어느 경우든 그로 인해 시민연대 의식이 부족할 수밖에 없다. 운전자들은 자신이 차를 가진 유일한 사람인 것처럼 운전하며 다른 사람을 배려하지 않는다. 은행, 극장 매표소, 버스 승강장, 식료품 가게에서 꼭 한 명씩(혹은 여러 명) 자신이 너무나 중요한 인물이라거나 바쁘다는 이유로 줄을 서지 않고 새치기하는 경우를 볼 수 있다. 해변에서 열린 콘서트에 늦게 도착한 사람이 아무렇지 않게 앞자리에 끼어들어 일찍 온 사람들의 시야를 가릴 때도 많다. 영화 상영 중에 휴대전화를 받고 이를 비난하면 싸우기까지 한다.

브라질에서 법은 구속력 있는 행동 강령이 아니라 이상과 선의의 표현일 뿐이다. 예를 들어 브라질 헌법은 세계에서 가장 관대하고 진보적인 헌법으로, 다른 나라에서는 볼 수 없는 각종 권리를 보장하고 있다. 그러나 차별로 고통받는 사람들과 빈민들에게 약속한 복지 및 권리는 그저 종이 안에 존재할 뿐이다. 법 조항은 있으나 의회는 이를 보장할 예산을 책정하지 않는다. 마치 법 집행 의도를 공표하는 것이 실제로 법을 집행하는 것과 같은 것처럼 되어 있다. 약속이 지켜지지 않으리라는 것을 모두가 알고 있고, 아무도 그 약속을 진지하게 생각하지 않기 때문에 애초에 그런 이상적인 규정이 만들어질 수 있는 것이다.

법 앞에서 모두가 평등하다고 외치면서도 사회적·경제적 배경에 따른 차별이 실제 법 조항에 있다. 얼마 전까지만 해도 대학 학위를 가진 사람이 범죄자로 기소되면 자동적으로 '일반 범죄자들'과 분리해 더 안락한 수감 장소로 보냈다. 리우데자네이루의 명망 있는 사업가 집안의 자손이 술에 취해 출근하려고 새벽 버스를 기다리는 가정부를 때렸을 때도 '특별한 감방'을 요구할 수 있었다. 홧김에 애인을 살해한 상파울루의 신문 편집자도 2000년부터 여러 해 동안 재판을 받았는데, 그동안 특별 감방에 있었다.

정계, 재계, 법조계, 교육계, 종교계, 스포츠계의 높은 자리에 있는 사람들은 본인들의 지위를 과도하게 높이 여겨 오만하고, 본인들은 구별된 환경에 있다고 생각한다. 그래서 어떠한 도전이나 의심의 표현도 '불경'lèsemajesté으로 간주한다. '브라질 국가'를 '거대한 브라질 가족'이라고 부르기도 하는데 여기에는 대통령이 아버지라는 의미가 내포되어 있다. 선생님은 가르치고 학생은 듣고 암기하는 것이 브라질의 전통적인 교육 방식인데, 여기에 익숙한 브라질 학생들은 미국 대학원에서 공부하며 소크라테스식의 대화형 수업에 충격을 받기도 한다. 운동선수는 코치나 구단주의 결정에 의문을 제기할 수 없다. 그러는 순간 문제아로 찍혀 벤치에만 앉게 되거나 다른 팀으로 옮겨야 한다. 직원들의 의견은 거의 반영되지 않으며 그저 명령에만 따라야 한다.

높은 자리에 있는 이들이 본인 생각에 마땅히 받아야 할 대접을 받지 못하고 다른 일반 시민과 똑같은 취급을 당한다면 결과는 뻔하다. 이때 가장 많이 나오는 소리는 이것이다. "너, 내가 누구인 줄 알아?"Você sabe com quem está falando? 높은 양반이 자신의 행동에 도전을 받는다고 느낄 때, 예를 들어 은행 창구나 영화관 매표소에서 인내심을 가지고 기다리는 사람들 앞으로 새치기를 하고 싶을 때나 속도위반으로 잡혔을 때, 그는 "너, 내가 누구인 줄 알아?"라고 말할 것이다. 비번인 경찰이 주차 장소나 찌그러진 범퍼를 두고 싸울 때도 마찬가지다. "당신, 내가 누군지 알기나 해?" 심지어 총을 꺼내는 경찰도 있다. 이런 일은 수도 없이 일어나지만 처벌을 받는 경우는 없다.

피라미드의 최상층에 있는 사람으로서 마땅한 대접을 받지 못했을 때 외치는 말은 또 있다. "여기에서 명령을 내리는 사람은 나야." Quem manda aqui sou eu. 1981년 로널드 레이건Ronald Reagan 대통령 암살 기도 직후, 국무장관 알렉산더 헤이그Alexander Meigs Haig가 기자들에게 "여기는 내가 통제합니다"라고 했다가 웃음거리가 된 적이 있다. 그러나 브라질에서 이런 발언은, 특히 격앙된 톤으로 외치면, 서열을 정리하고 하급자들을 무릎 꿇리는 데 효과적이다.

브라질에서 쓰는 포르투갈어가 서열화를 부추기는 면도 있다. 영어에서는 2인칭을 가리키는 표현이 'you' 한 개뿐이다. 대통령을 부를 때도 청소부를 부를 때도 'you'라고 한다. 스페인어나 중국어는 두 개인데 친근하게 부를 때와 격식을 차릴 때로 구별한다. 반면 브라질에서 쓰는 포르투갈어는 2인칭 표현이 4개나 된다. 우선 격식을 덜 차릴 때 사용하는 2인칭이 2개로, 친밀한 사이에 쓰는 'tu'와 일반적인 경우에 쓰는 'você'가 있다. 한편 격식을 차린 호칭도 2개인데 최대한 격식을 차려 존경을 표할 때는 'o senhor', 중간 수준으로 존중하는 의미를 표할 때는 'doutor' 또는 'seu', 여성의 경우에는 'dona'를 이름 앞에 붙여 부른다. 또 'doutor'는 의사라는 뜻이지만 대학 졸업자라면, 혹은 그 정도로 잘나 보이는 사람이라면 누구에게나 존경의 의미로 이름에 붙여 부른다. 나는 의학 학위가 없기 때문에 스스로 나보다 낮은 위치에 있다고 생각하는 가게 점원 등의 사람들이 나를 'doutor'로 부르거나 '보스'라는 뜻의 'chefe'라고 부르면 항상 불편하다. 8년 동안 직장이 있던 건물의 엘리베이터 운행사들에게 나는 동급의 호칭인 'você'를 썼지만 그들은 항상 나를 'Doutor Larry'(도우토르 래리)라고 불렀고 격의 없는 호칭을 결코 쓰지 않았다.

공무원들은 이런 호칭을 엄격하게 따져 자신의 권위를 세우고 민원인에게 열등감을 안기려 한다. 2003년 기사를 쓰기 위해 리우데자네이루의 젊은 여성 검사를 인터뷰했을 때 일화이다. 나보다 스무 살이나 어린 검사를 'você'라고 호칭했더니 불쾌해하면서 'senhora'나 'Doutora Joana'로 부르라고 했다. 나는 그 요구가 터무니없다고 생각해 계속 'você'라고 불렀고, 결국 그 검사는 내게 존경심이 부족하다며 인터뷰를 중단했다.

심지어 종교조차 서열화의 영역이며 여기서 다시 제이뚜가 등장한다. 공식적으로 브라질은 세계 최대의 가톨릭 국가이다. 2010년 인구조사에서 브라질 국민의 3분의 2가 자신이 가톨릭 신자라고 답했다. 일상생활 곳곳에서 가톨릭 신앙을 느낄 수 있다. 어느 술집에 들어가도 성 조지나 성녀 바버라 같은 성인의 조각상이 까샤사 cachaça ● 술병과 함께 벽을 차지하고 있을 것이다. 상파울루의 성모 승천대축일 같은 종교 축제 시기에는 수백만 명의 순례자들이 성당에 모여 성모 마리아를 경배한다. 일상용어에도 종교적 표현이 많다. '내일 봐요'라는 작별 인사에 대한 대답으로 'Se Deus quiser'라고 하는데 '그것이 하느님의 뜻이라면'이라는 뜻이다.

이렇게 겉으로 보이는 가톨릭 신앙의 이면에는 훨씬 복잡한 현실이 감춰져 있다. 브라질 주교회의에 따르면 자신을 가톨릭 신자라고 말하는 사람들 가운데 다섯 명 중 한 명만 미사에 참여한다고 한다. 남성보다는 여성의 참여율이 높다. 내륙에 있는 작은 마을의 경우, 대개 중앙 광장에 성당이 있고 맞은편에 시장 사무실, 식당, 술집 등이 있는데 아내와 자녀들이 성당 미사에 참여하는 동안 남자들은 광장에서 게임을 하거나 술집에서 시간을 때우는 광경을 흔히 볼 수 있다. 게다가 성당에 다니는 사람들도 세례식이나 결혼식, 장례식 같은 큰 행사에만 참석할 때가 많다.

● 사탕수수로 만든 브라질식 럼주.

또한 가톨릭 신자라고 말하는 사람들의 상당수가 민간 신앙을 받아들이는 데 거리낌이 없고 이는 혼합과 조화라는 브라질 문화의 특징이기도 하다. 특히 마꿍바macumba, 깡동블레candomblé, 또는 웅방다umbanda로 알려진 아프리카 기원의 브라질 종교들은 서아프리카에 같이 뿌리를 두고 있는 아이티의 부두교voodoo나 쿠바의 산테리아교santeria와 비슷하다. 한편 '심령술사'를 자칭하는 사람들은 19세기 프랑스 사상가 알랑 카르덱Allan Kardec의 영향을 받아 산 사람과 죽은 사람이 직접 또는 매개자를 통해 의사소통할 수 있다고 믿는다.

이런 믿음을 가진 사람들 수백만 명이 인구조사에서 가톨릭 신자로 집계됐고 실제 주요 가톨릭 의식에도 참여한다. 그러나 깡동블레나 마꿍바를 추종하는 사람들은 수태고지 같은 가톨릭 축제나 미사에 참여할 때 진심으로 성모 마리아를 경배하거나 조지 성인이나 바버라 성녀의 도움을 기대하지 않는다. 대신 아프리카 기원의 브라질 종교들에서 철과 전쟁의 신인 오궁Ogun이나 바다의 여신인 이에망자Iemanja에게 기도한다. 이런 관습은 노예 시절의 잔재로 아프리카 노예들이 성직자나 주인의 분노를 피하기 위해 자신들의 신앙을 감추고 제이뚜를 써서 아프리카 신에게 가톨릭 이름을 붙여 부른 것에서 기원하다. 이렇게 해서 겉으로는 기독교적 세계관을 받아들인 것처럼 보이지만 내면으로는 시스템만 변형됐을 뿐 자신들의 우주관을 지킨 것이다.

아프리카 기원의 브라질 종교들은 사이비 종교가 아니라 '떼헤이루스'terreiros라는 예배 장소와 사제까지 갖춘 나름의 종교이다. 또

악령과 선령이 가득한 세상을 헤쳐 나가기 위해 오슘Oxum(강, 아름다움, 예술의 여신)이나 샹구Xangô(천둥번개, 힘, 정의의 신) 같은 오리샤Orixá(신)의 보호와 인도가 있어야 한다고 믿는다. 신마다 다른 개성과 능력이 있고 사람은 태어날 때부터 각자 수호신을 지니는데 수호신이 누구인지는 사제가 점을 쳐서 알려 주거나 수호신이 직접 그 사람에게 나타난다. 최면 같은 접신의 상태가 될 경우에는 무조건 그 수호신을 따라야 한다. 수호신에게 감사를 표할 때는 술, 과일, 꽃, 담배 같은 선물을 바치는데, 폭포나 교차로처럼 이른바 신의 '기운이 센 곳'에 이런 선물이 장식되어 있는 것을 브라질 곳곳에서 볼 수 있다.

이런 신앙은 운명론을 부추긴다. 사람은 자기 운명의 진정한 주인이 될 수 없고 적이나 경쟁자가 그들의 오리샤를 통해 저주를 퍼붓거나 의지에 반하는 행동을 하도록 유도할 수 있다고 믿는다. 그리하여 브라질 빈민층을 위해 활동하는 사회운동가들은 종종 좌절감을 맛본다. 운명론적 자세가 브라질 사회의 계급적 특성을 인정하고 강화하기 때문이다. 이런 신앙을 가진 사람들은 자신의 오리샤에게 복종할 뿐만 아니라 중개자인 사제에게도 의지한다.

이러한 권위에 대한 깊은 존중으로 인해, 반항의 승화된 형태로 시작된 아프로-브라질 종교들은 역설적이게도 교구 신부로부터 교황에 이르는 영적인 명령 체계를 가지고 있어 훨씬 더 위계적인 가톨릭교회와 결국 공통된 태도를 가지게 된다. 가톨릭 신앙이나 아프로-브라질 종교들은 개인의 자유의지보다는 수동적인 자세를 강조한다.

그러나 브라질이 현대화되면서 신자들이 불만을 품기 시작했다. 인구조사에 따르면 가톨릭과 깡동블레는 신자들이 복음을 읽고 간증을 하고 찬송가를 부르고 방언을 하며 예배 의식에 보다 직접적·적극적으로 참여할 수 있는 개신교에 자리를 내주고 있다. 개신교에도 목사가 있지만 신자가 하나님과 직접 대화할 수 있음을 강조한다. 개신교와 경쟁하기 위해 최근 브라질 가톨릭교회에서는 '성령 은사 운동'이 등장했다.

규율이 과도하게 엄격한 제도가 그렇듯이 가톨릭교회는 겉으로는 존경의 대상이지만 실생활에서는 무시되고 있다. 일례로 추기경과 주교들은 카니발의 부도덕성을 지적하고 저녁 황금시간대의 텔레비전 프로그램, 특히 연속극의 선정성에 대해 우려를 표한다. 가톨릭을 비난하는 오순절 교회 목사들도 이 점에서는 똑같이 브라질 사회에 만연한 부도덕성을 걱정할 정도이다. 그러나 브라질 사람들은 그런 지적과 우려를 무시하고 자신들이 하고 싶은 대로 한다. 카니발에서는 여전히 야한 춤을 추고 매일 저녁 식사를 하면서 텔레비전 연속극을 즐긴다.

종교와 관련된 제이뚜의 가장 좋은 예가 낙태이다. 브라질은 공식적으로는 정치와 종교가 분리되어 있다. 그러나 정부 관리들은 교회의 심기를 건드리는 것을 꺼리므로 브라질의 낙태금지법은 세계에서 가장 엄격하다. 임신으로 인해 임산부의 생명이 위험하다는 의사의 확인이 있거나 성폭행으로 인한 임신이 아니면 낙태는 불법이다. 사실 교회의 기준은 훨씬 더 엄격하다. 2009년에 악명 높았던 사건으로, 9세 소녀가 계부에게 성폭행을 당해 쌍둥이를 임신하자 친모가 병원에 데려가 낙태 시술을 받도록 했는데 그 지역 주교는 소녀의 친모와 낙태 시술을 한 의사를 파문했다.

어쨌든 대부분의 브라질 사람들은 교회와 정부를 모두 무시하고 법망을 피할 방법을 고안했다. 임신했지만 아이를 원치 않는 여성들은 브라질 속어로 '천사 공장'으로 간다. 브라질 곳곳에 있는 이 불법적인 병원은 지역 주민들이 다 아는 비밀이며 이 병원에서는 저렴한 가격으로 아무것도 묻지 않고 낙태 시술을 해준다. 불법이기 때문에 정확한 집계는 어렵지만 브라질 보건부는 매년 200만 건의 낙태 시술이 이루어진다고 추산하고 있다. 세계은행의 보고서에 따르면 지금보다 성적인 문제에 신중했던 1991년에도 브라질 여성의 평균 낙태 횟수는 2회 이상이었다. 그럼에도 불구하고 2007년 일간지 『폴하 지 상파울루』*Folha de São Paulo*의 설문 조사에서 응답자의 3분의 2가 현재의 브라질 낙태금지법을 "수정하지 말아야 한다"라고 답했다.

1970년대 후반까지 브라질에서는 이혼도 불법이었다. 종교 예식에 따라 결혼했으나 불행한 부부들은 법의 인정은 받지만 교회는 인정하지 않는 방법을 택해야 했고 이것이 바로 제이뚜의 전형적인 예이다. 교회가 이혼을 반대했기 때문에 '데스끼따두'*desquitado*, 즉 별거 중임을 증명하는 법적 문서를 받았다. 공식적으로 결혼이 깨진 것은 아니었지만 남편과 아내로서 함께 살아야 한다는 의무에서는 벗어난 것이었다. 그래서 비록 공식적으로는 재혼할 수 없었지만 별거 상태에서 각자 새로운 배우자를 만나 사실혼 관계로 살 수 있었다. 이 사이에서 태어난 자녀는 합법적인 대우를 받았지만 엄격하게 따지면, 특히 교회의 눈에는 불법이었다. 이로 인해 상속 문제가 복잡해지는 경우가 종종 발생했다.

가톨릭과 마꿍바가 만연하다 보니 브라질 사람들은 이 둘 사이에서 왔다 갔다 하는 경향이 많고 이로 인해 칼뱅주의 및 그와 관련된 교리나 가치들은 별로 발을 못 붙이고 있는 실정이다. 브라질에서는 세상을 타락하고 사악한 곳이 아니라 즐기고 만끽해야 할 곳으로 본다. 이런 믿음은 초기 포르투갈 탐험가들이 브라질을 지상낙원으로 봤던 것에서 비롯되었다. 반反칼뱅주의 영향으로 이익과 부를 미덕이 아니라 이기심이 빚은 사악한 열매로 보면서도 어떤 종류의 죄라도 고해성사와 회개를 통해, 기도와 봉헌을 통해 용서받을 수 있다. 이런 믿음은 죄를 짓고 면죄받고 또다시 죄짓고 면죄받는 끝없는 순환을 만들었다. 쉬꾸 부아르끼의 노래 〈적도 아래쪽에는 죄가 존재하지 않는다〉에서 말하고 있는 내용 그대로다.

면죄와 용서의 개념은 브라질 국민성에서 가장 긍정적인 특성으로 꼽히는 관용과 일맥상통한다. 이는 타인의 사소한 기행뿐만 아니라 중대한 범법 행위에도 적용된다. "미국인의 삶에 2막이란 없다"라는 F. 스콧 피츠제럴드F. Scott Fitzgerald의 말은 브라질에는 해당되지 않는다. 연예인이나 축구 선수가 스포츠카로 과속하다가 길거리 상인이나 10대 청소년을 친다고 해도 금세 용서받고 교도소에도 가지 않는다. 부패 스캔들로 명예가 실추된 정치인은 잠시 사라졌다가 아무 일도 없었다는 듯이 다시 나와 선거에서 승리한다.

위의 사례들은 가설이 아니라 모두 사실이다. 페르낭두 꼴로르지 멜루Fernando Collor de Mello 대통령도 그 예이다. 미국 대통령 리처드 닉슨Richard Nixon은 1974년 워터게이트 사건으로 공적인 자리에서 완전히 물러났다. 반면 브라질 대통령 꼴로르 지 멜루는 1992년 탄핵된 후 대통령직을 사임했으나 2006년 국회의원에 당선되어 의회로 돌아왔고 자신처럼 불명예스럽게 물러났다가 돌아온 상·하원 의원들과 합심했다. 재기 넘치는 작가 이방 레사Ivan Lessa는 이런 상황을 꼬집어 다음과 같이 말했다. "브라질 사람들은 매 15년마다 과거 15년 동안 있었던 일을 모두 잊어버린다."

지속적으로 반복되는 제이뚜와 이를 근절하지 못하는 무능력으로 인해 브라질은 오늘날도 여전히 계급 사회에 머물러 있다. 정치 관련 장에서 다루겠지만 룰라의 대통령 취임을 반례로 드는 사람도 있을 것이다. 그러나 계층 이동의 성공적인 예로 언급되는 룰라의 성공 스토리는 일반적인 상황이라기보다 예외에 가깝다. 브라질에서는 누가 특권층이고 누가 지배층인지 너무나 분명하다. 가난한 사람 위에 부자가, 흑인 위에 백인이, 여성 위에 남성이 군림한다. 인종은 보다 복잡한 문제여서 다음 장에서 따로 다룰 것이다. 계급과 젠더의 상황만 보더라도 일상에서 계급화와 계층화가 어떻게 이뤄지는지 명확하게 알 수 있다.

역사적으로 브라질에서는 극소수의 엘리트 집단이 상층부를 차지하며 부와 특권을 누려 온 반면, 대다수 국민은 피라미드의 하층부를 이루며 가난에 시달려 왔다. 350년간의 노예제도가 이런 구조를 고착화했고, 1888년 노예제가 철폐되었으나 잔재가 그대로 남았다. 최근 수십 년 동안 중산층이 생겨나긴 했지만 여전히 하층에 대한 의존도가 높다. 오히려 중산층의 등장이 이런 현상을 강화했다는 주장도 있다. 사람들이 잘살게 되면 계급이 상승한 만큼 특권을 누리고 싶어 하는데 그 대표적인 상징으로서 가정부를 고용한다. 그 결과 미국의 중산층은 하인이 거의 없는 것과 대조적으로 브라질의 중산층은 거의 모두 하인을 둔다.

게다가 브라질의 중산층은 아랫사람을 동정하기보다 그들이 열망하는 상류층을 모방하는 경향이 강해 가치관과 행동까지 왜곡되고 있다. 예를 들어 하인이 있는 집의 아이들은 스스로 치우지 않고, 침대 정리를 하거나 빨래를 하는 경우는 더욱 없다. 바로 옆방에 물이 있는데도 멀리 있는 하인을 불러 물을 가져오게 한다. 이런 아이들이 10대가 되어 미국의 10대처럼 방학이나 방과 후에 서빙, 피자 배달, 세차 등의 일을 할 리 만무하다.

소위 '주벵뚜지 도우라다'Juventude dourada, 즉 금수저 청소년들이 푼돈으로밖에 여기지 않는 보수를 받기 위해 그 일을 하려는 하층의 성인들이 수백만 명은 있다. 또한 전통적으로 브라질의 부유층은 육체노동을 경시하고 육체노동자를 깔본다. 한 번도 육체노동을 해보지 않았기 때문에 노동의 가치를 모르며 노동에 동반되는 기술과 인내력을 인정하지도 않는다. 노동의 가치를 통해 중요한 인생 교훈을 얻을 수 있다고 여기기는커녕 자신의 품위를 떨어뜨리는 모욕적인 일이라고 생각한다. 이런 태도는 식민 시대 노예제로부터 시작된 주인-하인의 구분을 더욱 강화한다.

사실상 하층민들은 일회용품처럼 인간 이하의 취급을 받는다. 그래서 종종 '주어웅 닝겡'João Ninguem●으로 불리기도 한다. 1970년대 후반 리우데자네이루의 중산층 동네에서 거주하던 때, 정육점에서 고기를 사기 위해 아내와 함께 줄을 서고 있었다. 우리 앞에 한 여성이 있었는데, 거만해 보이는 태도에서 그녀가 브라질 사람들이 '부인'madame이라고 부르는 부류, 즉 돈이 좀 있다고 거드름 피우는 부류의 사람임을 알 수 있었다. 그녀는 정육점 주인에게 최상급 쇠고기인 '삐까냐'picanha 2파운드와 '까르네 지 엥쁘레가다'carne de empregada, 즉 글자 그대로 번역하자면 '하녀 고기' 1파운드를 주문했다. 애초에 귀부인이 그곳에 있는 게 이상한 일이었는데, 하녀가 쉬는 날임이 틀림없다고 생각했다. 처음에는 의구심이 들었으나 펼쳐진 채로 전달된 고기를 봤을 때 비로소 그 '하녀 고기'란 것이 그녀와 같은 부류의 사람이 개에게 줄 법한 고기 조각과 별반 다를 게 없는 최하품임을 분명하게 알 수 있었다.

하층민에 대한 편견은 은연중에 정부 정책에도 영향을 미친다. 최근까지 권력층을 위한 프로젝트에 비해 공교육, 보건소, 값싼 주택에 대한 투자는 턱없이 부족했다. 권력층의 자녀들은 어차피 사립학교에 다니기 때문에 공립학교를 개선할 필요를 느끼지 못한다. 마찬가지로 권력층이 이용하지도 않을 도로나 병원을 지을 이유도 없다. 아내의 사촌이 리우데자네이루 외곽 산악 지대에 주말 별장을 갖고 있는데, 전직 주지사의 저택까지만 도로 포장이 되어 있다. 그곳을 지나면 울퉁불퉁 흙길이지만 주지사가 쓸 일이 없으므로 포장을 하지 않은 것이다. 설사 이런 공공사업을 벌이더라도 법과 하느님 앞에 평등한 시민으로서 빈민층이 마땅히 받아야 할 혜택이기

● 영어로 'John Nobody', 존 아무개, 즉 이름이 중요하지 않다는 뜻.

때문에 하는 것이 아니라 호의이니 나중에 갚으라는 식이다.

여성의 상황은 더욱 애매모호하다. 법적으로 브라질의 남성과 여성은 동등하며 헌법에도 그렇게 명시되어 있다. 그러나 현실은 전혀 다르다. 최근 들어 여성의 지위가 매우 향상되고 있지만 여전히 남성이 사회 전반을 지배하고 있다. 많은 여성이 노동시장에 진입하고 있지만 남성에 비해 적은 임금을 받으며, 선진국과 비교해 노동시장에서 차지하는 비중 역시 작다. 다시 말해 브라질 성인 여성의 대다수가 가장인 남성에게 경제적으로 의존하고 있다는 뜻이다. 여기서 가장은 교회와 국가가 인정하는 합법적인 남편이나 비공식적인 동거남 모두를 말한다.

집안에서건 집밖에서건 브라질에서는 성역할이 미국, 유럽에 비해 훨씬 명확하게 나뉘어 있다. 성관계를 묘사할 때 남성은 여성을 '꼬메르'comer, 즉 '먹는다'라고 표현하고 여성은 남성에게 '다르'dar, 즉 '준다' 혹은 '몸을 바친다'라고 표현한다. 이런 표현들만 보더라도 남성은 능동적·지배적이고 여성은 수동적·복종적이며 남성이 명령하면 여성은 그것을 따른다는 것을 알 수 있다.

그러나 오늘날 성과 성정체성에 대한 태도는 뒤죽박죽인 경우가 많다. 세계적으로 브라질은 관능적이고 성적으로 개방된 곳으로 유명하다. 유럽, 미국, 아랍의 일부 부유층이 음란한 경험을 기대하며 브라질로 휴가를 오는 것도 이 때문이다. 그들은 이빠네마 해변에서 야한 수영복을 입은 까무잡잡한 피부색의 '이국적인' 여자나 카니발에서 거의 누드로 몸을 흔드는 여자들의 이미지를 보고, 꼬빠까바나의 스트립 클럽에 대한 이야기를 들으며, 인터넷에서는 브라질의 성매매 관광 광고를 접한다. 이런 제한적인 정보 때문에 그들은 브라질 전국이 음탕한 곳이라고 오판하기도 한다.

물론 브라질 사람들도 이를 잘 안다. 관능적인 이미지를 그려 내고, 성을 문화적 정체성의 일부로 만들고, 심지어 자국민이 유명인을 유혹해 브라질의 성적 평판이 자자해지면 자부심을 갖는 게 이나라 사람들이다. 할리우드에서 까르멩 미랑다Carmen Miranda가 가수이자 배우로 활동했던 오래전부터 지금까지 그렇다. 브라질 모델 루시아나 히메네스Luciana Gimenez는 믹 재거를 유혹해 그의 아들을 낳아 유명해졌고, 무명의 속옷 모델이었던 제주스 삥뚜 다 루스Jesus Pinto da Luz는 가이 리치 감독과 이혼 상태였던 마돈나와 사귀어 유명해졌다.

이렇듯 유명인과의 러브 스토리는 브라질 사람이 육체적으로 아름답고 거부할 수 없는 성적 매력을 지녔다는 증거로 여겨진다. 한편으로는 예절, 겸손, 품위가 결합된 '뿌도르'pudor라는 관념도 지배적인데 이는 라틴아메리카 대륙 전반에 공통된 것이다. 이 '뿌도르'는 도덕주의로 연결되어, 과도하게 도덕성에 치중하거나 도덕적으로 보이고자 하여 연애나 성생활까지 영향을 끼친다.

'뿌도르'에 따라 금기시되는 행동들이 있다. 브라질은 전통적으로 마초주의가 강해서 여성에 비해 남성이 훨씬 많은 성적 자유를 누린다. 남성이 성적으로 왕성하면 남자답다고 하면서 여성이 여러 남자를 사귀거나 옷을 야하게 입고 술집에 자주 드나들면 난잡하다고 욕한다. 심지어 이런 여자들을 사람을 잡아먹는 물고기로 알려진 '피라냐'라고 부르기도 한다.

또 '뿌도르'는 바람둥이 유부남에게도 자중을 요구한다. 여성 편력을 공공연하게 떠들지 말고 가까운 친구들에게만 과시해야 한다는 것이다. 만약 정부情婦가 있다면 여러 사람에게 노출시켜 시끄러운 스캔들을 만들지 말고, 그녀에게 생계에 도움이 될 사업과 조용히 밀회를 즐길 수 있는 아파트를 마련해 주는 게 좋다. 이런 경향은 보수적인 지역일수록 더 강하다.

브라질 사회의 남성 지배는 항문 성교 선호에서도 찾아볼 수 있다. 항문 성교는 브라질 사람들에게 부끄럽고 당황스러운 것이기 때문에 외부인들에게 숨기거나 부정하려고 한다. 그러나 여러 연구와 주변의 이야기들을 종합해 볼 때 이를 선호하는 것이 분명하다. 미국 남성들이 여성의 가슴에 집착한다면 브라질 남성들은 농담이나 남성 잡지의 누드 사진들로 판단하건대 여성의 엉덩이에 집착한다. 2006년에 상파울루의 콜걸인 브루나Bruna에 대해 기사를 쓴 적이 있다. 브루나는 자신의 성생활을 기록한 블로그로 유명해졌고 이 블로그의 글을 출판해 베스트셀러 작가가 되었다. 브루나가 내게 말하기를, 브라질 고객들은 모두 항문 성교를 원했지만 외국인 고객은 아무도 원하지 않았다고 했다.

1990년대 후반 시장연구소Institute of Market Research에서 실시한 설문 조사에 따르면 대부분의 브라질 사람들은 항문 성교에 대해 '비정상'이라고 대답했다. 그럼에도 불구하고 설문 참여자 가운데 다수가 '가끔' 항문 성교를 한다고 했다. 30~45세의 남성들은 여성보다 세 배 이상 항문 성교를 요구하며 부부 관계에서 항문 성교를 원하는 쪽은 남성으로 여성은 그런 남성의 요구 또는 간청에 따른다고 했다.

앞서 언급한 쉬꾸 부아르끼의 노래 〈적도 아래쪽에는 죄가 존재하지 않는다〉의 가장 인기 있는 버전이 동성애자인 네이 마또그로수Ney Matogrosso가 녹음한 버전인 것도 우연이 아니다. 동성애에 대한 브라질 사람들의 태도는 모호하다. 노래 제목은 죄와 성에 해당하는 것이지만 동성애에 대한 모순적인 태도에도 해당된다.

엄밀히 말하자면 마초주의는 동성애와 남성의 여성적인 행동을 불쾌해 한다. 상파울루 출신의 게이 친구가 내게 말하길 어릴 때부터 남자란 자고로 '거칠게 말하고 침을 뱉어야 한다'고 배웠다고 했다. 그러나 한편으로 브라질은 동성애에 대한 관용이 내재된 사회이기도 하다. 카니발 축제 때 남자가 여자 옷을 입고 성역할을 바꾸는 것을 적극 권유한다. 익명성이 보장된 가면 뒤에서는 무슨 일이든 할 수 있고 이런 틀에서 브라질의 동성애는 꽃을 피워, 다른 곳에서는 금기시될 만한 행동이나 성별을 무시한 착장도 용인된다.

확실히 브라질의 동성애자들은 다른 라틴아메리카 국가와 비교할 때 선택권이 많으며 공개적이다. 리우데자네이루나 상파울루 같은 대도시에서 동성 커플은 숨어 살지 않아도 되고 게이 전용 바나 클럽에 갈 수도 있다. 텔레비전 드라마에는 동성 커플이 등장하며 이들이 키스하는 장면이 방송되기도 한다. 내륙의 중소 도시 상황도 비슷하다. 미나스제라이스에 있는 인구 50만의 산업 도시인 주이스지포라Juiz de Fora에서는 매년 여장 남자들이 아름다움을 뽐내는 미스 게이 브라질 대회가 개최되며 결과가 전국적으로 방송된다.

그러나 전국적으로 볼 때 동성애에는 여전히 낙인이 찍혀 있다.

특히 다소 보수적인 내륙 지방에서 동성애자들이 공개적으로 애정 표현을 하는 것은 위험하다. 대담하게 행동한 동성애자가 폭행을 당했다거나 심지어 살해당했다는 기사가 정기적으로 신문에 등장한다. 브라질에서 사용되는 포르투갈어에는 동성애를 경멸하는 단어가 계속 늘어나고 있다. 게이에 대해서는 '베아두'veado(사슴), 레즈비언에 대해서는 '싸빠떠웅'sapatão(큰 신발)이라는 단어가 공공연히 사용된다. 남부의 뻴로따스Pelotas 출신 남자들은 19세기부터 유래한 속설 때문에 지금도 모두 동성애자라는 놀림을 받는다. 심지어 룰라 대통령조차 동성애자의 권리 법안을 발의했던 노동자당의 당수 시절 뻴로따스를 두고 "게이 생산 공장"이라고 표현한 적이 있다. 이런 속설은 북부 빠라이바Paraíba의 여자들에게도 똑같이 적용된다.

분위기가 이렇다 보니 많은 동성애자들이 자신의 성 정체성을 숨기려 한다. 모두들 레즈비언으로 알고 있는 상당수의 여성 가수들은 그 사실을 인정하지 않으려고 하고, 축구 선수들도 마찬가지이다. 자신이 게이라는 걸 인정하면 마초의 영역인 축구 선수 경력에 흠집이 날까 봐 두려워한다.

부분적으로는 이런 이유들 때문에 학계와 정부의 연구자들이 브라질에 동성애가 얼마나 퍼져 있는지 제대로 파악하기가 어렵다. 이를 더 복잡하게 만드는 것은 브라질 사람들이 가지고 있는 앵글로색슨 세계에서보다 훨씬 더 유동적인 동성애에 대한 정의이다. 특히 남자들의 동성애에서 유동적인데, 전통적이고 대중적인 시각에서는 두 남성이 성관계를 맺을 때 수동적인 쪽, 즉 삽입을 당하는 쪽만 동성애자를 뜻하는 '베아두' 또는 '비샤'bicha라고 본다. 이는 영어의 'fag'나 'queer'에 해당하는 표현이다. '능동적인' 남성은 상대 남성에게 여성 역할을 시켰으므로 마초라고 주장하기도 한다.

마찬가지로 브라질 도시 매춘부의 상당수를 차지하는 트랜스젠더도 동성애자로 간주하지 않는 경우가 많다. 트랜스젠더들은 남성의 생식기를 가지고 있더라도 스스로를 여성이라 생각하고 여성의 옷을 입고 행동하면서 두 성性의 중간 지대를 점유하고 있다. 그 중 일부는 더 여성적으로 보이기 위해 여성호르몬을 투여하기도 한다. 최근 브라질의 트랜스젠더들이 유럽으로 진출하고 있는데 유럽 현지에서는 아직 이들을 어떻게 정의할지 확신이 없는 상태이다. 유명 인사가 된 트랜스젠더도 있다. 1964년생인 호베르따 끌로지 Roberta Close는 브라질 판『플레이보이』지의 표지를 장식하기도 했고 의류 모델, 심야 토크쇼 진행자로 활동했으며, 영화도 만들었다. 그리고 마침내 1989년에 성전환 수술을 했지만 브라질 대법원에서는 2005년까지 공공 서류에 그의 성을 남성으로 기재하도록 했다.

브라질과 외부 세계의 접촉이 늘어나면서 성소수자들은 점점 더 많이 모습을 노출하고 음지에 숨어 살지 않으려고 한다. 제이뚜에 의지해 지내야 했던 여성과 흑인들도 마찬가지로, 이에 대해서는 다음 장에서 다룰 예정이다. 이들은 다른 나라에 살고 있는 같은 처지의 사람들이 제이뚜와 같은 간접적인 술수에 의존하기보다 직접적이고 심지어 대립적인 캠페인과 요구를 통해 처우 개선을 이루고 있음을 알게 되었다. 그래서 그간의 방법을 반성하고 비공식적·사적으로 협상하던 과거의 방식에서 탈피해 공개적으로 드러내고 법정에서 호소하고 있다.

공공 부문과 정치 부문에서 비슷한 변화의 징후가 감지된다. 특히 인터넷을 통해 외국의 상황을 많이 접한 젊은 세대들이 변화하고 있다. 이들은 제이뚜로 연결되는 부정부패와 서열 문화에 부정적이다. 법조계의 젊은 검사들을 위시한 신세대들은 최근 정부의 특권 남용과 부패 관련 스캔들을 비난하며 기소도 불사하고 있다. 사건 조사가 제대로 이뤄지지 않은 경우가 많기는 했지만 "여기서 명령을 내리는 사람은 나야"라는 말에 복종하지 않으려는 움직임이 있다는 것만으로도 놀라운 일이다.

브라질이 외부 세계와 영향을 주고받으면서 얻은 또 하나의 당혹스러운 결론은 제이뚜가 브라질 밖에서는 잘 통하지 않는다는 것이다. 브라질이 명성을 날리고 있는 외교는 예외이지만 해외에 투자하는 브라질 기업이나, 브라질 출신의 유학생, 관광객 등은 일본이나 앵글로색슨 국가에서는 법에 약간의 융통성도 통하지 않으며 어떤 문제를 두루뭉술하게 해결하는 것이 불가능하다는 것을 알고 깜짝 놀란다. 이런 경험이 자신들의 가치와 행동 양식을 돌아보게 만들어 브라질 국내에서 변화를 이끌어 내리라 생각한다.

그래서 미래의 어느 시점에는 브라질 사회가 제이뚜에 덜 의존하기를 기대해 본다. 그러나 지금 이 순간 브라질 사람들은 침실에서건 회의실에서건, 가정에서건 의회에서건, 딱딱하고 분명하게 경계선을 긋는 것에 반감을 갖는다. 어딘가 몸을 비틀어 탈출할 공간이 있어야 하고 만약 그럴 공간이 없다면 반드시 만들어야 한다. 권력의 정점에 있는 이들은 존중과 복종을 요구하지만 그 밑에 있는 이들은 어떻게든 공권력을 약화시키고 법망을 피하려고 한다. 다시 말해 제이뚜를 쓰려는 사람이 있는 한 제이뚜는 계속될 것이다. 브라질 속담에도 있지 않은가. "태양은 모든 사람에게 떠오르지만, 수단이 좋은 사람은 그늘에 있을 수 있다."

인종 천국의 신화

1996년 흑인 10대 소년 루시아누 소아리스 히베이루Luciano Soares Ribeiro는 남부 도시 뽀르뚜알레그리Porto Alegre에서 자신의 자전거를 타다가 백인 운전자 호제리오 페레이라 빤세라Rogério Ferreira Pansera 의 BMW에 치이는 사고를 당했다. 운전자는 소년을 도와주러 나가 는 대신 "훔친 자전거를 타고 있던 흑인"을 고의로 친 것이라 증언 하고 현장을 떠났다. 루시아누의 엄마가 4시간 뒤 병원에 도착했을 때까지 그녀의 아들은 치료도 받지 못하고 있었다. 나중에 의사가 말하기를 "소년이 노숙자일 것으로 추정되며 병원비를 누가 낼지 몰랐기 때문"이라고 했다. 이틀 뒤 소년은 두부외상으로 사망했다. 소년의 주머니에는 자전거 영수증이 들어 있었다. 혹시라도 경찰이 자전거를 훔친 것으로 오해할 경우를 대비해 부모가 언제나 들고 다니라고 했던 영수증이었다.

브라질 사람들은 자신들의 나라가 '인종적 민주주의' 국가라고 생각하기를 좋아하며 온 세계에 이런 이미지를 성공적으로 팔기도 했다. 미국, 남아프리카공화국, 말레이시아 등 오랜 기간 인종 또는 종족 갈등에 시달리던 국가의 대표단들이 브라질을 찾아와 성공 비법을 배워서 자국에 적용하려고 할 정도였다. 꽤 오래 브라질에 살면서 일한 미국의 한 사회학자가 쓴 책은 수십 년 동안 전 세계 대학의 교재로 쓰였는데, 브라질에는 인종차별이 존재하지 않는다고 결론지었다. 결과적으로 브라질은 관용과 화합의 상징처럼 보인다는 얘기다.

그러나 브라질 인종 문제의 현실은 겉에서 보는 것보다 훨씬 복잡하고 모호하다. 브라질의 아름다운 풍광과 다정한 사람들에게 반한 방문자들이나 평균적인 브라질 백인들은 인종 문제를 실감하지 못하는 경우가 많다. 그러나 실상 인종 문제는 자긍심의 원천이 되기보다는 브라질의 비밀, 숨은 수치심이다.

인구조사에 따르면 브라질의 2억 명 인구 중 절반이 아프리카계이다. 브라질의 흑인 인구는 아프리카를 제외한 지역 가운데서 가장 많을 뿐만 아니라 나이지리아를 제외한 어느 아프리카 국가보다 많다. 그러나 공식 용어 '아프리카인 후예'afro-descendants로 지칭되는 흑인 또는 흑인 혼혈은 국가의 주요 부문에서는 배제되어 있고 일상생활에서 차별을 당하며 사회 지표에서도 바닥을 차지한다. 예를 들어 아프리카인 후예들은 대도시의 범죄 다발 지역이자 빈민가인 파벨라favela에서 가장 큰 집단을 이룬다. 검은 피부를 가진 브라질 사람은 백인과 비교해 경찰에게 사살되는 경우가 훨씬 많으며 수입이 적고 기대 수명이 짧으며 교육의 기회도 적다.

자꾸 다그치면 브라질 사람들도 이런 불평등을 인정하고 안타까워할 것이다. 그러나 한편으로는 이것을 인종 문제로 보기보다는 계급 문제로 치부할 때가 많다. 이런 주장에는 의심할 바 없는 근거가 있다. 바로 오랜 세월 세계에서 가장 왜곡되고 불평등한 부의 분배가 이루어져 온 곳 중 하나가 브라질이라는 것이다. 피라미드 꼭대기에 있는 소수 백인 엘리트와 밑바닥에 있는 가난한 다수의 격차는 엄청나다. 그리고 아프리카인 후예들이 브라질 인구의 다수를 차지하기 때문에 이들이 빈곤층의 다수가 될 수밖에 없고 결국 피부색이 무엇이든 간에 계급 편견의 희생자가 된다는 것이다.

브라질 내에서 인종과 계급은 불가분이라고 할 정도로 뒤얽혀 있다. 문제는 종종 계급에 초점을 맞추면서 이를 인종 문제에 대한 비난과 관심을 돌리는 방패막으로 사용한다는 것이다. 뒤에서 다루겠지만 부유하고 잘 교육받은 흑인 브라질 사람이 가난한 백인조차 당하지 않는 차별을 받거나 가장 가난한 백인이 누리는 특혜를 흑인이라서 박탈당하는 경우가 많다.

그렇다고 해서 브라질의 일상생활에서 다른 인종끼리 관용하고 다정하게 지내는 일이 적다는 얘기는 아니다. 전통적으로 브라질은 여러 인종 간 결혼이 빈번했고 특히 사회적으로 낮은 계층일수록 그러했다. 2000년 인구조사 분석을 보면 30퍼센트의 가정이 다른 인종 간의 결혼으로 이루어졌다. 아마도 부유층에서는 그럴 기회가 적지만 가난한 백인과 가난한 흑인이 서로 이웃해 사는 경우가 많기 때문일 것이다.

많은 경우 브라질 사람들은 인종 구분 없이 어울린다. 각종 장벽이 허물어지는 카니발에서뿐만 아니라 일터에서나 퇴근 후 여가를 즐길 때도 마찬가지이다. 리우데자네이루나 상파울루의 금요일 밤에 흑인과 백인 동료들이 노변 카페에 둘러 앉아 함께 맥주나 까샤사를 마시며 농담을 주고받는 모습을 흔하게 볼 수 있다.

백인을 포함한 브라질 사람들은 카니발, 음악, 음식 등의 문화와 정체성에 아프리카가 뿌리박고 있음을 인정하는 데 있어 미국인보다 덜 양면적이다. 예를 들면 미국인은 재즈가 고급문화인지 저급문화인지, 힙합이 예술인지 아닌지, 대중음악의 형성에 흑인보다 백인의 영향력이 지대한지 아닌지를 토의한다. 반대로 브라질에서는 그들 문화의 아프리카 뿌리를 한 목소리로 추앙하고 아프리카적 표현을 열정적으로 받아들인다. 카니발은 아프리카와 중세 유럽의 관습이 혼합된 모습 그 자체이며 백인 브라질인이 그들 국가의 아프리카적 특성을 찬양하는 내용의 삼바를 부르는 모습도 쉽게 볼 수 있다.

다른 인종과 종족도 브라질이라는 다문화적 용광로의 일부이며 그들 역시 고정관념과 편견의 희생자가 되곤 한다. 일본인이 다수를 차지하는 아시아 인종은 공부만 하고 리듬감이 없다는 이미지가 있어 매해 카니발 때면 '자뽕가'japonga(아시아인 후손을 경멸조로 부르는 속어)들이 삼바를 노래하고 춤추려 애쓴다는 기사가 빠지지 않고 실린다. 룰라 대통령은 반유대주의 농담을 한 것으로 알려졌고 그를 후원한 세계사회포럼도 매년 반유대주의적 모습을 보인다. 원주민들의 말투, 옷, 문화는 종종 조롱거리가 되고 미개인을 뜻하는 부르지스burges라고 불리며 증오 범죄의 대상이 되기도 한다. 예를 들어 1997년, 빠따슈 앙앙앙이Pataxó Hã-Hã-Hãe 부족의 한 지도자는 부족 영토를 불법 점유한 목장주들을 내쫓아 달라고 브라질리아에서 정부에 탄원하다가 중산층 젊은이 다섯 명에게 붙잡혀 불에 타 죽었다.

그러나 이것은 모두 부차적인 갈등이다. 브라질의 원주민 인구는 겨우 60만 명이고 그것도 십여 개의 부족으로 나뉘어 있어 원주민 운동이 별로 발달하지 못했다. 원주민의 인구가 많고 더 조직적인 볼리비아, 에콰도르, 페루와는 대조적이다. 브라질의 유대인은 15만 명으로 매우 적고 외부의 관심을 피해 조용히 지내는 편이다. 그보다 많은 수를 차지하는 일본인 집단은 경제적·교육적 성취로 인해 선망과 질투의 대상이다. 중국과 한국 이민자들의 경우 밀무역의 이미지가 남아 있지만 일본과 비슷한 성공을 이루고 있다. 따라서 브라질의 인종 문제는 주로 흑인과 백인에 관한 것이며 그들 사이의 공간 문제로 귀결된다.

인종에 대한 브라질 사람들의 태도는 복잡하고 모순적이다. 한편에서는 인종의 혼합이 국가의 이상이라고 한다. 미국 남부의 분리주의자들이 이를 두려워해 법을 통과시킨 것과는 대조적이다. 브라질에서는 아프리카계 피가 한 방울도 섞이지 않은 것처럼 보이는 사람조차 사회 주류에서 소외되지 않고 진정한 브라질 사람처럼 보이기 위해 자신이 아프리카계라고 주장한다. 1990년대 유력 대통령 후보였던 페르낭두 엥히끼 까르도주Fernando Henrique Cardoso는 백인 엘리트로 간주되는 지식인이었고 장군의 아들이지만 "자신의 한 발이 부엌에 있다"고 주장했다. 이 표현은 조상 중에 흑인이 있음을 의미하는 속어이다.

'한 발이 부엌에 있다'라는 표현은 인종에 대한 브라질 내의 계급적 인식을 드러내기도 한다. 보다 직설적인 표현으로, 브라질 남성이 이상적으로 생각하는 여성과의 관계를 묘사할 때 "결혼은 백인 여자, 요리는 흑인 여자, 섹스는 혼혈 여자mulata"라고 말하기도 한다. 두 문구에 공통적으로 숨어 있는 의미를 해석해 보면 브라질에서 흑인의 '자리'는 식당이나 회의실이나 교실이 아니라 부엌, 창고, 들판, 공장 등 사회적 약자가 살거나 일하기 위해 있어야 하는 곳이다.

2005년 상파울루 출신의 저명한 변호사로 흑인 최초로 상파울루 주의 법무부 장관에 임명된 에지우 시우바Hedio Silva는 흑인인 전문 직업인의 고충을 나한테 토로한 적이 있다. 재임 시절, 상파울루 주지사 및 다른 고위 관료들과 함께 브라질리아에서 열리는 신임 대법관 취임식에 초대받았을 때였다. 식장에 도착하자 상파울루에서 온 사람들은 곧바로 특별석으로 안내되었다. 시우바의 백인 동료들 역시 어려움 없이 입장했지만 그는 다음과 같이 제지당했다. "관료 분들만 들어가십니다. 경호원은 이 문으로 입장할 수 없습니다." 자신이 누구인지 설명했지만 그들은 믿지 않았고 결국 그의 동료가 보증하고 나서야 합석할 수 있었다고 한다.

시우바의 입장을 막았던 보안 요원 가운데도 흑인이 있었지만 그는 그들의 행동이 인종차별적이라고 생각했다. 다른 흑인 전문직업인들도 종종 웨이터나 주차 담당, 고급 호텔의 사환, 리무진 운전기사로 오해받은 경험을 내게 얘기했다. 흑인이 관리직에 오른다는 것은 브라질 사람들, 특히 일부 백인들에게는 받아들이기 어려운 사실이다. 또 흑인 종사자가 별로 없는 분야의 일을 흑인이 하면 미묘한 인종차별이나 노골적인 편견의 벽에 부딪힌다. 상파울루의 축구 심판 조제 지 앙드라지José de Andrade의 이야기는 극명한 사례를 보여 준다.

경찰들의 축구경기에서 심판을 보던 지 앙드라지는 논란의 여지가 있는 판정을 내렸다. 퇴직 경찰 간부가 판정에 분통을 터뜨리며 그를 "원숭이"라고 불렀고 그의 피부를 두고 "똥 색깔"이라고 했다. 브라질의 국가인종차별금지법에는 "인종이나 피부색에 대한 혐오 범죄는 처벌받는다"라고 씌어 있기 때문에 지 앙드라지는 퇴직 경찰 간부를 '인종차별 선동'과 명예훼손, 비방 혐의로 고발했다. 지 앙드라지를 고용한 경찰 간부 운동 모임은 소송을 취하하거나 현금 합의를 보자고 압력을 가했다. 그가 거절하자 순찰차가 길거리에서 그를 괴롭혔고 심판 근무시간을 줄여 버렸다.

결국 지 앙드라지는 자신을 모욕한 경찰 간부를 만났고, 반성의 기미를 보이길 바랐다. 그러나 그는 오히려 자신이 경찰특공대장을 지낸 것을 떠벌리며 대놓고 위협하다시피 했다. 지 앙드라지 사건이 언론에 공개되며 경찰 간부 모임에 부정적 여론이 형성된 뒤에야 그의 업무가 정상화되었고, 형사재판은 지금도 진행 중이다.

"내가 원한 것은 그저 사과였다." 지 앙드라지가 인터뷰에서 나에게 한 말이다. "나는 항상 그에게 직함을 붙여 호칭했고 존중했다.

그러니 그도 나를 똑같이 대해야 한다. 모든 흑인들이 편견을 고발할 용기를 가져 우리 아이들이 이런 모욕을 받지 않기를 바란다."

1980년, 브라질의 인기 작가이자 소설가인 조르지 아마두Jorge Amado를 사우바도르다바이아에 있는 그의 자택에서 인터뷰한 일이 있다. 우리가 상세히 이야기 나눈 주제 가운데 하나가 바로 인종이었다. 사우바도르는 브라질에서 가장 아프리카다운 도시로, 아프리카계 브라질 사람들의 종교 본거지가 많아 '검은 로마'라고 불린다. 아마두는 자신을 흑인이라고 여기지 않지만 일생의 대부분을 이 도시에서 보내면서 아프리카적 가치를 받아들이고 흡수했다. 가톨릭 교도로 자라 젊은 시절 공산주의에 끌리기도 했지만 결국 오바oba, 즉 샹구의 명예 대사제가 되었다. 샹구는 혼합주의 종교인 아프로-브라질 종교 깡동블레의 빛과 정의의 신이며 강력한 깡동블레 사제들의 정신적인 고향인 일리 아셰 오뽀 아퐁자Ilê Axé Opó Monjá 사원에 가장 자주 찾아오는 신이다.

아마두의 소설은 그의 인생만큼 포용적인 인종관을 담고 있다. 그의 작품에는 편견을 갖고 브라질에 온 유럽인이나 아랍인들이 이 나라의 인간적이며 개방적인 분위기에 흡수되는 모습이 자주 등장한다. 물론 아마두의 작품에는 인종이나 계급에 대한 편견으로 흑인을 모욕하는 인물도 등장한다. 그러나 대부분 예외적인 경우이고 결국에는 자신들의 잘못을 뉘우친다. 아마두는 2001년 88세로 숨을 거두었다.

"미국의 수백만 명의 사람들은 인종차별주의자가 아니지만 미국은 인종차별 국가이다." 아마두는 자신의 집 마당에 있는 야자수 그

늘 아래 앉아 파도가 부서지는 것을 보며 이렇게 말했다. "브라질에는 수백만 명의 인종차별주의자가 있지만 인종차별 국가는 아니다."

나는 조르지 아마두의 작품을 숭배하고 그를 인간으로서 존경하지만 이 경우 그의 분석에는 오점이 있다. 지난 역사와 최근 신문기사의 자료를 보면 두 나라 모두 똑같이 인종차별의 고통에 시달리고 있다. 다른 점은 인종차별이 나타나는 방식과 두 사회가 이 문제를 대면하는 방법이다.

대부분의 미국인들은 그들이 접한 교육과 책, 영화 때문에 노예제와 인종차별이 역사의 일부이며 유산임을 마지못해 인정한다. 반면 브라질인은 두 나라의 인종 상황을 비교하는 주제로 대화를 나눌 때 기꺼이 이에 대해 이야기한다. 심지어 미국 남부에서는 얼마 전까지도 인종에 의한 분리가 법제화되어 있었고 주거와 교육에서의 인종차별이 전국적으로 퍼져 있어 이를 시정할 법이 필요했다.

반면 브라질의 인종차별은 제도화된 적이 없다. 흑인들만 다니는 학교나 식수대, 화장실을 공식적인 법으로 정하거나 흑인이 아닌 사람과의 결혼을 금지하지도 않았다. 브라질의 현실은 이런 식의 배제를 형식화할 필요도 없었다. 모든 피부색의 브라질 사람들이 전통적으로 따르며 살았던 암묵적인 사회 규범이 있었기 때문이다.

게다가 미국처럼 흑인과 백인 두 인종 간의 문제도 아니었다. 역사적 배경 탓에 브라질에는 인구학적으로 가장 큰 비율을 차지하는 중간 집단이 있으며 그 존재는 인종적 계급을 복잡하게 만든다. 바로 물라뚜이다. 포르투갈어로 '빠르두스'pardos로 불리기도 하는데 이 외에도 수십 개의 용어가 있으며 숫자가 많고 피부색이 다양해서 어디부터 '흑인'이고 어디까지 '백인'인지 정하는 것조차 어려울 정도이다.

그리하여 역사적으로 단순히 흑인과 백인만 구분하는 미국과 달리 브라질에는 수십 개의 단계가 존재한다. 직접 피부색 리스트를 만들어 본 일이 있는데, 짙은 피부색과 아프리카인다운 외모를 가리키는 쁘레뚜preto부터 카페라테처럼 연한 피부색을 뜻하는 브랑까러웅brancarão까지 60여 개가 넘었다. 사회학자나 인류학자인 브라질 친구들은 적어도 300개의 용어를 포함시켜야 한다고 말한다.

축구 선수 펠레Pele(본명은 에드송 아랑치스 두 나씨멩투Edson Arantes do Nascimento)나 가수 미우똥 나시멩뚜는 미국과 브라질에서 모두 흑인으로 분류된다. 일상적인 포르투갈어에는 다양한 용어가 있는데 그중 네그루negro와 쁘레뚜가 가장 많이 쓰인다. 브라질판 웹스터 사전인 아우렐리우 부아르끼 지 올랑다Aurélio Buarque de Holanda의 『포르투갈어 사전』Dictionary of the Portuguese Language에는 끄리오울루crioulo라는 용어에 대한 10여 개의 정의가 올라 있는데 그중 하나는 "주인집에서 태어난 노예"이다. 이런 이유 때문인지 끄리오울루는 한때 중립적인 단어였지만 지금은 '검둥이'nigger에 준하는 모욕적인 표현으로 여겨지고 있다.

브라질 사람들은 미국에서는 흑인이라고 간주되는 옅은 피부색의 사람들까지 흑인이라고 보지는 않는다. 1970년대에 처음 브라질로 이주했을 때 아내의 사촌이 "래리, 무하마드 알리는 흑인도 아닌 물라뚜인데 왜 흑인 인권 운동의 지도자인가요?"라고 물은 것에 깜짝 놀라 두 나라의 인종 분류에 대해 생각해 보게 되었다. 얼마

후 디스코 음악의 여왕인 가수 도나 서머Donna Summer가 브라질에서 인기를 끌었을 때는 흑인이 아니라 물라뚜라고 소개되었다.

2008년 후반 브라질에 대해 쓴 책을 홍보하기 위해 브라질에 왔을 때였다. 내가 오기 열흘 전에 버락 오바마Barack Obama가 대통령에 당선되었고, 자연스럽게도 브라질에서는 그에 대한 관심과 호기심이 지대했다. 신문이든 텔레비전이든 라디오든 상관없이 내가 했던 인터뷰마다 오바마에 대한 질문이 빠지지 않았다. 내가 오바마를 미국 최초의 흑인 대통령이라고 말하면 인터뷰어들이 가끔 놀라서 인터뷰를 멈추고 이렇게 얘기했다. "그는 흑인이 아니라 물라뚜죠." 그때마다 나는 똑같은 대답을 했다. "미국과 오바마 자신의 기준으로 볼 때 그는 흑인입니다. 미국은 우리의 인종 분류 방식을 당신들에게 적용하는 단계를 지나 왔으니, 여러분도 그러지 않도록 해야 합니다. 인종을 바라보는 두 가지의 다른 관점이 있고, 하나가 유효한 만큼 다른 것도 유효합니다."

이 에피소드가 보여 주듯이 인종과 인종차별에 대한 논쟁은 문화적인 것이며 브라질의 표준과 북아메리카 및 일부 유럽의 표준은 다르다. 미국에서라면 경력을 망치거나 공적 생활에서 추방당할 만한 인종적 시각이 브라질에서는 부정적 파급을 전혀 끼치지 않는다. 2006년 월드컵 직전에 '축구 공장' 브라질의 명성에 대해서 글을 쓴 적이 있다. 평론가, 선수, 코치, 팀 경영진을 만나 브라질 축구가 어떻게 세계적으로 우수한 선수들을 계속 양성할 수 있는지 물어보았다. 가장 공통적인 반응은 대부분의 브라질의 우수한 선수들은 흑인이거나 물라뚜인데 아프리카 혈통의 사람들이 백인보다

'더 운동신경이 발달'했고 브라질에는 많은 수의 흑인이 있기 때문에 이 나라가 축구를 지배하는 것이 당연하다는 것이었다.

브라질의 풍부한 음악성이나 새로운 음악 장르, 춤을 창조하는 능력에 대해 설명을 요구해도 똑같은 반응을 듣게 될 것이다. 흑인은 내재적으로 '더 나은 리듬감'을 가지고 있기 때문에 브라질은 춤과 음악에서 탁월할 수밖에 없다는 것이다. 사실 스포츠와 예능은 브라질인의 삶에서 흑인이 성공을 거두어도 당연하게 여겨지고 의심받지 않는 유일한 두 영역이다. 대부분의 다른 영역에서는 일탈이나 특이 사항으로 받아들여질 것이다.

다른 문화적 기준의 예를 들어 보자. 브라질 축구 선수는 유니폼에 별명을 새기는데, 유명 스트라이커인 이지나우두 바치스따 리바니우Edinaldo Batista Libânio는 피부색이 어두워서 별명이 연필심에 들어가는 '흑연'이다. 이 별명을 보고 외국인들은 불편하게 생각하지만 브라질 사람들은 모욕적이거나 인종차별적인 것이 아니고 그저 재미있자고 하는 농담이며 오히려 외국인들이 과하게 정치적으로 바로잡으려 한다고 조롱한다. 그러나 나는 백인 선수들이 그 피부색을 직설적으로 언급하는 '흰둥이' 같은 이름으로 불린 예를 떠올릴 수 없다.

브라질 사람들이 일상적으로 표현하는 지역 고정관념의 바탕에도 인종 문제가 있다. 바이아 주 출신은 행동이 굼뜨고 게으르고 정돈을 못하는 파티꽝이라는 고정관념이 있는데, 바이아 주에서 파생된 단어 '바이아나다'baianada는 바보 같은 실수나 나쁘게 마무리된 일을 가리킨다. 바이아 주의 인구 중 흑인이 차지하는 비율이 높기 때문에 이 역시 흑인에 대한 인종적 편견이 조금은 포함되어 있다고 본다.

1970년대의 인터뷰에서 가수이자 작곡가인 미우똥 나시멩뚜는 고향인 미나스제라이스 주의 작은 마을에서 자신을 위해 열린 행사 이야기를 해주었다. 기념식에서 읍장은 나시멩뚜를 "백인의 가슴을 가진 흑인"이라고 소개했다. 마치 이것이 나시멩뚜가 감사히 받을 칭송인 것처럼 말이다. 여기서 브라질의 인종에 대한 완벽한 모순의 예가 드러난다. 미우똥 나시멩뚜는 어렸을 때 백인 가정에 입양되었다. 미국에서는 최근까지 거의 볼 수 없는 일이지만 브라질에서는 흔한 일이다. 나시멩뚜는 가수 생활을 하면서 흰 피부가 도덕적 우월성을 준다고 생각하는 사람들의 생각 없는 인종차별적 발언을 들으며 견뎌야 했다.

미국처럼 브라질에서 인종차별은 노예제도의 유산이다. 그러나 두 국가는 다른 방식으로 노예제를 경험했고 그 영향도 근본적으로 다르다.

어떤 면에서 노예제의 유산은 미국이나 아파르트헤이트라는 공식적이며 법제화된 시스템이 반세기 전까지 존속했던 남아프리카 공화국보다 브라질에 더욱 깊이 박혀 있다. 1559년 포르투갈 왕이 아프리카 노예 매매를 처음으로 승인하고 1619년 미국에 최초의 아프리카 노예가 도착하기까지 60여 년 동안 브라질에는 이미 노예제가 자리 잡았다. 노예제 역사는 미국보다 브라질이 더 길다. 미국에서 링컨 대통령이 노예 해방을 선언한 지 25년 후인 1888년에야 브라질에서 노예제가 불법화되었다.

덧붙여 브라질의 노예제는 미국처럼 한 지역에만 국한된 것이 아니었다. 사탕수수를 재배하는 북동부에서 더 흔하고 필수적이었지만 남쪽의 아르헨티나 국경과 북쪽의 아마존까지 전국에서 노예제가 행해졌다. 지하철도° 같은 것도 없었으니 노예가 도망가 숨을 수 있는 안식처도 없었다. 미국보다 더 많은 노예가 해방되었지만 브라질 흑인에게는 아프리카의 가치와 전통을 지키며 살 수 있는 공간이 없었으며 그것을 열망할 수도 없었다. 식민 시대에 가능한 유일한 방법은 브라질 사회를 떠나 미개척지인 내륙 지방에 들어가서 낄롱부quilombo를 형성하는 것뿐이었다. 이 도망 노예들의 정착지는 아프리카 부족의 원칙을 따랐으며 줌비두스빠우마리스Zumbi dos Palmares가 가장 유명하다.

브라질은 점진주의적 접근을 통해 미국의 남북전쟁 같은 내전은 피했지만 미국의 수정헌법 14조처럼 자유의 몸이 된 노예들이 경제적으로 자족할 수 있도록 하거나 권리를 보장할 공식적인 노력의 기회도 놓치게 되었다. 브라질에서도 19세기에 노예제 폐지 운동이 일어났지만 노예제가 폐지되자 사람들은 이에 대한 언급을 꺼렸다. 심지어 국가의 정신으로부터 '어두운 오점을 지워 버리기' 위해 노예제 관련 공식 문서 일부를 태워 버리기까지 했다.

두 국가의 가장 큰 차이점은 바로 숫자다. 미국에서 흑인은 항상 소수였고 후속 조치도 소수자들을 보호하는 방향으로 이뤄졌다. 반

● 19세기 미국에서 활동했던 노예 해방을 위한 비밀 네트워크로서, 노예들에게 탈출 경로와 안전 가옥을 제공했다.

면 식민 시대 브라질은 흑인이 전체 인구에서 다수를 차지했으며 어떤 지역에서는 아프리카 노예의 수가 자유민 인구수를 넘었다. 정확히 몇 명의 아프리카인이 노예가 되어 신세계로 넘어왔는지는 아무도 알지 못하지만 대략 900만에서 1,100만에 이를 것으로 추산되는데, 이 가운데 브라질이 35~40퍼센트를 수입했다. 미국보다 더 많은 숫자다. 따라서 노예제가 폐지되었을 때 흑인과 혼혈이 브라질 인구의 대다수를 이루게 되었다.

이 때문에 브라질의 다인종 혼합을 회의주의적인 시각에서 살펴볼 필요가 있다. 미국에서 분리주의자들은 그들이 우월하다고 여기는 백인 인종의 질이 떨어질까 봐 '인종 혼합'을 비난했다. 반면 브라질에서는 백인 엘리트들이 인종 혼합을 지지했는데 그들이 열등하다고 보는 대다수 흑인 인구를 '백인화'하는 방편으로 보았기 때문이다. 노예제가 폐지된 시기에 유럽뿐만 아니라 일본과 중동에서도 이민자들이 대거 유입되었다. 이민자를 저렴한 노동력의 새로운 원천으로 보았을 뿐만 아니라 흑인의 영향력과 존재를 희석시킬 도구로 본 결과이다. 실제로 노예제 폐지 2년 뒤에 브라질은 흑인 이민을 금지했고 1920년대와 1930년대에 이 법이 더욱 강화되었는데 브라질에 '문명을 주입'하고 '인종을 정화'하기 위한 캠페인의 일부였다.

1895년의 유명한 그림 〈카인의 구원〉The Redemption of Cain은 브라질 사람들의 희망사항을 그렸다. 네 명의 가족이 소박한 집 앞에 모여 있다. 문간에 앉은 남편은 백인으로, 전형적인 유럽인의 얼굴을 하고 있다. 부인은 유럽풍의 옷을 격식에 맞춰 차려입은 물라뚜이다. 엄마의 무릎에 앉은 아이의 피부는 엄마보다 아빠에게 더 가깝다. 아이의 외할머니는 짙은 피부색에 아프리카인 얼굴을 하고 있고 두 팔을 하늘을 향해 벌리며 감사의 자세를 취하고 있다. 마치 외손자가 흑인이 아니라 백인이라는 것에 감사하는 것 같다.

'백인화' 정책은 1945년 바르가스가 실각할 때까지도 남아 있었다. 당시 법령에도 "인구 구성에서 더 바람직한 유럽계의 비율을 높이고자 한다"라는 목적이 명시되어 있다. 노예제가 폐지된 후, 정부의 예산은 해방된 노예가 살 길을 찾거나 교육을 받도록 돕는 데 쓰이기보다 해외에서 들어온 이민자들이 브라질 사회 안에서 자리 잡도록 하는 데 더 많이 쓰였다. 그 결과 많은 흑인 브라질인들은 노예 상태에서 벗어나 사회적·경제적으로 전진할 수단이 부족했다. 그들은 기회가 제한되어 있는 시골에 남거나 리우데자네이루 같은 대도시 외곽에 형성된 빈민가로 모여들었다.

브라질에서 '인종적 민주주의' 개념을 공식화하고 이 개념을 뒷받침할 원칙을 제시한 사람으로 사회학자인 지우베르뚜 프레이리Gilberto Freyre를 꼽을 수 있다. 1933년 출간된 그의 주요 저작『주인과 노예』Masters and Slaves를 보면 거의 노예제 옹호자처럼 보인다. 브라질의 노예제는 다른 곳에서처럼 도덕적으로 유해한 제도가 아니었으며 이전의 학자들이 생각한 것처럼 해롭지도 않다고 주장한 것이다. 그는 사회학자 끌로비스 모우라Clóvis Moura가 쓴 1988년의『브라질 흑인 사회학』Sociologia da Negro Brasileiro에 대한 비판으로 "브라질의 노예제는 좋은 주인과 순종적인 노예들의 조합이 특징"이라고 했다. 브라질 노예제의 도덕적 타락의 잘못을 따져야 한다면 "젊은 주인의 욕망에 다리를 벌렸던 여자 노예들의 온순함 때문이다. 명령이 아니라 욕망이었다."

동시에 프레이리는 흑인이 브라질의 정체성을 형성하는 데 주된 역할을 했고 혼혈로 나라의 문화가 풍성해졌음을 인정했다. "브라질인은 누구든지, 심지어 눈처럼 하얀 얼굴에 금발을 가진 사람까지도 몸과 영혼이 아니라면 영혼에라도 원주민과/또는 흑인의 희미한 그림자를 가지고 있다"라고 적었다. 결국에는 모든 인종이 섞여 혼합되고 그것이 모두에게 진보의 기회일 것이라고 했다. 또 사회적 계급이 인종의 차이가 아니라 경제에 기반하고 있기 때문에 사회적 불평등을 만들어 내는 것은 편견이 아니라 가난이라고 덧붙였다.

프레이리의 주장을 역사적 유물遺物로 치부하면 마음이 편하겠지만 이 주장은 지속적으로 업데이트되고 새로 포장되는 중이다. 그리하여 치명적인 영향력을 행사하며 오늘날까지 브라질 인종 문제를 지배하고 있다. 가장 최근의 저작은 『우리는 인종차별주의자가 아니다』*We Are Not Racists*라는 책이다. 2006년에 출판된 이 베스트셀러는 인종에 대한 논쟁이 일어날 때마다 계속 인용된다. "격리된 사회인 미국"과 대조적으로 브라질은 "모든 색깔의 사람들에게 개방적이며 법적 제도는 색맹이라고 할 만큼 색을 따지지 않고 모든 형태의 인종차별은 법으로 방지되어 있다."

이 책의 저자인 알리 까메우Ali Camel는 시리아 이민자 가족 출신으로 "브라질에 인종이 존재하지 않기 때문"에 흑인이 다수인 나라라고 말할 수 없다고 주장한다. 따라서 흑인과 갈색 브라질인들의 의식에 인종이라는 개념을 심어 주면 "인종적 혐오감"만 일으켜서 미국 같은 문제가 일어날 수 있다고 말한다. "흑인 운동가들이 지우베르뚜 프레이리를 적으로 여기고 비난하는 것을 보면 무척 안타깝다." 까메우는 이렇게도 썼다. "우리의 문제는 인종주의가 아니라 빈곤과 소득 집중을 심화시킨 경제 모델이다."

까메우가 브라질의 가장 막강한 텔레비전 네트워크인 헤지글로부의 보도국장이 된 것은 우연이 아니다. 글로부는 연예와 뉴스 프로그램에 흑인이 배제되어 있어 브라질의 인구 구성을 제대로 반영하지 못한다고 주장하는 흑인 행동가들의 주요 공격 대상이었다. 인기 드라마의 남녀 주인공은 대부분 금발에 파란 눈을 가진 백인이고 저녁 뉴스의 인기 진행자도 백인이다.

이런 상황을 변화시키기 위해 과거 흑인 단체는 시청 거부부터 인종차별 소송까지 해봤지만 별다른 소득이 없었다. 브라질에서는 1990년대 중반에 인종차별금지법이 통과되었다. 그러나 이 법과 관련해서 벌금을 내거나 사회봉사를 한 사람들은 있지만 인종차별금지법을 위반해 수감된 경우는 한 번도 없다는 흑인 인권 단체의 지적이 있었다.

이렇게 압박이 계속되자 글로부와 산하 신문, 잡지는 지난 2~3년 동안 조금 양보했다. 하녀와 운전자 역할만 맡던 흑인 연기자가 처음으로 황금시간대 드라마의 주연이 되었다. 그러나 이런 경우는 아직까지는 여자 배우 한 명 따이스 아라우주Thaís Araújo와 남자 배우 한 명 라자루 하무스Lázaro Ramos뿐이었다. 뉴스 쪽도 비슷하다. 브라질리아에서 흑인 남성 리포터가 아주 가끔 주말 뉴스 앵커로 나오고 흑인 여성 리포터가 브라질 판 〈60분〉60 Minutes인 일요일 저녁 알짜 프로그램을 진행하다가 은퇴했다. 이 정도 조치로 흑인과 구릿빛 피부를 가진 사람들이 더 많이 선생님, 사업가, 과학자, 뉴스 진행자로 텔레비전과 잡지 광고에 등장하기를 원하는 흑인 인권 단체들을 만족시킬 수는 없었다.

브라질에 처음 왔던 1970년대에 지역 신문 구인란을 보고 충격을 받은 적이 있다. "용모 단정 필수"라고 적힌 광고가 너무 많았다. 브라질 친구와 친척들에게 그 뜻을 물어보자 흑인은 받지 않는다는 의례적인 표현이라고 설명해 주었다. 더 직접적인 언급은 필요 없었다. 흑인이든 백인이든 혹은 그 중간의 누구든 모든 브라질 사람들은 세상이 어떻게 돌아가고 있으며 어떻게 행동해야 하는지 알고 있었던 것이다.

흑인 인권 단체의 문제 제기로 불편한 관심이 쏠리자 이제 그런 구인광고는 사라졌다. 그러나 여전히 노골적인 인종차별이 여러 형태로 일어나고 있음에도 처벌되지 않는다. 2005년 가수이자 작곡가, 타악기 연주자인 까를리뉴스 브라운Carlinhos Brown 사건이 그 예다.

바이아 주에서 태어난 앙또니우 까를루스 쌍뚜스 지 프레이따스 Antônio Carlos Santos de Freitas는 자신의 영웅인 제임스 브라운에게 경의를 표하는 의미로 예명을 까를리뉴스 브라운이라고 지었다. 그는 브라질 최고의 인기 작곡가이자 명망가 집안인 쉬꾸 부아르끼의 딸과 결혼했고, 어느 날 자녀들을 데리고 아이들의 할아버지인 쉬꾸 부아르끼가 사는 리우데자네이루의 아파트를 방문했다. 그런데 아파트 건물 로비에서 문지기가 '주민용 엘리베이터'는 거주자와 방문객을 위한 것이니 하인용 엘리베이터를 타라고 했다. 브라운은 상황을 설명했지만 아무 소용이 없었고 이 소동은 신문에 보도되었다.

미국에서라면 이런 사건이 처벌받지 않고 지나가는 것을 상상하기 어렵지만 브라질에서는 일어난다. 언론에서 잠시 시끄러웠을 뿐, 인종차별 소송은 제기되지 않았고 피해 보상금도 지불되지 않았으며 사과도 없었다. 결말은 아주 흥미롭다. 리우데자네이루에서 뼈에 사무치도록 아픈 경험을 했던 브라운은 바이아 주에서 열린 카니발 축제에서 인종에 대한 브라질 사람들의 태도를 신랄하게 비난했다. 카니발 현장에서 위선적이고 "불쾌한 아파르트헤이트"● 라고 비꼬았다. 그러나 브라운의 또 다른 영웅이자 당시 문화부 장관이던 지우베르뚜 지우Gilbero Gil가 이것을 두고 질책하자, 브라운은 자신이 흥분했던 것에 대해 사과했다.

그렇다고 브라운이 쓸데없는 소동을 일으킨 것만은 아니다. 브라질에서 흑인 인구가 가장 많은 도시의 카니발을 통해 인종 문제에 대한 편협과 옹졸함이 판치는 일상의 모습을 보여 준 것이다. 그리고 지난 10년간 바이아 주의 사우바도르에서는 카니발 파티를 열었던 각종 클럽에서 흑인 차별에 대한 불만이 빈번하게 제기되고 법정까지 가는 사례도 생겼다.

그 사례 가운데 내 관심을 끌었던 것은 한 명은 흑인, 한 명은 백인인 두 여성 대학생의 이야기였다. 친구인 두 사람은 유명한 클럽

● 남아프리카공화국에 존속했던 인종 분리 정책.

에서 주최하는 카니발 퍼레이드에 참가 신청을 했다. 백인 여성은 바로 받아들여졌지만 흑인 여성은 거절당했다. 이후에 그 백인 학생은 나에게 말해 주었다. 이 클럽은 수백 달러의 회비를 받는 여러 난봉꾼 전용 클럽 중 하나였는데, 이 클럽의 리더가 그녀에게 "너 미쳤어? 흑인은 우리 클럽에 못 들어와"라고 난리를 쳤고 그녀가 어릴 때부터 알고 지낸 다른 클럽 멤버도 이렇게 화를 냈다고 한다. "검둥이를 몇 명이나 더 데려 오려고 그래?"

이보다 더 심한 차별도 목격된다. 카니발 기간 동안 클럽이 사우바도르 거리에서 퍼레이드를 할 때 보안 요원들이 도열해 멤버가 아닌 사람이 퍼레이드에 끼어들어 멤버들과 춤추지 못하게 하거나 음식과 음료를 먹지 못하도록 막는다. 이때 흑인은 거의 모두 자동적으로 아웃사이더로 간주되어 참가하지 못하는데, 이런 것을 까를리뉴스 브라운이 비난한 것이다. 법정까지 갔던 예로는 이런 것이 있다. 백인 남성과 결혼한 흑인 여성 교사가 댄스파티에서 밝은 피부를 지닌 자신의 아이들과 어울리려고 하자 경호원이 그녀의 팔을 잡고 이렇게 조롱했다. "이 검둥이가 끼려고 하는 것 좀 봐!"

"모두들 인종차별이 행해지고 있다는 것을 안다. 그러나 그 문제를 이야기하려 들면 인종차별이 있다는 것 자체를 인정하지 않는다. 하물며 구조적 문제라는 것은 더욱 인정하지 않으려고 한다." 사우바도르의 전 시의원으로 카니발 중 이루어지는 인종차별 문제를 조사했고 후에 문화부 장관을 지낸 주까 페헤이라Juca Ferreira가 한 말이다. "인종 민주주의라는 신화가 너무 편안하게 자리 잡아 오히려 위선과 만족의 도구가 되어 버렸다."

전통적으로 백인이 운영하는 클럽들은 자신들이야말로 이중 잣대의 희생자라고 변명한다. 일레 아이예Ilê Aiyê나 블로꾸스 아프루Blocos Afro라고 불리는 20여 개의 다른 흑인 카니발 그룹들도 백인의 입장을 금지하고 있다는 것이다. 일레 아이예의 창립자인 앙또니우 까를루스 두스 쌍뚜스Antônio Carlos dos Santos는 인터뷰에서 자신들이 백인을 금지하는 것은 카니발 기간뿐만 아니라 연중 이루어지는, 사우바도르에 거주하는 그와 흑인들에 대한 인종차별에 대응하는 것이라고 말했다.

"이곳에 존재하는 왜곡된 인종 분리에 대한 반작용으로 이 그룹을 만들었다. 우리의 목적을 달성하고 편견이 사라질 때까지 흑인만 입장시키는 정책을 포기하지 않을 것이다. 우리가 백인과 외국인들을 받아들인다고 해서 이곳의 상황이 나아지거나 경찰이 흑인을 대하는 태도가 변하리라고 생각하는가?"

최근 들어 공식적인 수준에서 브라질 흑인의 여건 개선에 어느 정도 의미심장한 진전이 있었다. 룰라 대통령은 2003년 당선되면서 세 명의 흑인을 내각에 포함시켰다. 네 번째 장관은 혼혈이 분명하지만 내각에서 물러날 때까지 자신을 흑인으로 규정하지 않았다. 룰라가 정권을 잡기 전까지 가장 고위직에 오른 흑인은 세계적으로 유명한 축구 선수 펠레였다. 그는 이전 정권에서 주 체육부 장관을 역임했다. 룰라는 최초의 흑인 대법관도 임명했고, 인종차별 문제를 주관해 아프로-브라질인에게 동등한 기회를 보장하기 위한 인종평등부를 신설했다.

알려진 대로 룰라가 임명한 두 명의 여성 흑인 관료는 공금을 개인적인 여행 경비로 사용했다가 사임했다. 이로 인해 인종과 젠더에 대한 고정관념이 더 강화되기도 했다. 백인 남성이 이와 비슷한 부패 스캔들을 일으키면 덜 모욕당한다. 그러나 초라한 배경을 가진 흑인 여성과 호전적인 성격으로 유명했던 흑인 여성에게는 이중적 기준이 적용된 것이다.

룰라의 첫 번째 임기 동안 나는 인종평등부 장관인 마치우지 히베이루Matilde Ribeiro를 여러 번 만났다. 상파울루의 흑인 사회복지사였던 그녀는 일상생활에서 일어나는 인종차별을 신랄하게 비판해 논쟁을 몰고 다녔고, 대학 입시의 차별 철폐에 대해 이렇게 얘기했다. "흑인이 없는 대학에 행복한 백인이 있는 것보다 흑인이 있는 대학에서 억울해하는 백인이 있는 게 낫다." 또 이런 발언도 했다. "흑인이 백인에게 대항하는 것은 인종차별이 아니다." 이 선언으로 흑인 브라질인이 자신의 권리를 보다 적극적으로 요구하길 의도한 것이다. 그러나 브라질 언론은 이 발언이 인종 간 갈등을 부추긴다고 해석했다.

나는 개인적으로 히베이루의 분석에 동의한다. 히베이루는 브라질과 미국은 인종차별과 노예제 유산을 다루는 방법이 다르고 서로 배울 점이 있다고 주장한다. 부시 재임 시절, 히베이루가 콘돌리자 라이스를 비롯한 미국 흑인 지도자들을 만나기 위해 워싱턴에 갔을 때의 일이다. 일요일 오후, 히베이루는 케네디센터에서 열리는 콘서트를 보러 오는 관객 대부분이 흑인인 것을 발견했다. 그들은 우아하게 차려입었고 신형 자동차를 몰고 있었고 그들의 대화 내용을 들어 보니 분명히 많이 교육받은 사람들이었다.

"브라질에 필요한 것이 바로 그것이다." 2004년, 브라질리아의 집무실에서 히베이루가 내게 말했다. "흑인 중산층이 필요하다." 수백 년에 걸쳐 제도화된 인종차별을 완화하기 위해 미국이 했던 모든 것을 브라질이 따라해야 한다는 주장은 아니었다. 하지만 히베이루는 진정으로 인종 문제와 싸우고자 한다면 미국의 경험과 제도가 분명 브라질에 시사점을 준다고 믿었다. 비록 주류 언론의 비난을 받고 있지만 소수집단 우대 조치 또는 차별 철폐 조치가 그 예이다.

사실 차별 철폐 조치를 두고 국가적 토론이 일어나는 것은 브라질이 더 이상 인종 문제를 무시하지 않는다는 조짐으로 볼 수 있다. 주변부 이슈였던 것이 최근 몇 년 사이 끊임없이 토론 주제로 떠오르고 있다. 특히 주요 쟁점은 대학 입시 관련 사항으로, 룰라 정부는 브라질의 고등학교 졸업생들이 가장 선망하는 우수 대학 정원의 40퍼센트를 '아프리카계'에 할당하겠다는 계획을 세웠다.

브라질의 대학에는 항상 자리가 부족했다. 과거 15년간의 경제 호황 덕분에 가난한 가정의 아이들이 학업을 포기하고 일자리를 찾는 대신 계속 고교에 재학하면서 역설적으로 상황이 더욱 악화되었다. 매년 250만 명의 학생들이 비싼 데다 많은 경우 1년을 통째로 바쳐야 하는 대학 입학시험을 치르지만 자리는 겨우 백만 개에 불과하다. 따라서 흑인처럼 한 집단에 특혜를 주면 다른 집단이 반발하게 되는 것이다.

이 정원 할당제의 또 다른 문제는 미국과 같은 나라와 비교했을 때 브라질의 인종 분류가 매우 유동적이며 제대로 정의되지 않았다는 점이다. 그 때문에 누가 흑인이고 누가 아닌지를 판단하기 어렵고 법적인 기준을 마련하기가 쉽지 않다. 차별 철폐 조치의 혜택을 누구는 받고 누구는 받을 수 없는지 결정하기가 매우 까다로운 것이다.

심지어 룰라마저 혼란스러워했다. 2002년 대통령 후보 토론에서 차별 철폐 조치에 대한 정책 질문이 나오자 그는 누가 흑인이고 누가 백인인지 과학적인 테스트로 알아볼 것을 제안했다. 만약 그런 테스트가 있다 하더라도 브라질에서는 무용지물이다. 수세기에 걸친 인종 간의 결혼으로 대부분의 '흑인'에게는 백인의 피가 흐르고 '백인'에게도 흑인의 피가 흐르기 때문이다. 최근 미나스제라이스 대학에서 진행된 DNA 연구에 따르면 브라질 인구의 87퍼센트, 다시 말해 1억7,500만 명이 최소 10퍼센트의 아프리카 혈통 유전자를 보유하고 있다.

인종을 기준으로 한 모든 형태의 차별 철폐 조치에 반대하는 브라질 언론은 이 시스템을 가지고 장난치는 사람들의 사례나 차별 철폐 조치가 비논리적이라는 이야기에 초점을 맞춘다. 일례로 리우데자네이루의 한 젊은 여성은 이민자 집안 출신이지만 우수 사립대학에 들어가기 위해 "아프리카인 선조"를 두었다고 거짓말을 했다는 기사를 냈다.

가장 악명 높은 사례는 흑인 아버지와 백인 어머니를 둔 일란성 쌍둥이 형제인데 2007년 같은 브라질리아 공립대학의 다른 과를 지원했다. 물론 두 사람 다 아프리카인 후예에게 할당된 자리를 차지할 수 있기를 희망했다. 입시 사정관들이 쌍둥이의 학적 기록을 보고 사진을 살펴보며 흑인인지에 대한 '자격 심사'를 했는데 쌍둥이 가운데 한 명은 흑인으로 판정되어 할당된 자리를 차지했지만 다른 한 명은 흑인이 아니라는 이유로 탈락했다. 떨어진 쌍둥이 형제가 소송을 걸겠다고 하자 대학은 결정을 번복했다. 백인으로 판정받은 쌍둥이가 말했다. "대학의 심사 기준을 이해할 수 없다. 어떻게 내 동생은 흑인이고, 나는 아닐 수 있지?"

문제가 시끄러워지자 룰라 정부는 흑인에게 특혜를 부여한 할당제에서 한발 물러서기로 했다. 2007년부터 2010년까지인 두 번째 임기에는 반대를 줄이기 위해 할당 기준을 인종에서 가정의 수입으로 바꿨다. 대부분의 빈곤층이 흑인이기 때문에 결과는 비슷하지만 적어도 겉보기에는 논란을 덜 일으키게 되었다.

다른 영역에서 할당제를 도입하려는 시도는 여전히 논란이 되고 있다. 예를 들면 텔레비전 네트워크와 광고업체들은 프로그램이나 광고에 더 많은 흑인을 출연시키라는 법안에 반대하는 로비를 하고 있다. 이 법안은 브라질 인구 분포와 정확하게 일치하는 비율로 흑인과 혼혈 인종을 기용하는 것이 아니라 무조건 30~40퍼센트를 할당해야 한다는 내용이다. 그리하여 방송과 광고 관계자의 반대가 더욱 거세졌고 글로부와 그 동업자들은 모든 종류의 할당제가 브라질식 삶의 방식에 대한 공격인 것처럼 묘사하고 있다.

역사적으로 브라질 사람들은 인종 문제가 얘기가 나오면 미국과 남아프리카공화국의 제도화된 인종차별을 손가락질하며 회피하려 했다. 과거에는 이런 행동이 통했을 수도 있다. 그러나 지난 50여 년 동안 미국과 남아프리카공화국은 실패를 인정하고 성공적으로 바로잡아 왔다. 브라질도 도덕적 우월함을 뽐내면서 진전을 보이고 있지만 매우 느리고 소심하며, 조직적이기보다는 단편적이다.

그러나 미국에서 버락 오바마가 대통령으로 당선되자 브라질 사람들 사이에 이례적인 자기성찰이 일어나고 있는 것 같다. 주요 일간지의 기자인 내 친구에게서 들은 이야기이다. "미국인들은 인종 차별주의자이고 절대로 흑인 후보자에게 표를 주지 않을 것이기 때문에" 편집국에서는 일찌감치 오바마가 절대로 존 매케인John McCain을 꺾지 못할 것이라고 결론지었다고 한다. 브라질의 흑인 인권 단체와 지식인들은 자국에 흑인 시장, 주지사, 국회의원, 장관이 거의 없다는 것을 깨닫고 나한테 이렇게 묻기도 했다. "왜 브라질에는 오바마가 없을까?"

어느 사회나 인종 문제에 접근하는 첫 단계는 바로 그것이 존재한다는 것을 인정하는 것이다. 미국은 처음에는 마지못해서, 지금은 꾸준하게 그 고통스러운 과정을 밟고 있다. 브라질은 억지로라도 자신들의 오점을 인정할 기회가 없었고, 복잡한 현실과 충돌하는 신화에 계속 매달려 있다. 브라질이 인종 문제를 마주보는 용기를 보여 줄 때까지 '인종 민주주의'의 신화는 꺼지지 않을 것이고 과거의 잘못을 개선하고 있는 다른 나라들보다 브라질은 뒤처질 것이다.

트로피컬 라이프 스타일
: 열대에서 사는 법

　덥고 습한 1월의 리우데자네이루 일요일 아침, 남반구 여름의 한복판이다. 이빠네마, 꼬빠까바나, 바하다치주까Barra da Tijuca의 해변은 벌써 사람들로 가득하지만 버스는 리우데자네이루의 교외에서 해안가를 향해 먼 길을 달려온 여행객들을 연이어 쏟아 내고 있다. 길가 가판대에 모여 앉은 젊은이들은 차가운 맥주나 코코넛을 마시며 비치발리볼 게임을 보고 있다. 식당과 바에도 사람들이 넘쳐난다. 웃통을 벗은 채 버뮤다 반바지를 입은 남자들과 비키니에 플립플롭을 신은 여자들이 모여 정치, 연예인, 이웃들에 관해 수다를 떤다.

　오후 들어 해가 절반쯤 넘어가면 해변의 많은 사람들이 자리를 뜬다. 그들에게 익숙한 뜨거운 태양을 피하기 위해서가 아니라 다른 유희거리를 즐기기 위해서이다. 오후 3시는 슈하스꾸churrasco를 즐기기에 딱 좋은 시간이다. 슈하스꾸는 전형적인 브라질 대가족들이 야외에 모여 스테이크, 닭고기 소시지 등을 구워 먹는 걸 말한다. 5시는 마라까낭Maracaná에서 열리는 축구 경기를 볼 시간이다. 마라까낭은 세계에서 가장 큰 축구 경기장으로 리우데자네이루의 주요 축구 클럽 4개의 팬 수만 명을 한꺼번에 수용할 수 있다. 그리고 어둠이 깔리고 날이 선선해지면 삼바 클럽 사람들이 카니발을 앞두고 리허설을 시작한다.

여가 시간은 포르투갈어로 라제르lazer라고 부르는데 어느 사회에서나 중요하지만 특히 브라질에서는 하루 종일 온갖 오락거리를 즐기면서 매우 소중하게 여긴다. 미국과 달리 일과 돈을 위해 인생의 즐거움을 희생하는 워커홀릭들은 존경받지 못하며 문화적인 우상도 될 수 없다. 오히려 우스갯거리로 전락하는 경향이 크다. 리우데자네이루 토박이는 까리오까스cariocas라고 부르는데, 이들은 빠울리스따스paulistas, 즉 상파울루 주 사람들을 조롱한다. 그들이 지나치게 진지하고 과도하게 일에 몰두한다는 이유에서다. 브라질에서도 일은 필요한 것이고 때로는 만족감을 준다. 그러나 즐기는 것을 마스터하는 것을 예술이라고 생각하며 이 예술을 터득한 사람을 매우 높이 평가한다.

심지어 언어에도 여가에 대한 이러한 편애가 분명히 드러난다. 포르투갈어에서는 적어도 여섯 가지 종류의 '놀다'play라는 동사가 사용된다. 'Divertir'(즐기다)는 영화든 파티든 재미있는 모든 행위에 적용된다. 'Brincar'(놀다)는 어린 아이들이 장난감을 가지고 노는 것을 말하며 때로는 침대 위에서 벌어지는 성인들의 애정 행위를 일 컫는다. 악기를 연주한다고 할 때는 'tocar'(소리 내다)라고 하며, 축 구, 배구, 농구 등의 스포츠에 적합한 동사는 'jogar'(경기하다)이다. 경마나 슬롯머신, 복권 등을 할 때는 'apostar'(내기하다)를 사용하고 연극이나 영화에서 어떤 역할을 맡는다고 할 때는 'desempenhar' (연기하다) 또는 'representar'(표현하다)를 사용한다.

브라질의 열대기후는 사람들을 야외로 끌어내고, 온대기후 지역 에 비해 신체 노출도 많다. 사람들은 편한 차림을 선호하고 그래서 옷을 많이 입지 않는데, 이는 두 가지 상반된 결과를 낳았다. 우선 공개적인 자리에서 지속적으로 몸을 노출하며 허영심과 자부심을 갖는 사람들이 있다. 이들은 어떻게든 몸을 다듬고 만들기 위해 애 쓰며 다이어트와 운동은 물론, 심한 경우에는 성형수술도 불사한 다. 과장된 면이 있긴 하지만 브라질은 성형수술 분야의 전 세계 수 도라는 명성을 지녔다. 육체를 중요시하는 브라질 문화에서 복부 성형수술, 지방 흡입술, 코 수술, 안면 주름 제거 수술, 박피술은 흔 한 일이며 용인되는 것들이다. 이부 삐땅가이Ivo Pitanguy 같은 성형 외과 의사는 세계적인 유명 인사가 되었고 할리우드 스타들을 포함 해 국제적인 고객들을 상대하고 있다. 전문직을 가진 외국의 중산 층 고객들도 자국보다 훨씬 저렴한 가격에 끌려 브라질 병원으로 모여든다.

반면 대부분의 보통 사람들은 성형수술을 받을 돈이나 시간이 없 어 특별히 노력할 생각이 없거나, 다른 사람들이 자신의 몸을 어떻 게 보느냐에 무관심하다. 그럼에도 불구하고 이들도 자신의 몸을 드러낸다. 처음 브라질을 방문한 사람들의 눈길을 끄는 것 가운데 하나가 비만인 사람, 특히 여성이 타인의 시선에 아랑곳하지 않고 거대한 몸을 드러낸다는 것이다. 이는 미국에서 생각하는 육체적 미의 기준과 달라서이기도 하다. 브라질 남자는 '기타 같은' 몸을 가진 여자를 좋아한다. 몸에 굴곡이 많고 살이 풍성한 여자, 특히 가슴보다 엉덩이가 풍만한 여자를 좋아한다. "미국 『플레이보이』 잡지에 나오는 큰 가슴은 여기 브라질에서는 놀림감"이라고 삐땅가이가 내게 말한 적도 있다. 비록 이상적인 몸이 아니더라도 많은 브라질 사람들은 자신의 몸에 만족하는 것을 배우고 자신의 육체로부터 기쁨을 찾는다. 그리고 태양 아래서 문자 그대로 '모든 살을 다 내놓고 늘어놓으며' 휴식을 취한다.

브라질 사람들이 즐기는 가장 가시적이며 대중적인 여가 활동은 모두 신체 중심이다. 바로 해변 문화, 카니발, 축구로 이 세 가지는 브라질을 생동감 있고 다채롭고 신나는 곳으로 만든다. 미국에서 두 사람이 처음 만나면 어떤 일을 하느냐, 어디서 사느냐, 또는 어떤 학교를 다녔느냐고 묻는다. 브라질 사람들도 비슷한 질문을 하지만 여기에 덧붙여 상대의 지위, 관심사, 취향을 알아보기 위해 다음과 같은 추가 질문을 던진다. 어느 축구팀을 응원하니? 카니발에서 어느 삼바 클럽을 응원하니? 어느 해변에 자주 가니? 자국민이든 방문객이든, 이 질문에 대답할 수 있는가 여부는 그 사람이 브라질의 일부가 되었는지 아니면 그저 브라질 땅에 있을 뿐인지를 나타내는 척도가 된다.

해변

2008년 고고학자들이 브라질 북동 지역에서 토기 파편을 발견했다. 그것은 뚜삐어를 쓰는 토착민들이 기원전 9500년에 바닷가에 정착해 살았다는 증거였다. 초기 토착민들도 적대적이고 척박한 내륙의 정글과 산을 등지고 해변에 모여 살았던 것이다.

초기 토착민 문화는 사라졌지만 지금도 2억 브라질 인구의 4분의 3 이상은 160킬로미터 너비로 8천 킬로미터에 걸쳐 펼쳐진 해변에 모여 살고 있다. 그리고 바다가 없는 곳에서는 강변에 해변 문화를 형성해 산다. 마나우스Manaus나 쌍따렝Santarém의 거주지는 내륙으로 1,600킬로미터나 들어간 곳에 있지만 여기 사람들도 아마존 강가나 따빠주스Tapajos 강가에 누워 남쪽 사람들과 똑같은 간식을 먹고 똑같은 놀이를 하고 똑같은 옷차림으로 똑같은 노래를 부르면서 주말을 보낸다.

브라질에서 삶의 리듬은 어느 정도 예측 가능하다. 날이 따뜻해지고 연말이 다가오면 미래의 해변 족이 몸매 만들기에 돌입해 체육관이나 운동 강좌 등록률이 가파르게 상승한다. 여성들은 스피닝●과 요가 수업에 몰리고 개인 트레이너를 두고 운동에 매진한다. 12월 초가 되면 신문들은 매력적인 젊은 여성 가운데서 '여름 여신'을 뽑고 일요 증보판에서는 크리스마스부터 카니발 시즌까지의 패션에 대한 긴 기사를 낸다. 비키니는 핑크색이 좋은지, 라일락색이 좋은지 또는 비치 매트가 유행할지 얇은 담요가 유행할지, 남자들

● 실내 자전거를 타며 하는 에어로빅.

은 가슴 털을 그대로 둘지 면도할지 등을 다룬다.

브라질 사람들에게 해변은 고대 그리스 사람들의 아고라(광장)와 같다. 해변은 공공장소 가운데서도 가장 공적이며 이 때문에 가장 민주적인 곳이다. 해변은 예로부터 평등한 장소로 여겨졌다. 브라질의 대표적인 인류학자이자 작가인 호베르뚜 다마따는 해변을 "장군, 교사, 정치인, 백만장자, 가난한 학생이 모두 동등하고 조화롭게 공존하는 곳"이라고 했다. 또한 "그곳에서 모든 육체는 똑같이 겸손하다. 왜냐하면 거의 나체에 가까운 몸을 마주한 채 어떤 방어나 꾸밈도 없기 때문이다"라고 말했다.

체육관 등록에 얼마나 돈을 들였는가에 대한 얘기를 뺀다면, 이 말은 거의 진실에 가깝다. 브라질의 해변은 미국이나 남아프리카공화국의 일부에서 그러듯이 공식적으로 인종을 구분하지 않는다. 또 사유지로 구분해 '하층민들'riff-raff이나 '떨거지들'hoi polloi을 쫓아내지도 않는다. 1988년 헌법에 따르면 모든 해변은 공유지이며 브라질 국민을 위해 국가가 유지 및 관리한다는 내용이 포함되어 있다.

그러나 이것은 해변 이야기의 일부에 불과하다. 잔잔해 보이는 수면 아래에는 복잡한 진실이 숨어 있다. 브라질 해변에는 계급, 인종, 나이, 성적 취향, 심지어 지역 고정관념에 따른 차이가 존재한다. 특히 〈이빠네마의 소녀〉라는 노래를 통해 알려졌듯이 브라질 국내뿐만 아니라 전 세계적 해변 문화의 중심지로 통하는 리우데자네이루의 경우가 그렇다.

리우데자네이루에는 59개의 서로 다른 해변이 177킬로미터에 걸쳐 펼쳐져 있다. 그중 가장 유명하고 최고로 치는 해변은 이빠네

마와 그 옆의 레블롱Leblon, 그리고 꼬빠까바나와 그 옆의 레미Leme
이다. 이 두 해변에는 약 1킬로미터마다 안전요원이 상주하는 뽀스
뚜posto가 12개 있는데 이것이 비공식적인 경계선 역할을 한다. 1번
부터 12번까지 번호가 붙은 뽀스뚜는 각각 다른 문화를 가지고 있
으며 각기 다른 사회경제적 '부족'을 끌어들인다. 만약 거기에 어울
리지 않는 사람이 뽀스뚜에 오면 환영받지 못할 수도 있다.

실제로 유튜브에는 악명 높은 동영상이 올라와 있다. 이 영상은
새해를 맞이하며 일부 취객들이 꼬빠까바나의 비싸고 고급스러운
건물 발코니에서 보행자들에게 날계란을 던지는 장면을 담고 있다.
동영상에 귀를 기울여 보면 날계란을 던진 사람들은 유명인이거나
부유한 집 자제들이며 가난해 보이는 사람들을 일부러 조준해 던지
고 있음을 알 수 있다.

이들 해변에 정기적으로 가는 사람들은 뽀스뚜의 계급 체계를 안
다. 이빠네마의 심장에 위치한 9번 뽀스뚜는 해변 계급 체계의 최
상위를 차지한 곳으로 내가 처음 브라질을 방문한 1970년대 초에
도 그랬다. 당시는 군부독재가 맹위를 떨치던 시절이라 히피들이
경찰의 통제를 걱정하지 않고 회합을 가질 수 있었던 몇 안 되는 장
소였다. 요즘에는 유명인, 좌파 지식인(노동당 깃발을 휘두르며 자신의
존재를 알리는), 과거에 히피였으나 이제는 존경받는 중년의 중산층
이 된 보헤미안까지 자석처럼 끌어당기고 있다. 이 9번 뽀스뚜의
왼쪽에는 게이와 레즈비언들이 무지개 깃발을 꽂고 자신들의 영토
를 표시하고 있다.

한편 이빠네마 해변의 동쪽 끝에 위치한 7번 뽀스뚜는 아웃사이

더들의 집합소이다. 대다수가 어두운 피부색을 가진 그들은 거의 교외 노동자 계층으로 대중교통을 세 시간 이상 이용해 그 먼 곳을 찾는다. 특히 주말에는 가족 전부가 버스를 타고 이빠네마 해변의 첫 번째 정류장인 7번 뽀스뚜에서 내려 모래 위에 자리를 잡는다. 이 방문객들은 '파로페이루스'farofeiros라는 경멸적 호칭으로 불린다. 이들은 식당이나 가판대에서 음식을 사 먹는 대신 도시락을 싸오는데, 이 도시락에 대부분 브라질 대중이 주식으로 먹는 유카 밀가루를 구워 만든 파로파farofa가 포함되어 있는 것에서 이 호칭이 비롯되었다. 그들을 부르는 속어는 바뀌고 있지만 여전히 조롱거리이다. 그들은 화려한 비치 타월 대신 칙칙한 밀짚 매트를 깔고 앉으며 비싼 선크림 대신 빨간색 싸구려 태닝 로션을 쓰기 때문이다.

해변의 구분과 차별은 법으로 강제한 것이 아니라 자발적으로 생긴 것이며 계층에 근거를 두고 있다. 인종적 요소도 포함되어 있다. 리우데자네이루 북부의 노동자 지역에서 온 가난한 사람들은 대체로 피부색이 검다. 패션을 선도하는 이빠네마의 젊은이들은 이 가난한 사람들의 행동이나 옷차림을 따라할 생각이 없으며 닮고 싶어 하지도 않는다. 이빠네마 해변에서 소위 잘나가는 젊은이들의 대화를 엿들어 보면 이들이 각종 로션과 크림을 동원해서 만들고 싶어 하는 피부색은 황금빛 갈색이다. 이들은 외국에서 왔다는 것이 확연히 드러나는 하얀 피부의 관광객을 경멸하고 그 반대로 타고난 까리오까carioca로서 검은색 피부를 가진 사람들도 경멸한다. 너무 백인이거나 너무 흑인이면 매력이 없는 것이다.

미국 사람들과 비교해 볼 때, 브라질 사람들은 해가 쨍쨍하고 파도가 잔잔한 날에도 거의 바닷물에 들어가지 않는다(서퍼들은 논외다). 브라질의 해변은 오락을 위한 공간일 뿐만 아니라 공적이고 사회적인 공간이어서 광장이나 길거리와 유사하다. 남녀의 구애가 어떻게 이뤄지는지 볼 수 있는 곳이고, 예비 정치인에게는 좋은 선거운동 장소이기도 하다. 또 광고주에게는 최상의 홍보 장소이다. 인기 있는 해변의 하늘에는 광고 현수막을 단 비행기가 날아다니고 지상에는 매력적인 젊은이들이 핸드크림부터 음료수까지 각종 신제품 샘플을 나눠 준다. 뮤지션들과 코미디언들도 지하철역에서처럼 해변에서 공연한다.

그러나 해변은 브라질의 다른 사회와 마찬가지로 소위 하인 계급 없이는 제대로 작동할 수 없다. 사람들이 해변에 도착해 하루를 보낼 장소를 물색하면 가판대의 점원들이 경쟁적으로 의자와 파라솔을 대여해 주고 단골을 위해서는 미리 자리를 마련해 놓는다. 노점상들은 모래에 앉아 있는 사람들에게 다가와 음료수, 아이스크림, 선글라스, 티셔츠, 태닝로션 등을 판매한다. 노점상들은 보통 교외에 살고 있는 노동자 계층이며, 노점 수입에 생계를 의존하는 가족들이 사는 집으로부터 해변까지 먼 길을 온 사람들이다. 이들이 파는 과일주스나 케밥은 집에서 부인과 아이들이 만든 것인 경우가 많다. 노점상 가운데 일부는 여름 시즌 동안 해변에서 일주일 내내 먹고 자면서 한가한 월요일에만 집에 가기도 한다.

리우데자네이루, 사우바도르, 헤시피Recife, 포르딸레자Fortaleza 등의 큰 해안 도시에는 하인 계급의 주거지 주변에 해변이 있을 수도 있다. 이 해변들은 오염되거나 바위가 많고 파도가 세거나 해파리가 들끓는 등 열악해서 하층 계급의 차지가 될 수밖에 없다. 예를 들어 리우데자네이루 북쪽의 해변은 대서양이 아니라 과나바라 만을 면하고 있는데, 이것은 엄청난 차이를 가져온다. 과나바라 만은 정유 공장과 화학 공장, 거대한 컨테이너 선박이 짐을 싣고 내리는 부두, 조선소들에 둘러싸여 있어 이들이 방류한 온갖 쓰레기가 만으로 흘러든다. 극도로 가난한 파벨라 거주민들만이 하무스Ramos 해변 같은 곳을 찾는데, 이곳은 리우데자네이루의 해변 가운데 화장실 문제와 위생 문제가 가장 심각하다.

1990년대 초반, 리우데자네이루 시는 도시 북부의 가장 가난한 지역에 넓은 수영장을 만들고 '빅 풀'Big Pool이라고 이름 붙였다. 초기에는 많은 사람들이 빅 풀로 몰려들었고 이제 자신들을 푸대접하는 조나술 같은 고급 해변까지 가서 돈과 시간을 쓰지 않아도 된다는 사실에 기뻐했다. 심지어 이빠네마와 레블롱의 콧대 높은 주민들도 인기를 확인하기 위해 빅 풀까지 왔다. 한동안 중상류층 사이에서 주말에 빅 풀에 오는 것이 멋진 일로 여겨지기도 했다.

그러나 현실적인 문제들이 수면 위로 떠올랐고 초반의 화려함은 사그라들었다. 빅 풀이 세워진 자리는 원래 두 갱단이 다툼을 벌이던 곳이었다. 세력을 잡고 있던 갱은 라이벌 갱단의 색깔이 들어간 수영복의 착용을 금지했고 그 규정을 어기는 사람은 물론이고 그에 대해 몰랐던 사람들까지 괴롭히고 협박을 가했다. 그리고 다음 선거에서 보수적인 시장이 당선되자 프로젝트를 지원하던 예산은 말라 버렸고 빅 풀도 그렇게 말라 버렸다. 예산은 조나술의 고급 해변에 세워진 안전요원 초소와 가판대를 현대적으로 정비하는 데에 투입되었다. 조나술의 해변들은 리우데자네이루 엽서에 담길 풍경을 제공하고 부유층 아파트에도 좋은 전망을 선사한다. 권력자들이 보기에 부자들의 해변이 특혜를 받는 것은 당연하다. 이것이 브라질 사회 계약의 본질이다.

그러나 브라질의 사회문제는 고급 해변에도 파고들었다. 꼬빠까바나, 이빠네마, 레블롱, 서웅꽁하두São Conrado를 굽어보는 언덕에 위치한 파벨라의 빠른 성장으로, 그곳에서 배출된 쓰레기와 폐기물이 고급 해변의 앞바다를 더럽히게 된 것이다. 심지어 마약 갱단 간 충돌로 발생한 희생자의 시신 일부까지 고급 해변으로 휩쓸려 오면서 리우데자네이루를 느긋한 휴가지로 선전하고 싶어 하는 정부 당국자의 분노와 근심을 사기도 했다. 예전에 내가 쉐라톤 호텔 근처 해변에서 발생한 사건을 기사화 하자, 시의 관광 당국자가 화를 내며 다음해 카니발 취재 권한을 박탈하겠다고 협박한 적도 있었다.

최근 들어 해변은 집단 강도로 몸살을 앓고 있다. 언덕 위 파벨라의 젊은이들이 떼를 지어 해안가로 내려와 해변에 놀러온 사람들의 돈과 보석, 라디오와 소지품을 훔쳐 가는 것이다. 저항하는 사람을 바닥에 내동댕이치고 주먹으로 때리기 일쑤이다. 사망자는 드물지만 병원에 입원하는 희생자는 종종 발생한다. 이 좀도둑들은 관광객이든 자국민이든 외국인이든 브라질 사람이든 가리지 않고 닥치는 대로 훔친다. 해변을 자주 찾는 사람들이 경찰의 단속을 요구해 사건 발생 횟수가 줄어들기는 했다. 그러나 단속이 강화되자 검은 피부의 젊은이들이 모여 있으면, 특히 파벨라 주민 또는 갱단의 표식처럼 여겨지는 문신을 하거나 금발로 염색한 젊은이들인 경우 일단 의심부터 받는 결과를 초래했다.

한편 해변이라는 무대에서는 사회 변화 실험들이 공표되거나 승인되거나, 혹은 일단 시도된다. 1970년대에 당시 대표적 섹스 심벌이었던 여배우 레일라 지니스Leila Diniz는 이빠네마 해변에서 임신한 몸으로 비키니를 입어 엄청난 논란을 불러일으켰다. 이는 브라질 페미니즘 운동의 시작을 알리는 사건으로 회자되고 있다. 또 1980년, 미국 대사 납치 사건에 연루됐던 작가이자 사회운동가인 페르낭두 가베이라Fernando Gabeira는 스웨덴에서 망명 생활을 마치고 귀국한 뒤, 코바늘로 뜬 보라색 수영복 팬티를 입고 해변에 등장해 보수파는 물론이고 예전 혁명 동료들까지 경악하게 만들었다. 이 행동은 덜 독단적이고 더 실용적이며 사회 이슈에 관대한 자세를 보이는 브라질 신좌파의 탄생 선언으로 기억된다.

10년 전 어느 여름 주말, 한 무리의 젊은 여성들이 가장 붐비는 시간대의 이빠네마 해변에서 상반신을 노출해 언론의 주목을 끌었다. 몇 주 전 리우데자네이루의 다른 해변에서 20여 명의 무장경찰이 34세의 여성에게 상의를 입으라고 명령하고 그녀가 거부하자 거칠게 경찰서까지 끌고 갔던 사건에 대한 항의 시위였다. 음란함의 중심지라는 리우데자네이루의 명성과 가슴을 드러낸 여성 출연자들이 수없이 등장하는 텔레비전 드라마 및 각종 방송 프로그램의 존재에도 불구하고, 시 정부는 해변에서 여성의 상반신 노출을 금지하고 있었던 것이다. 그날 시위대는 갖은 모욕과 맥주 세례를 받았다. 그러나 곧 경찰에게 항의가 쏟아졌고 결국 시장은 해변에서 여성의 상의 탈의를 허용한다는 조항에 서명했다.

이 모든 사건들은 해변이 사회적 실험실임을 보여 주며 사회가 변하면 해변도 변하고, 브라질 사회의 강점과 약점을 고스란히 반영함을 증명한다. 일례로 2009년부터 2010년의 여름, 리우데자네이루 시는 '충격요법'이라고 불리는 지침을 발표하고 해변에서의 음식 조리를 금지했다. 사실 그전에도 해변에서 음식 조리를 금지하는 법은 있었지만 적극적으로 법을 집행하지는 않았다. 그러나 이번에는 힘 있는 기업들이 음식과 해변 상품을 파는 소상인들을 없애고 자신들의 가판대에서만 제품을 판매하기로 작정하고 나선 것이다.

그러나 시 당국자와 기업들이 지나치게 밀어붙여 대중의 반발을 사고 불복종을 초래했다. 소비자들은 그때까지 늘 해변에 오면 단골 상인한테서 사 먹던 새우나 치즈 꼬치를 맛볼 수 없고 의자나 파라솔을 대여할 수 없게 된 것이다. 신선한 코코넛 주스를 마시고 싶어도 플라스틱 병이나 종이 팩에 든 음료수를 사 먹어야 했다. 결국 브라질다운 해결책이 마련되었다. 법은 법전에 그대로 두고 유지하면서 집행을 최소화해 이듬해 여름 다시 싸움이 시작되기 전까지 기존의 방식대로 해변 생활을 즐기는 것 말이다.

카니발

카니발은 브라질의 라이프 스타일에서 가장 널리 알려진 부분이다. 〈흑인 오르페우스〉Black Orpheus 같은 영화는 5일 동안 사람들이 가면을 쓰고 성적 규제와 사회적 정체성을 벗어던진 채 금지된 행동을 즐기는 광란의 모습을 보여 준다. 가난한 사람은 왕이 되고 부자는 하인들과 어울리고 남자는 여자처럼 옷을 입고 여자는 남자처럼 대담하게 행동하는 등 인종이나 계층의 벽이 무너지고 디오니소스적인 광란의 축제가 벌어진다.

브라질 카니발에 처음 찾아온 외부인은 이 모든 묘사가 어느 정도 사실임을 알게 된다. 카니발은 재의 수요일 전 주의 금요일 오후에 시작해 재의 수요일 정오까지 지속된다. 로마 가톨릭에서 재의 수요일은 금욕과 절제를 하는 참회의 사순절이 시작되었음을 알리는 날이다. 카니발의 시작과 함께 브라질의 공식적 일상은 멈추고 축제 기간으로 넘어간다. 가게, 학교, 기타 일상생활은 멈춘다. 의상을 갖춰 입은 사람들이 무리 지어 거리로 나와 춤을 추고 노래하고 술을 마신다. 사교 클럽과 지역 센터에서는 각자 속한 부와 사회 계층에 따라 다양한 무도회가 열린다. 낯선 상대와 성관계도 흔하게 벌어지기 때문에 카니발 시작 몇 주 전부터 반드시 콘돔을 사용하라는 광고가 쏟아져 나온다.

그러나 이것은 카니발의 한 단면에 불과하다. 더 깊이 파헤쳐 보면 겉보기와는 완전히 반대되는 모습이 드러난다. 카니발은 치열한 경쟁이며 브라질이 현대화되고 번영함에 따라 하나의 산업으로 변모해 가고 있다. 리우데자네이루에서는 명성과 이윤을 좇는 대기업들이 전통적으로 카니발의 재정을 후원해 온 지하 세계를 밀어내고 있다. 다른 한편에서는 카니발의 산업화에 대한 반발로, 특히 순수주의자들과 향수에 젖은 사람들 사이에서 카니발이 보통 사람의, 보통 사람을 위한, 보통 사람에 의한 것이었던 시대로 돌아가고자

하는 목소리가 거세다.

카니발은 매우 오랜 역사를 가진 '육체적인 것에 대한 작별'로서, 중세와 로마 가톨릭교회의 성 주간 창시 때로 거슬러 올라가거나 그보다 더 이전인 유럽의 이교도 관습에서 기원을 찾기도 한다. 그러나 현대의 브라질식 카니발은 아프리카에 기원을 둔 의식 및 관례에 가장 가까운 모습이다. 1930년 리우데자네이루 시장이 기존의 카니발 행사를 최초로 정규화하면서 리우데자네이루의 흑인 거주 지역 그룹에게 무심코 자리를 내주었는데 이들의 새로운 음악 스타일이 바로 삼바였다. '삼바 클럽'들은 특유의 리듬과 풍자적인 가사가 담긴 노래, 화려한 의상을 입고 거리로 나섰고 금세 다른 지역 사람들의 호응을 받았다. 그 결과 삼바가 아닌 리듬과 춤은 무대 뒤로 밀려났고 삼바는 점차 카니발과 동의어가 되었다.

해를 거듭하면서 이런 전통은 이틀 저녁의 치열한 경쟁으로 변화했으며 리우데자네이루 시내 중심가 주변의 잘나가는 맥주 공장 옆에 '상보드로미'Sambodrome가 세워지고 그 실황이 브라질 전역에 생중계되기에 이른다. 매일 밤 일곱 개의 삼바 클럽은 까다로운 7만 명의 관객 앞에서 한 시간 동안 퍼레이드를 하고 네 명의 심판은 의상의 아름다움부터 타악기 효과 등에 이르는 열 가지 항목에 점수를 매긴다. 댄서와 드럼 연주자는 대부분 버스운전사나 주부, 리우데자네이루의 노동자 같은 보통 사람들로, 1년 내내 이 순간의 영광을 열망하며 몇 달 동안 스텝과 리듬을 완벽하게 맞추기 위해 연습한다. 채점 결과는 카니발이 공식적으로 끝나는 재의 수요일 오후에 발표되고 그 장면 역시 생방송으로 중계된다.

올림픽 체조경기나 아이스스케이트처럼, 삼바 경연의 1등과 2등은 점수 차이가 소수점 한 자리 또는 두 자리일 정도로 치열하다. 그 때문에 점수가 집계될 때 긴장감과 초조감이 고조되며 특히 꼴찌를 할 수도 있는 삼바 클럽 후원자들의 긴장은 말로 표현할 수 없을 정도이다. 꼴찌가 되면 2부 리그로 강등되고 반대로 2부 리그의 승자는 '특별 그룹'으로 진출하는 영광을 누린다. 이 특별 그룹에서 우승한 팀은 다음 한 해 동안 최고 중의 최고라는 칭송을 만끽하지만, 최하 순위 팀의 충직한 팬들은 놀림을 견뎌야 한다.

베이자플로르Beija-Flor('벌새')는 가난하고 인구밀도가 높으며 폭력이 만연한 닐로뽈리스Nilópolis 근교의 노동자 계층으로 구성된 삼바 클럽으로 늘 강력한 우승 후보이다. 한편, 망게이라Mangueira('망고나무')는 역사가 오래되고 전통 있는 삼바 클럽으로 한때 우승을 휩쓸었으나 이제는 신흥 강호들에게 자리를 빼앗기고 과거의 영광을 되찾기 위해 애쓰고 있다. 우승 경험이 거의 없는 삼바 클럽들도 있다. 사실상 이들의 목표는 우승이 아니라 정규 리그에서 2부 리그로 밀려나지 않는 것이다. 우니두스 다 띠주까Unidos da Tijuca는 2010년 깜짝 우승을 거머쥐어 74년 동안의 갈증을 해소하기도 했다. 삼바 클럽들은 각자 목표를 달성하기 위해 까르나발레스꾸스 carnavalescos라 불리는 소수 전문가들에게 많은 비용을 지불하고 공연의 조직, 디자인, 연출을 맡긴다.

까르나발레스꾸스 중에서 빵쁠로나Fernando Pamplona와 주어웅지뉴 뜨링따Joãozinho Trinta 같은 사람들은 국가적인 유명 인사다. 빵쁠로나는 지적인 무대 설치가로 브라질 민속 문화를 평생 연구해 공연의 초점을 브라질 역사나 일상생활에 두는 편이다. 뜨링따는 베이자플로르 그룹을 이끌며 대단한 성공을 누리고 있다. 1970년대에 카니발이 빈곤층을 위한 교육, 주택, 의료 시설에 쓰일 자금을 낭비한다는 비난에 응수한 것으로 유명하다. 그는 이렇게 말했다. "가난한 사람들은 호화로움을 좋아한다. 가난을 좋아하는 것은 지식인들이다."

최근 들어 선두 삼바 클럽들은 더욱 크고 화려한 공연을 만드는 데 매진하고 있다. 리우데자네이루 시 정부도 일부 지원하는데, 주요 관광 상품이 된 카니발을 재정적으로 후원하려는 의도다. 또한 카니발은 수년 동안 불법 숫자 게임인 조구 두 비슈jogo do bicho('동물 게임')를 운영하는 비셰이루bicheiro들로부터도 상당한 금액을 지원받았다. 사실 게임 운영업자들이 얻는 부는 카니발에 참여하는 주민들로부터 나오는 것이기 때문에 그들이 자기 이웃의 삼바 클럽을 지원하는 것은 거의 당연한 의무처럼 인식된다.

그러나 삼바 클럽의 야심은 비셰이루의 후원금으로 감당할 수 있는 정도를 넘어섰고 결국 더 많은 돈줄이 필요하게 됐다. 마약 두목으로 알려진 슬럼가의 신흥 졸부들이 돈을 대기 시작했고, 대기업들도 삼바 클럽의 악기와 의상에 회사 로고를 붙이는 대가로 후원금을 늘렸다. 국영 정유사인 페트로브라스 등 주 정부의 기관들은 삼바 클럽의 공연 내용이 자신들에게 호의적이길 바라며 자금을 지원한다.

베네수엘라의 포퓰리스트 독재자인 우고 차베스Hugo Chavez까지도 홍보의 도구로서 카니발의 중요성을 깨닫고 후원자로 나섰다.

2007년 그의 정부는 빌라 이자베우Vila Isabel 삼바 클럽에 100만 달러를 후원했다. 당시 공연 주제는 "아메리카, 난 너에게 빠졌어: 라틴성을 찬양하며"I'm Crazy About You, America: In Praise of Latinity였다. 이 클럽이 뜻밖의 우승을 거머쥐면서 심판 매수설이 돌았지만 차베스는 빌라 이자베우 클럽의 대성공이 "라틴아메리카의 통합을 위한 승리"라고 선언하면서 이들의 세계 투어를 추가 지원했다.

지난 10년 동안 많은 삼바 클럽들은 외국인 관광객에게 상보드로미의 퍼레이드에 참여할 수 있는 표를 팔기 시작했다. 덕분에 공연을 올리는 데 필요한 돈을 마련할 수 있었지만 전통주의자들의 심기를 건드렸다. 이는 단지 외부인들이 삼바를 못 추기 때문만은 아니었다. 순수주의자들은 외부인의 존재가 1년 내내 춤의 스텝을 배우고 삼바 주제곡을 외우고 의상을 바느질하고 리허설에 참여하며 열심히 노력한 사람들과 삼바 클럽 사이의 유대감을 희석시켜 카니발 경험의 가치를 떨어뜨린다고 주장한다.

전통적으로 카니발에 영감과 특성을 불어넣었던 보통 사람들은 주변으로 밀려나고 있다. 관광객들의 관심이 급증하면서 상보드로미 경연장의 입장권 가격은 삼바 팬들이 생각하는 합리적인 수준을 훌쩍 넘어선 상태다. 삼바 경연이 벌어지는 이틀 밤은 전국적으로 방송되기 때문에 대대적인 홍보가 필요한 연예인들과 유명 인사에게 좋은 무대가 된다. 그 결과 카니발을 마치 오디션처럼 생각하는 C급 여배우와 모델들이 넘쳐난다. 이들에게 카니발은 텔레비전 카메라 앞에서 잘빠진 몸매를 뽐내고 대중 잡지에 실릴 기회를 얻을 수 있는 곳이다.

이 같은 트렌드는 1994년 한 야심만만한 모델이 '귀빈석'의 브라질 대통령 이따마르 프랑꾸Itamar Franco 옆에서 춤추는 모습이 사진에 찍히며 최악을 맞이했다. 다음날 신문과 텔레비전을 장식한 이 사진은 아래쪽 사진사들이 위의 귀빈석을 향해 촬영한 탓에 여성 모델이 노팬티인 것이 확연히 드러났기 때문이다. 이 사진으로 프랑꾸 대통령은 당혹스런 처지에 놓였지만 사진의 주인공이었던 릴리앙 하무스Lilian Ramos는 모델로서 이름을 알렸고 이후 이탈리아로 이민해 텔레비전 쇼에 등장하고 있다.

한동안 삼바 클럽의 맨 앞에서 행진하는 여성이 노출하는 것이 유행하던 때가 있었다. 리우데자네이루 카니발을 독점 방영하는 거대 언론 기업 TV글로부TV Globo가 카니발 경연 중계를 홍보하기 위해 매혹적인 물라따● 댄서 발레리아 발렌사Valéria Valenssa를 집중 조명하면서 이런 추세를 부추겼다. 발렌사는 글로벨레자Globeleza 또는 '글로부 미녀'로 알려졌는데 생방송에서 가슴을 드러내고 하반신을 물감으로 교묘히 덧칠한 채 아무것도 입지 않고 행진했다. 리우데자네이루 카니발은 경쟁이 심하기 때문에 다른 모델과 댄서들은 이를 따라하거나 심지어 더한 노출을 감행하기도 했다.

몇몇 미인들이 완전한 나체로 퍼레이드에 나서려고 하자 반발이 시작되었다. 반대자들은 이런 경향이 공연의 품격을 떨어뜨리고 화려함과 창의성을 격하시킨다고 비난했다. 카니발 운영자들은 결국 완전 나체는 공식적으로 금지하기로 했다. TV글로부는 몇 년 전 발

● 물라뚜의 여성명사.

렌사와 결별했고 그녀는 복음주의 개신교도가 되었다. 더 이상 카니발에 참여하지 않으며 오히려 신랄한 비평가가 되었다. 발렌사는 2008년 인터뷰에서 "카니발은 육신의 축제, 세속적인 축제이다. 그 자리에 있는 사람들은 죄를 짓고 있는 것이다"라고 말했다.

현란함과 엘리트주의가 확대되는 추세 속에서 일부 브라질 사람들은 카니발을 본래의 대중적인 모습으로 되돌리려 하고 있다. 리우데자네이루의 블로꾸스blocos는 내가 1970년대에 처음 왔을 때는 규모도 작고 조직도 완전하지 않던 그룹이었으나 새롭게 다시 부활했다. 수가 많아졌을 뿐만 아니라 적극적으로 활동하는데, 상보드로미에서 공식 경쟁이 시작되기 2주 전에 거리로 나와 행진을 시작한다. 카니발 본래의 전통에 충실하게 가장 촌스럽고 야한 의상을 입은 채, 정부 당국과 유명 인사들을 조롱하는 노래를 부르면서 말이다. 그리하여 상보드로미의 공식적이고 구조화된 행사와 길거리에서 펼쳐지는 대중적인 카니발 사이의 격차가 점점 더 벌어지고 있다.

카니발의 진정한 팬들은 다른 도시의 카니발 축제에도 몰려든다. 특히 헤시피 북쪽의 올린다Olinda, 사우바도르 등은 카니발의 본래 분위기를 지키고 대중의 참여를 유지하려고 노력하고 있다. 올린다는 카니발의 음악적 기반부터가 삼바가 아닌 마라까뚜maracatu와 시랑다ciranda로, 그 지역에서 잘 알려진 전통 리듬이다. 축제의 핵심 역시 그룹 간의 경쟁으로 1등을 뽑는 것이 아니라 길거리 행진이며, 그 지역 및 국가적 유명 인사를 캐리커처한 6미터 이상의 종이반죽 인형들이 등장한다.

인형 제작의 선두주자인 시우비우 보뗄류 지 알메이다Sílvio Botelho de Almeida는 1957년생으로 그의 작품은 해외 박물관에도 전시되어 있으며 리우데자네이루의 카니발 클럽으로부터 퍼레이드 수레를 제작해 달라는 요청을 끊임없이 받고 있다. 그러나 그는 모든 요청을 거절했는데, 이는 돈이 필요 없어서가 아니라 리우데자네이루의 축제는 상업적 이윤에 눈이 멀어 관광객을 위한 '볼거리'로 전락했다고 믿기 때문이다.

그는 2004년에 이렇게 말했다. "리우의 카니발은 그저 관객이 극장을 찾았다가 공연이 끝나면 바로 떠나는 것과 같다. 반면 이곳에서는 여러분 자신이 길거리에서 벌어지는 쇼의 일부가 된다." 단하나의 삼바 클럽이 모든 영광을 독차지하는 리우데자네이루의 퍼레이드는 카니발의 진정한 정신에 역행한다는 것이 그의 생각이다. 그는 동료애가 끈끈한 올린다의 분위기를 선호하며, 지역의 모든 인형 제작자들에게 영광을 돌리는 속죄의 화요일 행사를 후원하고 있다.

사우바도르의 카니발은 리우데자네이루의 가장 강력한 경쟁자로 떠오르고 있다. 사우바도르 카니발의 핵심은 '엘렉트릭 트리오'로 이들은 기업체나 이웃 협회의 후원을 받아 해변부터 시내 중심가까지 퍼레이드를 이끈다. 1950년에 처음 등장한 이 앙상블은 대규모 오케스트라로 발전한 경우도 많지만 여전히 '트리오'라는 이름을 유지하고 있다. 브라질 전역과 해외에서 몰려든 수십만 명의 군중은 특별히 디자인된 트럭의 스피커에서 뿜어져 나오는 천둥 같은 소리에 맞춰 춤추고 행진하고 노래하고 마시고 섹스도 한다. 레드

제플린Led Zeppelin*과 비슷하지만 그보다 훨씬 더 크고 빠르며, 브라질 음악과 록이 섞여 있다고 생각하면 된다. 리우데자네이루와 대조적인 올린다처럼 사우바도르의 카니발도 경쟁이 아니라 대중의 참여에 방점이 찍혀 있다.

카니발은 브라질의 상상력과 축제에 대한 애정을 강하게 자극하기 때문에 어떤 지역에서는 비시즌에 비공식 무대를 만들기도 한다. 예를 들어 아마존강 중류의 섬에 있는 빠링칭스Parintins의 마을에서는 매년 6월 말과 7월 초에 카니발을 연다. 이때가 되면 수천 명이 수백 마일씩 배를 타고 와서 카니발에 직접 참여하거나 구경한다. 이곳의 카니발은 레드 팀과 블루 팀으로 나누어 지역 전설로 내려오는 신화적 황소의 부활을 주제로 무대를 꾸며 경쟁한다. 상업화의 물결은 이곳에도 파고들어 스폰서십을 따내기 위한 음료 회사들의 경쟁이 뜨겁다.

가수이자 작곡가인 까에따누 벨로주Caetano Veloso는 바이아 카니발에 관한 노래를 만든 적이 있다. 〈비, 땀 그리고 맥주〉Rain, Sweat and Beer라는 노래는 "오라, 보라, 내맡겨라, 키스하라, 그냥 있으라, 다 신의 뜻이다"라고 주문한다. 제목은 광적인 혼동 그 자체인 카니발을 상징하며, 가사는 "무엇이든 가능하다"라는 치명적인 매력을 강조해 카니발이 크리스마스나 독립기념일보다 더 중요한 축제일 수밖에 없음을 느끼게 한다. 카니발은 브라질의 악동적인 면과 삶의 즐거움을 발산하는 출구로서 가치를 갖는다. 그러나 점점 더 거

● 영국의 록 밴드.

세지는 상업화와 규격화의 압박에 맞서 무정부주의적이고 탈권위적인 특징을 지켜 낼 수 있을지 의문이다.

축구

브라질인의 축구는 우아하고 당당하며 정말로 열정적이고 기술적이기 때문에 이들이 축구를 처음 만들었다고 생각하기 쉽다. 월드컵을 다섯 번이나 제패하고 예술의 경지로 끌어올려 축구를 세계에서 가장 인기 있는 스포츠로 완성했지만 사실 축구가 브라질에 처음 들어온 것은 1894년, 잉글랜드와 스코틀랜드의 후손인 젊은 빠울리스따 샤를리스 밀레르Charles Miller가 영국에서 공부를 마치고 돌아왔을 때였다. 초기 축구는 주로 소수의 백인, 유럽화된 도시 엘리트의 전유물이었으며 이들은 냄새나는 평민들과 축구를 할 생각이 없었다. 당시의 편견을 반영하듯이 작가 그라실리아누 하무스 Graciliano Ramos는 전형적인 브라질인의 신체와 정신은 지적이고 세련되며 신체적으로 힘든 '유럽 게임'에 적합하지 않기 때문에 축구가 브라질에서 결코 대중화되지 않을 것이라고 말하기도 했다.

그러나 브라질은 예술 분야에서처럼 축구에서도 외국 문물을 받아들여 자신의 것으로 만드는 능력을 발휘하기 시작했다. 영국 이튼의 운동장에서 축구는 뻣뻣해 보일 정도로 규율 잡힌 질서와 전략의 운동이다. 그러나 브라질 도시의 공터, 시골의 초원과 벌판에서의 축구는 민첩함과 창의력, 그리고 카니발의 수석 댄서에게 요구되는 수준의 재빠름이 요구되는 경기로 변한다. 동시에 경기의 초점은 팀플레이에서 개인의 실력과 성취로 옮겨 갔다. 브라질 축구팀은 군대 같은 집단적인 공격보다는 선수 개인이 각자의 자리에서 알아서 플레이하는 방식을 선호하며 이 전략은 수십 년에 걸쳐 킥, 패스, 헤딩, 페인팅, 공격법과 수비법의 혁신을 가져왔다.

잘 알려져 있듯이 흑인 또는 가난한 사람에게 축구는 사회적 인정과 부를 얻을 수 있는 몇 안 되는 길 중의 하나로 특히 브라질에서 이런 경향이 강하다. 이는 축구가 매력적인 대중 스포츠로 뿌리내리는 데 도움이 됐다. 초창기의 구단들은 축구를 상품 광고 수단으로 본 기업의 후원을 받았는데 선수들은 스폰서 기업의 공장에서 발탁된 경우가 많았다. 재능을 보인 선수는 보너스를 받거나 승진하거나 업무가 덜 힘든 부서로 이동했다. "주전 팀에서 충분히 뛸 수 있을 만큼 축구를 잘하는 노동자는 어느새 쉬운 일을 하는 의류 부서로 갔다." 마리우 호드리게스 필류Mário Rodrigues Filho는 1950년대에 출판되어 여전히 이 분야에서 권위를 인정받고 있는 『브라질 축구의 흑인』The Negro in Brazilian Soccer에서 이렇게 썼다. "이렇게 공장주에게 계속 신임을 받으면 상황은 훨씬 더 나아졌다. 업무가 쾌적하고 월급도 많이 받는 사무실로 갔다."

이런 현상은 현재도 계속되고 있다. 축구 스타 펠레는 아마도 아르헨티나를 제외하고 스포츠 역사상 가장 위대한 선수이며 세계에서 가장 존경받는 스포츠 인사일 것이다. 그는 미나스제라이스의 작은 마을 초라한 집에서 태어났고 상파울루 외곽에서 성장기를 보냈다. 호마리우, 호나우두, 히바우두, 호베르뚜 까를루스, 호나우지뉴 등 많은 선수들이 비슷한 환경에서 태어났지만 축구를 통해 부와 명성을 얻었다. 2002년과 2006년 월드컵 국가대표 선수의 출신을 분석한 연구에 따르면 4분의 3이 가난하거나 시골 출신이거나 혹은 두 경우 모두에 해당됐으며, 브라질의 복잡하고 비공식적인 인종 구분 체계에서도 충분히 비백인으로 간주될 만한 사람들이었다.

그런데 여성의 존재가 환영받고 심지어 반드시 필요하기까지 한 해변 및 카니발과는 대조적으로 축구는 최근까지 거의 완벽하게 남성적인 영역이다. 물론 여성들도 축구팀을 응원하고 텔레비전으로 경기를 보고 언론 기사를 챙겨 보고 특정 축구팀의 색에 맞춰 옷을 입는다. 이는 특히 국가대표 팀의 월드컵 경기 때는 더욱 흔한 광경이다. 그러나 여성이 직접 축구장에서 경기를 뛰거나 관람하는 것은 금기시된다. 스포츠에 능하거나 과도한 관심을 보이는 여성은 싸빠떠웅, '큰 신발'로 분류되는데 레즈비언을 가리키는 속어이다. 브라질에는 여성 축구 국가대표 팀이 있지만 한 번도 월드컵에서 우승하지 못했고, 2007년 최초로 결승전에 올라 남성 팀에서도 막강 라이벌인 독일과 경기를 펼칠 때조차 관심이 미미했다. 심지어 그전의 토너먼트 경기는 텔레비전 중계조차 되지 않았다.

"브라질 축구는 성별 경계가 분명하며 남성의 지배가 두드러진다." 인류학자 호베르뚜 다마따는 이렇게 말했다. "이 운동은 갈등, 육체적 대결, 배짱, 지배, 통제, 인내 등 전통적으로 남성성을 정의하는 모든 요소를 담고 있다."

실제로 일반 언어에서 축구공의 소유를 묘사하는 동사들은 성관계를 묘사하는 속어로도 쓰인다. 예를 들어, 한 선수가 공을 '먹는다'라고 표현하는 것처럼 남성이 여성을 유혹해 관계를 맺을 때도

'먹는다'라고 한다. 또 포르투갈어의 모든 명사에는 성이 있는데 공을 뜻하는 일반 명사 볼라bola는 공의 모양처럼 둥그스름하고 육감적인 여성성의 이미지를 함축하고 있다. 신문 만화와 남성 잡지는 여성의 가슴과 엉덩이 부분을 가끔 축구공 모양으로 묘사한다.

"축구 선수들이 항상 공에 입 맞추고 쓰다듬는 것을 볼 수 있는데 여기에는 확실히 에로틱한 요소가 있다." 브라질 최초의 여성 텔레비전 스포츠 아나운서인 헤나따 꼬르데이루Renata Cordeiro는 이렇게 지적했다. "남자가 여자를 정복하는 것처럼 축구공을 정복할 생각으로 가득 차 있다."

이런 성적 금기는 경기 관람에도 영향을 미쳤다. 경기장이든 관중석이든 폭력과 허세가 의례적으로 일어나니 전통적으로 여성에게는 금지 구역이었다. 악명 높은 영국 훌리건의 난리법석에 견줄 법한 관중들의 무례한 행동을 참아 낼 여성은 많지 않다. 대개 여성이 가입할 수 없는 조직화된 팬클럽인 또르시다스torcidas들 간의 싸움으로 경기는 엉망진창이 될 수도 있다. 이들이 선호하는 장난은 미자다mijada라고 부르는 것으로, 상층 관중석에 있는 팬이 종이컵에 소변을 받아 상대팀 응원단이 앉아 있는 아래 관중석에 뿌리는 것이다. 가끔 폭력이 확대되면서 난장판이 벌어지고 얻어맞거나 칼에 찔려 사망하는 경우도 있다. 이런 일은 대개 경기 종료 후에 일어나는데, 패배한 팀의 반쯤 취한 팬들은 사소한 언사에도 쉽게 모욕감을 느끼기 때문이다.

오늘날 축구는 스포츠의 왕이라고 불릴 정도로 브라질 운동계를 지배하고 있다. 미국에서는 야구와 미식축구가 대표 스포츠 타이틀을 놓고 서로 경쟁하고 있으며, 농구와 하키가 그 뒤를 따른다. 모두 시즌제이며, 팬덤의 물질적 후원과 충성도를 쟁취하기 위해 서로 치열하게 경쟁한다. 그러나 1년 내내 열리는 브라질 축구 경기는 다른 경쟁 종목이 없다. 축구 다음으로 많은 팬을 거느린 배구와 카레이싱은 한참 뒤처진 2위 자리를 놓고 경쟁하고 있다.

축구는 브라질의 정신과 토양의 일부가 되어, 브라질 포르투갈어의 은유와 속어들을 만들어 내고 있다. 브라질을 여행하다 보면 아무리 가난하고 외진 곳에서라도 축구장만큼은 언제나 발견할 수 있었다. 심지어 셩구Xingu 보호 구역에서 천 조각으로 음부만 가린 토착민들도 플라멩구Flamengo나 빨메이라스Palmeiras 등 인기 있는 축구팀을 상징하는 색의 셔츠를 입고 있었다. 룰라 대통령은 상파울루의 전통 팀 4개 중 하나인 꼬링치앙스Corinthians의 오랜 팬으로 연설문에 경기에 대한 언급과 비유를 양념처럼 뿌려 넣곤 한다. 그의 전임자인 까르도주는 브라질 사람으로서는 드물게 축구에 관심이 없었지만 이 때문에 대중과 동떨어진 사람으로 보일까 두려워 자신의 무관심을 숨겨야 했다. 그는 국가대표 팀이 2002년 월드컵에서 다섯 번째 우승을 기록하자 전임자들의 선례를 따라 성대하게 선수단을 환영했다.

축구와 정치도 복잡한 관계를 맺고 있다. 대통령을 비롯한 선출직 공무원들이 축구 스타들에게 매달리는 경우가 있는데, 이들은 일반인은 상상하기 힘든 치외법권 혜택도 누린다. 예를 들어 1970년 월드컵 전에 당시 정권을 잡고 있던 군부독재자 에밀리우 메디시Emílio Médici 장군은 대통령이 존경하는 선수를 합류시키지 않았다면서 국가대표 팀 감독인 주어웅 사우다냐João Saldanha를 비난했다. 이에 저널리스트이면서 공산당원이었던 사우다냐가 다시 쏘아붙였다. "나는 그가 누구를 장관으로 뽑는지에 대해 왈가왈부하지 않는다. 그러니 그도 내 선수단에 누구를 뽑을지를 가지고 간섭하면 안 된다."

공개적으로 대통령에 반의를 표하면 처벌받을 수 있던 시대에 사우다냐는 감히 대통령에게 반박해서 '겁 없는 주어웅'이라는 별명을 얻었다. 바로 감옥에 가지는 않았지만 그도 대가를 치렀다. 사우다냐는 메디시가 대표 팀을 브라질리아 대통령궁에 초대했을 때 훈련 스케줄과 겹친다고 초대에 응하지 않았던 전력이 있었는데, 이 사건이 겹쳐 결국 해고되었다. 사형 집행인이라는 별명을 가진 메디시는 축구를 좋아해서 얻은 것도 있었다. 브라질 경기 중계를 듣기 위해 트랜지스터 라디오에 귀를 붙인 그의 모습이 인간적인 이미지를 만드는 데 도움이 됐고, 월드컵에서 우승하자 브라질이 번영하고 자신감 넘치고 안정적이며 세계 강대국의 반열로 올라서고 있는 국가임을 보여 주는 증거라고 선전할 수 있었다.

월드컵 경기는 경제에도 상당한 영향을 끼친다. 통계에 따르면 대통령 선거가 있는 해에 우승하면 브라질인은 행복감과 자부심을 느껴 더 많은 돈을 쓰고 경제가 성장해 정부에 대한 신뢰가 높아진다. 반면 브라질이 우승에 실패하면 모든 것이 도루묵이 된다. 전직 대통령 까르도주는 1994년 브라질이 월드컵에서 우승한 해에 첫 번째 대권에 도전했는데, 축구 초보자였던 까르도주는 그의 행운을 국가대표 팀에 걸었던 반면 당시 경쟁자였던 룰라는 광적인 축구팬이지만 혹시 브라질이 질 경우 초래될 부정적인 결과를 우려해 대표 팀과 거리를 뒀다. 까르도주는 회고록에 다음과 같이 기록했다. "이것이 다소 과장된 정치 연극이었을까? 그렇다. 물론이다. 이것은 매우 위험한 일이었다. 내가 공개적으로 동일시했던 브라질 대표 팀이 만약 패배했더라면 나에게 어떤 일이 벌어졌을까?"

축구 선수들과 관계자들은 자신들의 높은 지위를 알고 있으며, 좋은 의도든 아니든 그 지위를 이용하길 망설이지 않는다. 아주 드물게 사우다냐처럼 권력에 진실로 맞서기도 하지만 대부분의 경우 법 위에 있는 것처럼 행동한다. 1994년 미국 월드컵에서 우승한 뒤, 선수들과 코치들은 고국으로 돌아오는 전세기에 몇 톤이나 되는 컴퓨터와 가전제품, 보석, 기타 사치품 등을 가져왔다. 세관원이 세금을 징수하려 하자 선수단은 공식 축하 행사에 참석하지 않겠다고 위협했고 결국 정부 고위 관계자가 중재에 나서 세관이 한발 물러서야 했다. 또 2006년에는 룰라가 대표 팀의 스타인 호나우두가 과체중이라고 암시하는 발언을 두 번이나 하자, 이것을 모욕으로 받아들인 선수가 대통령에게 기습 공격을 날렸다. "사람들은 그가 술을 많이 마신다고 말한다. 모두들 나는 뚱뚱하고 그는 술을 마신다고 말한다. 내가 뚱뚱하다는 것은 거짓말이기 때문에 그가 술을 마신다는 것도 거짓말이라고 생각한다." 그러자 룰라는 더 이상 반박하지 않고 물러났고 호나우두에게 사과 편지를 보냈다.

이런 특권 의식과 무책임이 축구 비즈니스로까지 스며들어 축구는 이제 브라질의 병폐와 불명예의 상징이 되어 가고 있다. 펠레가 언급했던 "아름다운 경기"의 건강함과 진실성은 흔들리고 있다. 부패, 족벌주의, 사기, 부정이 만연하며, 특히 브라질 간판 팀을 운영하고 선수 계약을 좌지우지하는 엘리트 그룹에서 이런 일이 많다. 고압적인 행동과 상류 생활, 방탕한 씀씀이 때문에 까르똘라스^{carto-}las 또는 '탑 햇'top hats[●]으로 불리는 스포츠계 거물들은 자신이 소유한 팀이 파산 직전이어도 개인적으로는 화려한 생활을 유지하며 부패 스캔들도 끊임없이 터져 나오는 실정이다.

축구는 카니발처럼 소박한 오락거리에서 거대한 사업으로 변모했고, 약삭빠른 사람들이 돈을 벌 수 있는 새롭고 교묘한 수법이 많아졌다. 예를 들어, 2005년에는 두 명의 저명한 심판이 도박꾼들에게 경기당 4천 달러 이상의 돈을 받고 편파 판정을 일삼았다. 그 결과 11경기가 무효화되어 재경기가 이뤄졌으며 내셔널 챔피언십의 순위도 바뀌었다.

그전에는 국가대표 팀의 수석 코치가 에이전트로부터 비밀리에 돈을 받고 특정 선수를 대표 선수단에 선발한 사실이 밝혀져 해고된 적이 있었는데, 이는 버림받은 애인이 폭로한 것이었다. 이 스캔들이 터지기 전까지만 해도 축구 국가대표 팀은 연줄이 아닌 실력과 능력을 기반으로 기회를 잡을 수 있는 브라질의 몇 안 되는 영역으로 여겨져 왔다. 대표 팀에 선발되면 선수의 시장가치가 치솟고현 소속 팀은 유럽 팀에 더 높은 이적료를 요구할 수 있다. 왕데를레이 루젱부르구Wanderley Luxemburgo 코치는 이적료의 일부를 챙겨 돈세탁한 뒤 아파트, 그림, 고급 승용차 등을 구입하는 데 사용한

● 신사들이 쓰던 높은 모자.

것으로 알려졌다. 그러나 이런 혐의에도 불구하고 어떤 공식적인 사법 처리도 이루어지지 않았을 뿐만 아니라 출전 정지도 당하지 않았다. 오히려 그는 스캔들 이후에도 국내 팀 다섯 개, 스페인 팀 한 개를 이끌었다.

국가대표 팀을 감독 관리하는 브라질 축구협회에도 의문이 제기되고 있다. 1996년, 협회는 나이키 사와 1억6천만 달러의 후원 계약을 체결했는데, 이는 스포츠 역사상 최고액의 후원으로 대대적으로 보도되었다. 그리고 브라질이 5회 월드컵 우승을 달성한 지 4년 뒤인 2006년에 다시 10년 연장 계약을 체결했다. 그러나 회계 내역은 전혀 공개되지 않았고 오늘날까지 그 돈이 어디에 어떻게 쓰였는지 알려지지 않았다. 나는 브라질 주재 특파원으로서 2002년과 2006년 심층 취재를 시도했지만, 동료들이 예상한 대로 협회는 나 정도는 간단히 무시했다.

계약서에 사인할 때 브라질은 뜻밖의 횡재에 환호했고 이 가운데 상당한 액수가 빈민층에게 기회를 줄 수 있는 교육 프로그램 및 훈련 시설에 투입되리라는 기대가 모였다. 그러나 이 모든 것은 최소한으로 이뤄졌고 심지어 협회의 자금 운용에 대한 의회 조사도 몇 번에 걸쳐 좌절되었다. 그러는 사이 브라질과 독일, 스페인, 이탈리아, 프랑스 등 유럽 도전자들 간의 간극은 점차 좁혀지고 있었다. 브라질은 여전히 세계 최고의 자리에 머무르며 우수한 선수들을 길러내고 있지만 이 역시 문제가 되고 있다.

에이전트들은 브라질의 외딴 곳과 슬럼가를 샅샅이 뒤져서 전도유망하고 어린 선수들을 찾아 장기 계약서에 사인하게 한다. 그러면 선수는 그가 입는 유니폼의 클럽에 소속되는 것이 아니라 에이전트의 개인 자산이 된다. 이 시스템을 두고 현대판 노예제라고 비난하는 목소리도 있지만, 금지하거나 단속하려는 시도는 거의 보이지 않는다. 상업적 이득이 워낙 막대하다 보니 1990년대 체육부 장관이었던 펠레의 경고와 항거도 묵살되었다.

이 시스템으로 인해 생기는 또 다른 문제는 에이전트가 계속 더 높은 이적료를 추구하기 때문에 최고 선수들이 외국 클럽으로 팔려가 자국이 아닌 해외에서 경력을 쌓는다는 것이다. 축구 강국이라는 명성 때문에 평범한 선수들조차 해외 무대에서는 기술이 뛰어나 보이고 관중들에게 인기도 많다. 그래서 축구 선수 수출은 브라질의 좋은 수입원이 되었다. 2002년 출간된 『축구: 브라질식의 삶』 *Futebol: The Brazilian Way of Life*의 영국인 저자 알렉스 벨로스Alex Bellos는 1천 명 이상의 브라질 선수가 해외에서 뛰고 있다고 추산했다(브라질 축구 협회는 783개의 프로 축구팀에 팀당 최대 22명이 소속되어 있어 총 1만7천 명의 프로 축구 선수가 활동하고 있다고 밝히고 있다). 프랑스나 이탈리아처럼 수준 높은 리그의 유명한 클럽에서 활동하는 선수들도 많지만 카타르나 말레이시아 혹은 아이슬란드와 노르웨이 사이의 춥고 외진 페로스 제도에서 뛰는 선수들도 있다. 심지어 아예 국적을 바꿔 해외 국가의 대표 팀에서 뛰기도 한다. 벨로스의 책이 출간된 이후로 그 숫자는 점차 늘어나 오늘날에는 심각한 엑소더스가 일어나고 있는 실정이다.

선수 유출은 브라질 국내 리그의 질을 낮추는 한편, 유럽 클럽들이 월드컵 예선전에 맞춰 브라질 선수들이 귀국하는 것을 꺼리면서 국가대표 팀의 결속력을 약하게 만든다. 4년 전 우승했던 브라질은 2006년 월드컵 8강에서 탈락했는데, 당시 대표 팀 22명 가운데 해외 팀에서 뛰고 있는 '외국인'이 아닌 선수는 단 두 명뿐이었다. 2010년 월드컵 팀도 마찬가지로 여섯 번째 트로피를 꿈꿨지만 8강에서 네덜란드에 2 대 1로 패해 떨어지고 말았다.

얼핏 보면 브라질 축구는 기름칠이 잘된 기계처럼 보인다. 공장에서 자동차가 조립되어 나오듯이 뛰어난 재능을 가진 선수들이 계속 양성되고 있기 때문이다. 그러나 프로축구의 실상은 부패했을 뿐만 아니라 혼돈 상태이다. 경기장에서 볼 수 있는 현란함과 임원실에서 벌어지는 무능력의 극명한 차이는 분명 탐욕스런 까르똘라스의 책임이다. 그러나 브라질 축구 팬들에게도 일부 책임이 있다. 그들은 국가대표 팀이 우승하고 브라질에 영광을 가져다주는 한 온갖 비리를 무시하고 현재의 상황을 수용한다. 대회 초반에 탈락한 라이벌 아르헨티나처럼 월드컵에서 엄청난 재난이 일어나야 브라질 축구를 개혁할 수 있을 듯 보인다. 하지만 엄청난 재난이 가까운 미래에는 일어날 것 같지 않으므로 현재의 자유방임은 계속될 것으로 보이고 의미심장한 변화가 일어날 가능성은 희박하다. 어쨌든 성공이 거듭되고 그 성과가 사람들을 행복하게 해주는 한, "적도 아래에는 죄가 존재하지 않는다."

독창성, 문화, '카니발리즘'

유럽인들이 브라질을 식민화하기 시작했던 1500년대에는 포르투갈, 프랑스, 독일, 네덜란드의 선원들이나 탐험가들이 토착 원주민 부족에게 잡히는 일이 종종 있었다. 포로로 잡혀갔다가 살아나온 사람이 별로 없어서 그곳에서 무슨 일이 벌어졌는지 알려진 것은 별로 없다. 그런데 1555년, 그렇게 잡혀갔던 사람 가운데 한스 스타덴Hans Staden이 탈출해 유럽으로 돌아와 쓴 책이 국제적인 베스트셀러가 되었다. 그는 뚜삐낭바Tupinamba 부족이 사로잡은 포로들을 어떻게 죽이고 그 인육을 먹었는지 생생하게, 또 충격적으로 묘사했다.

사실이든 아니든, 브라질 초기 역사에 관해 이와 비슷한 끔찍한 이야기가 널리 퍼져 나갔고 브라질의 대중문화는 안트로포파지(식인

문화anthropophagy)로 규정되기에 이르렀다. 학계에서는 '안트로포파지'는 단지 카니발리즘cannibalism(식인 풍습)●을 화려하게 표현한 용어로 본다. 그런데 1922년 상파울루에서 비평가와 지식인들이 모여 브라질의 현대 예술을 논하다가 '안트로포파지아'antropofagia를 문화적 식인 풍습으로 해석하게 됐고, 이때부터 안트로포파지아는 브라질의 엄청난 예술적 생산력을 설명하는 은유적 표현이 되었다.

브라질 문화는 의심의 여지없이 국가적 자부심이자 영광이며 최고의 업적이고 세계적으로 알려진 성과이다. 예술적 생동감과 다양성은 브라질과 국민들을 알 수 있는 입문 수단일 뿐만 아니라 이 나라를 문화 강국으로 만들어 주었다. 라디오나 텔레비전, 또는 레코드 플레이어를 가진 세계 사람들 중에서 〈이빠네마의 소녀〉를 들어보지 못한 사람이 과연 있을까? 카니발에서 화려한 의상을 입은 연주자들과 댄서들이 뽐내며 거리를 걸어오는 모습을 모르는 사람이 있을까? 사바나 초원에 우뚝 솟은 브라질리아의 높은 빌딩과 넓은 도로를 보지 못한 사람이 있을까?

브라질 사람들은 이 모든 것을 안트로포파지아에서 비롯된 현상으로 설명한다. 브라질 문화는 시작부터 유럽, 아프리카, 토착 원주민의 문화가 섞여 있었다. 나머지 세계와의 관계에서도 외국에서 들어온 예술 창작물, 예를 들면 19세기 프랑스 소설, 20세기 할리우드 영화, 영국 팝 음악을 탐욕스럽게 소비하고 집어삼켜서 브라질의 독특한 특성과 취향을 버무려 무언가 다른 것으로 변형해 다

● 인육을 먹는 풍습.

시 외국에 수출한다. 예를 들어 보사노바는 앙또니우 까를루스 조빙이 아메리칸 재즈와 쇼팽 같은 낭만파 클래식 작곡가의 매력을 흠뻑 흡수한 뒤, 완전히 새로우면서 본질적으로 브라질적인 것을 만들어 낸 결과이다.

가수이자 작곡가인 까에따누 벨로주는 "안트로포파지아는 브라질의 존재 그 자체이다"라고 주장했다. 벨로주는 그와 같은 세대의 브라질 예술가 가운데서 가장 세계적인 성공을 누렸던 사람이다. 한스 스타덴의 이야기와 함축적인 상징은 여전히 브라질적 상상 속에 생생히 박혀 있고 소설, 노래, 그림, 영화의 주제가 되고 있다. 이제는 어떤 선언문처럼 된 '문화적 식인주의'는 브라질 현대 문화 발전에 이론적인 틀을 제공하고 있다. 벨로주 자신이 1960년대 후반에 주도했고 최근까지 미국과 유럽의 예술가들에게 중요한 영향을 미친 열대주의Tropicalismo 운동도 이 틀에서 이해할 수 있다.

이렇듯 브라질 예술의 본질에 대해서는 의견 일치를 이뤘지만 왜 이런 창조성이 나오는지에 대해서는 브라질 사람들도 설명하길 어려워한다. 그중 가장 그럴싸한 설명은 브라질 일상생활의 예측 불가능성이다. 브라질에서는 계획대로 일이 진행되지 않고 예상치 못한 일이 자주 일어나기 때문에 민첩하게 창조적으로 상황에 적응하는 능력을 갖춰야 한다는 것이다. 물론 그럴 수도 있고 아닐 수도 있다. 어쨌든 삶이 이보다 더 혼란스럽고 엉망진창인 나라들 가운데 브라질만큼 생산적인 나라는 없다.

브라질 사람들은 음악과 춤처럼 즉흥적인 대응 능력이 요구되는 창조적 행위에 매우 뛰어나다. 축구도 포함될 것이다. 영국 사립학교 운동장에서는 어딘가 어수룩했던 축구가 브라질을 통해 전 세계적으로 화려한 볼거리가 된 것처럼 말이다.

음악에서 건축에 이르기까지 브라질 사람들은 모든 예술을 인육을 먹듯이 집어삼켜 그들만의 특성을 첨가해 재창조한다. 삼바의 고향 리우데자네이루가 아니면 어디에서 '식사를 하면서 리듬에 맞춰 쿵쾅거리면 안 됩니다'라는 경고를 듣겠는가? 어느 나라에서 버스 승객들이 즉흥적으로 노래를 부르며 유리창과 좌석, 손잡이에 삼바 비트를 두드리겠는가? 그러나 이는 브라질에서는 일상적인 일이며 창조성은 언제라도 폭발 직전이다.

"대중음악에서 손꼽을 수 있는 세 곳은 브라질, 쿠바, 미국이다." 보사노바 작곡가 조빙은 1980년 리우데자네이루의 자택에서 이루어진 인터뷰에서 내게 이렇게 말한 적이 있다. "나머지는 그냥 왈츠지요."

조빙의 발언은 도발적이지만 반박할 수 없는 두 가지 요소를 재치 있게 짚어 냈다. 첫째, 브라질은 음악에 있어 초강대국이다. 둘째, 이것은 예측 가능한 길을 가는 유럽과 달리 브라질의 뮤지션과 작곡가들이 지치지 않고 새로운 리듬과 음악을 창작해 낸 덕분이다.

삼바와 그 조용한 변주인 보사노바는 가장 널리 알려진 브라질 대중음악 장르이다. 덜 알려진 브라질 음악, 예를 들어 마라까뚜maracatu, 막쉬시maxixe, 프레부frevo, 포후forro, 악세axé, 바이엉baião, 빠고지pagode까지 폴 사이먼, 마이클 잭슨, 롤링스톤스, 토킹 헤즈, 피터 가브리엘, 스팅, 에릭 클랩튼, 벡, 어스 윈드 & 파이어, 넬리 퍼타도, 데벤드라 반하트 같은 세계적인 팝스타에게 영향을 미쳤다. 영어권 가수들만 예로 든 것이고 프랑스나 이탈리아, 스페인어를 사용하는 라틴아메리카 전역으로 범주를 확장하면 그 영향력은 더욱 크다.

브라질 예술가는 해외에서도 활약하고 있다. 선두주자는 까에따누 벨로주와 지우베르뚜 지우Gilberto Gil로, 열대주의로 알려진 운동의 이론가이자 창시자이기도 하다. 마일즈 데이비스, 칙 코리아 등의 재즈 앙상블과 시카고 같은 재즈록 밴드에서도 브라질 출신의 멤버가 활동하면서 리듬 창작이나 밴드의 레퍼토리 선정에 브라질 분위기를 담고 있다. 최근 들어서는 DJ 말보루DJ Marlboro, 새니 핏불Sany Pitbull, DJ 마키DJ Marky, DJ 빠티피DJ Patife, 아몽 토빙Amon Tobin 같은 브라질 출신 DJ들이 세계 투어를 하면서 일렉트로니카, 하우스, 트립합, 드럼 앤드 베이스 장르에 지대한 영향을 주고 있다. M.I.A.와 아시안 덥 파운데이션Asian Dub Foundation, 디플로 홀러트로닉스Diplo of Hollertronix 같은 해외 뮤지션들도 브라질 음악에 매료되어 본고장을 찾아온다.

이런 창조성의 기원은 유럽, 아프리카, 토착민의 요소가 처음으로 섞이기 시작한 식민 시대로 거슬러 올라간다. 당시 브라질은 문화의 중심지였던 유럽과 한참 떨어져 있어 상대적으로 고립된 상태였다. 그러나 20세기에 들어서면서 사진, 인터넷 등 신기술이 개발되어 문화의 재생산 및 대량 확산이 용이해졌다. 덕분에 브라질은 세계 음악계를 이끄는 수출국이 되었으며 다른 나라들은 혁신적인 브라질 음악에 감탄하며 이를 복제했다.

이 과정은 음악을 전달하는 기술의 진보 덕분에 지난 수백 년 동

안 점진적으로 진행되었다. 첫 번째 수혜자 중 하나는 삼바 작곡가
이자 플루트, 색소폰 연주자인 아우프레두 다 호샤 비아나Alfredo da
Rocha Viana였는데, 삐징구이냐Pixinguinha로 더 잘 알려진 그는 거대
음반사의 탄생으로 음악을 디스크에 저장해 온 세계로 퍼뜨릴 수
있었다. 그의 첫 78rpm[*] 음반이 유럽에서 발매되면서 그와 그룹
우스 오이뚜 바뚜따스Os Oito Batutas는 1922년 초반 유럽 투어에 초
대를 받았다.

삼바를 한 마디로 정의하기는 힘들다. 단순히 느낌과 리듬이 아
니라 삶을 바라보는 방식이며 의상, 언어, 요리가 결합된 브라질의
정체성을 상징하기 때문이다. 삼바의 기본 리듬은 4분의 2박자이
지만 뮤지션과 가수들은 무한한 변주를 개발하고 있다. 전자기타가
리드하는 록 스타일 밴드부터 다수의 관악기를 편성한 오케스트라
까지 삼바를 연주하는 방식도 다양하다.

가장 순수한 형태의 삼바는 소규모의 어쿠스틱 앙상블이다. 전통
적으로 우쿨렐레와 비슷한 현악기인 까바끼뉴cavaquinho가 멜로디
를 연주하면 이국적 이름의 타악기들, 즉 아고고agogô, 꾸이까cuica,
강자ganzá, 빵데이루pandeiro, 레꾸-레꾸reco-reco, 수르두surdo, 땅보
링tamborim, 셰께리xequerê 등이 연이어 들어오면서 거부할 수 없는
비트를 완성한다. 유행가 가사가 된 옛 말에도 있듯이 "삼바를 좋아
하지 않는 사람은 머리가 돌았거나 다리를 못 쓰는 사람이다."

재즈와 블루스의 정확한 유래가 확실하지 않듯이 삼바가 어떻게

---

[*] LP 판의 회전수를 가리키는 것이다.

태어났는지는 아무도 모른다. 그럼에도 불구하고 삐징구이냐는 재즈의 루이 암스트롱과 비슷한 존재이다. 루이 암스트롱은 뛰어난 연주자로 즉흥 연주에 강했고 밴드의 리더로서 아프리카 음악을 접목한 새로운 스윙 스타일로 세계를 매료시켰다. 삐징구이냐가 최초로 삼바를 썼거나 녹음한 사람은 아니다. 최초의 삼바 음반은 1916년 발표된 〈삘루 뗄레포니〉Pelo Telefone; By telephone이며 삐징구이냐는 22세이던 1919년에야 밴드 리더로서 첫 음반을 녹음했다. 그러나 삐징구이냐는 리우데자네이루에서 삼바 그 자체로 동일시된다. 암스트롱이 뉴올리언스 및 재즈와 영원히 함께하는 것처럼.

비평가와 학자들이 블루스를 재즈부터 힙합까지 미국 대중음악의 본류로 간주하듯이, 삼바는 브라질에서 나온 거의 모든 대중음악 장르의 원천이다. 이는 우연이 아니다. 삼바와 블루스는 공통적으로 서아프리카에 뿌리를 두고 있으며 노예선에 실려 신세계로 옮겨왔다. 노예선의 종착지는 미국 사우스캐롤라이나 주의 찰스턴이었을 수도 있고 브라질의 사우바도르나 헤시피였을 수 있다. 그러므로 삼바와 블루스에는 유사성이 많다. 특히 리듬의 복잡성과 싱커페이션•을 강조하는 점이 비슷하다.

리듬을 강조하는 경향은 브라질 클래식 음악의 전통에도 스며들었다. 20세기 전반기에 활발하게 활동한 헤이또르 비야로부스Heitor Villa-Lobos는 라틴아메리카 출신 가운데 가장 영향력 있는 작곡가이다. 그는 1887년 리우데자네이루에서 태어나 길거리와 영화

• 센박이 여린박, 여린박이 센박이 되어 셈여림의 위치가 바뀌는 것.

관 등에서 활동하는 밴드에서 연주하면서 삼바 중에서도 쇼루choro
의 영향력을 흡수했다. 이후 내륙으로 들어가 민속 음악의 멜로디
와 리듬을 익혔다. 민족주의자였던 비야로부스는 교향시, 실내악,
협주곡, 현악 사중주, 열두 곡 이상의 교향곡을 작곡하면서 브라질
적인 주제를 유럽의 음악과 조화시켰다.

그러나 삐징구이냐의 등장이야말로 브라질과 미국 팝음악 간 지
속적 상호작용의 시발점이 되었다. 1922년 유럽 투어에서 미국 재
즈 밴드의 연주를 접한 후 브라질로 돌아온 삐징구이냐는 색소폰
연주를 시작했다. 간혹 브라질 내에서는 삐징구이냐가 색소폰을 플
루트와 동일하게 편성했다거나 세계적으로 유명한 그의 음반 〈까
리뇨수〉Carinhoso●가 "지나치게 재즈 같다"거나 "너무 미국화되었
다"는 공격을 받았다. 그러나 재즈 뮤지션들을 그의 음악을 추앙했
고 수십 년 동안 그의 음악을 연주하고 있다.

미국 대중이 삼바의 매력에 빠진 것은 1939년 까르멩 미랑다
Carmen Miranda가 미국에 진출했을 때였다. 그녀를 브로드웨이 스타
로 만들어 준 뮤지컬과 나이트클럽 행사들 덕분에 까르멩은 영화에
캐스팅되었고 스크린에서 자신의 음악을 펼치며 할리우드에서 가
장 높은 출연료를 받는 여배우가 되었다. '브라질 금발 미녀'로 불
렸던 까르멩 미랑다는 1940년부터 1953년까지 14편의 영화에 출
연했는데 〈리우의 밤〉That Night in Rio이나 〈꼬빠까바나〉Copacabana
처럼 다소 과장된 스튜디오 작품[세트장에서 촬영한 작품]이었다.

● '사랑스러운'이라는 뜻.

이들 작품에 나오는 삼바는 희석된 버전으로, 카니발의 정통 스타일과는 거리가 멀다. 그러나 비트와 까르멩 미랑다의 에너지는 매력적이었고 덕분에 삼바는 미국과 유럽 무도회장의 인기곡이 되었다.

브라질 사람들은 까르멩 미랑다에 대해 다소 상반된 생각을 가지고 있다. 브라질과 삼바 음악이 세계적 이목을 끌게 된 것은 기쁘지만, 그녀가 푼수 같은 역할만 맡으면서 앵글로색슨 세계가 라틴아메리카에 대해 가지고 있는 고정관념을 고착시켰다고 분노한다. 미랑다는 포르투갈 출생이고 브라질 국적을 가진 적이 없기 때문에 흑인 문화에 기원을 둔 삼바를 부르는 것이 적절치 못하며, 개인의 이익과 외국인들의 즐거움을 위해 브라질의 이미지와 문화의 격을 떨어뜨렸다고도 비난한다. 그녀는 이런 비난에 코웃음 치는 듯했지만 사실은 예민하게 받아들였던 것 같다. 1940년 고향으로 돌아와 〈그들은 내가 미국 사람이 되어 돌아왔다고 말하네〉They Say I've Come Back Americanized라는 노래를 녹음하기도 했다.

1995년 미랑다가 사망했을 때 브라질 음악은 이미 다음 단계로 넘어가고 있었다. 세계적 인기를 얻은 보사노바, '뉴 트렌드'의 시대가 온 것이다. 보사노바의 뿌리는 삼바에 있지만, 리우데자네이루의 나이트클럽에서 일했던 앙또니우 까를루스 조빙과 주어웅 지우베르뚜João Gilberto를 필두로 한 젊은 뮤지션들은 미국의 재즈와 클래식도 두루 섭렵했다. 스탠 켄턴, 냇 킹 콜, 마일즈 데이비스, 프랭크 시나트라 등의 재즈 음반과 쇼팽, 드뷔시, 라벨의 클래식 음악이 모두 섞여 삼바의 전염성 강한 정통 리듬은 유지하면서도 관악기나 타악기보다 피아노와 어쿠스틱 기타에 중심을 둔 조용하고 부드러운 느낌의 보사노바가 만들어졌다.

최초의 보사노바 음반은 1958년 초반 피아니스트 조빙과 기타리스트 지우베르뚜가 참여한 LP 음반으로 그다지 성공적이지는 못했다. 몇 달 후, 조빙과 시인 비니시우스 지 모라이스Vinicius de Moraes가 작곡하고 지우베르뚜가 연주한 〈블루스는 이제 그만〉Chega de Saudade과 지우베르뚜가 작곡한 〈빙봉〉Bim Bom이 차례대로 나왔다. 지우베르뚜가 노래를 너무 조용하게 불러서 사람들은 그의 목소리를 듣기 위해 무척 집중해야 했다. 당시 브라질은 새로 당선된 대통령 주셀리누 꾸비셰끼가 가져온 번영으로 들뜬 분위기였고 보사노바는 그런 낙관주의 바람을 타고 몇 달 만에 선풍적 인기를 누렸다.

1960년, 리우데자네이루의 이 아름다운 음악에 대한 소문이 해외까지 퍼졌다. 영화 〈블랙 오르페우스〉의 사운드트랙에 〈카니발의 아침〉Manha de Carnaval이나 〈행복〉A Felicidade 같은 보사노바 곡이 포함되어 인기를 누렸다. 특히 재즈 뮤지션들은 즉흥 연주가 가능한 보사노바에 빠져들었다. 1961년, 미국 국무부에서 후원한 투어로 브라질에 왔던 기타리스트 찰리 버드Charlie Byrd와 다른 재즈 뮤지션들은 브라질에서 접한 음악에 흥분했고 자신들의 스타일로 보사노바를 녹음하겠다고 결심했다.

그 후의 일은 폭발 또는 연쇄 반응이라고 해야 할 것이다. 빌드와 색소폰 연주자 스탠 게츠가 함께 만든 〈재즈 삼바〉Jazz Samba라는 앨범에 조빙의 〈한 음으로 부르는 삼바〉One Note Samba, 〈음치〉Desafinado; Out of Tune 등이 실렸고 게츠는 그래미상을 수상했다. 그러자 게츠는 보사노바의 원류를 찾아 나섰고 주어웅 지우베르뚜와 그의 아내 아스뜨루드Astrud, 조빙과 함께 새로운 앨범 〈게츠/지우베르뚜〉Getz/Gilberto를 만든다. 그리고 이 앨범에 수록된 첫 번째 곡인 조빙의 〈이빠네마의 소녀〉는 역사상 가장 많이 팔린 곡이 되었고 게츠는 또 다시 그래미상을 수상했다. 또 미국의 유명 가수인 프랭크 시나트라와 엘라 피츠제럴드에게 보사노바 앨범을 녹음하도록 설득했다.

보사노바는 미국의 팝 차트를 도배했고 전 세계에서 가장 인기 있는 팝 뮤직 장르가 될 것처럼 보였지만, 곧 1960년대 중반 영국 음악의 침공이 시작되었다. 이는 엘비스 프레슬리의 출현으로 로큰롤이 자리 잡고 있었던 브라질에 바로 영향을 주었고, 가수 호베르뚜 까를루스Roberto Carlos를 선두로 한 조벵 과르다Jovem Guarda라는 장르가 탄생한다. 젊은 브라질 팝 음악인들은 재빨리 전자악기를 사용해 노래에 록을 가미하기 시작했고, 이에 대해 전통주의자들은 브라질의 정체성과 유산을 '팔아넘긴다'고 비난했다. 1967년, 런던과 샌프란시스코에서 사이키델릭 록이 나왔을 때 브라질은 열대주의로 응답했다.

열대주의는 1960년대 초반 바이아에 뿌리를 두고 있다. 예술에 관심 있는 대학생들과 그 친구들이었던 지우베르뚜 지우, 까에따누 벨로주, 그의 여동생인 마리아 베차니아Maria Bethânia, 톰 제Tom Zé, 또르꾸아뚜 네뚜Torquato Neto는 브라질 문화뿐만 아니라 당시 세계의 모든 표현 방식에 관심이 많았다. 거기에는 프랑스의 누벨바그 영화, 앤디 워홀의 팝아트부터 비틀스, 밥 딜런까지 모두 포함되었다. 처음 마리아 베차니아가 상파울루 공연에 초청받았고 나머지 친구들도 뒤따랐으며, 거기서 팝 그룹 우스 무딴체스Os Mutantes와 편곡자 호제리우 두쁘라뜨Rogério Duprat 등 마음에 맞는 동료들과 우정을 쌓았다.

초기 열대주의 운동은 강력한 저항에 부딪혔다. 그들의 절충주의, 특히 전자기타와 록에 대한 열광은 전통 뮤지션들을 불편하게 만들었다. 유사한 이유로 정치계의 정통 좌파들도 열대주의를 브라질 문화의 진정성을 갉아먹고 젊은 층의 정치적 결속력을 약화시키는 미 제국주의의 수단으로 보았다. 당시에는 텔레비전으로 중계되는 음악 페스티벌이 유행이었는데 열대주의 뮤지션들은 공연 중 온갖 야유를 듣거나 비평가들의 혹평을 받았다.

그럼에도 그들은 음악적 행보를 이어나가 1968년에는 예술적 걸작인 동시에 선언문 격인 앨범을 발표하기에 이르렀고, 이는 2007년 『롤링 스톤』지 선정 브라질에서 발매된 두 번째 명반으로 이름을 올렸다. 〈열대주의, 빵, 그리고 서커스〉Tropicália, Bread and Circuses 라는 제목의 앨범에는 모두 12곡이 수록되어 있는데 지우와 벨로주가 주도적으로 작곡에 참여했고, 열대주의에 포함된 다채로운 요소들을 담고 있다. 주류 로큰롤, 바이아의 감각으로 걸러낸 유럽 팝, 사이키델릭 록, 심지어는 1930년대의 애잔한 발라드의 리메이크도 수록되었다.

"나는 우리의 작업이 하나의 운동으로서 의도되었다는 것을 선언할 음반이 필요하다고 느꼈다." 벨로주는 몇 년 후, 자신의 회고록 『열대주의의 진실』Tropical Truth에서 이렇게 적었다. "열대주의의 한 가지 특성이자 부정할 수 없는 역사적 성공은, 바로 음악 시장을 넓히고 다양화했다는 것에 있다. 이는 계층이나 교육 수준의 차이를 무시하고 위계질서를 무너뜨림으로써 가능했다."

열대주의는 겉으로 볼 때 정치적 운동은 아니었지만, 군부독재는 열대주의가 내포하는 무정부주의적 미학이 군부가 심으려던 억압적 질서에 위협이 된다는 것을 간파했다. 열대주의자들은 예술적 표현에 주된 관심을 기울였지만 동시에 마약과 성에 대해 관대한 태도를 보이는 등 억압받지 않는 개인적인 자유를 옹호했는데, 통치자들은 이것을 공산주의자들의 음모로 보았다. 1968년 후반, 지우와 벨로주는 상파울루에서 체포되었고 리우데자네이루의 군부 감옥으로 압송되었다. 그들은 몇 주 후 국외 추방을 조건으로 풀려났고 1969년 초 멀리 영국에서 3년을 살았다.

이 에피소드는 두 가지 시사점을 준다. 첫째, 독재에 항거하는 수단으로서 대중음악이 얼마나 유용한가를 보여 준다. 음악은 항상 대중이 가장 선호하는 의사소통 방법이기 때문이다. 둘째, 군부 정권이 얼마나 단호하게 음악을 탄압했는지 보여 준다. 많은 노래가 금지곡이 되었고 제랄두 방드리Geraldo Vandre의 〈그래서, 의심할 바 없이, 나는 꽃에 대해 말한 적이 없네〉So As Not to Say I Din't Talk About Flowers나 쉬꾸 부아르께의 〈당신이지만〉In spite of you, 지우와 부아르께의 〈성배〉Chalice는 방송 및 공연이 금지되었다. 그러나 입에서 입으로 전해져 어느새 반대파의 대표곡이 되었고 학생들의 비밀 모임, 비밀 정치 회합, 반정부 시위 현장에서 불렀다. 1973년 상파울루 공연에서는 지우와 부아르께가 〈성배〉를 부르는 동안 이상한 가사를 중얼거리거나 멜로디만 흥얼거리면 관객들이 대신 노래를 부르는 모습을 유튜브에서 확인할 수 있다. 결국 콘서트장에 있던 군부의 검열자가 상황을 파악하고 마이크의 전원을 끊어 버렸다.

엄격히 말해 열대주의는 지우와 벨로주의 추방으로 종식되었다. 브라질에 남아 있던 예술가들은 그들처럼 되지 않으려 조심했다. 지우는 내게 추방당했던 시간이 긍정적인 경험이었다고 말했다. 레게, 핑크플로이드, 지미 헨드릭스 같은 새로운 물결을 접할 수 있었던 기회였다는 것이다. 추방의 경험은 지우와 벨로주를 움츠러들게 하기보다 브라질 밖의 세상에서 어떤 일이 일어나고 있는지를 받아들이고 세계적으로 떠오르고 있는 청년 문화의 판도에서 브라질도 마땅한 역할을 해야 한다는 확신을 갖게 했다. 지우와 벨로주는 1972년 브라질로 돌아왔고 추방 기간에 형성한 태도와 접했던 음악을 부글부글 끓어오르는 문화의 용광로, 지우의 표현대로 팝의 "거대한 젤리"general jelly 속에 모두 쏟아 넣었다.

열대주의의 대표자 두 사람이 없는 동안, 가수 미우똥 나시멩뚜와 그를 중심으로 모인 뮤지션 및 작곡가들이 일명 '길모퉁이 클럽'이라는 이름으로 창작 활동의 새로운 세력이 되었다. 초기에는 미나스제라이스에 기반을 두었던 나시멩뚜는 1960년대 후반 재즈와 보사노바 풍이 강한 앨범을 두어 개 녹음했고 다른 뮤지션의 녹음에 쓰일 곡을 작곡했다. 그러다 1972년, 주류 팝과 록에 치중한 앨범 〈길모퉁이 클럽〉Club on the Corner으로 첫 번째 상업적 대성공을 이룬다. 이 앨범에 실린 곡들 가운데 〈존 레논과 폴 매카트니를 위해〉For Lennon and McCartney가 있었고, 10년 후 나시멩뚜는 〈노르웨이 숲〉Norwegian Wood의 독특한 버전을 녹음했다.

나시멩뚜의 주된 장점은 목소리였다. 그의 테너 음색은 천상의 소리 같은 가성을 넘나들었고 여기에 세련된 화음감이 더해져 가장 사랑받는 재즈 뮤지션이 되었다. 나시멩뚜는 1991년 인터뷰에서 자신이 창의적으로 화음을 구사할 수 있는 것은 미나스제라이스의 작고 외진 마을에서 성장한 덕분이라고 했다. 그는 최신 브라질 음악이나 외국 히트곡을 틀어 주는 라디오 채널의 열렬한 애청자였는데 라디오 전파가 높은 산에 가로막혀 종종 끊겼다고 한다.

"라디오 수신 상태가 좋지 않아 화음을 들을 수 없었다." 그가 말하길, "좋아하는 곡을 듣고 가사와 음은 베낄 수 있었지만 화음은 우리 머릿속에서 만들어 내야 했다. 우리가 몇 달 뒤 대도시에 나가서 이 곡을 연주하고 나서야 화음이 원래의 것과 전혀 다르다는 것을 알았다."

이런 독창성 덕분에 그는 1974년 웨인 쇼터의 초청으로 공동 작업을 했다. 웨인 쇼터는 재즈 색소폰 연주자로 마일즈 데이비스, 웨더 리포트와 함께 발표한 〈네이티브 댄서〉Native Dancer 앨범은 오늘날 재즈 퓨전 장르의 고전으로 알려져 있다. 그 후 나시멩뚜는 팻 매스니, 허비 행콕, 론 카터, 조지 듀크, 퀸시 존스 같은 재즈 연주자뿐만 아니라 팝 음악계의 위대한 스타인 존 앤더슨, 듀란듀란, 피터 가브리엘, 폴 사이먼, 스팅, 캣 스티븐스, 제임스 테일러와도 함께 작업했다.

"나시멩뚜는 아름다운, 정말 아름다운 목소리를 지니고 있다. 그의 음색에서는 토속적 멜로디 같은 것이 들린다." 1991년 나시멩뚜와 함께 공연한 직후 브라질 텔레비전 인터뷰에서 스팅은 이렇게 말했다. "요즘 로큰롤과 재즈에서는 아름다움 안에 진실이 담겨 있다는 생각을 찾아볼 수 없게 되었는데 브라질 사람들은 그런 생각을 지니고 있고 나시맹뚜가 가장 좋은 예이다."

격동의 1960년대를 대표하는 또 다른 뮤지션은 바로 싱어송라이터 쉬꾸 부아르께이다. 그는 1999년 어느 잡지사의 여론조사에서 20세기의 가장 중요한 브라질 음악인으로 선정되었다. 특출한 언어적 재능 덕분에 '브라질의 밥 딜런'으로 불리는 부아르께는 1960년대 중반에 처음 등장했는데, 어느 평론가가 말했듯 모든 계층과 모든 집단에서 인기를 구가하며 '국론 통일'을 이룩했다. 그의 음악은 삼바와 보사노바 전통에서 비롯됐고 또 편안하게 이를 구사했기 때문에 전통주의자들이 좋아했다. 정치인들, 특히 좌파는 그의 가사가 사회적 의식을 담고 있으며 현실을 비판하기 때문에 좋아했다. 젊은 여성들은 그가 영화배우만큼 잘생겼다고 여겼다. 매혹적인 녹색 눈을 가진 그는 브라질 명문가 출신이었고 가족과 친척 중에 지성인과 예술가가 많았다.

처음부터 날카롭고 영민했던 부아르께의 가사는 점점 더 세련되고 체제 전복적인 성격이 되었고, 1968년 12월 집중 단속 기간에 군부의 검열로 인기곡들이 상당수 금지되자 그는 이탈리아로 망명했다. 1970년에 귀국한 후 중의적 가사로 사회적 이슈들을 다뤘고, 자신의 관심사를 드러내는 희곡과 소설도 쓰기 시작했다. 그러나 점차 로맨스가 넘쳐흐르는 사랑 노래와 파도치는 삼바를 주로 쓰는 작곡가로 변했다.

1960년대 말부터 1970년대까지 문화 논쟁에서 종종 부아르께는 전통 브라질의 가치를 옹호하는 반열대주의자로서 외국의 영향을 받은 야만인들의 공세에 저항하는 존재로 여겨졌다. 그러나 이것은 만들어진 가공의 이미지로서 유럽 망명에서 돌아온 부아르께가 지우, 벨로주, 마리아 베차니아와 녹음하면서 설득력이 떨어졌다. 부아르께는 시간이 지남에 따라 열대주의자들이 옹호했던 바로 그 테크닉을 포용하려는 의지도 분명히 드러냈다. 또한 자신의 밴드를 전자화하고 한 노래 안에 여러 장르를 혼합했으며 쿠르트 바일의 〈삼류 오페라〉The Threepenny Opera와 그림형제의 〈브레멘의 음악대〉The Musicians of Bremen를 자신의 작품에 반영하기도 했다.

그 결과 이 열대주의자의 실험은 한편으로 오늘날 브라질의 주류적 음악 미학을 남겼다. 바로 지난 40여 년 동안 브라질 대중음악에서는 무엇이든 가능했다는 것이다. 예를 들어 1970년대 자메이카로부터 레게가 흘러 들어왔을 때 바이아의 음악인들은 이를 소화해 삼바-레게라는 새로운 스타일을 만들었다. 펑크, 디스코부터 힙합, 이모emo, 일렉트로니카에 이르기까지 미국과 영국의 록 또는 댄스 뮤직의 여러 장르는 지우가 말한 "거대한 젤리"에 녹아 들어갔다. 게다가 인터넷의 등장으로 이런 융합 과정은 거의 즉각적으로 이루어지게 되었다.

인터넷은 브라질 예술가들과 북반구의 부유한 선진국 예술가 사이의 소위 교역 조건도 변화시켰다. 1991년 지우는 나에게 브라질 음악에 대한 외부 세계의 관심이 "문화적 사파리" 같다고 불평했다. "식민 시대에 포르투갈 사람들이 이곳에 와서 브라질나무를 모두 베어 버리고 그 후에는 또 다른 사람들이 자신들의 이익을 위해 설탕과 커피를 가져간 것"처럼 착취 시스템의 현대판 버전이 재현되고 있다는 것이다.

내가 당시 세계 팝 스타들이 브라질 팝에 열광하는 것에 대해 언급하자 그는 다시 "문화적 사파리" 비유를 들어 대답했다. "나는 탐험가적 태도가 탐탁지 않다. 참신한 아이템을 찾는 젊은이들이 에어컨이 장착된 랜드로버를 타고 무장한 채로 정글에 들어와 이렇게 말한다. '희귀한 표본들이 어디 있지? 아, 바로 저기 있군.' 그러고는 빵, 빵, 빵! 이 과정에서 그들은 라디오와 컴퓨터가 장착된 안락한 차량에서 한순간도 내리지 않는다."

그러나 2007년에 이르러서는 기술의 발전 덕택에 이러한 현상들이 "완전히 바뀌"었다고 주장했다. "오늘날 북반구의 헤게모니는 무너졌다." 사우바도르 자택에서 이루어진 인터뷰에서 그는 이렇게 말했다. "지금은 지역적 특징이 표출되고 지역의 언어와 표현 방식을 드러낸다. 지역의 원자재를 가공해서 하나의 규격화된 상품으로 만드는 시대는 끝났다. 이제는 오히려 각 지역이 보편적인 요소들을 활용하고 있다."

그 결과 오늘날의 브라질 대중음악은 세계적으로 인정받고 있으며 에너지와 독창성이 넘치며 어떤 스타일도 꽃을 피우고 받아들인다. 쉬꾸 부아르께, 미우똥 나시멩뚜, 호베르뚜 까를루스 같은 열대주의자들은 이제 원로가 되어서도 국내와 해외 팬에게 선사할 작업을 계속하고 있다. 소울 음악과 브라질 팝을 융합하려는 시도는 고故 띵 마이아Tim Maia, 조르지 벵Jorge Ben, 루이스 멜로지아Luiz Melodia로부터 시작되어 지금은 에드 모따Ed Motta, 루시아나 멜루Luciana

Mello, 막스 지 까스뜨루Max de Castro가 그 계보를 이어가고 있다. 오스 띠따스Os Titãs, 빠랄라마스 주 수세수Paralamas do Sucesso를 필두로 한 유서 깊은 록밴드들이 여전히 자리를 지키고 있으며, 팝 스타일의 루스 에르모수스Los Hermosos, 펑크 스타일의 찰리 브라운 주니어Charlie Brown Jr.와 주따 께스뜨Jota Quest, 레게의 영향을 받은 쌩크Skank와 시다지 네그하Cidade Negra 등 신세대 밴드들도 번성하고 있다. 리우데자네이루에서는 특히 슬럼가에서 국내 펑크 밴드의 인기가 높고 외국에서 온 음악가들이 이들의 작업을 샘플링할 정도이다.

최근 특히 인상적인 현상은 조니 미첼Joni Mitchell 스타일의 발라드 가수부터 하드록 밴드의 리더까지 여성 가수가 다수 등장한 것이다. 까르멩 미랑다에서 아스뜨루드 지우베르뚜를 거쳐 자우 꼬스따Gal Costa와 마리아 베차니아에 이르는 과거 세대의 여성 가수들과는 달리 신세대 여성 가수들은 자작곡을 쓰고 무대에서 악기를 연주하기도 한다. 아드리아나 깔까뇨뚜Adriana Calcanhotto, 아나 까롤리나Ana Carolina, 까시아 엘레르Cássia Eller, 마리아 히따Maria Rita, 바네사 다 마따Vanessa da Matta는 벌써 브라질 내에서는 스타덤에 올랐고 다른 젊은 여성들에게는 자극제가 되고 있다.

브라질의 풍경은 정글, 산, 바다, 하늘까지 모두 경이롭다. 생생한 색감과 눈을 매료시키는 장관을 보고 있노라면 이 나라 사람들이 감수성이 풍부하고 시각예술에 특출한 것이 당연하게 느껴진다. 그 특출함은 그림, 조각, 건축뿐만 아니라 특히 최근에는 영화에서 잘 드러나고 있다.

영화가 예술의 한 형식으로 등장했던 초기 몇 십 년 동안 브라질은 외국 영화 제작자들의 소재가 되었을 뿐, 렌즈 뒤에서 제작하고 수출하는 생산자는 아니었다. 브라질의 화려함과 이국적인 모습에 매료된 할리우드는 〈플라잉 다운 투 리우〉Flying down to Rio 같은 영화를 제작했다. 그러나 브라질 현지 로케가 아니라 할리우드에서 촬영했고 까르멩 미랑다는 스타가 되었다. 〈시민 케인〉Citizen Kane으로 큰 성공을 거둔 오손 웰즈Orson Welles는 1942년 브라질로 와서 〈모두 진실〉It's All True을 찍었다. 그러나 카니발과 어부들에 관한 이 영화는 완성되지 못했다. 한편 당시 브라질 영화 산업은 천편일률적이고 머리 쓸 필요가 없는 코미디, 이른바 '샹샤다스'chanchadas로 채워져 있었다.

그러나 1960년대 초반, '시네마 노부'cinema novo● 운동의 등장과 함께 변화가 일어나기 시작한다. 이탈리아의 네오리얼리즘과 프랑스의 누벨바그로부터 영감을 받은 젊은 영화감독과 시나리오 작가들이 자본이 거의 없었음에도 불구하고 매우 새로운 방식으로 브라질의 정치적·사회적 현실을 검증하는 작품들을 만들었다. 이들의 방식은 진지하고 아방가르드라고 할 정도로 실험적이었으며 가능한 모든 영화적 기법을 활용했다.

시네마 노부 영화 가운데서 가장 먼저 세계적으로 알려진 것은 아우프레두 지아스 고미스Alfredo Dias Gomes와 앙세우무 두아르치 Anselmo Duarte의 〈산타 바바라의 맹세〉O Pagador de Promessas이다. 북동 지역의 빈곤을 그린 이 영화는 브라질 영화 최초로 1962년 오스

● 새 영화라는 뜻.

카상 후보에 올랐고 칸영화제에서 심사위원상®을 받았다. 한편 시네마 노부의 이념적 지도자는 글라우베르 호사Glauber Rocha였다. 그는 시네마 노부를 제3세계가 할리우드의 거대 자본에 맞서는 운동으로 간주했고 "굶주림의 미학"을 주장하면서 영화 제작에 필요한 것은 할리우드의 돈이 아니라 단지 "손에 든 카메라와 머릿속의 생각"뿐이라고 주장했다. 그는 1962년 〈황폐한 삶〉Barravento으로 데뷔했고 이후로 만든 세 작품으로 칸에서 수상하며 세계 영화계의 범상치 않은 신예로 두각을 나타냈다. 그 작품은 〈검은 신 하얀 악마〉 God and the Devil in the Land of the Sun, 〈고뇌하는 땅〉Earth Entranced, 〈악한 용과 성스러운 전사〉The Dragon of Evil Versus the Holy Warrior이다.

1964년 군사 쿠데타는 이제 막 전성기에 이른 시네마 노부를 파괴했다. 먼저 검열이 시작되었다. 감독과 시나리오 작가가 쓸 수 있는 주제를 제한했는데 특히 정치적·사회적 주제의 제한이 심했다. 곧이어 군사 정부는 극장에 국내 영화 쿼터제를 도입했다. 이는 역설적으로 가벼운 섹스 코미디pornochanchadas에 유리하게 작용했다. 예술 영화 종사자들이 무더기로 일을 포기하거나 해외로 떠나 버려, 독재 정권이 무너진 1985년 이후에도 브라질 영화계는 침체에 빠진 채 정부가 주는 보조금에만 의존하게 되었다.

군부 통치기는 '뗄레노벨라'telenovela라는 텔레비전 장르가 꽃핀 시기이기도 했다. 지아스 고미스를 비롯해 만들고 싶은 영화를 제작하지 못하게 된 사람들은 뗄레노벨라 제작에서 도피처를 찾았다.

● 황금종려상.

뗼레노벨라는 종종 라틴아메리카식 연속극으로 묘사되는데, 상당한 유사성에도 불구하고 미국의 연속극과는 중요한 차이점이 있다. 우선 구조적으로 미국의 연속극 가운데는 50년 이상 방영되는 것이 있는 반면 브라질의 뗼레노벨라는 항상 시작과 끝이 있으며 보통 150회에서 180회를 방영한다.

뗼레노벨라는 낮 시간에 편성표의 빈자리를 때우기 위해 만들어진 프로그램도 아니었다. 브라질의 뗼레노벨라는 일주일에 5일, 또는 6일 동안 저녁 시간에 방영된다. 시청률이 높아 광고금액도 가장 높고 제작비도 어마어마해서 회당 최고 10만 달러까지 쓰기도 한다. 뗼레노벨라의 인기가 너무나 좋아서 야간 축구중계도 노벨라가 끝난 뒤에야 방송될 정도이다.

뗼레노벨라는 처음 쿠바 라디오에서 시작되었고 멕시코에서 인기를 얻기 시작했다. 브라질이 스타일과 무게감을 입혀 이 장르를 완성시켰다는 주장도 있다. 작가들과 감독들은 독재 시기에 다른 장르에서는 검열에 걸려 감히 시도할 수 없었던 사회적·정치적 비판을 거품으로 그럴듯하게 치장한 외관 안에 끼워 넣었다. 예를 들어 지아스 고미스는 1973년 작 〈러브드 원〉The Loved One에서 부패하고 이기적인 정치인에 초점을 맞췄으며 1975년 작 〈로께 산떼리우〉Roque Santerio에서는 종교적 열광을 이데올로기적 광신에 대한 은유로 활용했다.

위에 언급한 두 편의 뗼레노벨라는 모두 글로부 방송국에서 제작되었다. 글로부는 뗼레노벨라를 발판으로 미국 밖에서 가장 큰 상업 방송국으로 성장했다. 화려한 제작 기술에 개연성은 없지만 로

맨스가 빠지지 않는 줄거리를 조합하는 것이 글로부의 제작 공식이었다. 이 조합으로 만들어진 글로부의 텔레노벨라는 중국, 터키, 러시아, 필리핀으로 팔려 나갔다. 상업적 성공으로 텔레노벨라에서는 예술적 혁신이 사라졌고 경직되고 예측 가능한 형태로 굳어졌다. 텔레노벨라가 매력을 잃자 새로운 방식으로 스토리를 전달하고 싶어 하는 사람들이 등장했다.

1990년대 후반, 신세대 영화 감독들이 등장하자 브라질은 다시 한번 세계무대에서 존재감을 발한다. 그 테이프를 제일 먼저 끊은 영화는 바우떼르 살리스Walter Salles의 〈중앙역〉Central Station으로 세상에 적대적인 여자와 고아 소년이 소년의 친척을 찾기 위해 브라질을 돌아다니면서 유대감을 쌓는 이야기이다. 1998년 개봉되어 세계적으로 흥행했고 페르낭다 몽떼네그루Fernanda Montenegro는 1999년 아카데미 여우주연상 후보에 올랐다. 이 작품으로 로드무비에 재능을 보여 준 살리스는 해외 인지도가 높아져 체 게바라가 젊은 시절 남아메리카를 여행하며 기록했던 일기를 바탕으로 한 〈모터사이클 다이어리〉Motorcycle Diaries를 연출했다. 그 후에는 잭 케루악Jack Kerouac의 『길 위에서』On the Road를 영화화하는 작업을 맡았으며 2012년에 개봉될 예정이다.

정작 할리우드에 강렬한 인상을 남기고 국제 영화산업계의 관심과 투자를 브라질 영화로 집중시킨 작품은 페르낭두 메이레예스Fernando Meirelles의 2003년 작 범죄 스릴러 〈시티 오브 갓〉City of God이다. 리우데자네이루의 빈민가에서 벌어지는 마약 조직원들의 폭력적 삶과 죽음을 담담하게 조명한 이 영화는 세계적으로 흥행했고 아카데미 4개 부문에 후보로 올랐다. 가장 큰 수확은 영화의 미학이다. 메이레예스는 16밀리미터와 35밀리미터 카메라를 동시에 사용해 촬영한 뒤 필름을 디지털 비디오로 변환해 색깔 톤을 보정한 뒤 다시 35밀리미터 필름으로 변환하는 방법을 썼다. 그 결과 영화는 햇빛에 바랜 것처럼 희미하고 생명감이 빠져나간 듯한 색채가 되었다. 이런 색채는 카메라를 손에 쥐고 찍는 핸드 헬드 기법과 결합해 영화에 어지럽고 방향감각을 잃은 느낌을 부여한다.

"이 영화를 처음부터 끝까지 보면 영화 제작에 대해 여러분이 아는 모든 것을 감독과 제작진이 고의로 잊은 것 같은 느낌을 받게 될 것이다." 메이레예스는 2002년에 이렇게 말했다. "나는 우리가 영화에 대한 통제력을 잃어 가는 것처럼 보이길 바랐다. 정부가 빈민가에 대한 통제력을 잃었고 그 통제력이 마약상에게 넘어가 결국 혼란만 남았기 때문이다."

시네마 노부 시대에 호샤는 이렇게 선언했다. "우리 브라질 영화 제작자들은 코닥이 배열한 컬러 차트를 버리고 열대의 비밀스러운 빛을 찾아야 한다." 메이레예스가 바로 그것을 해냈고 세계의 영화 제작사들은 여기에 즉각 반응을 보였다. 이후 메이레예스는 존 르카레John le Carre의 『콘스탄트 가드너』*The Constant Gardener*와 조제 사라마구José Saramago의 『눈먼 자들의 도시』*Blindness*를 영화화하는 작업을 맡으며 성공 가도에 올랐다. 그의 촬영 감독이었던 세자르 샤를로니César Charlone와 편집자 다니에우 헤센디Daniel Rezende 역시 메이레예스의 기법을 이용해 영화부터 광고, 뮤직비디오까지 여러 작업을 하고 있다.

브라질이 자신만의 스타일과 전통을 창조하기 위해 가장 고군분투하는 분야는 회화와 조각 같은 시각예술일 것이다. 식민 시대에 세계 주류 문화에서 동떨어져 있었던 브라질의 고립은 당시 유행하던 바로크 스타일을 독특하게 변형하는 데 일조했고 대표적인 예가 위대한 조각가이자 건축가인 알레이자디뉴Aleijadinho이다. 그는 병으로 손가락을 잃었고 나중에는 걸을 수도 없게 되어 '꼬마 불구자'로도 불렸다. 아버지는 포르투갈 출신의 건축가이고 어머니는 흑인 노예로 미나스제라이스에서 태어났다. 그가 나무와 돌을 사용해 만든 극도로 장식적인 성서의 인물상들은 당시 브라질에서 가장 부유했던 지역의 교회를 장식했다. 동시대 비평가인 까를루스 푸엥치스Carlos Fuentes와 조제 레자마 리마José Lezama Lima는 그가 "라틴아메리카적 바로크를 최대치로 표현했다"고 말한다. 알레이자디뉴 작품 대부분은 오우루쁘레뚜와 그 근교에서 작업되었는데, 일부는 유네스코 '세계문화유산'으로 지정되어 있다.

그러나 19세기에 독립을 이루자 브라질은 프랑스를 모델로 삼아 프랑스의 회화와 조각을 모방했고 브라질 현지의 지역적 요소에서 기인하는 영감은 억압되었다. 이 시기의 작품이 전시된 브라질 박물관에 가면 너무나 모방적이어서 실망하게 된다. 20세기 초가 되어서야 브라질 예술가들은 자신감을 가지고 편안하게 그들을 옥죄던 쇠고랑을 벗어 던졌다. 마리우Mario, 오스바우지 지 앙드라지Oswald de Andrade 같은 비평가들과 새롭게 등장한 부유한 수집가들이 브라질적인 주제와 장면에 관심을 보이며 격려한 덕분이었다.

시각예술에서 가장 중요한 계기는 1922년 상파울루에서 개최된

'현대 예술 주간'Modern Art Week 전시였다. 따르실라 두 아마라우 Tarsila do Amaral와 아니따 마우파띠Anita Malfatti처럼 이제 막 커리어를 시작한 젊은 화가들이 덕을 보았다. 이들은 작품을 전시하고 처음으로 평단의 호평을 받았다. 당시 25세였던 에밀리아누 디 까바우깡치Emiliano Di Cavalcanti는 전시회 프로그램을 디자인했고 작품도 전시했다. 깡지두 뽀르띠나리Cândido Portinari는 다른 사람들보다 나이는 어렸지만 전시회에 참여해 분위기와 미학을 익혔고, 후에 이를 〈커피 노동자〉The Coffee Worker 같은 작품에 투영했다. 이 네 명의 모더니즘 작가들이 20세기 브라질 회화에서 가장 중요한 화가들이다.

따르실라 두 아마라우는 미학적·상업적으로 특히 흥미로운 인물이다. 1928년 작품인 〈아바뿌루〉Abaporu는 원주민어로 '고기 먹는 사람'이라는 뜻으로, 1995년 아르헨티나의 수집가 에두아르도 꼰스딴띠니Eduardo Constantini에게 150만 달러에 팔려 브라질 단일 작품 중 최고가를 경신했다. 꼰스딴띠니는 이 작품을 부에노스아이레스로 가져가 자신의 '라틴아메리카 미술관'Museum of Latin American Art에 대표 작품으로 전시했다. 더욱 중요한 것은 앉아 있는 남자와 이글거리는 태양과 선인장을 반추상화 스타일로 그린 이 유화에서 안트로포파지 선언 또는 카니발리즘 선언이 시작되었다는 것이다. 아마라우의 남편이며 비평가이자 작가인 오스바우지 지 앙드라지가 이 그림을 보고 카니발리즘 선언, 즉 '문화적 식인주의'를 선언했다. 그는 브라질 문화의 주요 특징은 바로 "먹는" 능력이라고 했다. 여기서 먹는다는 것은 흡수하고 소화하는 행위를 모두 포함하며, 이 과정을 통해 유럽 문화는 뚜렷하고 독특한 브라질의 것으로 변형된다.

20세기 브라질의 우수한 화가와 조각가 중 다수는 이민자로, 이들의 작품에는 열대의 자연과 생명이 뿜어내는 화려한 색과 열기, 생동감에 대한 경이와 혼란이 반영되어 있다. 라사르 세갈Lasar Segall은 리투아니아 태생이고 파이가 오스트로베르Fayga Ostrower와 프란스 크라츠베르크Frans Krajcberg는 폴란드 출신이다. 마나부 마베Manabu Mabe, 토미에 오타케Tomie Ohtake, 토모오 혼다Tomoo Honda는 일본에서 태어났고 알프레도 볼피Alfredo Volpi와 미라 셴델Mira Schendel이 브라질에 왔을 때의 국적은 이탈리아였다. 이들은 모두 브라질에서 목격한 광경에 감명을 받았다. 플랜테이션 농장부터 도시의 가난과 매춘을 캔버스에 담아냈던 세갈은 이런 브라질의 모습을 "빛과 색의 기적"이라고 불렀다.

모더니즘은 1950년대 후반까지 브라질 미술을 지배하다가 구성주의에 자리를 내준다. 리지아 끌라르크Lygia Clark, 리지아 빠뻬Lygia Pape, 프랑스 베이스만Franz Weissmann, 페레이라 굴라르Ferreira Gullar를 필두로 한 구성주의는 리우데자네이루에 기반을 두고 형식주의를 거부했다. 이들은 다양한 매개체를 이용해 작품 활동을 하면서 작가와 관찰자의 구분을 모호하게 만들고 관람객이 깊은 사고가 아니라 감정에 따라 반응하길 원했다. 엄격한 구성 규칙을 깬 작품을 관람객이 직접 만짐으로써 작품의 일부가 되고, 그러면 비로소 예술의 진정한 기능이 회복된다고 보았다.

리지아 빠뻬는 몇 년 뒤 인터뷰에서 "우리는 직관적으로, 아무 구애도 받지 않고 작업하고 싶었다"라고 했다. 또한 "조각의 받침대를 없애 어느 곳에나 세워 둘 수 있고 그림의 액자를 없애 어느 공간에나 섞일 수 있게 하자는 생각이었다. 이런 독창성이야말로 구성주의의 특징이다. 전에는 회화란 그저 감상의 대상으로서 벽에만 붙어 있어야 한다고 생각했다. 참여라는 개념은 존재하지 않았고 다른 재료는 사용되지 않았다. 그렇기 때문에 이 모든 것은 우리에게 엄청난 해방감을 선사한다"라고 말했다.

이것이야말로 진정한 브라질식 자세다. 브라질을 대표하는 예술 비평가 마리우 뻬드로자Mario Pedrosa는 구성주의가 아방가르드적 특성에도 불구하고 '브라질 예술이 선사시대'로 회귀하는 것을 보여 준다고 했다. 브라질 원주민들은 포르투갈인들이 도착하기 전 깃털, 동물 가죽, 뼈, 식물 염료, 나무, 나뭇잎, 풀, 지푸라기 등 주변에서 발견되는 자연 재료를 사용해 물건을 만들었다. 이는 오늘날 예술 작품으로 간주되어 세계의 여러 박물관에 전시되어 있다. 이 물건들은 머리 장식과 가면부터 단지, 바구니, 부채, 카누의 노까지 일상생활이나 종교 의식에서 사용되는 것들이었다. 또 아프리카 노예들이 처음 브라질에 왔을 때도 비슷한 개념의 예술을 가지고 왔고, 이것이 브라질 사람들의 의식에 스며들어 오늘날 카니발의 의상과 악기를 통해 표현되고 있다.

구성주의 작가들은 모두 국제적 명성을 쌓았는데 그중에서도 1939년생인 헬리우 오이띠시까Hélio Oiticica의 영향력이 가장 크다. 1960년대 초반 창작한 〈꿰뚫을 수 있음〉penetrables이라는 작품은 오늘날 멀티미디어 설치 예술로 분류될 수 있다. 오이띠시까의 〈꿰뚫을 수 있음〉은 상호작용 장치로서, 간혹 미로 형태로 구성되기도 했는데 런던과 뉴욕에서 처음 선보였을 때 센세이션을 일으켰다. 가장 유명한 설치물은 〈열대주의〉Tropicália로 바나나나무, 앵무새, 모래, 뗄레노벨라가 방영되는 텔레비전으로 만들어졌다. 이것은 이후에 열대주의 음악 운동에 직접적인 영감을 주기도 했다.

지우와 벨로주, 그 외 열대주의 창시자들은 오이띠시까에게 자연스럽게 동족 의식을 느꼈다. 오이띠시까가 〈꿰뚫을 수 있음〉에 적어 둔 "순수성은 신화다"라는 글귀는 열대주의자들에게도 기본 원칙이 되었다. 오이띠시까는 1968년 초 출판한 에세이집에서 이렇게 썼다. "'열대성'의 신화는 앵무새와 바나나나무 이상의 것이다. 이것은 기존에 형성된 구조에 얽매이지 않고자 하는 의식이며 따라서 그 자체로서 매우 혁명적이다. 지적·사회적·존재적 순응은 열대성에 반하는 것이다." 이 개념이 열대주의자들에게 수용되어 그들의 음악에 반영되었다.

오이띠시까는 1980년에 사망했으나 '무엇이든 된다'는 그의 원칙은 아직도 브라질 예술계를 지배하고 있다. 오늘날의 브라질 예술은 여러 파의 영향력과 경향들이 뒤섞인 상태로서 단일한 분파나 접근법이 정해져 있지 않다. 유일한 정론은 어떠한 정설도 없다는 것이다. 아카데미 수상작으로 브라질 최대 쓰레기 매립지의 사람들을 담은 다큐멘터리 〈웨이스트랜드〉Waste Land에서 주인공인 사진작가 비끄 무니스Vik Muniz는 그림과 사진의 관계를 탐구한다. 히바니 네우엥슈반데르Rivane Neuenschwander는 집안의 물건들로 설치 작업을 한다. 마레삐Marepe는 프랑스 미술가 마르셀 뒤샹을 따라 바이

아의 길거리 상인들에게서 얻은 소재로 작품을 만든다. 뚱가Tunga
는 멀티미디어 작가로 3차원 설치물에 조각, 디자인, 비디오, 퍼포
먼스 아트를 혼합한다.

학술적이고 공식적인 예술 세계와는 거리가 멀었지만 브라질의
민속 예술 전통도 발전하고 있으며, 특히 두 가지 분야에서 두각을
드러내고 있다. 먼저 브라질 민속 조각가들은 진흙과 나무를 사용
해 일상생활을 묘사하고 옛이야기와 전설에 등장하는 인물과 신화
적 맹수들을 만드는 데 탁월한 재능을 보였다. 이들의 작품은 세계
곳곳에 퍼져 있는 민속예술박물관들에서 볼 수 있다. 포르투갈의
노벨상 수상자 조제 사라마구는 리우데자네이루 외곽에 있는 까사
두 뽕따우Casa do Pontal 박물관을 방문하고 이렇게 감탄했다. "꼬르
꼬바두Corcovado● 보다 중요한 국가적 보물이다." 그는 이곳에서 본
작품에서 영감을 받아 소설 『동굴』*The Cavern*을 집필하기도 했다.

최근에는 수집가들에게 브라질 목판화가 각광을 받고 있다. 조각
과 목판화의 중심지는 북동부의 건조한 내륙지역으로, 특히 뻬르낭
부꾸 주와 까루아루Caruaru 시가 유명하다. 메스뜨리 비딸리누Mestre
Vitalino로 잘 알려진 1909년생 비딸리누 뻬레이라 두스 산뚜스
Vitalino Pereira dos Santos는 1930년대부터 구운 토기 판을 제작하기
시작했고 그 성공에 고무된 그의 이웃들이 따라했다. 이후 수요가
늘어나고 경쟁이 심화되자 제작자들은 소비자들에게 더 매력적으
로 보이기 위해 가마에서 구워 낸 조각품에 화려한 색, 심지어 천박

● 리우데자네이루의 바위산.

해 보이는 색을 칠하기 시작했다.

메스뜨리 비딸리누가 만든 토기 판은 춤곡을 연주하는 뮤지션들, 결혼식, 가뭄을 피하는 가족, 치과나 변호사를 찾아간 모습, 집에서 음식 만들기, 카우보이와 황소, 장례식, 멧돼지나 재규어를 마주친 농부들에 이르기까지 척박한 오지에서의 삶을 담았다. 또 화려한 색을 칠한 가톨릭 신부 시세루 호머옹 바띠스따Cícero Romão Batista 의 실물 크기 조각도 있다. 1844년에 태어난 시세루는 여전히 많은 북동 지역 주민들에게 기적을 행한 성인으로 대접받고 있다. 또한 많은 농민들이 브라질 판 로빈 후드로 여기는 랑삐어옹Lampião과 그의 아내 마리아 보니따Maria Bonita의 형상도 있다.

목판화들은 기본적으로 점토 판화에서 다루는 것과 유사한 주제를 다룬다. 사실 목판화는 'literature de cordel', 혹은 줄 문학*이라고 알려진 토속 문학의 한 형태에서 파생된 것이다. 19세기 무렵, 문맹이었던 토속 시인들은 북동부의 외진 내륙지역을 방랑하면서 '신비로운 공작새'처럼 실존하거나 상상으로 만들어 낸 사건과 인물의 이야기를 노래했다. 이 이야기를 작은 책으로 만들고 표지에는 목판화를 찍어 시장과 축제에서 줄에 매달아 놓고 판매했다.

1960년대부터는 구식 수동 프레스로 제작된 2절판 크기의 흑백 목판화가 하나의 독립된 예술 장르로 성립되었다. 가장 잘 알려진 목판 제작자인 조제 프랑시스꾸 보르지스José Francisco Borges는 초등학교를 중퇴한 약초 판매상이자 벽돌공, 도공, 목수였는데 그의 작

● 소책자를 줄에 죽 걸어 놓고 판매해서 유래된 이름.

품은 현재 루브르와 스미소니언 박물관에 전시되어 있다. 산안토니오 미술관San Antonio Museum of Art에 있는 라틴아메리카 예술센터장 마리온 오에팅거Marion Oettinger는 "보르지스와 그의 동료들 덕분에 다른 나라와 달리 브라질에는 대중 활자예술 전통이 잘 보존되어 이어지고 있다"라고 말하면서 보르지스의 작품이 "매우 강렬하고 감동적이며 세련되었다"고 묘사했다.

칼과 나무판만 가지고 작업했던 보르지스는 가끔 자신의 판화에 기발한 제목을 붙였고 그의 판화는 현재 미국, 유럽, 일본의 갤러리에서 수백 달러에 팔리고 있다. 그가 다룬 주제들은 지역 색이 담긴 〈힐빌리의 허니문〉The Hillbilly's Honeymoon과 〈염소 목동〉The Goat Herder부터 환상적인 제목의 〈악마를 병 속에 집어넣은 여자〉The Woman Who Put the Devil in a Bottle와 〈배낭 괴물〉The Monster of the Backlands까지 다양하다.

"나는 내가 본 것을 칼로 새긴다. 마음에 떠오른 전설이나 상상 속의 장면뿐만 아니라 일상생활이나 들판에서 일하는 모습처럼 종교나 사회와 연관된 것들도 새긴다." 판화를 20달러도 안 되는 값으로 구입할 수 있었던 까루아루 근교의 작업실에서 만난 보르지스는 나에게 말했다. "누구한테 배운 적도 없지만 내 이름을 붙이고 나온 작품이 벌써 200개 이상이고 아이디어는 아직도 샘솟고 있다."

비평가들은 수십 년 동안 목판화를 비롯한 민속 예술이 곧 종말을 맞이할 것이라고 말해 왔다. 그러나 잘나가는 다른 브라질 대중문화처럼 민속 예술은 계속 새로운 재료와 영향을 흡수해 진화하고 있으며 오래 생존할 것으로 보인다.

"젊은 예술가들은 혼합과 혼종의 세계에 살고 있으며 작품에는 여러 스타일이 혼합되어 있다."UC버클리 대학의 브라질 토속예술 전문가인 캔디스 슬레이터Candace Slater는 이렇게 설명한다. "그들은 미술 수업을 들어서 피카소가 누구인지 안다. 동시에 신비로운 공작새나 랑삐어웅 같은 토속적 소재에도 이끌린다. 찬찬히 들여다보면, 그들의 작업은 독창성과 에너지가 있어서 빠르게 깊은 감동을 준다."

브라질의 광활함, 열대기후, 싱싱한 녹색 자연은 국내외의 건축가들에게 멋진 캔버스를 제공한다. 가장 유명한 인물인 오스까르 니에메예르Oscar Niemeyer는 1907년에 태어났고 2010년 현재에도 활동 중이다.● 브라질의 여러 주요 도시에서 공공건물과 개인 주택을 디자인한 니에메예르는 브라질 사람들의 국가적 영웅이다. 브라질 최고의 건축가로 알려진 그는 스위스-프랑스의 현대 국제주의 양식international style을 창시한 르 코르뷔지에의 도제로 시작했지만 이후 자신의 미학적 특징을 뒷받침하기 위해 민족주의를 추구했다.

"나는 곡선에 매료되었다. 기술의 발달로 구현할 수 있게 된 자유롭고 감각적인 곡선은 엄숙한 옛 바로크식 교회를 연상시킨다."뉴욕에 있는 유엔 본부 디자인에도 일조한 니에메예르는 2000년에 출간한 자서전『시간의 곡선』*The Curves of Time*에 이렇게 적었다. "나는 강화 콘크리트가 제공하는 대담한 곡선과 직선의 세계로 들어가기 위해 의도적으로 직각을 무시하고 자와 사각형으로 디자인한 이

● 니에메예르는 2012년 사망했다.

성주의적 건축을 무시했다. 이런 의도적인 반항은 내가 살았던 환경에서 비롯되었다. 바로 하얀 모래사장, 거대한 산, 오래된 바로크 교회, 아름답게 그을린 여자들이다."

곡선에 대한 니에메예르의 열정은 여러 건축물에 녹아들어 우리 눈을 즐겁게 한다. 빵뿔랴 단지Pampulha Complex, 벨루오리종치의 교회, 카지노, 박물관, 요트 클럽, 리우데자네이루 만을 가로지른 UFO 같은 니떼로이 현대미술관, 상파울루 이비라뻬라Ibirapuera 공원에 있는 구불구불한 라틴아메리카 기념관과 강당이 그러하다. 그러나 그가 선호했던 콘크리트는 곡선의 우아함을 갉아먹고 투박하고 무거운 느낌을 주기도 한다. 또한 니에메예르의 건물에서 생활하는 사람들은 콘크리트 구조물의 내부가 덥고 신경 쓰일 정도로 소리가 울린다는 단점을 종종 지적한다. 형식이 기능 위에 올라선 결과이다.

도시 계획가 루시우 꼬스따Lúcio Costa, 조경 건축가 호베르뚜 부를리 마르스Roberto Burle Marx와 함께 니에메예르는 브라질리아를 디자인했다. 아무것도 없는 황량한 땅에 건축된 수도는 브라질의 '할 수 있다'는 정신과 야망의 물질적 구현이었고, 관광객을 끌어들이는 자석이 되었다. 브라질리아를 처음 방문한 사람들은 실망을 안고 돌아가지만, 이 모든 호들갑의 본질이 무엇인지는 잘 몰랐다. 시간의 흐름도 이 도시에 친절하지 않았다. 디즈니월드의 에프코트 센터Epcot Center●처럼 브라질리아는 구닥다리 느낌을 준다. 브라질

● 1982년 개장한 디즈니월드의 두 번째 테마파크로, 미국 플로리다 주 올랜도에 있다.

리아는 미래의 모습이라기보다는 1960년대에 미래를 어떻게 상상했는지를 보여 줄 뿐이다. 또한 이 도시는 보행자에 불친절하고 사회적 분리도 조장한다. 가난한 사람들을 이른바 위성도시로 밀어내면서 브라질리아는 목표로 했던 평등주의를 전혀 이루지 못하고 있다.

니에메예르의 유명세는 그의 놀라운 수명과 결합해 오랜 기간 브라질리아의 건축에 흔들리지 않는 정통성을 부여해 왔다. 니에메예르의 영향권에서 벗어나 보려는 노력이 없었던 것은 아니다. 한 예로 이른바 건축계의 빠울리스따 학파를 이끈 빠울루 멩지스 다 호샤드Paulo Mendes da Rochad의 행보를 들 수 있다. 니에메예르를 제외하고 건축계의 노벨상으로 불리는 명예로운 프리츠커Pritzker 건축상을 수상한 유일한 브라질인이다. 브라질식 브루탈리즘Brazilian Brutalists●을 추구하는 것으로 알려진 빠울리스따 계파는 니에메예르처럼 콘크리트를 선호하면서도 기하학적인 모양과 재료를 표면으로 드러내 거칠게 마감하는 방식을 사용했다.

니에메예르에 대한 신랄한 비판가인 조아낑 게지스Joaquim Guedes를 비롯한 빠울리스타 학파는 건축물이 평범한 사람들의 필요를 충족시켜야 한다는 점을 강조했다. 예를 들어 멩지스 다 호샤드는 상파울루 중심가에 인접한 낙후 지역의 복합 예술 센터인 삐나꼬떼까 두이스따두Pinacoteca do Estado의 리노베이션을 주도했다. 2008년에 사망한 게지스는 거주자 친화적 1인 가구 주거 공간을 만드는 일에 집중했다. 니에메예르의 작업에서는 이러한 특성을 거의 찾아볼 수

● 콘크리트를 노출시켜 요새와 같은 느낌을 주는 건축 양식.

없는데, 이것이야말로 가장 심각한 약점이다. 그는 공산주의자로, 계급 부재 사회를 지향하고 엘리트주의를 비난했지만 정작 그의 건축물은 사용자를 고려하지 않았다.

다른 예술 분야에서 워낙 뛰어난 탓에 세계 문학에 대한 브라질의 기여는 종종 간과되곤 한다. 이는 브라질 작가들이 사용하는 언어의 한계이기도 하다. 프랑스어, 독일어, 아랍어보다 사용자가 많음에도 불구하고 포르투갈어는 세계적인 언어로 간주되지 않는다. 또한 최근 수십 년 동안 스페인어로 쓰인 라틴아메리카의 소설, 시, 희곡들은 점점 많이 번역되고 있는 데 비해 브라질 작품들은 한참 뒤처져 있다.

또한 브라질인들은 자국이 "독자의 나라가 아니다"라고 말하곤 한다. 이는 역사적으로 어느 정도 신빙성이 있는 주장이다. 아르헨티나의 부에노스아이레스에 있는 서점의 수가 브라질 전체에 있는 것보다 더 많다는 얘기가 있으며 브라질의 가장 위대한 소설가와 시인조차 교사, 외교관, 저널리스트, 의사, 엔지니어, 정부 관료 등 생업 활동을 따로 해야 했다. 오히려 글쓰기는 부업 같은 것이었다. 그러나 이들이 쓴 글은 판매량과 늘 정비례하지는 않는 진짜 삶의 무게를 담고 있으며 특히 정치권력을 쥐고 있는 사람들을 향한 날카로운 시선을 종종 드러낸다. 그래서 바르가스 시대와 최근의 군부독재 시절에 저명한 작가들은 작품에서 정권을 공격했다는 이유로 외국으로 추방당했다.

브라질 문학계의 가장 위대한 인물이 조아낑 마샤두 지 아시스 Joaquim Machado de Assis라는 데 토를 달 사람은 거의 없을 것이다. 그는 19세기의 소설가로 어린 시절을 보낸 리우데자네이루의 동네 이름을 따서 '꼬스미 벨류Cosme Velho의 마술사'로 불린다. 마샤두 지 아시스는 브라질 소설계에서 미국 문학 내 마크 트웨인의 위상을 차지하고 있다. 민족적 양식을 정립한 모델이자 시금석이며 원천으로서 토착적인 주제를 발전시켰으며 이후의 작가들이 비교를 피할 수 없는 기준을 세웠다. 마샤두가 트웨인보다 조금 어렸고 2년 먼저 죽었지만 두 사람은 같은 시대를 살았고 마샤두는 트웨인의 작품을 포르투갈어로 번역하기도 했다.

마샤두는 그만의 스타일을 구축했다. 그가 좋아했던 주제는 질투와 시기였으며 이 주제를 가지고 우아한 아이러니와 날카로운 위트로 집필한 말년의 단편소설들과 다섯 편의 장편소설은 걸작으로 꼽힌다. 그의 산문은 매우 아름다운 운율을 형성하는 동시에 제국의 마지막 몇 년과 공화국의 초기 몇 십 년 동안의 사회에 대한 예리한 비판을 담고 있다. 결혼생활의 성적 질투심을 고찰한 『동 가스무루』 Dom Casmuro와 죽은 사람의 독재하에 놓여 있는 상류 계층에 대한 통렬한 분석을 담은 『브라스 꾸바스의 사후 회고록』The Posthumous Memoirs of Brás Cubas은 이 두 가지 강점이 절묘하게 결합된 작품으로, 현대의 많은 비평가들이 브라질 최고의 소설이라고 평가하고 있다.

마샤두 지 아시스의 작품이 영어권에 소개된 것은 비교적 최근인데, 지난 20여 년 동안 하나둘씩 번역되면서 작품에 대한 찬사가 커지고 그의 명성도 높아지고 있다. 비평가 해럴드 블룸Herold Bloom은 마샤두 지 아시스를 "오늘날까지의 최고 흑인문학 예술가"라고 묘사했으며, 또 다른 열렬한 숭배자인 수전 손택Susan Sontag은 그를

호르헤 루이스 보르헤스Jorge Luis Borges를 능가하는 "라틴아메리카가 배출한 최고의 작가"로 칭했다. 미국의 소설가와 시인들 역시 그에게 열광적이다. 필립 로스Philip Roth는 그가 사뮈엘 베케트Samuel Beckett와 비견된다면서 "최고의 풍자 작가, 비극적인 희극 작가"로 분류했으며 "우리를 웃게 만듦으로써 고통을 한층 강조"한다고 그의 스타일을 묘사했다. 앨런 긴스버그Allen Ginsberg는 그를 "또 다른 카프카"라고 불렀다.

1908년 사망한 마샤두 지 아시스 이후의 소설가들은 자신만의 목소리를 찾아내기 위해서 그와는 전혀 다른 방향을 추구해야 했다. 새로운 방향성에 대한 소설가들의 고뇌는 1922년 상파울루에서 발표된 모더니스트 선언문과 마리우 지 앙드라지가 쓴 알레고리적 소설 『마꾸나이마』Macunaima의 출간으로 이어졌다. 지 앙드라지는 모더니스트 운동의 지도자로 20세기 브라질의 가장 빛나는 지성이자 비평가 중 한 사람이다. 『마꾸나이마』는 거창한 포르투갈어 대신 대중적이고 토착적인 언어를 사용하고 있다. 이 작품은 "특색 없는 영웅"이지만 동시에 "우리 민중의 영웅이며, 밤의 공포가 지배하는 원시림에서 태어난 사람의 불운한 여정을 그려내고 있다". 소설 속에서 주인공은 시골에서 상파울루와 리우데자네이루로 여행을 다녀오는데, 그의 입버릇이었던 "오, 저 게으름!"은 일상용어가 되어 정부나 기업의 나태함을 비난하는 표현이 되었다.

1930년대부터 50년 이상 조르지 아마두의 작품들은 길거리 언어와 주제를 기반으로 하여 진정한 브라질 문학의 개념을 한 단계 위로 끌어올렸다. 노련한 문장력으로 금세 브라질 최고의 인기 작가가 된 그의 작품들은 남쪽의 거대 도시인 리우데자네이루나 상파울루보다 고향인 바이아에 초점을 맞춘다. 소설『도나 플로르와 그녀의 두 남편』과『가브리엘라, 정향, 그리고 계피』를 원작으로 한 영화가 인기를 끌면서 그는 브라질 밖에서도 유명해졌다. 아마두의 비판가들 중 다수는 그가 불쾌한 현실을 그대로 반영하는 리얼리즘보다 낭만적인 이국주의에 치중한다고 불평한다. 그러나 그의 작품이 사회의 다양한 모습을 포착하고 있으며 아프리카 신앙이 세계관과 가치 형성에 미친 영향을 잘 설명하고 있다는 데는 이견이 없다. 그가 창조한 인물들은 텔레노벨라와 광고에 종종 등장하며 패션과 음식계의 유행에도 영향을 주고 있다.

주어웅 기마랑이스 호자João Guimarães Rosa와 끌라리시 리스뻭또르Clarice Lispector는 아마두와 동시대를 살았으나 상업적인 성공을 거두지 못했고 사망한 뒤에 브라질과 해외에서 명성을 떨치고 있다. 브라질 사람들은 기마랑이스 호자를 "우리의 제임스 조이스"라고 부르는데 그럴듯한 비유다. 그가 1956년에 집필한 걸작인『광활한 오지: 오솔길』Grande Sertão: Veredas은 의식의 흐름 기법을 사용한 서사시로, 세르떠웅이라고 알려진 건조한 오지의 삶을 묘사하면서 새로운 단어를 만들어 내는 언어유희를 시도한다. 이 때문에, 비록『지옥 같은 오지』The Devil to Pay in the Backlands라는 제목으로 영어판이 출간되어 있기는 하지만 번역하기 어려운 작품이다.

끌라리시 리스뻭또르는 최근 문학계의 스타로 떠오르고 있다. 1920년 우크라이나에서 태어난 그녀는 갓난아기일 때 브라질로 왔고 마세이오Maceió, 헤시피, 리우데자네이루에서 성장했으며 외교관의 아내로 해외에서 오랜 세월 거주하다가 1977년 리우데자네이루에서 숨을 거두었다. 리스뻭또르는 자기성찰적인 심리학을 깊이 연구했고, 『와일드 하트를 느끼며』*Perto do coracao selvage*에서 의식의 흐름 기법을 차용해 조아나Joana라는 젊은 여자의 정서 상태를 묘사했다. 또한 『G.H.의 열정』*A paixao Segundo G.H.*에서는 리우데자네이루에 거주하는 상류층 여성이 하녀의 숙소를 청소하면서 존재론적 위기를 겪는 모습을 그려냈다. 리스뻭또르는 페미니스트의 아이콘이 되었다. 그녀의 작품을 영어로 번역한 그레고리 라바사Gregory Rabassa는 그녀를 "마를레네 디트리히Marlene Dietrich처럼 생겼으면서 버지니아 울프처럼 글을 쓰는 아주 희귀한 사람"이라고 묘사했다. 또 다른 비평가들은 그녀를 카프카와 도스토예프스키에 비견하기도 한다.

아마두, 리스뻭또르, 기마랑이스는 서로 스타일은 달랐지만 공통적으로 북동 지역(아마두와 리스뻭또르가 자란 곳)과 건조한 내륙지역(기마랑스의 고향)의 동포들이 겪는 가난과 고통에 대한 인식을 담고 있었다. 이는 가장 우수한 논픽션 작품이라고 일컬어지며 경제적·지역적 불평등에 대한 정치 논쟁에 불을 붙인 이우끌리지스 다 꾸냐Euclides da Cunha의 『오지의 반란』*Rebellion in the Backlands*이 출간된 1902년 이래로 브라질 문학에서 쉼 없이 다루어지고 있는 주제다. 아마두는 직접적이고 일상적인 태도로 이 문제를 다뤘고, 리스뻭또르는 비교적 미묘하고 모호한 태도를 취했다. 예를 들어 『G.H.의 열정』에서 그녀는 하녀의 숙소를 "그 방은 텅 빈 위장胃腸의 초상화였다"라고 묘사했다. 리스뻭또르의 마지막 소설 『별의 시간』*A hora da estrela*는 북동 지역 출신의 순박한 이민자가 상파울루에서 자신의 길을 찾는 이야기를 고통스럽지만 유머러스하게 그려내 하나의 문화적 이정표가 되었다.

요즘 소설가들 가운데서 가장 유명세를 누리고 있는 빠울루 꼬엘류Paulo Coelho는 신비스런 정취를 지닌 작사가로서 1970년대에 처음 두각을 드러냈고 이제는 자신만의 영역을 구축했다. 그는 불필요한 요소를 모두 제거해 번역하기 적합한 절제된 산문 형식을 선호하며, 최근 세계적인 베스트셀러가 된 『연금술사』같이 영적인 성장과 충만에 대한 짧은 우화와 동화를 쓴다. 그러나 일부 브라질 비평가들은 인기의 원천을 이해하지 못하는데, 그의 소설들이 브라질을 배경으로 브라질의 특징들을 그려내는 대신에 어딘가 존재하는 머나먼 곳(중동, 스페인, 발칸반도, 미국)의 이야기를 담고 있기 때문이다.

브라질이 현대화되고 도시 생활이 보다 복잡해지면서 최근 10여 년 동안의 트렌드는 아마두의 민속적이고 풍성한 지역주의에서 벗어나 초월적인 극사실주의로 선회하고 있다. 이 추세를 선도하는 것은 폭력, 그리고 다양하게 표현된 기이한 행동 양식에 초점을 맞추는 것으로 악명을 떨치고 있는 두 작가들이다. 루빙 포네스까Rubem Fonesca는 리우데자네이루에 살고 있는 전직 경찰이며, 다우뚱 뜨레비장Dalton Trevisan은 '꾸리치바Curitiba의 뱀파이어'라는 별명을 가지고 있다. 그가 좀처럼 떠나지 않았던 남쪽의 고향 도시 꾸리치바에서 온 이 별명은 그가 쓴 책 가운데 하나의 제목이기도 하다.

포네스까는 원래 소설가로서, 그의 작품 중 『8월』August, 과격한 『순수 예술』High Art, 『복잡한 감정과 불완전한 생각』Vast Emotions and

*Imperfect Thoughts*은 영어로 번역되기도 했다. 반면 법학 교육을 받은 뜨레비장은 도시 속 삶의 약점을 탐구하는 짧은 이야기들을 주로 쓴다. 그들의 작품은 공통적으로 브라질 도시의 일상생활에서 파생되는 인간의 심리와 고통, 불안을 다룬다. 또한 두 사람 모두, 특히 뜨레비장은 함축적이고 담백한 문체로 글을 쓰는데, 가끔은 의도적으로 경찰 조서라 할 만큼 담담하고 감정이 배제된 서술법을 택하기도 한다. 문학적인 느낌을 주는 그 어떤 요소의 개입도 거부하기 위한 것으로 보인다.

시 문단에서도 유사한 현상이 나타났다. 19세기의 대표적인 시인 앙또니우 프레데리꾸 지 까스뜨루 알비스Antônio Frederico de Castro Alves는 정치적 진보파로, 노예제 철폐와 공화제를 지지했다. 그는 유려한 낭만주의 형식으로 시를 썼으며, 파생적이고 내향적이며 전혀 실험적이지 않았던 빅토르 위고와 같은 프랑스 시인의 영향을 많이 받았다. 심지어 노예제 철폐를 옹호하는 시 "노예선"The Slave Ship조차 오늘날의 시선으로 보면 지나치게 장식적이며 과도하다. 특히 아직도 학교에서 이것을 외워야만 하는 브라질의 어린이들에게는 절절히 느껴질 것이다.

그러나 20세기의 주류 시인들은, 비록 그들이 선택하는 주제는 다양하지만, 일반적으로 보다 절제되고 함축적인 형식을 추구하며 실제로 쓰이는 언어를 활용한다. 브라질에서 20년 가까이 살았으며 현대 브라질 시의 가장 우수한 번역자로 인정받고 있는 엘리자베스 비숍Elizabeth Bishop은 특히 까를루스 드루몽드 지 앙드라지 Carlos Drummond de Andrade와 마누에우 방데이라Manuel Bandeira의 시를 좋아했는데, 둘은 모두 위의 묘사에 들어맞는 형식의 시를 쓰는 시인들이었다. 1968년에 사망한 방데이라는 실제로 자신의 시가 "가장 단순한 것과 가장 덜 세계적인 것을 말하고 있다"고 말한 바 있다.

이들 중 브라질 사람들에게 최고의 현대 시인으로 추앙받는 시인은 드루몽드 지 앙드라지이다. 이는 생전에 좋아했던 대로 꼬빠까바나 해변의 벤치에 앉아 쉬면서 지나가는 인간 군상을 관찰하고 있는 그의 동상에서도 알 수 있는 사실이다. 드루몽드는 1987년 사망했는데, 그는 풍자 작가였으며 인생을 가장 황량한 시선으로 관조할 수 있는 사람이었다. 그의 가장 잘 알려진 시 "조제"José는 이렇게 시작한다. "자, 이제는 뭐냐, 조제? / 파티는 끝났고 / 불은 꺼졌고 / 사람들은 가 버리고 / 밤은 쌀쌀하다 / 손에 쥔 열쇠 / 너는 문을 열고 싶다 / 이곳에는 문이 없다."

현대 브라질은 또한 네우숭 호드리게스Nelson Rodrigues와 같은 세계적인 수준의 극작가를 배출했다. 영화 감독 브루누 바헤뚜Bruno Barreto는 언젠가 호드리게스에 대해 내게 "그가 만약 영어로 글을 썼다면, 테네시 윌리엄스, 유진 오닐, 해럴드 핀터만큼 중요하게 다뤄졌을 것이다. 그의 작품은 세계적이고, 영구적이며, 체제전복적이다"라고 말했다. 호드리게스는 1980년에 68세의 나이로 사망했다. 그는 소설, 단편소설, 그리고 저널리즘의 영역을 넘나드는 작가였지만 다루는 주제는 거의 동일했다. 그는 리우데자네이루의 중하층을 주로 다루었고, 특히 성적인 면에서 드러나는 이들의 도덕적 위선을 혹독하게 조롱하는 이야기들을 재생산했다.

이러한 주제를 선택했기 때문에 그의 경력은 불안정할 수밖에 없었다. 일생동안 그의 연극은 불편하고 공격적인 것으로 간주되었고 한 작품은 검열에 걸리기도 했다. 검열되었던 작품은 제목만 봐서는 무해해 보이는 〈가족 앨범〉이라는 희곡이었는데, 21년간이나 공연이 금지되었다. 또 다른 작품의 첫 공연 날에는 화가 난 한 관객이 총을 뽑아 드는 일도 있었다. 이런 사건들로 호드리게스는 "멜빵을 맨 성도착자"라는 호칭으로 조롱당하게 되었지만, 그는 거듭해서 성적인 억압과 맹목적 질투, 분노, 결핍이라는 주제로 회귀했다. 수치심, 죄책감, 자학, 신체적 쇠약이 그 과정을 부채질했다.

"나의 연극은 공격적인 도덕주의를 드러낸다." 호드리게스는 단상과 에세이를 모아 출간한 『집착의 꽃』*The Flower of Obsession*에서 이렇게 적었다. "내 텍스트에서 욕망은 슬프고, 쾌락은 비극이며, 범죄는 지옥 그 자체이다. 관객은 자신의 모든 죄, 과거, 현재 그리고 미래로 인해 공포에 떨며 집으로 돌아간다. 대다수의 성적인 행위가 똥개의 그것과 같았던 시기에, 나는 가벼운 입맞춤을 영원한 타락의 행위로 변형시켰다."

비록 네우숭 호드리게스는 글로벌 대중문화의 변방에 남아 있지만, 세상이 인식하지 못하는 사이에 점차 브라질은 중심 역할을 하고 있다. 예를 들어 2010년 유명한 캐나다의 '태양의 서커스단'Cirque du Soleil은 창단 25주년을 기념해 포르투갈어로 계란을 뜻하는 "오부"OVO라는 이름을 붙인 쇼로 세계 투어를 했다. 브라질의 안무가 데보라 꼬우께르Deborah Colker가 처음부터 끝까지 디자인하고 연출한 이 쇼는 삼바와 시랑다ciranda에서부터 포후forró와 바이어웅baião에 이르는 브라질 음악과 춤을 풍부하게 녹여 낸 것이었다. 그러나 관객들은 자신들이 브라질식의 쇼를 보고 있다는 것을 전혀 깨닫지 못한다. 뉴욕의 나이트클럽에서 힙스터들이 리우데자네이루의 파벨라에서 온 디플로Diplo의 발리 펑크에 맞춰 춤추고 있는 모습에서도 같은 현상이 나타난다.

아이러니하게도, 이러한 현상은 역방향의 문화적 카니발리즘이 일어나고 있다는 증거인데, 과거에 브라질이 식인적으로 소비하고 변형한 원료를 제공한 바로 그 사람들에 의해서 이제는 브라질 문화가 세계에 섞여 들어가고 있는 것이다. 그리하여 지우베르뚜 지우가 예측했던 대로 공급자와 수요자의 역할이 모호해지고 서로 섞이면서 브라질에 유리한 환경이 형성되고 있다. 샘플링과 '뒤섞임' 개념을 통해, 브라질의 문화적 카니발리즘 전통은 이제 세계적인 미학으로 확고하게 자리 잡게 되었다.

브라질은 아마도 또 다른 혁신과 창조에 대처할 자세를 갖추고 있을 것이다. 이제 브라질의 문화적 동향은 세계적인 예술 소비 집단에 즉각적인 영향을 미치게 되었다. 브라질 문화는 매우 민첩하고, 즉흥성에 익숙하며 모든 종류의 외부 영향을 호의적으로 받아들인다. 인터넷과 디지털 기술의 발전 덕분에 이러한 외부 자극들이 브라질 문화에 흡수되고 적용되고 변형되는 데 더 이상 긴 세월이 필요하지 않다. 2억 명에 달하는 '문화 생산자'들이 살고 있는 브라질에서, 이는 브라질 예술의 황금시대가 시작되었음을 알리는 신호이리라.

산업의 거인, 농업의 슈퍼 파워

20세기 후반, 브라질은 국제통화기금의 가장 주요한 고객이었고, 이 때문에 국민들은 좌절했다. 매번 위기가 터질 때마다 브라질리아의 관리들은 국제통화기금과의 협상에서 허리띠를 졸라매겠다고 했고 그 결과는 세출, 성장, 고용, 투자의 위축으로 이어졌다. 최근의 예를 들면 1998년 후반과 1999년 초반, 헤알화의 가치가 폭락하자 브라질은 또다시 국제통화기금과 국제 금융기관에 손을 벌렸고 당시로서는 역사상 가장 큰 액수인 415억 달러의 구제금융 지원을 받았다.

요즘에는 그와 대조적으로 브라질은 국제통화기금의 채무자가 아니라 채권자가 되었다. 이런 자리 이동의 정점을 찍은 것은 2009년, 브라질이 국제통화기금 채권을 100억 달러나 구입하겠다고 나섰을 때다. 이 채권은 과거에 브라질이 겪은 것과 똑같은 문제를 겪는 개발도상국을 돕기 위한 것이었다. 또한 브라질의 외국 통화 보유량은 무역량 증가로 인해 3,500억 달러를 넘어섰다. 대부분은 미국 국채로 예전에는 늘 워싱턴에 대표단을 보내 긴급구제를 요청했던 브라질이 이제 미국의 네 번째로 큰 채권자가 되었다.

"브라질이 국제통화기금에 돈을 빌려주다니 멋지지 않습니까?" 2009년 4월, 룰라 대통령이 기분이 좋아서 기자들에게 한 말이다. 그는 자부심과 어쩌면 약간의 자만심까지 더해 불과 20여 년 전 자신이 노동당 당수였을 때 국제통화기금 추방 시위를 이끌었던 것을 회상했다. 그리고 이제 국제통화기금에 "몇 푼의 헤알을 빌려준 대통령으로 역사에 남을" 기회를 갖게 되어 즐겁다고 했다.

40년 전, 룰라가 상파울루의 자동차 공장에서 선반 기능사로 일하던 시절, 브라질은 '후진국'을 완곡하게 표현한 '개발도상국'으로 간주되었다. 그런데 오늘날 브라질은 "떠오르는 경제"로 묘사되며, 이웃한 라틴아메리카의 경쟁국들을 뒤로 하고 러시아, 인도, 중국과 함께 이른바 브릭스 그룹으로 불리고 있다. 이 용어는 네 나라의 규모와 잠재력에 주목했던 골드만삭스의 애널리스트들이 국명의 앞 글자를 따서 만든 것으로, 월가의 브로커와 투자은행에서도 계속 사용하고 있다. 인위적으로 만들어진 신조어로서 당시에는 적절해 보였지만 지금 네 나라의 경제는 각자 다른 방향으로 움직이고 있다.

브라질에는 인구 10억이 넘는 인도나 중국처럼 거대한 국내시장이 없다. 그러나 세계경제를 이끄는 나라로 자리 잡기 위해 브라질은 크기로 그들과 견줄 필요가 없다. 브라질의 빈곤과 소득 불균형은 심각한 문제이지만 아시아의 두 거인들보다 더 높은 수준의 현대화를 시작했고 이는 1인당 국민소득과 제도적 역량을 통해 확인할 수 있다.

지난 10년간 급격히 성장해 온 브라질의 경제는 다양한 방법으로 측정할 수 있다. 어떤 기준을 적용하느냐에 따라 브라질 경제는 세계에서 여섯 번째 혹은 여덟 번째로 큰 규모로 집계되며, 최근의 상승은 캐나다, 이탈리아, 프랑스 등을 앞지른다. 지난 40여 년에 걸쳐 연간 1인당 소득은 1970년 고작 1천 달러에서 2008년에는 거의 1만 달러까지 치솟았다. 최근 10년 동안 해마다 무역이 20퍼센트씩 성장한 덕분에 브라질은 연간 2천억 달러 이상을 수출하고 있다. 수출을 주도하는 것은 항공기, 자동차 같은 공산품일 때도 있고 대두, 철광석 같은 전통적인 원자재일 때도 있다.

오늘날 브라질은 세계에서 가장 균형 잡히고 다양화된 경제를 자랑하는 나라 중 하나이다. 어느 정도의 발전을 이룬 대부분의 국가들처럼 상업과 서비스가 경제활동의 상당 부분을 차지한다. 브라질 밖의 사람들은 이 나라가 기계, 설비, 내구소비재를 제조한다는 생각을 못하지만 2조 달러가 넘는 브라질 국내총생산GDP의 4분의 1을 제조업이 차지하고 있다. 농업과 광업은 여전히 브라질 수출에서 중요한 역할을 담당하는데도 각각 브라질 국내총생산의 10퍼센트 이하를 차지해, 지난 450년 동안 압도적인 비중이었던 것과 비교된다.

어떻게 이런 극적인 반전이 일어났을까? 16년간 시장 친화적인 정책을 펴서 재정적 규율을 강조하고 외부에 브라질 경제를 개방해 경쟁력을 높인 것이 가장 주효했다. 이는 1994년 사회민주당의 까르도주가 정권을 잡은 다음부터 정부의 주요 정책이 되었다. 룰라는 피델 카스트로를 존경하고 자본주의 경제 발전 모델과의 '단절'을 지속적으로 약속했음에도 불구하고 2002년 선출된 이후 까르도주의 정책을 유지 확대했다. 브라질은 초기 포르투갈 탐험가들의 증언과 차세대 강국으로 부상하리라는 명성대로 경제 발전을 이룰 잠재력을 가지고 있었다. 단지 최근까지 부족했던 것은 그 잠재력을 브라질을 위해 작동시킬 정치적 의지와 경제 지식, 지속적인 정책이었다.

1995년 까르도주가 대통령이 되었을 때 직면한 주된 과제는 인플레이션을 잡는 것이었다. 1889년 공화국이 선포된 이후 높은 물가는 고질적인 문제가 되어 역대 대통령들을 차례로 무너뜨렸다. 바이마르 독일이나 무가베 통치 시절의 짐바브웨 등은 일시적인 초인플레이션으로 고통 받았지만 브라질의 인플레이션은 지속적이었고 그래서 더 심각했다. 20세기에 누적된 브라질의 인플레이션율은 1천조 퍼센트로, 비틀거리면서도 용케 경제적 종말은 피했다. 그러나 시간이 흐를수록 문제는 점점 더 심각해졌고 인플레이션이 더욱 심한 인플레이션을 부르고, 그것이 또 다른 인플레이션을 초래했다. 이를 경제학자들은 관성 인플레이션이라고 불렀다.

1970년대 초반 군부독재 시절, 정부는 물가연동 프로그램으로 문제와 싸워 보고자 했다. 소비자의 안정적인 구매력 유지를 위해 가격, 이자율, 임금을 물가에 맞춰 정기적으로 조정해 공식적인 인플레이션을 잡으려고 한 것이다. 물가지수가 신문과 방송에 발표되면 사람들은 계산기를 두들기며 실질 가치를 계산했다. 이를 통해 처음에는 자신감이 붙었고 한동안 '브라질의 기적'이라고 불렸던 두 자릿수 성장을 이룩했다. 그러나 10년이 지나면서 물가연동제는 인플레이션 통제력을 잃었고 오히려 인플레이션율은 두 자리, 심지어 세 자리까지 치솟았다. 결국 1985년 군부가 민간 정부에 권력을 이양할 때 상황은 통제할 수 없을 정도였다.

이후 10년 동안 재무 장관들은 인플레이션을 잡으려고 노력했지만 성공하지 못했고, 브라질 사람들은 인플레이션을 속어로 용이라고 불렀다. 1986년부터 1990년까지 6개 정부 계획이 화려한 팡파르 속에 발표되었고 그때마다 매번 문제에 대한 접근 방식도 달랐다. 그럼에도 인플레이션은 고공 행진을 거듭해 1989년과 1990년 사이 12개월 동안 2,700퍼센트까지 치솟았다.

1940년부터 1995년까지 브라질은 끄루제이루cruzeiro부터 헤알까지 8종의 화폐를 사용했다. 이 사실만 보더라도 인플레이션이 돈의 가치를 얼마나 잠식하는지 알 수 있다. 브라질은 다른 몇몇 나라들처럼 천문학적인 금액의 고액권을 발행하기보다는 상황이 악화되면 간단히 뒷자리의 0을 서너 개 쳐내고 새로운 이름의 화폐를 도입했다. 이것은 심리적인 기만술로, 국민들에게 정부가 새롭고 더욱 정비된 정책으로 신선하게 시작하고 있다고 설득하기 위한 것이었다. 그러나 결과는 언제나 실패였다. 위에서 언급한 8종 화폐 가운데 최악의 국면이었던 1986~1990년에 4종이 사용되었으니 경제 전체가 무너질 위험에 처했던 것은 확실하다.

그 시기 동안 노동자들은 월급을 받자마자 서둘러 전부 써 버렸다. 즉시 돈을 쓰지 않으면 월급의 가치가 너무 빨리 떨어져서 월말이 되면 쌀, 콩, 달걀 같은 생필품 가격이 두 배로 오르기 때문이다. 심지어 어떤 사람들은 텔레비전이나 에어컨 같은 내구재를 투자 삼아 구입하기도 했다. 이런 상품의 가격은 상승하는 데 반해 은행에 저축한 돈의 가치는 급격하게 떨어졌다. 불법이었지만 의사나 건축가 등 전문직업인들은 서비스에 대한 대가를 달러로 책정해 놓고 돈을 받는 날 환율에 따라 브라질 화폐로 받기도 했다. 기업은 이자를 더 많이 주는 은행을 찾아 날마다 이 은행에서 저 은행으로 돈을 옮겼다. 가끔은 상품 판매 수익보다 이 같은 돈놀이로 챙기는 이익이 더 컸다. 당시 유행한 삼바 곡에는 이런 어려움이 담겨 있다. "장바구니에 돈다발이 가득해도 콩 1킬로그램밖에 사지 못하는데 무슨 소용 있나요?"

1990년, 새롭게 당선된 꼴로르 대통령은 인플레이션을 막기 위해 가장 극단적인 조치를 발표한다. 가격과 봉급과 은행계좌를 동결하고 금융 거래에 높은 세금을 부과했다. 돈의 흐름을 억제해 관성적인 인플레이션을 끝내려 한 것이다. 동시에 변동 환율을 적용하고 무역자유화를 선포했으며 국영사업을 민영화하거나 없애라고 명령했다. 이렇게 하면 브라질 경제에 충격을 줘 경쟁을 촉진할 수 있으리라고 예상했다. 덕분에 처음 몇 달 동안 인플레이션이 떨어졌지만 경제활동도 없어졌다. 그 결과 정부는 다시 인플레이션을 겪지 않고는 경제를 재시작할 수 없는 상태가 되었다. 1992년 9월, 꼴로르 대통령이 불법적인 영향력 행사에 연루된 것이 드러나 탄핵

될 때까지 문제는 여전히 미해결 상태였다.

꼴로르 대통령은 많은 과오를 저질렀고 그로 인해 10년간 공직 생활을 금지당했지만(2006년 상원의원으로 정치권에 복귀했다) 돌이켜 보면 그가 외부 세계에 브라질 경제의 문을 여는 데 도움을 준 것은 인정해야 한다. 컴퓨터와 하이테크 상품 수입의 규제를 줄이고 관세를 낮추는 등 무역자유화 조치를 통해 경쟁을 촉진했다. 산업의 현대화를 장려했고, 정부 부채를 줄이려 노력했다. 이와 같은 조치는 이후 10년간의 경제 회생에서 중요한 역할을 했다.

인플레이션이라는 용을 영영 죽이고 브라질 경제가 장기 계획을 세우고 광범위한 구조 개혁을 할 수 있을 만큼 안정적인 궤도에 오르는 데 주효했던 것은 '헤알 플랜'Real Plan이었다. 헤알 플랜은 까르도주가 대통령이 되기 전 재무부 장관이던 1994년 중반에 처음 소개되었다. 이 플랜의 초기 성공으로 까르도주는 그해 연말에 대통령에 당선될 수 있었다. 또 그가 대통령이 되고 정책의 연속성이 보장되자 신임 대통령이 취임하면 무조건 선임자의 정책을 무효로 만드는 구태도 반복되지 않았다. 까르도주 대통령은 첫 임기 중 적극적으로 추가 개혁을 추진해, 국가 예산만 축내는 인플레이션의 근원지였던 방만한 국영기업들을 민영화했다.

일례로 국영 통신사 뗄레브라스Telebras를 들 수 있다. 제한적인 전화요금과 부족한 자본 때문에 뗄레브라스는 전화선 설치 수요를 감당할 수 없었고 소비자들은 전화를 설치하기 위해 몇 년씩 대기자 명단에 이름을 올려놓고 기다려야 했다. 덕분에 암시장이 성행해 전화회선 하나당 1,500달러에 팔려 나갔다. 까르도주는 뗄레브라스를 지역 단위로 쪼개서 해외업자든 국내업자든 가장 높은 가격으로 입찰한 쪽에 팔아 버리는 것으로 해결했다. 그 결과 경쟁이 치열해지면서 서비스가 개선됐고 휴대전화를 포함한 전화의 사용량과 접근성이 엄청나게 상승했다. 이제는 아마존 오지에서도 통신 서비스가 이루어지며 통신사들은 브라질인의 1인당 휴대전화 통화량이 세계에서 가장 많을 것이라고 주장하고 있다.

헤알 플랜의 주요 특징은 '헤알'이라는 이름으로 새로운 통화를 만들어 낸 것이다. 미국 달러화와 일대일 등가로 책정된 헤알화는 브라질 정부의 고금리 정책 때문에 브라질로 유입되는 외국 화폐가 많아지면서 가치가 올라갔다. 이로 인해 수입 상품의 가격이 떨어지자 내수 시장의 지분을 지키기 위해 덩달아 브라질 회사들도 상품의 가격을 낮춰 인플레이션에 대한 압박을 줄일 수 있었다. 그와 동시에 정부가 세출을 줄여 인플레이션의 주범이었던 재정 적자를 감소시켰다. 까르도주 행정부는 외화 보유에 집중해서 1999년 브라질은 마침내 헤알화와 달러화의 고정환율을 폐지하고 변동환율을 성공적으로 적용할 수 있게 되었다.

지난 16년 동안 헤알 플랜으로 확보한 안정성 덕분에 브라질 경제는 크고 작은 변화를 이루었다. 가장 장기적인 성과는 수백만 명의 노동자 및 하층, 중산 계층 가족을 어엿한 소비층으로 만든 것이다. 과거에 이들은 경제의 변두리로 몰려 얄팍한 봉급으로 겨우겨우 살아갔다. 인플레이션으로 인해 저축을 하면 오히려 자산이 줄어들기 때문에 은행에 계좌를 만들 수도 없었고 매달 월급의 상승률이 인플레이션율보다 낮아 할부로 물건을 구입할 수도 없었다.

그런데 헤알 플랜이 가져온 안정성 덕분에 갑자기 모든 것이 바뀌었다. 새롭게 힘을 얻은 소비층이 냉장고, 에어컨 같은 대형 상품을 구입함으로써 브라질은 호황을 맞이하게 되었다.

이런 소비 패턴은 경제 사이클에 따라 부침을 계속하고 있다. 룰라 행정부의 정부 프로그램은 빈부 격차를 줄이는 데 중점을 뒀고, 빈민층에게도 가용 자금이 생기면서 이들도 소비자가 되었다. 브라질 역사상 처음으로 거의 모든 국민이 경제 주체가 되었고 최저생활 계층이 꾸준히 감소했다. 그 결과 브라질 내수 시장은 강화되고 확대되었으며 이것이 브라질 기업의 투자 및 고용 확대로 이어져 다시 소비가 늘어나는 선순환 구조를 이루었다.

2008부터 2009년까지 세계는 극심한 불경기Great Recession ● 를 겪었지만 브라질은 내수 시장의 활력 덕분에 최악의 혼란을 피했으며 다른 나라들에 비해 타격도 덜 받았다. 인구가 1,500만 명에 불과한 칠레의 경우, 성장을 위해 수출에 기대야 하지만 브라질의 생산자들은 국경선 너머에서 경쟁할 필요가 없다. 1950년 이후 브라질 인구는 5,100만 명에서 2억 명으로 거의 네 배 가까이 늘어나 많은 새로운 기회를 제공하고 있다. 무역액이 1년에 3,800억 달러 이상 가파르게 성장했지만 이는 국내총생산의 15퍼센트에 불과하다.

인구 2억 명의 매력적인 소비 시장에 헤알 플랜까지 성공하자 외국인 투자가 브라질로 쏟아져 들어왔다. 최근 동향에 따르면 외국 기업들이 매년 450억 달러를 투자해, 브라질은 개발도상국 가운데

● 서브프라임 사태 이후 경제 침체를 대공황에 빗대어 이르는 말.

서 중국 다음 두 번째로 외국인 투자를 많이 받는 나라가 되었다. 이는 모든 경제 부문에 혜택으로 작용해 상업과 서비스업뿐만 아니라 부와 성장의 주요 원천인 두 영역, 바로 제조업과 농업에도 긍정적 영향을 미쳤다.

브라질은 지도자들이 원하는 만큼 제조업 강국의 이미지가 강하지 않다. 프랭크 시나트라Flank Sinatra가 "브라질에는 정말 많은 커피가 있다"고 노래했듯이 외국인들은 브라질 하면 커피를 떠올린다. 그러나 국토의 남동부와 남쪽인 상파울루-리우데자네이루-벨루오리종치로 이어지는 삼각 지역에 집중된 브라질 공장에서는 수백만 대의 자동차, 텔레비전, 냉장고, 휴대전화가 생산된다. 브라질은 또한 세계적인 화학제품 및 비료 생산국이고, 선박, 기관차 등 운송 수단을 제작할 뿐만 아니라 철강, 시멘트, 신발, 전자 제품, 자동차 부품, 종이 제품도 생산한다. 미국과 인접한 북미자유무역협정 NAFTA의 회원국인 멕시코가 많은 이점을 누리고 있음에도 불구하고 라틴아메리카 제조업 생산량의 60퍼센트는 브라질에서 나오고 있다.

다른 많은 부문처럼 상대적으로 산업화가 늦었지만 브라질은 지난 반세기 동안 괄목할 만한 성장을 이뤘다. 브라질이 독립했을 때는 직물, 성냥, 가죽 제품을 생산했지만 1940년대 보우따헤동다에 처음으로 현대적인 제강 공장이 세워졌다. 당시 브라질이 나치 독일과 거리를 두는 조건으로 미국이 재정 지원을 하면서 가능했던 일이었다. 현실적으로 산업화는 1950년대에 꾸비셰끼 대통령이 자동차를 국내 생산하도록 밀어붙이면서 본격적으로 시작되었다. 꾸비셰끼 대통령은 철강, 알루미늄, 중장비, 전기 제품, 시멘트, 화학, 플라스틱 같은 산업도 장려했다.

브라질이 산업화에 박차를 가하는 것은 당연한 일이다. 다른 곳에서는 자원 고갈을 걱정할지라도, 브라질에는 현대 제조 산업에 꼭 필요한 금속과 광물 자원이 풍부해 여전히 전략적으로 우위를 차지하기 때문이다. 예를 들어 브라질의 철광석 매장량은 전 세계 어느 곳보다 많다. 알루미늄을 만드는 원자재인 보크사이트도 마찬가지이다. 중요 광물인 구리, 납, 망간, 니켈, 주석, 텅스텐, 우라늄, 아연은 전통적으로 산업 중심지인 북반구로 수출하기보다 내수 시장을 위해 개발하고 있다. 공업 생산에 필수적이지만 공급이 부족한 석탄의 경우는 더 싸고 저렴한 대체품을 개발 중이며 이에 대해서는 다음 장에서 살펴볼 것이다.

이 모든 것은 수입 대체 모델의 일부인데 관세를 높여 외부 경쟁으로부터 국내 생산자를 보호함으로써 브라질 산업이 뿌리내리고 다양화되도록 했다. 이는 요즘의 추세와는 매우 다르며 글로벌 시대에 불공정하며 비효율적이라고 비판 받을 일이다. 그러나 당시에는 더 부유하고 경험 많은 외국 기업들과 경쟁하기에 부족한 브라질 산업이 자립해 스스로 기술을 개발할 수 있도록 정부가 해줄 수 있는 가장 적합한 방법으로 보였다. 그렇다고 브라질이 외국 기업에 완전히 문을 닫은 것도 아니었다. 오히려 브라질로 들어와 투자하도록 장려했다. 그 결과 브라질로 전 세계 주요 자동차 생산 공장이 모두 들어왔다. 무엇보다 수입 대체 산업화는 폭발적인 성장을 이끌었고 꾸비셰끼 대통령 재임 기간에 제조업이 매년 9퍼센트 이상 성장했다. 이는 당시 주류였던 농업 성장률의 두 배에 이르는 수치이다.

30년 동안 브라질 제조업자들은 높은 관세의 벽 뒤에 숨어 있었다. 덕분에 빠르게 성장하는 내수 시장을 장악할 수 있었지만 동시에 비효율성도 스며들었다. 1990년대에 외부 세계에 문을 개방하자 번성한 회사와 산업도 있었지만 비틀거리거나 망한 곳도 많았다. 일례로 1980년대 브라질은 컴퓨터의 하드웨어와 소프트웨어의 수입을 금지하면서 국내 컴퓨터 산업의 개발을 독려했지만 이 정책은 꼴로르 대통령이 취임하면서 폐기되었다. 그는 브라질 회사가 컴퓨터 기술 개발에 들이는 노력이 세계 나머지 국가들에 비해 뒤처져 있고 규제가 지속되면 결코 따라잡을 수 없음을 깨달았다. 무역 장벽이 없어지자 세계적인 컴퓨터 제조업체들이 브라질로 몰려들었다. 그 결과 현재 브라질에는 나머지 라틴아메리카 국가들을 모두 합친 것보다 더 많은 컴퓨터와 초고속 인터넷, 무선 통신 사용자가 있으며, 브라질 업체들의 생산성도 향상되었다.

새롭고 경쟁적인 환경에서 계속 번창한 브라질 회사들도 많다. 예를 들어 브라질 장난감 회사인 에스뜨렐라Estrela는 미국 장난감 회사 마텔Mattel의 공격을 막아 냈다. 슈퍼마켓 체인 셍다스Sendas와 뻐웅 지아수까르Pão de Açucar는 프랑스 까르푸와 경쟁해서 살아남았다. 제지회사 클라빙Klabin은 조지아퍼시픽Georgia Pacific의 도전에도 불구하고 번성해 오히려 아르헨티나로 확장하고 있다. 또 어떤 회사들은 아예 지배 지분을 다국적기업에 팔아 자본을 주입받고 현대화하는 방법을 택하기도 했다. 일례로 가전업체인 브라스뗑쁘Brastemp

는 월풀Whirlpool Corporation의 일부가 됐고 아이스크림과 캔디 제조 업체인 키봉Kibon은 네슬레와 경쟁하기 위해 유니레버의 현지 계열 사가 되었다.

최근 브라질이 세계경제에 병합되면서 수많은 기업들이 성공적으로 국제시장에 진출하고 있다. 유익하지만 잘 알려지지 않은 예로 앙베브AmBev를 들 수 있다. 앙베브는 1999년 당시 브라질에서 가장 큰 주류업체인 앙따르띠까Antartica와 브라마Brahma가 병합해 탄생한 맥주 및 음료 회사이다. 5년 후, 앙베브는 벨기에의 거대 주류 회사인 인터Inter와 합쳐 잉베브InBev를 만들었다. 그리고 2008년, 이 회사는 미국의 앤호이저-부시Anheuser-Busch를 사들여 세계에서 가장 큰 주류 회사가 된다. 다시 말해 상파울루 출신의 브라질 사람 까를루스 브리뚜Carlos Brito가 미국의 가장 유명한 맥주 브랜드, 버드와이저를 만드는 회사를 운영한다는 얘기이다.

브라질 회사는 국제적으로 특히 원자재 영역에서 강세를 보인다. 브라질 최대 기업인 페트로브라스에 대해서는 에너지를 다룬 장에서 얘기하겠다. 그러나 CVRD 또는 발리Vale로 알려진 발리두하우도시Companhia Vale do Rio Doce는 국영기업이었다가 1990년대에 민영화되면서 번창하고 있다. 원래는 제철소용 철광석을 채굴하던 회사였는데 지금은 다각화를 통해 세계 3대 광산 기업 중 하나가 되었다. 또 브라질 남부의 소규모 철강 회사였던 게르다우Gerdau는 세계적인 기업이 되어 라틴아메리카에 공장을 세우고 미국의 여러 회사를 사서 미국에서도 존재감을 발하고 있다.

가장 대단한 성공 스토리는 상파울루에서 한 시간 거리의 서웅조제두스깡뿌스São José dos Campos 시에 기반을 둔 항공기 제조업체 엠브라에르Embraer이다. 1969년 설립 당시 국영회사였던 엠브라에르의 고객은 단 하나 브라질 공군이었으며 상품은 훈련용 항공기였다. 그 후 10년 내에 제트 전투기를 만들어 라틴아메리카, 아프리카, 아시아의 제3세계 국가에 수출하기 시작했다. 처음에는 브라질 항공사, 나중에는 해외 항공사를 위한 민간 항공기를 제작했다. 회사는 늘 적자였고 1994년 민간에 매각된 국영기업 중 하나였다.

오늘날 엠브라에르는 보잉과 에어버스의 뒤를 이어 세계에서 세 번째로 큰 항공기 제작업체이다. 2009년에는 244대의 항공기를 제작했고 2010년에는 265건의 주문을 받아 놓은 상태로, 달러로 환산하면 160억 달러 규모이다. 엠브라에르의 성공 비결은 애초부터 광동체 항공기 제작을 포기해 다른 두 라이벌 회사와 정면대결을 피한 것이다. 대신 단거리 비행에 적합한 소형 통근용 제트기 제작에 집중했다. 마침 규제 완화와 영공 개방정책으로 상업 항공 붐이 일어났다. 덕분에 뉴욕에서 인디애나폴리스로 가거나, 맨체스터에서 토리노로 갈 때 엠브라에르가 제작한 항공기를 탈 확률이 높아졌다. 2008년 미국 대선 때, 보수적이었던 부통령 후보 세라 페일린Sarah Palin은 '미국 우선주의'를 주장했지만 실제로 선거운동을 위해 타고 다녔던 항공기는 엠브라에르가 제작한 항공기 가운데 가장 큰 180석짜리 제트기였다. 이런 전략이 성공하자 엠브라에르는 마침내 자가용 항공기 생산으로 눈을 돌렸고 이제 리어Lear를 위협할 정도가 되었다.

엠브라에르나 자동차 제조업체 등 성공한 기업들이 상파울루에 위치한 것은 우연이 아니다. 외부에서는 리우데자네이루를 브라질의 대표 도시로 보지만 브라질 경제의 진짜 엔진은 상파울루 주와 도시이다. 사실 경제인들은 상파울루가 26개의 빈 수레, 즉 브라질의 나머지 26개 주를 끌고 가는 전동차 같다고 불평하기도 한다.

상파울루의 인구는 4,500만 명에 육박해 캘리포니아 인구보다 조금 더 많고 브라질 전체 인구의 22퍼센트를 차지한다. 그런데도 브라질 경제 생산의 3분의 1 이상을 내놓고 있으며 나라 세금의 절반을 납부한다. 만약 상파울루 주가 브라질의 일부가 아닌 독립국가였다면 그 인구수와 국내총생산은 남미에서 가장 인구가 많고 경제 규모가 큰 아르헨티나와 콜롬비아를 능가했을 것이다.

상파울루 주 안에는 다양한 산업과 농산물을 생산하는 도시들이 많지만 역시 진짜 핵심은 주와 같은 이름을 가진 상파울루이다. 상파울루에 위치한 연구기관인 페르낭브로델세계경제연구소Fernand Braudel Institue of World Economics는 상파울루가 지난 140년 동안 "인류 역사상 가장 빠르게 대도시의 장기 성장을 이룬 곳"이라고 했다. 유엔 자료에 따르면 그레이터 상파울루Greater São Paulo는 상파울루 도시 거주인구 1100만 명과 도시 외곽의 산업 지역에 거주하는 900만 명을 합쳐 세계에서 세 번째로 큰 도시지역이다. 이는 도쿄와 멕시코시티 다음이다. 1870년에는 상파울루에 겨우 3만1천 명이 살았다.

지금의 상파울루는 뉴욕처럼 시와 주 모두 대부분 이민자들에 의해 건설되었고 이곳의 부와 국제적인 면모도 여기서 기인한다. 이런 추세는 1888년 브라질의 노예제가 폐지되고 새로운 노동력이 필요해지면서 시작되었다. 시민들은 상파울루에 일본을 제외하고 가장 많은 일본인 후손이, 중동을 제외하고 가장 많은 시리아-레바논 후손이, 이탈리아를 제외하고 가장 많은 이탈리아인이 산다고 자랑한다. 자동차 공장에서 일했던 룰라 대통령처럼, 수백만 명의 농부들이 북동부의 척박하고 가난한 주를 떠나 상파울루로 이주했다. 미국 남부의 가난한 흑인들이 시카고나 디트로이트의 공장으로 몰렸던 것과 같다. 그리고 이 노동자 계층은 산업 생산의 중추일 뿐만 아니라 주요 소비자로 급부상하고 있다.

브라질이 독일, 일본 같은 선진국이나 다른 브릭스 국가와 가장 구별되는 점은 타의 추종을 불허하는 농업 잠재력과 생산력이다. 간단히 말해 브라질은 지구의 빵 바구니가 될 능력이 있다. 브라질뿐만 아니라 지구의 나머지도 먹여 살릴 만한 능력이 된다는 얘기이다. 브라질은 식민 시대부터 지금까지 늘 커피, 설탕, 카카오, 담배의 주요 생산국이었으며, 지난 25년 동안 브라질 농업은 매우 다변화되고 현대화되어 생산량도 늘고 농작물 종류도 다양해졌다. 2004년 방문한 미국 국무부 장관 콜린 파월Colin Powell이 브라질을 "농업 대국"agricultural superpower으로 묘사하며 미국의 라이벌이고 몇몇 분야에서는 이미 능가했다고 말한 것은 놀라운 일도 아니다.

물론 농업은 사냥을 제외하고 인류가 식량을 얻는 가장 오래된 방법이며 최근의 첨단기술 산업과 비교하면 화려함과 이익이 부족하다. 그러나 공업과 기술은 유행을 타고 갑자기 예상치 못한 변화를 겪는다. 예를 들어 아이팟이 발명되거나 타자기가 사라진 것처럼 혁신으로 인해 특정 제조업 분야 전체가 없어지기도 하지만, 사람들은 언제나 먹어야만 한다. 이미 오래전부터 브라질 정부 관계자들은 농업을 적절하게 개발해 놓으면 지속적인 경제성장의 안정적인 기반이 될 것임을 알았다. 그래서 항상 농장, 플랜테이션, 목장에서 경작할 수 있는 목화, 고무, 셀룰로오스와 식량 생산을 장려해 왔다. 농업이 수출의 40퍼센트를 차지하는 만큼 브라질 사람들이 농업을 브라질 경제의 '녹색 닻'이라고 부르는 것은 당연하다.

이런 면에서 브라질은 브릭스의 다른 국가들뿐만 아니라 인구밀도가 높고 고도로 산업화된 일본, 독일, 이탈리아, 프랑스, 영국보다도 경쟁력을 가지고 있다. 중국과 인도는 인구가 많고 사막과 산악 지대 등 영토에 험한 지형이 포함되어 있어 농업 생산에 필요한 경작지 확충에 한계가 있다. 러시아에는 빈 땅은 많지만 기후가 경작에 적합하지 않다. 반면 열대기후인 브라질에서는 1년 동안 2모작, 또는 3모작이 가능하다. 농업에서 얻은 이익으로 제조업 기반을 쌓은 미국처럼 브라질은 농업 강국과 공업 강국이 동시에 될 가능성을 지닌 나라다.

최근까지 브라질은 한번에 한 가지 작물을 경작하는 데 집중해 피해를 입었는데, 이를 두고 '단일 작물의 순환'이라고 부른다. 예를 들어 19세기 후반, 커피 생산이 호황을 맞이하면서 상파울루의 몇몇 회사와 거대 생산자는 단기간에 엄청난 돈을 벌어들였다. 그 가운데 똑똑한 사람들은 수익금을 산업화에 투자하고 가족 기업을 세워 지금까지 번창하고 있다. 그러나 커피는 곧 쇠락했고 고무 생산이 급증했다. 이때는 마나우스의 고무 플랜테이션 소유주와 중개인들이 하룻밤 사이에 벼락부자가 되었다. 그러나 동남아시아에서 고무를 생산하면서 고무 호황이 끝나자 짧게 코코아 호황이 바이아를 떠들썩하게 만들었다(이는 조르지 아마두의 소설에도 등장한다). 브라질 사람들은 호황 때마다 빨리 돈을 벌자는 생각에 과잉 경작을 했고 결국 과잉생산으로 이어졌다. 그러면 런던, 시카고 등 금융 중심지의 중개인들이 농작물 가격을 조작해 브라질에 손해를 입혔다.

브라질은 1970년대부터 정부와 민간 모두 작물을 다양화하기 위해 노력하기 시작했다. 1972년 내가 처음 브라질에 왔을 때는 커피가 주요 농업 수출품이었고 브라질 경제는 손쓸 수 없는 두 가지 요소에 의존하고 있었다. 바로 런던 커피 거래소가 정하는 가격과 상파울루와 미나스제라이스의 7~8월 열대기후로, 하룻밤에 심한 서리가 내리면 커피 농사를 망쳐서 브라질은 국제적으로 빚을 져야 했다.

그러나 오늘날은 그와 대조적으로 한 가지 작물에 의존하지 않고 무역의 균형을 건강하게 유지하고 있다. 20여 년 만에 브라질 농업생산은 다양화되어 12개 이상의 농산물의 최다 생산 및 수출국이 되었다. 예를 들어 대두는 중국과 기타 아시아 지역에서 단백질이 풍부한 식단에 대한 관심이 커지면서 1990년대 중반부터 호황을 이뤄 지금은 브라질 농업 수출의 대표주자가 되었다. 전체 수출액 1위 자리를 놓고 항공기와 경쟁하고 있을 정도이다. 미국은 세계 최대 대두 생산국인 반면 브라질은 세계 최대 대두 수출국이다. 이 때문에 미국 농무부는 브라질의 주요 대두 생산 지역의 개발 상황을 추적하고 있고, 브라질도 중국과 손잡고 위성을 통해 미국의 대두 수확을 모니터링한다. 몇 년 전 브라질의 최대 라이벌인 미국 아이오와 주 농민들은 '브라질 때문에 속이 쓰려서야 되겠습니까?'라며 시위를 하기도 했다. 하지만 확실히 뭐라 답하기 어려운 것이, 최근 미국 중서부 농민들이 브라질 내륙의 땅을 사들이고 있기 때문이다. 브라질에서 대두를 경작하면 1년 동안 여러 번 수확할 수 있을 만큼 기후가 좋고 생산 비용도 싸다.

여기서 중요한 점은 대두 호황으로 다른 작물이 희생되는 일이 일어나지 않았다는 것이다. 설탕, 카카오, 커피 같은 전통적인 농작물도 수출 목록 상위에 올라 있다. 커피는 브라질 수출 목록에서 7위를 기록하고 있지만 브라질은 여전히 세계 최대의 커피 생산국이자 수출국이다. 동시에 브라질은 오렌지, 돼지고기, 목화, 담배, 유료油料 종자, 옥수수, 무엇보다도 닭고기와 소고기의 세계적인 수출국이다. 아마존에 갔을 때 브라질 카우보이들을 만났는데 이들은 이슬람교도들의 방식으로 소를 도축할 수 있도록 레바논까지 소떼를 끌고 간다고 했다. 브라질은 미국의 두 배인 1억8,500만 마리의 소를 보유하고 있는데 이는 상업용 가축으로는 세계에서 가장 많은 수다. 소고기 수출량 역시 세계 최대로, 매년 50억 달러 이상을 벌어들이고 있으며 가장 큰 고객은 러시아이다.

다양화 덕분에 브라질은 국제시장의 부침으로부터 영향을 덜 받을 뿐만 아니라 국가의 유연성을 확보하고 계약 협상에서도 유리한 위치를 차지할 수 있었다. 대두 가격이 떨어졌을 때는 풀을 먹고 자란 소고기와 대두를 먹고 자란 닭고기 가격이 올라갔고, 유럽에 광우병 파동이 일어나면서 대두 가격 폭락으로 인한 손해를 충당할 수 있었다. 브라질은 미국 중서부 농부들처럼 미리 농산물 저장 시설에 투자하지 않아 협상할 때 불리했으나 이제는 브라질 중서부의 비옥한 주에서 미래에 투자하면서 개선되고 있다. 이대로라면 몇 년 내에 브라질은 국제시장의 강자 자리를 더욱 굳히게 될 것이다.

대두와 기타 농산물은 세하두^{cerrado}에서 생산되는데 아마존 남쪽 브라질 중부지방에 1,600킬로미터 정도로 길게 뻗은 사바나 지역을 말한다. 수백 년 동안 쓸모없는 불모지였던 세하두는 20여 년 만에 브라질의 곡창지대로 변모했다. 이는 엥브라빠^{Embrapa}로 알려진 정부 기관, 즉 브라질 농축산업연구소의 농학자들 덕분이다. 1970 년대 중반, 엥브라빠의 학자들은 두 개 영역에서 발전을 이뤘다. 첫째로 화학 조합 실험을 통해 세하두의 토양은 인과 석회를 뿌리면 산성을 줄일 수 있음을 알아냈다. 둘째로는 온대기후에서만 자란다고 여겨지던 대두의 열대 품종을 40여 가지 이상 개발했고 이를 경작하는 농부들에게 기술을 지도했다.

현재 브라질 목화의 75퍼센트가 세하두에서 나오며 절반 가까운 브라질 소가 세하두 초원에서 자란다. 또 엥브라빠는 미국 돼지보다 지방과 콜레스테롤이 낮아 등심과 햄을 많이 얻을 수 있는 돼지 품종을 개발했고, 브라질의 돼지고기 수출이 급증하고 있다. 이런 결과에 힘입어 엥브라빠의 과학자들은 밀과 같은 온대기후 작물을 열대작물화하는 데 집중하고 있다. 브라질은 역사적으로 대부분의 밀을 아르헨티나 같은 인근 나라에서 수입해 왔다. 그러나 엥브라빠는 이미 열대의 세하두에서 경작할 수 있는 밀 품종을 개발해 캐나다나 호주와 비교할 만한 수확량을 올리고 있으며 열대기후에 맞는 보리 품종도 개발 중이다.

열대 농업 분야 연구의 세계적 선도 기관인 엥브라빠는 최근 바이오테크놀로지와 바이오에너지 같은 최첨단 분야로 영역을 넓히고 있다. 2007년 엥브라빠는 독일 화학 회사인 BASF와 제휴해 제초제에 강한 유전자 변형 대두를 개발하겠다고 발표했다. 이 대두는 2012년 시장에 나올 것으로 보이며 현재 시장을 지배하고 있는 미국 몬산토 사의 라운드업레디Roundup Ready와 경쟁할 것으로 보인다. 엥브라빠는 정부 기관임에도 불구하고 2005년 브라질 의회의 승인을 얻어 벤처를 만들었고, 상업적인 프로젝트로 수익을 올릴 수 있게 되어 브라질의 고질적인 투자금 부족 문제를 극복할 수 있게 됐다.

세계은행과 여타 국제 개발 기구의 지원으로 엥브라빠는 아시아와 특히 아프리카에서 활발하게 활동하고 있다. 2007년 가나에 사무실을 열어 세하두와 비슷한 토양과 강우 조건을 갖춘 사바나 초원이 있는 나라들에 브라질 기술과 체계를 전수하고 브라질과 같은 성공을 거둘 수 있도록 돕고 있다. 장기적으로 보았을 때 콩, 소고기, 옥수수, 그리고 특히 열대 지역 사람들의 주식인 타피오카의 수확량을 늘리고 싶어 하는 나라들을 도와 상업적인 가능성과 충성을 얻을 수 있는 일이다. 노벨 평화상 수상자이자 녹색혁명의 아버지인 노먼 볼로그Norman Borlaug는 2007년 이렇게 말했다. "엥브라빠와 소속 학자들은 불모지를 세계에서 가장 생산성 높은 농작지로 변모시켰다. 20세기 농업과학에서 가장 위대한 업적을 세웠음을 인정해야 한다."

엥브라빠와 엥브라에르는 세계화되고 경쟁이 치열해지는 세상에서 브라질이 경제와 기술의 사다리를 잘 타고 올라갈 수 있도록 만든 전략의 예이다. 개발이 늦었던 브라질이 경쟁력을 얻은 가장 빠른 방법은 다른 나라들이 무시하는 영역을 공격적으로 활용하는 것이었다. FAPESP 컨소시엄, 즉 상파울루연구지원재단이 또 다른 예이다. FAPESP는 유전학에 집중해 이 분야의 세계적인 선구자가 되었다. FAPESP의 후원을 받은 연구원들은 세계 최초로 사탕수수의 유전자 배열 순서를 밝혀냈다. 또한 다른 나무보다 빨리 자라서 브라질 제지업체들이 선호하는 유칼립투스 나무와 과일나무에 해를 입히는 병해충의 유전자 배열 순서도 알아냈다. 이런 연구는 해당 농산품들의 선도적 수출 국가인 브라질에 있어 경제적으로 무척 중요하다.

브라질 땅이 풍성한 수확물을 안겨 주고 있음에도 농업은 풀 수 없는 수수께끼이기도 하다. 1940년에는 브라질 인구의 80퍼센트가 농촌에 살고 20퍼센트만이 도시에 살았다. 20세기 말, 그 비율은 정확히 반대가 되었으나 4천만 명이 여전히 땅을 일구어 먹고 살며 그중 많은 수가 소작인, 임차인, 혹은 영세 영농인이다. 이들은 세상과, 심지어 지역 시장과 격리되어 근근이 생계를 유지하고 있다. 이는 중요한 사회문제인 동시에 경제의 난제이기도 하다.

브라질의 토지소유권은 언제나 소수의 엘리트에게 집중되어 있었다. 거대 농장과 거대 목장처럼 규모의 경제를 강조하는 현대의 기업식 농업과 수출 상품에 초점을 맞춘 브라질 농업은 이런 경향을 더욱 악화했다. 2009년 정부 기관인 브라질지리통계연구소Brazilian Institute of Geography and Statistics 발표에 따르면 토지 소유의 집중도는 지난 10년간 개선되기보다 오히려 더 나빠졌다. 이 기간에 130만 명의 농민들이 삶의 터전을 버렸고 남은 사람들의 40퍼센트는 읽거나 쓸 줄을 모른다. 예상하다시피 이런 불평등 문제는 극소수가 대부분의 토지를 소유하고 있는 가난한 주일수록 더욱 심각하다.

언젠가 브라질은 선택을 해야 될 것이다. 미국처럼 농업 생산을 기계화·규격화해서 가족 농장이 사라지게 두느냐, 아니면 경제적으로 비효율적이지만 소작농과 영세 영농인의 영역을 남겨 두느냐 가운데서 말이다. 이는 정치적인 결정으로, 농민 출신에 좌파인 룰라는 후자를 선호한다고 밝혔지만 미래의 정부는 그에게 동의하지 않을 수도 있다. 아무튼 브라질은 농민들을 경제의 다른 부분으로 병합해 사회의 생산적인 구성원으로 만들 방법을 찾아야 한다.

공업과 농업이 동시에 호황을 누리면서 지난 10년 브라질 무역은 눈에 띄게 성장했다. 산업화에 필요한 장비와 기계를 수입하느라 적자를 기록했던 지난 몇 십 년과 비교하면 놀라운 발전이다. 1999년 수출과 수입이 거의 완벽한 균형을 이뤄서 1억 달러의 적자를 기록했는데 브라질의 크기를 생각하면 그리 큰 액수는 아니다. 그런데 2008년 말 미국의 금융 위기가 터졌을 때 이 수치는 폭발적으로 치솟아 브라질의 무역은 3,710억 달러로 네 배가 늘었고 수입보다 수출이 247억 달러 많았다. 그해 브라질의 무역량은 국내 총생산의 거의 20퍼센트에 육박했다. 이는 비록 칠레나 멕시코 같은 다른 라틴아메리카 국가의 무역이 국내총생산의 50퍼센트에 달하는 것과 비교하면 낮은 수치이지만 브라질로서는 기록적인 수치이다.

무역수지 흑자는 브라질과 같은 발전 단계에 있는 나라에게 흔하지만 브라질은 3년 연속 수출이 수입을 400억 달러 이상 넘어섰다. 물론 이런 대규모 흑자도 중국과 비교하면 빛이 바랜다. 중국은 공산품으로 흑자를 기록한 것에 반해 브라질은 철광석부터 대두까지 원자재에 높이 의존한 결과이기 때문이다. 그러나 중국과 대조적으로 브라질은 수입 억제를 위한 정책이나 환율 조정 정책을 쓰지 않았다. 브라질의 경우는 헤알이 달러보다 강세를 보여 수입품의 가격이 낮아지면서 수입이 40퍼센트 이상 늘었다.

더욱 의미 있는 결과는 브라질이 지난 10여 년 동안 무역 파트너를 다각화했다는 것이다. 역사적으로 미국이 브라질의 최대 고객이자 공급자였고 이런 패턴은 거의 한 세기 전으로 거슬러 올라간다. 이 기간 동안 미국은 브라질 대외 무역량의 3분의 2 이상을 차지했다. 그러나 1990년대에 브라질 정부는 무역 패턴을 재정비해 라틴아메리카, 북미, 유럽, 아시아 4개 시장을 거의 균등하게 나누려는 목표를 세웠고 이 목표는 거의 성취되었다. 실제로 2009년 4월 철광석의 급격한 수요 증가로 브라질 최대의 교역 상대는 미국이 아니라 중국으로 바뀌었다. 오늘날 브라질 무역은 유럽연합이 25퍼센트, 라틴아메리카가 25퍼센트, 아시아가 25퍼센트, 미국이 14퍼센트, 기타 아프리카, 중동, 동유럽, 캐나다를 포함한 나머지 국가가 11퍼센트를 차지하고 있다.

이런 변화는 2008년 미국에서 시작된 경제 위기의 충격으로부터 브라질을 보호해 주었다. 브라질의 상황은 경제적으로 북미에 의존하고 있는 멕시코와 극명한 대비를 보여 준다. 이는 미국발 대침체가 끝나고 세계무역이 상승세를 타면 브라질이 보다 유리한 위치에 서게 될 것이라고 예상할 수 있는 이유이다. 중국은 철광석과 다른 광물, 펄프 같은 자연 자원을 끝없이 필요로 하기 때문에 당분간 브라질의 주요 무역 상대국이 될 것이다. 지난 10년간 브라질, 중국, 미국은 새로운 삼각관계가 되어 브라질이 중국으로 원자재를 수출하면 중국은 이것을 소비 상품으로 만들어 미국에 팔고 있다. 그리하여 일부 기관투자가들은 법적으로 보호를 거의 받을 수 없고 국가가 뒤에서 시장을 조종하는 중국 대신 브라질에 대한 간접투자를 고려하기도 한다.

대두 등 식량의 판매 급증과 여러 상황 덕분에 브라질의 무역수지 흑자와 경화 보유가 늘고 있음에도 의심과 불만족이 쌓이고 있는데, 특히 상파울루의 사업가들이 그렇다. 식민 시대 브라질의 풍부한 자연 자원은 브라질 사람들이 아니라 포르투갈 제국의 번영에 기여했고 19세기에는 미국과 영국의 산업화에 필수 요소가 되었다. 브라질인들도 이러한 사실을 잘 알고 있으며, 21세기에 들어와서까지 떠오르는 산업 강국의 원자재 공급자로서 떨어진 빵 부스러기나 주워 먹는 들러리로 머무르길 바라지 않는다. 그래서 중국 기업들로 하여금 브라질에서 상품을 가공해 양국에 혜택이 되는 부가가치를 창조하자는 요구가 늘고 있다. 신발, 직물 등 전통적인 영역에서 브라질 국내 산업을 망가뜨리는 중국의 수출 공세에 대한 불만도 높아지고 있다.

2008년 세계 금융 위기가 터졌을 때 브라질의 첫 반응은 코웃음을 치며 비웃는 것이었다. 2008년 9월 리먼브라더스가 파산한 직후 룰라는 이렇게 얘기했다. "위기? 무슨 위기요? 부시한테 물어 봐요. 이건 그 사람의 위기니까." 그러나 브라질 중앙은행의 전문가들과 재무부와 경제기획부의 관료들은 다르게 인식하고 있었다. 우선 브라질 금융 시장의 5분의 1에 해당하는 돈이 해외에서 들어온다. 미국과 다른 나라들의 문제 때문에 돈줄이 말라 버리면 브라질 회사들은 더 이상 융자를 받거나 대출 기간을 연장할 수 없게 된다. 브라질의 상업은행들도 유동성의 상당 부분을 해외 자본의 흐름에 의존하고 있으므로 위기를 느꼈다. 예를 들어 소비자가 자동차를 살 때 대출을 받을 수 없게 되면 그 분야의 산업 활동이 급속히 냉각되므로, 브라질도 곧 극심한 불경기에 빠질 것처럼 보였다.

그러나 브라질 정부는 부시 대통령의 미국 정부와 달리, 재정 흑자와 무역수지 흑자가 쌓여 있었고 여러 해 동안 재정적으로 책임감 있는 정책을 폈기 때문에 앞서 언급한 것처럼 브라질 중앙은행에 2천억 달러가 비축되어 있었다. 이 자금들이 신속하게 지원된 덕분에 해외 자금의 갑작스러운 증발에도 대응할 수 있었다. 이와 함께 브라질 중앙은행은 시중은행의 보유 자금 기준을 낮추어 이들이 고객들에게 대출할 수 있는 자금을 늘렸다. 또 세계에서 가장 높았던 이자율도 낮췄다. 그 결과 브라질은 은행을 구하느라 돈을 한 푼도 쓰지 않아도 되었고 심지어 2008년이 끝나기 전에 다시 신용이 회복되었다.

그러나 브라질의 수출, 특히 원자재는 피해를 입었다. 미국의 소비자들이 구매를 하지 않으니 공산품을 만들어 팔던 중국이 생산을 줄였고 결국 브라질에서 수입해 가던 철, 알루미늄, 구리, 목재가 필요 없게 되었다. 연간 9퍼센트씩 성장하던 브라질의 국내 수요는 계속 탄탄했기에, 1997년 금융 위기 때 동남아, 터키, 러시아의 문제가 브라질에 영향을 미쳤던 것과 달리 이번에는 브라질이 구원자 역을 맡게 되었다. 2009년 9월, 미국의 티모시 가이트너Timothy Geithner 재무부 장관은 세계가 위기에서 벗어날 수 있게 도와주어 고맙다며 브라질에 공개적으로 감사를 표했다. 감사 인사는 미국에서는 별로 관심을 끌지 못했지만 브라질에서는 신문 일면을 장식하며 자부심을 불어넣었다.

미국은 부시 대통령 시절 모든 것은 시장이 알아서 하니 규제 같은 건 필요 없다고 생각했다. 브라질은 달랐다. 국가의 역할이 중요하다고 보았고 경제정책을 국가가 주도해야 한다고 생각했다. 그 역할은 중국, 일본, 인도만큼 강압적이어서는 안 되지만 이윤 추구가 반드시 사회 전체에 이롭다고 할 수 없으므로 어느 정도의 감독과 규제가 필요하다는 것이었다. 물론 이런 논리는 논쟁의 여지가 있다. 특히 경제계 인사들은 브라질이 기업가 정신을 속박하지 않으면 더 빨리 번영할 것이라고 주장한다. 그러나 브라질 정부가 금융 및 기타 분야를 규제했기 때문에 2008~2009년에 최악의 영향으로부터 피할 수 있었다.

지난 20여 년 동안 브라질은 눈부신 성과를 이뤘지만 경제의 효율성을 떨어뜨리는 구조적 병목현상이 계속되고 있다. 그중 가장 큰 문제는 사회 기반 시설 부족이다. 두 번째 중요한 문제는 비효율적이고 부패한 관료주의이다. 각종 허가, 면허, 규제를 집행하는 관료들의 당혹스러운 행동 때문에 기업가들은 좌절하곤 하며, 이를

'브라질 비용'이라고 부른다.

브라질의 사회 기반 시설 부족은 특히 운송 분야에서 심각해, 완벽하게 해결되지 않더라도 조금만 더 투자하면 완화될 수 있다. 항만은 부두와 창고 시설이 부족해 매우 혼잡한 상황이다(항만 노동자과잉 고용도 문제이다). 대륙 단위의 크기를 가진 브라질에서 꼭 필요한 상업 항공 운항은 부실한 레이더 추적 시스템 등 낙후된 항공 통제 장비로 인한 안전 문제 때문에 2007년에는 거의 붕괴될 뻔했다. 주와 주를 연결하는 고속도로도 부족하고 이미 있는 고속도로는 늘어난 교통량을 감당할 수 없거나 군데군데 파인 구멍들로 인해 차량이 손상되거나 이동 속도가 떨어진다. 중국이나 인도와 달리, 브라질은 넓은 국토에도 불구하고 철도 네트워크가 없다. 인구가 과밀하고 산업이 집중된 남동 지역도 마찬가지다. 몇 십 년 동안 브라질 사람들은 도쿄와 오사카를 연결하는 고속열차나 뉴욕과 워싱턴 DC를 연결하는 암트랙Amtrak처럼 상파울루와 리우데자네이루 사이에 철도를 건설하자고 말해 왔다. 그러나 수십 년 동안 우물쭈물하다가 2016년 리우데자네이루 올림픽을 앞두고 이제 겨우 시작하는 단계이다.

한편 관료주의는 좀 더 복잡한 문제다. 단순히 투자만 늘려서 해결될 문제가 아니라 500년 전 포르투갈 사람들이 들어온 후부터 쭉 자리 잡은 사고방식을 바꿔야 하기 때문이다. 브라질의 모든 일상에서 각종 증명서, 보증서, 허가서, 기타 공식 문서가 요구되므로 길게 줄을 서야 하고 아까운 시간을 허비해야 한다. 내 아내가 80세인 할머니를 모시고 가서 생존해 있음을 증명하는 서류를 받아오는 것을 보고 놀랐다. 할머니가 매달 은행에 직접 가서 연금을 받는 데 필요한 증명서였다. 1980년대 후반에는 이런 문제를 해결하기 위해 심지어 탈관료화 담당 부서가 만들어졌지만 또 다른 감독과 규제만 더 늘어났고 결국 사람들의 조롱 속에 폐지되었다.

언론과 경제 인사들은 브라질과 다른 나라의 창업 절차를 비교하는 연구를 정기적으로 진행하고 있다. 예상대로 브라질은 더 많은 서류 작업이 필요하고 공식적인 허가를 받기까지 어느 나라보다 오래 걸린다. 예를 들어 세계은행의 2009년 연구에 따르면, 브라질에서는 사업을 시작하기 전에 필요한 서류 작업을 완료하는 데 평균 5개월이 소요된다. 전체 181개 국가 가운데 브라질은 125번째였고 경쟁국이나 다른 선진국보다 한참 뒤처진 순위이다.

이런 관료주의는 공식 절차를 빨리 끝내도록 도와주는 '데스빠샹치'(중개인)라는 독특한 시스템을 낳았다. 2장에서 언급했듯이 데스빠샹치는 서류 작업을 '원활하게' 진행하고 제출한 서류가 관공서의 사무실 구석에서 몇 달 동안 방치되는 일이 없도록 한다. 그리고 이 과정에서 종종 하위 공무원에게 뇌물을 주어 윗선에 연줄을 댄다. 윗선의 고위 공무원은 허가를 내주는 조건으로 대가를 요구하거나 기업의 지분을 달라고 하기도 한다. 이는 투명성의 부족으로 이어져 브라질의 명성에 흠집을 내고, 법보다 개인 간의 접촉에 의존하게 만든다.

과거에, 광활한 영토와 대규모 인구가 있으니 브라질이 경제적으로 발전하리라는 것은 순진한 생각이었다. 한 가지 이유는 옛날에는 인구의 상당수가 해안가에 몰려 살았고 내륙 지방은 미개발 상태로 접근 가능한 교통수단도 별로 없었기 때문이다. 더욱 심각한 원인은 10년마다 실시되는 인구조사였다. 수백만 명, 아니 어쩌면 대다수가 화폐경제 밖의 가난 속에 살았기 때문이다.

1970년대에 브라질 경제학자 에드마르 바샤Edmar Bacha는 '벨린디아'Belindia=Belgium+India라는 말을 만들어서 브라질의 경제적·사회적 구조를 묘사했을 정도이다. 이 단어는 '인도 안에 있는 벨기에'처럼 브라질이 두 개의 나라라는 뜻으로 오늘날에도 자주 쓰인다. 당시 소수의 엘리트들은 대부분 도시지역에 거주하면서 유럽 사람들과 비슷한 생활수준을 향유하고 나머지 사회 구성원과는 구별되는 물질적 수단을 다 갖춘 반면, 다수의 국민들은 인도의 농부들처럼 가난의 저주 속에 하루하루 생계를 이어가고 있었다는 얘기다.

사실 이 단어는 정책 입안자들과 유권자들로 하여금 부끄러움을 느끼라고 만든 것인데 두 가지 부정확한 측면이 있다. 브라질 시골, 특히 아마존과 북동부의 일부 지역은 심각한 가난을 겪고 있지만 그렇다고 인도나 중국만큼 심각하지는 않았다. 또한 경제 피라미드의 꼭대기에 있는 일부 엘리트들이 누리는 사치스러운 생활과 편의는 그들을 방문한 유럽의 상류층들이 부러움을 감추지 못할 정도였다.

오늘날 브라질에서는 중산층이 급속하게 늘고 있다. 대표적 경제사회연구소인 제뚤리우 바르가스 재단이 2009년 발표한 연구에 따르면 국민의 절반 이상이 중산층이며 이들 가정의 월수입은 1,000~2,750달러이다. 다시 말해 1억 명 이상의 브라질 국민이 핸드폰을 소유하고, 정기적으로 휴가를 떠나며, 신용카드로 물건을 구매하는 등 중산층의 상징적인 행동을 할 수 있을 만큼의 수입이 있다는 것이다. 또 이들 중 많은 수가 자동차나 주택을 구매할 수 있고, 심지어 미국보다는 싸지만 아무튼 사립학교에도 자녀를 보낼 수 있는 여유가 있다. 가구 중 16퍼센트는 월수입이 2,750달러 이상으로, 엘리트로 분류할 수 있다.

폭발적인 계층 상승은 오래된 가문들의 목을 조르며 위협하고 있다. 오래된 가문을 두고 브라질 사람들은 '400살'이라고 하는데, 이들의 부와 영향력이 브라질 식민 시대까지 거슬러 올라가기 때문이다. 예를 들어 보스턴컨설팅그룹의 연구에 따르면 2006년부터 2008년까지 브라질의 백만장자 수는 13만 명에서 22만 명으로 거의 70퍼센트 증가했다. 동일한 연구에서 브라질보다 백만장자가 더 많은 나라는 9개 나라뿐이었다. 또한 이 백만장자 가운데 210개 가구의 재산이 1억 달러 이상으로, 브라질은 이 부문에서 세계 10위를 기록했다. 브라질의 인구는 인도의 6분의 1밖에 안 되지만 백만장자 수는 인도보다 많다. 브라질에서는 억만장자의 수도 유례를 찾아보기 힘든 속도로 늘어나고 있다. 브라질 경제 잡지 『이자미』*Exame*는 2007년 한 해에 최소 14명의 브라질 사람이 억만장자가 됐으며, 2006년에는 3명이 억만장자가 됐다고 밝혔다.

브라질에서는 수년 내로 항공, 화장품, 도축, 신발, 장난감, 컴퓨터 등 다양한 분야에서 부를 쌓은 사업가가 속출할 것이다. 이 새로운 부 가운데 일부는 2005~2008년에 유행했던 기업공개에서 비롯된 것이다. 이전까지 일부 가족이 경영권을 쥐고 있던 기업들이 필요한 자본을 얻기 위해 주식을 시장에 내다 판 것이다. 이런 현상은 특히 농업과 목축, 석유, 광산 등의 분야에서 두드러졌고 그 결과 귀금속과 디자이너 의류부터 자가용 비행기와 요트까지 사치품의 소비가 급증했다.

과시적 소비의 진원지는 바로 상파울루다. 신흥 갑부들은 이전 세대 사람들처럼 리우데자네이루에서 휴가를 보내는 걸 좋아한다. 이들은 중개인에게 어마어마한 가격을 지불하며 카니발 표를 구매하고 해변의 고급 아파트가 매물로 나오자마자 낚아채면서 부동산 가격을 현지 사람들이 넘볼 수 없는 정도까지 높여 놓고 있다. 한편 쇼핑은 상파울루에서 즐긴다. 다슬루Daslu 같은 럭셔리 쇼핑몰은 한 때 초대를 받거나 예약을 해야만 쇼핑할 수 있었다. 그러나 세금을 줄이기 위해 세관에 수입품 가격을 낮게 신고하는 등 불법적으로 물건을 들여온 경우가 많아 경찰이 단속에 나서기도 했다.

비벌리힐스의 로데오나 뉴욕의 5번가에 비견되는 상파울루의 오스까르프레이리 거리Rua Oscar Freire에는 세계적으로 유명한 브랜드 이름을 내건 명품 숍이 즐비하다. 까르띠에, 루이비통, 구찌, 조르지오 아르마니, 에르메스, 베르사체, 캘빈클라인, 디올, 몽블랑은 물론이고 고급 제품을 판매하는 새로운 부티크들이 매주 문을 연다. 브라질 컨설팅 회사 MCF의 2008년 연구에 따르면 브라질의 사치품 시장은 경제성장에 비해 세 배 빨리 성장하고 있다. 매년 경제는 5퍼센트 내외로 성장하고 있는데 사치품 구매액은 1년에 500억 달러나 된다.

브라질의 신흥 갑부 가운데 가장 상징적인 사람은 아마 '고기의 왕'으로 알려진 조슬리 바띠스따Joesley Batista일 것이다. 고이아스 주의 노동자 가정에서 태어난 그는 1953년에 아버지가 개업한 정육점에서 10대가 되기 전부터 일을 시작했다. 형제들과 함께 위기를 극복하며 조금씩 사업을 확장해 가던 1999년 헤알화가 급격하게 평가절하되었다. 이때 바띠스따 가족 기업인 'JBS프리보이'JBS Friboi 는 이것을 위기가 아닌 수출 시장으로 뛰어들 기회로 보고 국영 브라질개발은행으로부터 대출을 받았다. 이 전략은 성공을 거두었고 2007년 주식 상장을 통해 자본을 손에 쥔 JBS프리보이는 세계적으로 유명한 정육업체인 미국의 스위프트Swift를 인수한다. 그리고 다시 2009년, 회장인 조슬리의 주도로 바띠스따 가족은 브라질의 경쟁사인 베르띵Bertin과 미국 기업인 필그림스프라이드Pilgrim's Pride 를 인수한다.

오늘날 JBS프리보이는 브라질 밖에서는 거의 알려지지 않았지만 세계에서 가장 큰 정육업체가 되었고 유명 미국 기업인 타이슨푸드 Tyson Foods를 앞질렀다고 한다. JBS프리보이는 브라질에서 도축되어 포장되는 소고기의 4분의 1을 가공하고 있고 전 세계적으로는 12분의 1을 차지한다. 2009년 판매액은 291억 달러로, 이는 2004 년의 20배에 이르는 액수다. 브라질 언론은 억만장자인 조슬리를 두고 타이슨푸드 인수는 거대 전략의 "첫발"일 뿐이며 앞으로 JBS 프리보이가 우유와 유제품 분야에서도 거물이 될 것이라고 내다보고 있다.

조슬리 바띠스따의 성공은 가난한 소년이 근검절약 정신으로 성공하는 허레이쇼 앨저Horatio Alger●의 브라질 버전이라고 할 수 있

● 자수성가한 사람을 지칭하는 미국식 표현.

다. 또한 이것은 21세기 초 브라질 자본주의의 역동성에 대한 희망적인 메시지도 담고 있다. 20년 전 브라질이 문을 열고 외부의 경쟁에 마지못해 뛰어들었을 때 많은 분석가들이 카길, 아처대니얼스미들랜드, 타이슨 같은 국제적인 농기업이 시장을 휘어잡고 브라질 기업은 망하거나 외국 기업에 합병될 것이라고 예측했다. 그런데 정확히 반대의 일이 일어난 것이다. 2009년 JBS프리보이는 필그림푸드Pilgrim Foods를 샀고 또 다른 브라질 기업 마르프리그Marfrig는 카길로부터 세라푸드Seara Foods를 샀다.

이런 예에서 분명히 보듯이 브라질은 단순히 세계의 식탁에 오를 가축과 농작물을 키우기만 하는 것이 아니다. 식품업계에서 제대로 이윤을 얻을 수 있는 산업 활동, 다시 말해 해외 소비를 위한 육류, 과일, 곡류, 채소 가공 작업도 대대적으로 하고 있다. 이제 동물성 단백질을 생산하는 세계 최대 기업 10곳 가운데 세 곳이 브라질 기업이다. 향후 10년 동안 소고기, 돼지고기, 닭고기 생산량 증가로 브라질의 역할은 더욱 커질 것으로 기대된다. 오렌지주스나 면화도 마찬가지다. 브라질은 원자재를 시장에 그대로 수출하는 대신 가공하는 덕분에 고수익을 올리고 있고, 가공 과정에 필요한 기계와 설비를 제작하면서 그 분야도 발전하는 중이다.

최근 브라질의 폭발적인 성장과 번영은 어느 한 지역에만 한정되지 않는다. 상파울루, 리우데자네이루, 브라질리아로 이어지는 삼각 지역은 역사적으로 정치와 경제의 중심지로서 지금도 나라 전체에 지배적인 영향을 미치고 있다. 이러한 구도는 가까운 미래에는 바뀌지 않을 것으로 보인다. 그러나 인구 50만 명 규모의 상공업 도시가 새롭게 지역 거점으로 속속 등장해 중요성이 커지고 있다. 브라질 외부인들은 바헤이라스Barreiras, 깡삐나그랑지Campina Grande, 고이아니아Goiânia, 롱드리나Londrina, 마라바Marabá, 히베이러웅쁘레뚜Ribeirão Preto, 우베르랑지아Uberlândia 같은 지명은 거의 들어 보지 못했을 것이다. 이 가운데 일부는 50년도 채 안 되었으나, 모두 중산층이 늘면서 활기를 띠고 있는 도시들이다. 브라질의 부가 전통적인 중심지에 집중되지 않고 분산되고 있으며 지역 간 불균형이 줄어들고 있다는 증거이다.

이러한 지리적 다양성은 역사적으로 가장 가난하고 후진적인 북동부 지역에서 특히 중요하다. 미국 역사의 주요 숙제 가운데 하나가 남북전쟁 이후 남과 북의 경제적 격차를 좁히는 것이었다면, 브라질도 동일한 숙제를 안고 있으며 브라질의 지역 간 격차는 더 넓고 심각하다. 20세기 미국 역사는 가난한 흑인들이 기회를 잡고 인종주의를 피하기 위해 남쪽에서 북쪽의 공장으로 이주해 간 서사시이다. 브라질도 수백만 명의 가난하고 교육받지 못한 소작농 가족들이 가뭄과 착취를 피해 북동부에서 상파울루의 공장으로 이주했다. 룰라 대통령 자신도 이런 경험이 있고 이 때문에 뒤에 남은 5천만 명의 삶을 개선하기 위해 집착하는 것 같다. 그의 후임자는 이같은 노력을 계승할 방법을 찾아야 한다.

2008년 경제 위기 전에 이미 브라질은 경제 관리 능력을 인정받기 시작했다. 2007년과 2008년, 3대 국제 신용등급사(피치, 무디스, 스탠더드앤푸어스) 모두 브라질에 '투자 적격' 등급을 주었다. 2009년 9월, 무디스는 브라질의 등급을 한 단계 올렸는데 덕분에 브라질은 전년도 세계경제 위기 이후 처음으로 등급이 올라간 국가가 되었다. 이 등급 상승으로 브라질의 신용도는 인도 및 여러 동유럽 국가들과 동등한 위치에 올랐다. 10년 전만 해도 상상할 수 없었던 이 성과를 브라질 언론에서는 대서특필했다.

브라질 같은 나라가 투자 적격 등급을 받는다는 것은 자부심이나 자신감 이상의 의미가 있다. 공식적으로 인정받은 덕분에 수조 달러를 운용하는 연기금 등 미국 및 기타 지역의 투자자들이 브라질 주식 시장에서 주식을 사고 채권을 매입할 수 있는 근거가 생기기 때문이다. 브라질 증시 보베스빠Bovespa가 근래에 다른 경쟁 증시에 비해 좋은 성과를 내자 외국인 투자자들은 매력을 느끼면서도 신용등급 때문에 망설이는 경우가 많았다. 그런데 신용등급사의 인정을 받았으니 브라질 증시에 외국인 투자가 늘어날 것을 기대할 수 있게 되었다. 그 결과 영원한 숙제였던 브라질 내수 시장의 자본 부족에도 도움이 될 것이다.

브라질 경제의 현대화 바람은 보베스빠에도 불었다. 보베스빠에서 거래되는 주식은 오랫동안 몇 개 기업에 불과해서 얼마든지 조작이 가능했다. 이를 개선하려는 노력에도 불구하고 문제는 계속되었다. 그러나 현재 보베스빠는 시장가치로 따질 때 세계에서 네 번째로 큰 주식 시장이 되었고 거래되는 432개 기업의 주식 가치로 따지면 열두 번째로 큰 주식 시장이다. 이들 기업의 가치는 1조 달러가 넘는데, 2004년과 비교하면 두 배에 달한다. 이 기간 동안 유상증자를 통해 재원을 1천억 달러 이상 늘렸다.

2009년 상반기에 세계의 어느 주식시장도 브라질만큼 좋은 성과를 내지 못했다. 달러로 환산해 보베스빠가 87퍼센트 오르는 동안 상하이는 79퍼센트, 러시아는 64퍼센트, 인도는 59퍼센트 올랐다. 게다가 이는 2008년 41퍼센트 폭락한 이후 이뤄 낸 성과이다. 세계경제 위기 속에서도 보베스빠는 2000년 초와 2009년 사이에 거의 네 배 가까이 가치가 상승했다.

미국, 유럽, 일본처럼 브라질 증시의 큰손도 연기금으로, 이들은 광산 회사 CVRD 같은 민간 기업이나 국영기업 페트로브라스, 브라질은행의 수많은 직원들을 대표한다고 할 수 있다. 2000년부터 2009년까지 브라질의 기관 투자가들이 시장에서 차지하는 총 자산 가치는 세 배로 뛰었다. 아메리카메릴린치은행의 연구에 따르면 2013년까지 브라질에서 기관 투자가들이 차지하는 비율은 두 배로 늘어 2800억 달러에 달할 것으로 예상되었다. 브라질이 국제 신용 등급사로부터 투자 적격 등급을 받음으로써 해외투자가들도 보베스빠에 돈을 퍼붓고 있어, 때로 그 액수는 월 30억 달러에 이르기도 한다. 헤알화가 안정되고 가치가 상승한 점이 매력으로 작용한 면도 있다.

이렇듯 전면적인 경제 변화가 일어나고 있는 동시에 한편으로 브라질은 장기적 금융 시장을 안정화하는 데 중요한 실질적 조정 과정을 조용히 거치고 있었다. 예를 들어 1990년대 말 브라질 정부 부채는 대부분 달러나 다른 해외 통화 형태였다. 이는 브라질을 갑작스런 환율 변동에 취약한 나라로 만들었고 실제 1998년 말과 1999년 초 브라질 경제에 타격을 입혀 브라질 채무자들은 부채 상환에 어려움을 겪었다. 정부는 그에 대한 대비책으로 점진적으로 달러화 대신 헤알화 부채를 늘리기 시작했고 덕분에 부채에 대한 부담은 줄고 정부와 기업 관계자들은 자신들의 일을 할 수 있게 됐다.

다른 신흥국들과 마찬가지로 브라질은 교육 수준이 높은 노동력을 늘려 사업가들에게 매력적인 나라가 되려고 노력해 왔다. 그리고 까르도주 대통령부터 시작해 룰라 대통령이 박차를 가하며 교육과 기타 사회 기반 시설에 투자한 결실을 이제 수확하고 있다. 일례로 1995년 브라질 취학 연령 아동의 15퍼센트가 학교에 등교하지 않았다. 그러나 헤알 플랜으로 경제가 안정되면서 부모들은 아이의 미래에 투자할 수 있게 되었다. 용이라고 부르던 인플레이션이 잠잠해져 부모들은 가족의 생계를 위해 어린 나이부터 자식을 일터로 내몰 필요가 없게 된 것이다. 까르도주 대통령의 첫 임기 동안 고등학교 졸업생은 35퍼센트 증가했는데, 이는 과거 50년보다 더 증가한 것이다. 까르도주 대통령의 교육 프로그램을 룰라 대통령이 지속하고 확대하면서 2005년에는 취학 연령 아동 가운데 3퍼센트만이 학교에 다니지 않았다. 그리고 노동 시장에 진입하는 사람들은 예전에 비해 교육을 더 많이 받을 뿐만 아니라, 의료 서비스의 질이 좋아지고 접근도 용이해진 덕분에 일하는 기간도 더 길어졌다. 이로 인해 생산성이 높아져 기업들에게 더 매력적인 노동 시장이 되었다.

브라질의 교육 제도가 국가의 경제 및 사회 발전을 방해한다고 말하기도 한다. 2009년 OECD 발표에 따르면 브라질은 국내총생산 대비 교육 투자 비율이 세계에서 두 번째로 높다. 이는 최근 브라질 정부가 학교에 많은 투자를 하고 있음을 시사한다. 그러나 세계은행과 다른 국제기구의 전문가들은 브라질 교육의 질을 비판한다. 그중에서도 교사 양성 과정에 부족한 점이 많고 학교 커리큘럼이 너무 느슨하며 대학은 국가의 수요를 감당하기에는 너무 작고 수준 이하의 교육기관들이 제대로 관리되지 않는다는 점을 지적했다. 게다가 인구의 10퍼센트 가까이가 여전히 문맹이다.

룰라 대통령을 이을 다음 정부의 주요 과제는 성장에서 제외됐던 사람들을 경제에 포함시켜 적당한 임금을 벌 수 있는 일자리를 제공함으로써 그들도 소비자가 될 수 있도록 하는 것이다. 아직도 브라질 인구의 25퍼센트는 빈곤선poverty line 이하로 살고 있다. 1년에 한 번 조정되는 최저 임금은 2009년 월 258달러였다. 수백만 명이 그 이하의 소득에 의존해 살고 있으며 기록에 잡히지 않는 사례도 비일비재하다. 공식적으로는 빈곤선 이상인 사람들도 간신히 생계를 유지하고 있으며, 특히 가족 수가 많으면 적은 임금으로 살기가 더 힘들어진다.

2011년 1월 1일, 새롭게 취임하는 지우마 호세프Dilma Rouseeff 대통령의 출발선에는 이미 많은 것이 축적되어 있다. 브라질 경제는 역사상 어느 때보다 안정적이고 다양화되었고 회복력도 높다. 브라질 경제의 세계화 작업도 상당히 진행되었으며 정치적 비용도 치렀다. 브라질의 자원 기반은 탄탄하고 무역 파트너도 다양하다. 노동 인구는 젊고 유연하며 배우고 기회를 잡으려는 열망도 강하다. 어떤 산업을 개발할지, 어떤 작물을 재배할지, 어떤 광물을 캐낼지, 어떤 에너지원을 발굴할지에 대해 어느 나라보다 많은 선택의 여지를 가지고 있다.

물론 여전히 위험성은 있다. 포퓰리즘 경향이 있는 새 대통령이 지난 16년 동안 브라질이 걸어온 길의 방향을 바꿀 수도 있다. 비슷한 성향의 정치인들도 존재하며 또 각자 야망을 가지고 있으니 말이다. 그러나 대부분의 보통 브라질 사람들은 1990년대부터 자신들이 치른 희생과 규율의 열매를 이미 맛보고 있으며 지금 이 길을 계속 걸어야 혜택을 볼 수 있다는 것을 안다. 개인과 국가의 미래에 대한 낙관주의는 브라질 국민들의 특성이기도 하다. 그 낙관주의는 지금 어느 때보다 강해 보인다.

에너지를 태우다
: 석유, 에탄올, 수력

"신은 브라질 사람이다." 브라질 사람들은 그들이 얼마나 많은 천연자원의 혜택을 받았는지 돌아볼 때마다 이 문구를 인용한다. 특히 에너지가 한 나라의 국력, 영향력, 국제무대에서의 위상을 결정하는 중요한 요인인 21세기에 브라질 에너지 자원의 풍부함을 보면 사실이라 할 수 있다. 아마도 이 때문에 2009년 룰라 대통령은 "브라질, 세계 5대 강국"과 같은 슬로건을 제시했을 것이다. 엄청난 에너지 기반 덕분에 브라질이 미국, 유럽연합, 중국, 인도와 같은 반열에 들 수 있다는 의미다.

사실 브라질은 지구상의 어느 나라보다 더 많은 선택의 여지를 지닌 축복받은 나라인지도 모른다. 석유와 천연가스는 충분히 자급자족하고 있으며 최근 연안의 엄청난 발굴 덕에 2010년대 중반쯤 원유가 쏟아지면서 주요 수출국이 될 것으로 보인다. 1970년대 첫 번째 오일 쇼크로 에너지 가격이 치솟은 이후 브라질 정부는 저렴하고 유망한 재생 에너지인 에탄올 생산을 선도하기 위해, 사탕수수를 재배해 온 기나긴 역사와 미등기 상태의 광활한 토지를 이용하기 시작했다. 그리고 세계 최대 수량의 아마존 유역을 포함한 3대 강의 수력발전 용량은 어느 나라보다 클 뿐만 아니라 심지어 이제 개발 시작 단계다. 게다가 태양 에너지와 풍력 에너지는 양이 무제한적이며 아직 개발조차 하지 않았고 원자력에 필요한 우라늄 매장량도 상당하다.

다음 10년의 도전은 경제 왜곡과 환경 파괴 없이 이 풍성한 자원을 어떻게 운영하느냐에 있다. 특히 2010년 4월 멕시코 만에서 '딥워터호라이즌 호'Deepwater Horizon 사건●이 일어난 이후, 해양 굴착에 대한 회의주의가 일어나고 있다. 브라질 연안해의 석유 매장량은 800억 배럴이나 되지만 시추하기가 어렵고 비용도 많이 든다. 그럼에도 불구하고 브라질의 일부 정치 지도자들은 중동, 베네수엘라, 인도네시아처럼 환상에 빠져 포퓰리즘적 지출을 하는 것 같다. 또 급하게 수력발전과 에탄올을 개발하면서 종종 사회적·환경적 요인을 간과한다. 몇 년 내로 많은 나라들이 에너지 고갈로 발버둥칠 것을 생각하면 풍요로운 자원을 놓고 고민하는 쪽이 분명 더 좋은 일이다. 그러나 풍부한 양을 관리할 때는 규율과 장기적인 계획

● 석유 시추 시설인 딥워터호라이즌이 폭발해 엄청난 양의 원유가 유출되어 해양 생태계를 교란시킨 사건.

이 필요한데, 이 두 가지는 브라질에서 찾아보기 어려운 자질이라는 것이 문제다.

라틴아메리카의 선두 에너지 생산 국가인 멕시코나 베네수엘라와 비교하면 과거 브라질의 석유, 천연가스 발굴 및 개발은 상대적으로 뒤처져 있었다. 20년 전, 멕시코와 베네수엘라가 매일 수백만 배럴의 석유를 수출해 돈을 벌어들이고 있을 때, 브라질의 더딘 개발은 성장과 발전을 저해하고 세계 강국이 되고자 하는 열망을 방해하는 것처럼 보였다. 그러나 이제는 오히려 이 점이 강점이 되어 브라질은 세계 9위의 산유국이 되었고 최근의 연안해역 발굴이 본격화되면 10년 내에 5위까지 뛰어오를 것으로 예상된다.

반면 베네수엘라의 생산량은 급감하고 있다. 베네수엘라석유공사 Petroleos de Venezuela는 정치 불안정으로 인해 고위직은 불안한 상태이고 엔지니어와 전문 기술자들은 빠져나가고 있다. 또 우고 차베스 대통령이 수익을 자신의 포퓰리즘 프로그램에 쓰면서 투자와 개발에 필요한 돈이 부족해 엄청난 타격을 입었다. 2010년 1월, 베네수엘라의 오리노코 원유 지대에 대한 평가서가 새로 나왔는데 '가채 매장량'●을 두 배로 올려 5천억 배럴 이상으로 잡았다. 그러나 이를 시추할 만한 전문성과 자금이 베네수엘라에 없고 그런 능력을 보유한 외국의 석유 회사와 은행들은 차베스 대통령과 소원한 상태이다. 만약 차베스가 현재의 적대적인 노선을 유지하고 브라질이 자신의 카드를 잘 이용하면 베네수엘라와 멕시코로 향하던 석유 및

● 경제적·기술적으로 채취 가능한 양.

천연가스 투자를 브라질로 끌어들여 라틴아메리카의 석유 강국으로 떠오를 수도 있다.

바르가스가 독재자로 군림하던 1930년대 후반부터 1940년대 초반 사이 바이아 주에서 브라질 최초로 상업적으로 개발 가능한 유전이 발견되었다. 그러나 극히 적은 양이었고 배급제를 시행했던 제2차 세계대전 기간 이후에도 10년 동안 브라질은 여전히 석유와 석유 관련 제품의 93퍼센트를 수입하고 있었다. 그럼에도 불구하고 많은 브라질 사람들은 천연자원이 풍부한 브라질 땅이기 때문에 이웃나라와 비슷한 양의 석유가 매장되어 있을 것이라고 생각했다. 민족주의자들은 이런 감정을 이용해 '석유는 우리 것'이라는 캠페인을 벌이면서 유전을 못 찾는 정부를 비난하고 유전 발견을 학수고대했다. 1953년 10월, 이번에는 선거를 통해 당선된 바르가스 대통령은 국가가 소유해 경영하는 석유 회사 페트로브라스를 만들고 브라질에 매장된 석유 및 천연가스의 독점적 시추 권한을 주었다.

이후 브라질의 에너지 정책은 페트로브라스와 얽히고 섥켜 종종 둘은 동의어를 이루었고, 브라질 밖에서는 잘 알려지지 않은 회사이지만 페트로브라스는 현재 마이크로소프트사와 비교할 만한 시장가치를 지니게 되었다. 페트로브라스가 보유했던 석유 및 천연가스 독점 시추권과 유통권은 1997년 격렬한 정치적 논쟁 끝에 깨졌고 그 직전에 해외 증시에서 주식 거래까지 가능해지면서 정부 통제도 느슨해지게 되었다. 경쟁과 자주권의 상실을 두려워했던 민족주의자들은 우울한 전망을 내놓았지만 페트로브라스는 계속 번창하고 있다. 여전히 브라질에서 가장 큰 기업이며 가장 많은 세금을 내는 곳이고 7만 6천 명의 직원과 2910억 달러의 시장가치를 보유하고 있다. 세계무대에서도 더 성장할 것으로 보인다. 2010년 기준으로 서반구에서 세 번째로 큰 공개 상장 회사이며 세계에서 네 번째로 큰 공개 상장 석유 회사이고 시장가치로는 세계에서 여섯 번째로 큰 곳이다.

페트로브라스의 발전은 지극히 상투적이다. 1954년 회사가 처음 문을 열었을 때 하루 2,700배럴도 끌어올리지 못했다. 이것은 당시 브라질에 필요한 에너지의 3퍼센트도 되지 않는 양이었다. 이후 20년 동안 브라질은 국내의 석유와 천연가스를 발굴하려 애썼지만 실망스러운 결과만 얻고 여전히 수입에 의존해야 했다. 1960년 페트로브라스에 고용된 미국 지질학자 월터 링크Walter Link의 보고서가 언론으로 새어나갔다. 아마존강의 상류 지역을 제외하고는 브라질 땅에 석유와 천연가스가 매장되어 있을 가능성이 낮으니 대신 연안 발굴에 집중하고 해외 석유 탐사에 투자할 것을 권고하는 내용이었다.

마침 정권을 잡은 국수적인 좌파 정권에게는 달갑지 않은 내용이었기 때문에, 곧바로 링크에게는 브라질의 발전을 저지하려는 미국 중앙정보국CIA 첩자라는 낙인이 찍혔다. 그리고 페트로브라스는 정치적인 압박에 못 이겨 수천만 달러의 비용을 들여 가며 육지에 수십 개의 유정을 팠지만 눈에 띄는 성과는 거두지 못했다. 사실 1960년부터 1964년까지 브라질 국내의 석유 및 천연가스 생산량은 계속 줄어들었고 수입 에너지에 대한 의존도가 높아지고 있었다. 페트로브라스가 연안해 발굴에 집중하기 시작한 것은 군부가 정권을 잡은 1964년이었다.

1970년대에 지질학적으로 가능성이 있는 대륙붕 탐사에 가속이 붙으면서 브라질의 국운이 변하기 시작했다. 1974년 해안선 위아래를 가리지 않고 유전이 발견되었고, 1년 뒤 페트로브라스는 내키지 않지만 독점권 포기 수순을 밟기 시작했다. 투자를 늘릴 자본이 필요했던 정부는 해외 석유 회사들의 '위험 계약'을 허가했고 이들이 페트로브라스의 연안해 탐사 파트너가 되었다. 그 결과 유전이 활발하게 개발되었으며 1984년에는 하루 50만 배럴을 생산하게 되었다. 대부분의 석유는 연안에서 나왔고, 급속도로 발전하고 있던 산업과 도시에 충분한 양은 아니었지만 페트로브라스가 10년 전 생산하던 양보다 세 배 증가한 것이다.

1997년 브라질 국내 생산량은 하루 100만 배럴로 올랐다. 같은 해에 의회는 그동안 논란거리였던 페트로브라스의 44년간 독점권을 폐지하는 법을 의결했다. 이 법으로 페트로브라스는 석유 시추 입찰에서 해외 기업들과 경쟁하게 되었고 국가 보조금이 줄었으며 에너지 효율성을 증진할 조치를 취할 의무가 생겼다. 석유 및 천연가스 부문을 감독할 기관도 설립되었다. 그 후 몇 년 만에 70개가 넘는 국내외 회사들이 브라질의 석유 탐사로 몰려들었는데, 일부는 페트로브라스와 협업했고 일부는 독자적으로 나섰다.

2003년 페트로브라스는 아르헨티나에서 두 번째로 큰 석유 회사 페콤Pérez Companc Energía을 싼 값에 인수해 해외 인지도를 높였다. 현재 페트로브라스는 27개국에서 활동 중이며 정유 공장과 유조선단을 소유하고 산업에 필수적인 석유화학 제품을 생산하고 있다. 브라질 국내에서도 사업 다각화에 성공해 에탄올과 전력을 생산 및 공급하면서 2억 명에 가까운 브라질 국민들에게 에너지를 제공하고 있다.

브라질이 연안해 발굴에 노력을 기울이면서 페트로브라스는 심층 시추 기술을 축적했고 이제는 이 분야의 세계적 선두주자가 되었다. 지난 30년 동안 페트로브라스는 연안해 유정 시추 기록을 연달아 갱신하고 있다. 2010년에는 해수면으로부터 2.7킬로미터 깊이까지 시추하는 기록을 세웠다. 브라질의 연안해 시추에 대한 평가가 좋아서 페트로브라스는 심해 시추 기술을 여러 나라로 수출하고 있다. 전문가를 다른 나라에 보내 자문을 해주고 세 곳의 페트로브라스대학교 캠퍼스에서 외국인들을 교육하고 있다.

이런 노하우 덕분에 페트로브라스는 멕시코 만이나 서아프리카처럼 다른 지역의 심해 시추에도 점점 더 많이 참여하고 있다. 2009년 9월에는 휴스턴에서 남동쪽으로 400킬로미터 떨어진 심해에서 '엄청난 발견'이라고 불리는 티버Tiber 유전을 발견했다. 역사상 가장 깊이 파고 들어가는 유정인데 거의 10킬로미터 깊이로, 장거리를 비행하는 항공기의 고도만큼 바닷속으로 들어가는 것과 같다. 그러나 멕시코 만의 상당 부분을 오염시킨 BPBritish Petroleum의 딥워터호라이즌 호 사건 때문에 시추를 중지하라는 요구가 빗발치고 있어 페트로브라스의 계획에 먹구름이 드리운 상황이다.

2006년 브라질은 마침내 에너지 자급자족을 이루어 낸다. 당시 페트로브라스는 하루에 200만 배럴 이상을 생산했고 매장량은 80억 배럴로 남미에서 베네수엘라 다음으로 두 번째를 기록했다. 석유와 천연가스 부문 개방이 브라질과 페트로브라스 모두에게 성공적이었음이 입증되었다. 2000년부터 페트로브라스의 주식은 뉴욕 증권 거래소에서 거래되고 있다. 여전히 브라질 정부가 표결 지분의 대다수를 소유하고 있지만 총 지분의 4분의 3은 개인 투자자들이 가지고 있어 페트로브라스는 국제 기준에 보다 즉각적으로 반응할 수밖에 없다.

그리고 2007년, 원유가가 배럴당 거의 100달러까지 치솟으면서 신이 브라질 사람이라는 말의 결정적인 증거가 되었다. 그해 11월, 페트로브라스는 상파울루 주 근처의 상뚜스Santos 해저 수심 6킬로미터 깊이에서 거대한 유전을 발견했다고 발표한다. 일부는 해저와 석유 사이에 두터운 소금 층이 있는 암염 하층에 위치한 것으로 알려졌고 뚜삐Tupi라는 유전 한 곳에서만 50억에서 80억 배럴의 원유와 천연가스가 매장된 것으로 추산된다. 이 추산이 정확하다면 이것 하나로 브라질은 전체 석유 매장량으로 멕시코와 캐나다를 넘어설 수 있게 되며, 라틴아메리카에서 베네수엘라 다음으로 막강한 에너지 파워를 갖게 된다. 다시 말해 이 유전 하나로 브라질 석유매장량은 거의 두 배로 늘어나 140억 배럴에 이르게 된다.

이후 암염 하층에서 다른 두 개의 거대 유전인 이아라Iara와 빠르께다스발레이아스Parque das Baleias가 발견되어 60억 배럴을 추가 생산할 수 있을 것으로 보인다. 이 지역의 다른 암염 하층에 대한 탐사 결과도 매우 희망적이다. 이 대륙붕에 얼마나 많은 양이 묻혀 있는지는 아무도 모르고, 앨런 그린스펀Alan Greenspan의 말처럼 "비이성적인 과열"을 경계해야 하지만 브라질 정부가 언론에 흘린 바에 따르면 500억에서 800억 배럴이 매장된 것으로 예측되며 이것이 사실이라면 그야말로 엄청난 일이다. 만약 800억 배럴이면 미국, 캐나다, 멕시코의 매장량을 합친 것보다 많은 양이기 때문이다. 현재 이것만은 분명하다. 에스뻬리뚜상뚜Espirito Santo 주의 연안해에서 시작해 남서쪽으로 상파울루까지 이어지는 14만9천 평방킬로미터의 암염 하층이 세계에서 가장 유망한 석유 채굴 지역이 될 것이며 전 세계 기업들이 여기에 참여하고 싶어 한다는 것이다.

연안에서 320킬로미터 떨어진 곳에 있는 뚜삐 유전은 2014년 이후에 제대로 석유를 생산할 수 있을 것으로 보이며 다른 암염 하층 유전의 전면적인 개발도 최소 10년은 걸릴 것으로 예상된다. 그러나 2007년 11월에 매장량이 풍부하다는 사실이 발표되자마자, 브라질과 라틴아메리카의 에너지 정치에 즉시 변화가 일고 있다. 같은 달 있었던 정상 회의에서, 브라질이 석유와 천연가스 강국이 되면 영향력을 잃을 것이 분명한 베네수엘라의 차베스 대통령은 다소 신경질적으로 브라질의 룰라 대통령을 "석유 재벌"이라고 불렀다. 이에 대해 룰라는 "브라질은 석유수출국기구에 가입하겠다"고 밝혔다. 그리고 일주일 뒤, 페트로브라스는 초조해진 차베스에게 베네수엘라와 협업하기로 한 천연가스 프로젝트에서 철수하겠다면서 "기술적이고 경제적인 이유"라고 불분명하게 말했다.

대규모 해저 유전의 발견은 에너지 자원 개발에서 국가가 어떤 역할을 할지에 대한 해묵은 논쟁을 다시 불러일으켰다. 자신을 바르가스의 이념적 계승자라고 보는 룰라와 노동자당은 국가의 개입을 늘리고 페트로브라스가 국가를 대표해 암염 하층 전체에 대한 독점권을 가져야 한다고 생각한다. 일부 정부 관료들은 이른바 페트로사우Petro-Sal이라는 이름의 새로운 국영기업을 만들어 암염 하층 개발을 관리하자고 주장한다. 기존의 계약은 존중하겠지만 시추 입찰에서 외국 기업은 반드시 브라질 기업과 협업해야 하며 특히 유망한 지역은 외국 기업을 완전히 배제할 것을 제안하고 있다. 2009년 말에 나온 정부 슬로건은 집권 노동자당의 생각을 간결하게 설명하고 있다. "암염 하층: 조합의 유산, 국민의 부, 브라질의 미래."

국가의 개입을 늘리는 쪽으로 바뀐 것에 대해 브라질 관료들은 테스트용 유정 가운데 87퍼센트에 상업적 가치가 있을 만큼 암염 하층 시추는 "당첨이 보장된 복권을 사는 것과 같다"고 말한다. 그러나 민간 분석가와 에너지 컨설턴트들은 성공 확률이 그렇게 높지 않으며 암염 하층이라는 특수성 때문에 시추가 어렵고 비용이 많이 들 것이라고 말한다.

우선 페트로브라스의 전문성에도 불구하고 암염 하층 원유 시추는 기술적으로 엄청난 도전이며 수백 억 달러를 새로 투자해야 한다. 새로운 기술을 개발해야 하고 수만 명의 기술자를 고용해 교육해야 한다. 2014년까지 최소 28만5천 명이 필요할 것으로 예상된다. 공해에서 사용할 수십 개의 시추 플랫폼을 구매하거나 제작해서 설치해야 한다. 그리고 이 시추 플랫폼에서 유정을 파려면 모래와 퇴적층을 거쳐 두꺼운 소금 층을 지나야 되는데, 소금 때문에 기계가 부식되거나 유정이 막혀 버릴 수도 있다. 마침내 유정에서 원유를 퍼 올리더라도 천연가스와 다른 물질이 섞여 있으니 본토로 수송하기 전에 분리해야 하는데, 이는 물류나 환경적 측면의 도전이 될 수 있다.

2010년 4월 BP가 멕시코 만에 환경 재앙을 일으키자 브라질 내에서도 회의주의가 자라고 있다. 상뚜스나 깡뿌스에서 유사한 원유 유출이 일어나면 리우데자네이루와 상파울루의 해안과 경제에 미칠 영향에 대한 공포가 생긴 것이다. 페트로브라스의 안전 기록이 다른 회사들만큼 나쁘지는 않지만 전혀 흠이 없는 것은 아니다. 리우데자네이루에서 멀지 않은 세계 최대 석유 플랫폼 P-36에서 석유 굴착을 하던 중 2001년 3월 15일 폭발 사고가 났고, 5일 후 플랫폼이 가라앉으면서 3명이 목숨을 잃었다. 원유 유출 사고도 여러 차례 발생했으며 그중 한 번은 리우데자네이루 맞은편 과나바라 Guanabara 만 같은 인구 밀집 지역에서 일어났다. 이 모든 것이 암염 하층의 석유 굴착 방식에 의구심을 갖게 한다.

2009년 초 페트로브라스는 향후 5년의 투자 계획에서 1120억 달러에서 1740억 달러로 50퍼센트 이상 투자를 늘리겠다고 발표했는데 그중 상당한 돈이 암염 하층에 들어갈 것이다. 또 브라질 증시와 해외 증시에서 주식을 팔아 자본을 확보하겠다고 했으며 2009년 5월에는 전 세계 원자재를 빨아들이다시피 하며 브라질의 매력적인 고객이기도 한 중국과 협정을 맺었다. 중국으로부터 100억 달러를 받는 대신 페트로브라스가 10년 동안 하루 15만에서 20만 배럴씩 공급한다는 내용의 협정이었다.

그러나 국내외 에너지 분석가들은 이 정도 조치로 암염 하층 개발 비용과 기타 계획을 충당할 수 있을지 의문을 제기한다. 분석가들의 관점에서 볼 때 페트로브라스는 이미 거대 공룡이 되었고, 만약 정부가 민간 참여를 줄이거나 아예 없애면 더욱 부담이 커질 수밖에 없다. 많은 분석가들은 개념적·실질적 이유를 들어 페트로브라스에 새로운 독점적 권한을 부여하는 것에 반대하고 있다. 브라질 경제와 페트로브라스의 역량에 부담을 주지 않으려면 민간 영역에 더 힘을 실어 줘야 한다고 충고한다.

한편 브라질 정부가 암염 하층 개발 속도를 늦추는 전략을 선택할 것으로 보이는 징후가 있다. 우선 석유보다 오염이 덜한 에너지 옵션을 가지고 있고, 다른 이유도 있다. 예를 들면, 개발 속도를 늦추면서 브라질은 국내 석유 서비스 산업을 키울 생각을 하고 있는 것이다. 노동자당은 석유 굴착 플랫폼, 유조선, 부유식 선박 등 관련 장비를 싱가포르 같은 외국이 아니라 브라질에서 제조하고 수만 개의 일자리를 창출할 수 있기를 바란다. 단기적으로 볼 때 개발 속도를 늦추면 정부에게 돌아가는 이익이 줄겠지만 양질의 일자리를 많이 만들면 금전적 손해를 보상할 만큼 정치적 이익이 커질 것으로 보인다.

만약 페트로브라스가 암염 하층 개발에서 민간 투자의 역할을 줄일 작정이라면, 그 반대파도 이유는 다르지만 속도를 늦추는 것 자체에는 찬성한다. 브라질에서 페트로브라스는 기업 이상의 의미를 가진다. 정치적 권력으로서 과거 많은 경우에 집권당에 유리한 역할을 했다. 페트로브라스는 국가적 사회 개발 프로그램과 지역사회에 엄청난 돈을 기부하고 영화, 연극, 서적, 전시, 텔레비전 프로그램의 제작에도 관여해 집권 세력에 유리한 여론을 조작한다. 또 브라질 감사원 발표에 따르면 페트로브라스 계약의 80퍼센트 이상이

비경쟁 입찰이거나 거의 경쟁이 없었다. 그 결과 소수의 기업이 계약을 독식했고 이 기업들은 노동자당을 적극 후원하고 있다. 야당은 2010년 현재의 집권당인 노동자당에 정치 후원금이 쏟아져 들어가는 것을 막기 위해 페트로브라스의 투명성과 공개 입찰을 요구하고 암염 하층의 개발을 늦출 생각을 하는 것이다.

유가의 고공행진이 계속되자, 페트로브라스는 육지의 석유 굴착을 재고하기 시작했는데 특히 유혈암(오일셰일)에 관심이 많았다. 유혈암은 정제하면 석유를 얻을 수 있는 암석이다. 브라질은 전 세계에서 베네수엘라 다음으로 유혈암 매장량이 가장 많고 생산량은 에스토니아 다음으로 두 번째이다. 페트로브라스는 이미 1954년 셰일유 추출 기술을 개발했고 현재 세계에서 가장 큰 추출 장치를 보유하고 있다. 그러나 유혈암을 액화해서 나오는 원유는 폐기물 또는 세계에서 가장 더러운 연료라고 평가되어 마지막 수단으로 개발될 연료이며 내수용보다는 수출용으로 보는 시각이 지배적이다.

반면 천연가스는 아직 브라질 전체 에너지 소비의 극히 일부를 차지하고 있지만 풍부하면서도 매력적인 에너지원으로 각광받는다. 석유 가격이 오르면서 화석 연료를 대신해 발전소나 공장에서 천연가스에 대한 수요가 증가하고 있다. 브라질 국내의 천연가스는 국제 시장가격을 따라야 하는 석유에 비해 훨씬 싸기 때문에 소비자들이 천연가스로 바꾸고 있다.

천연가스 부문에서 페트로브라스의 역할은 석유 부문보다 더 압도적이다. 브라질 국내 매장량의 90퍼센트를 관리하며 천연가스의 최대 생산자이다. 또한 천연가스 최대 공급자이고 과거 천연가스의 생산 및 소비에 큰 걸림돌이었던 브라질의 천연가스 운송 체계를 운영하고 있다. 이 운송 체계에는 2,400킬로미터가 넘는 파이프라인도 포함되어 있는데 2008년에는 상호 연결되어 있지 않았지만 이제 연결하는 프로젝트가 진행 중이다.

사실 브라질은 상당량의 가스를 수입하고 있는데 특히 3,200킬로미터 길이의 파이프라인을 통해 볼리비아로부터 가스를 들여와 상파울루에 공급하고 있다. 그러나 최근 여러 사건들로 인해 국내 생산에 박차를 가할 결심을 하게 되었다. 2006년 볼리비아의 좌파 민족주의자인 에보 모랄레스Evo Morales가 대통령으로 당선되면서 석유와 가스 산업을 국유화했고, 합의하에 브라질에 오랫동안 저렴하게 공급하던 가스 가격에 의문을 제기한 것이다. 결국 브라질은 비싼 값에 볼리비아 가스를 사야 할 상황이 되었고 페트로브라스는 볼리비아의 주요 투자자로서 사업을 확장하려던 계획을 중단했다. 룰라와 모랄레스가 협상을 통해 새롭게 합의한 내용에 따르면 페트로브라스는 수억 달러의 손실을 떠안으면서도 역할은 줄어, 새로 생긴 볼리비아 국영 에너지회사의 소규모 파트너로서 생산량의 18퍼센트에만 권리를 갖게 되었다.

이 사건의 쏠쏠한 뒷맛은 다음 해 암염 하층에서 최대 매장지를 발견하면서 해소되었다. 암염 하층은 석유 매장지로도 유망하지만 많은 양의 천연가스도 같이 매장된 것으로 나타났다. 페트로브라스는 뚜삐 지역 한 곳에만 1980억 세제곱미터의 천연가스가 매장되어 있을 것으로 추산하고 있다. 물론 이런 전망은 특히 주가와 관련된 경우라면 주의해야 하나, 이 수치가 사실이라면 브라질의 전체 천연가스 보유량은 50퍼센트 더 늘어나게 되며 천연가스의 발굴과 개발에 가속도가 붙을 것이다.

과거 브라질은 연안해 발굴 지점에서 많은 천연가스를 불태웠고 낭비에 가까운 짓이었지만 낮은 수요와 미비한 가스 운송 체계 때문에 크게 문제시되지는 않았다. 그러나 엄청난 양의 천연가스 매장량이 확인된 지금까지도 그렇게 한다면 어리석은 짓일 것이다. 이제 석유와 마찬가지로 천연가스에도 막대한 투자를 해서 연안해 발굴지에서 천연가스를 분리한 다음 액화해 배에 실어 항구로 운송하거나 해안까지 파이프라인을 만들어 공업용이든 가정용이든 소비자에게 전달해야 한다. 수요가 있는 곳에 공급이 있는 법이다.

50년 전 월터 링크가 예측한 것처럼 육지, 특히 아마존 서부 지역의 천연가스 개발 또한 희망적이다. 1986년 페트로브라스는 마나우스에서 서쪽으로 640킬로미터 떨어진 솔리몽이스Solimões 강 바로 남쪽의 깊은 정글 우루꾸Urucu에서 막대한 양의 천연가스를 발견했다. 그러나 초기의 개발 계획은 지리학적, 수송학적, 환경적, 정치적 문제에 부딪혔고 결국 페트로브라스는 프로젝트의 물질적 혜택을 지역 주민들과 공유하고 환경 피해를 최소화하기 위해 마나우스까지 파이프라인을 건설하는 데 합의했다. 이런 전술 변화는 아마존에서 새로운 것이었을 뿐만 아니라 사회적으로 의식 있는 행동이었으며 열성 환경주의자들의 승인도 얻어 낼 수 있었다.

이제 페트로브라스는 우루꾸 모델을 사용해 1978년 발견된 주루아Juruá 강 근처 정글에 매장된 석유와 천연가스를 개발하려고 한다. "페트로브라스는 피해를 최소화하려고 노력했고 그 결과는 우리 걱정만큼 나쁘지 않았다."그린피스의 아마존 캠페인 책임자 빠울루 아다리우Paulo Adario가 2006년 말 마나우스에서 나에게 한 말이다. "아마존의 심장에서 석유와 천연가스를 가져가면서 미래에는 어떻게 해야 할지 그 모델을 만들었는데, 이해할 만하고 필요한 배려였다."

브라질 경제는 크고 다양화되어 인도네시아나 베네수엘라처럼 개발을 왜곡하고 부패를 양산하는 석유국가petrostate 증후군의 희생 제물이 되지는 않을 것으로 보인다. 소설가 아르뚜로 우슬라르 삐에뜨리Arturo Uslar Pietri는 이렇게 말했다. "라틴아메리카는 콜럼버스가 발견했고 볼리바르가 해방시켰고 석유가 망치고 있다."그럼에도 불구하고 브라질의 암염 하층에 대한 기대는 현혹적이고 다른 에너지원보다 석유와 천연가스를 우선적으로 개발하려는 유혹도 강하다. 그러나 브라질에서는 다른 두 재생에너지에 대한 전망이 밝으니 이 유혹에 굴복하는 것은 실수일 것이다. 두 에너지원 모두 각각의 문제를 안고 있지만, 인류가 한 번도 뚫어 보지 못한 지구의 지각을 파헤쳐서 석유와 천연가스를 추출하며 해결해야 하는 기술적·정치적 도전보다는 더 저렴하고 개발하기도 쉽기 때문이다.

브라질의 에탄올 산업은 이 나라의 대단한 성과 중 하나임에도 불구하고 다른 곳에는 잘 알려져 있지 않다. 브라질이 에탄올 분야의 리더가 될 수 있었던 배경에는 실패할 것이라는 조롱과 예상을 무시하고 끈기 있고 독창적으로 추진한 과학자들과 정부 관료들이 있다. 또 역사상 가장 맛있는 아이러니라고도 하며 500년 가까이 경작한, 브라질 국내에서 가장 오래된 작물인 사탕수수가 21세기

대체 에너지 분야에서 브라질이 슈퍼 강국이 될 수 있는 경험과 기술의 바탕이 되었다.

에틸알코올이라고도 부르는 에탄올은 미국, 유럽, 중국 등도 개발하려고 노력 중인데 기본적으로 맥주나 포도주처럼 발효물이다. 옥수수, 사탕무 설탕, 나뭇조각, 건초처럼 셀룰로오스 섬유소를 함유한 유기물에서 추출할 수 있다. 이 가운데 과학자들이 최고의 에탄올 원료로 손꼽는 것은 사탕수수이다. 사탕수수 에탄올에서 최대한 얻을 수 있는 에너지를 8단위라고 할 때 미국이 선호하는 옥수수 에탄올은 1에서 2 내외이다. 게다가 브라질 사탕수수는 생산 경비가 적게 들고 땅값이 싸서 다른 경쟁 작물보다 경제성 면에서 효율이 높다.

열렬한 에탄올 지지자들은 사탕수수가 환상적인 연료라고 극찬한다. 만병통치약은 아니지만 기존 연료보다 장점이 많다. 우선 휘발유와 달리 재생에너지원이며 적어도 브라질에서는 생산 비용이 저렴하다. 휘발유로 움직이는 자동차가 갤런 당 몇 마일쯤 더 갈 수는 있지만 에탄올은 옥탄값˙이 더 높기 때문에 그 단점을 상쇄한다. 그러나 가장 중요한 것은 에탄올이 환경친화적이라는 점이다. 특히 휘발유와 섞지 않고 에탄올만 단독으로 자동차에 넣으면 이산화탄소나 벤젠 같은 온실가스 배출을 20퍼센트 이상 줄일 수 있다.

브라질이 에탄올에 처음 투자하게 된 것은 1973년 10월 이스라

˙ 가솔린의 산소 농도를 나타내는 지수로, 옥탄값이 높을수록 이상 폭발을 일으키지 않고 잘 연소함.

엘과 아랍 사이에서 일어난 제4차 중동전쟁 때문이었다. 석유수출 국기구OPEC가 석유 생산을 중단하고 가격을 올렸을 때 브라질은 무방비 상태였다. 이 '오일 쇼크'로 인해 두 자리 경제성장을 하며 개도국의 모범이 되었던 이른바 브라질의 기적은 끝나 버렸다.

당시 브라질을 통치하던 군부는 세계 에너지 위기로 인해 드러난 취약성에 불안을 느꼈고 즉시 대체 에너지 찾기에 나섰다. 다시 유사한 위기가 닥칠 것이라고 정확히 예견했고 수입 에너지원에 대한 의존을 줄이거나 아예 없애고자 했다. 민족주의자들은 원자력에 우선순위를 두었다. 이들은 원자폭탄을 갖고 싶어 했고 사탕수수는 브라질의 후진성을 상징한다고 생각해서 거부했다. 1975년에는 브라질의 재촉으로 서독과 수십 억 달러의 협약에 사인하고 2000년까지 7개의 원자력 발전소를 리우데자네이루 근처의 해안에 짓기로 했다. 그리고 뒤이어 여러 정권이 노력했음에도 불구하고 2010년 현재 2개 발전소만 완공되어 가동 중이다.

군사정권은 곧 프로알코올Pro-Alcool이라는 프로그램에 주력하기 시작했다. 이것 역시 1975년에 시작되었는데 이후 1980년대까지 정부는 사탕수수 재배업자들에게 수십 억 달러에 이르는 보조금을 지급했다. 덕분에 브라질 농업 생산자들이 수익성이 좋은 작물에 관심을 가지면서 고사 직전이었던 사탕수수 산업이 다시 살아났다. 자동차 제조업체에도 비슷한 인센티브가 지급되었다. 사실 자동차 제조업체들은 연료인 에탄올을 확보할 수 있을지 확신이 서지 않아서 에탄올 자동차 생산을 망설였다. 닭이 먼저냐 달걀이 먼저냐 하는 상황이었다. 설탕 생산자들은 에탄올이 팔리지 않아 파산할까 봐 걱정하고 있었기 때문이다. 그리고 마침내 1980년대 중반, 브라질에서 연간 제조되는 80만 대의 자동차 가운데 4분의 3이상이 사탕수수 추출 에탄올용 엔진으로 제작됐고 이 사탕수수는 대부분 상파울루 주에서 재배되었다.

이때까지만 해도 브라질 운전자들은 비싼 수입 휘발유에 의존하지 않는 방향으로 잘 가는 것처럼 보였다. 그러나 1989년 국제적인 설탕 수요 증가로 인해 설탕 가격이 급상승하자 사탕수수업자들은 국제시장에서 달러를 벌기 위해 에탄올 생산을 멈췄다. 브라질 운전자들과 에탄올 자동차를 제작하기 위해 생산 라인을 개조했던 자동차 공장은 난관에 봉착했다. 에탄올은 기술적인 이유가 아니라 경제적인 이유로 신용을 잃어버린 것이다. 여전히 효율적인 연료였지만 공급이 보장되지 않으니 소비자들은 한 번도 유통이 끊긴 적이 없는 휘발유로 돌아가고 싶어 했다.

이런 상황은 1990년대까지 지속되었다. 심지어 설탕 가격이 역사적으로 낮은 수준으로 떨어진 이후에도 운전자들은 다시 속임수에 걸려들지 않으려 했고 에탄올 자동차 판매량도 바닥이었다. 상황을 뒤바꾼 것은 2003년에 시작된 기술 진보였다. 바로 '이중연료'flex fuel라는 엔진인데 휘발유로도 가동되고 에탄올로도 가동되며 두 가지를 섞어도 가동된다. 이중연료 차량 덕분에 소비자는 가장 저렴한 연료를 선택해 구입할 수 있게 되었고 에탄올의 공급이 부족하거나 휘발유 가격이 급상승할까 봐 걱정하지 않아도 되었다. 또 에탄올 자동차는 추운 날씨에 시동이 늦게 걸렸지만 이중연료 자동차는 그 점에서도 실용적으로 한 수 위였다.

이중 연료 차량을 처음 소개한 자동차 제조사는 폭스바겐이었지만 뒤이어 다른 제조사들도 경쟁적으로 이중연료 차량을 내놓았고 여기에는 미국 3대 제조사[GM, 포드, 피아트-크라이슬러]의 브라질 제휴 업체도 포함되었다. 이후 3년 동안 브라질에서 판매된 자동차의 4분의 3이 이중연료 엔진이었고 신기술의 가격을 소비자에게 전가하는 가격 인상도 없었다. 오늘날 브라질에서 생산되는 연간 300만 대 이상의 승용차는 이중연료 엔진을 장착하고 있으며 일부는 라틴아메리카와 아시아로 수출된다. 덕분에 브라질에서 에탄올의 판매량은 휘발유 판매량을 넘어서고 있다. 또 브라질에서 판매되는 휘발유에는 25퍼센트 이상 에탄올이 혼합되어 있어 브라질은 비싼 수입 석유로부터 점차 독립하는 중이다.

"이 기술이 적용된 속도는 놀라울 정도이다. 지금껏 자동차 부문에서 본 중에서 가장 빠르다. 에어백, 자동 기어 변속, 자동 유리창보다 훨씬 빠르다." 내가 상파울루 교외의 포드Ford do Brasil 공장을 견학할 때 배리 엥글Barry Engle 사장이 한 말이다. "소비자 관점에서 볼 때 정말 환상적이다. 융통성을 얻었고 그것 때문에 돈을 추가 지불하지 않아도 된다."

이중 연료 엔진의 성공 덕분에 브라질 자동차 산업은 지난 10년 동안 실질적으로 성장했고 글로벌 자동차 기업의 투자를 이끌어 내고 있다. 다른 곳에서는 생산이 감소하는 반면 브라질에서는 두 자리 숫자로 늘고 있다. 2008년 수치에 따르면 브라질은 프랑스를 제치고 세계에서 다섯 번째로 많은 자동차와 트럭을 생산하고 있다.

에탄올의 여러 장점에도 불구하고 다른 나라들은 브라질의 선례를 따라 에탄올 또는 그 밖의 재생 가능한 바이오 연료를 사용하길 주저하고 있다. 이유는 단순히 경제적인 이유부터 미국의 보호무역주의 같은 정치적·환경적·전략적 이유까지 다양하다.

만약 국제시장이 진정 자유 시장이고 비교우위 개념에 따른다면 미국이나 유럽연합이 에탄올 생산을 두고 브라질과 경쟁할 이유가 없을 것이다. 그러나 미국과 유럽연합에서 농민은 강력한 유권자들이기 때문에 정치적으로 영악하지만 경제적으로는 비용이 많이 드는 정책이 등장한다. 바로 북반구의 농민이 브라질과 경쟁할 수 있도록 보조금을 지급하고 브라질을 시장에서 몰아낼 관세 정책을 펴는 것이다.

예를 들어 미국은 수입되는 브라질 에탄올에 갤런당 54센트의 세금을 부과하는데, 이는 옥수수 에탄올 생산에 관심 있는 중서부 농민들을 돕기 위한 것이다. 그리고 이렇게 거둬들인 세금은 미국 농민들에게 보조금으로 지급된다. 브라질은 미국의 관세와 보조금이 세계무역기구WTO의 규약을 위반하는 것이라고 항의한다. 그러나 실제 세계무역기구에 불만을 접수하는 것은 주저하고 있어 미국 경제학자들조차 불법이라고 여기는 보조금 및 관세 정책은 여전히 계속되고 있다. 또 아이오와 주의 척 그래슬리Chuck Grassley 상원의원과 그 밖의 다른 옥수수 산지의 상원의원들은 최소 2013년까지 보조금 및 관세 정책을 지속할 법안을 통과시켰다.

브라질은 에탄올 산업을 더 빨리 확장시키고 싶어 하지만 다른 개발도상국가처럼 국내 투자 자본이 부족하다. 보통 이럴 때는 해외에서 돈을 구하기 마련이다. 그러나 미국 시장으로의 에탄올 수

출 길이 막혀 있어 외국인 투자자들은 브라질 내에서 새로운 공장
을 건설하거나 장비 및 토지를 구입하는 일을 망설이고 있다. 세계
4대 농업 기업(아처대니얼스미들랜드, 번지앤드본, 카길, 루이스드레퓌스)
은 거대한 브라질 시장의 잠재력에 관심을 보이고 있으나, 대규모
투자은행과 기관 투자자 및 개인 투자자들은 브라질을 방문하면서
도 소액 투자에 그치고 있어 에탄올 산업을 확장하고 싶은 브라질
은 여전히 자본에 목말라 한다.

교토의정서에 따라 온실가스 배출을 줄이고자 하는 일본과 경제
호황으로 에너지가 필요하고 석탄 연료 때문에 발생하는 대기오염
을 줄여야 한다는 압력에 시달리는 중국은 브라질 에탄올의 합리적
인 시장으로 보인다. 실제 한중일 삼국이 모두 관심을 보이고 있다.
그러나 가장 유망한 소비자인 일본은 브라질이 공식적인 수출협약
을 지킬 수 있을지 걱정하고 있다. 현재 브라질 에탄올은 국내 수요
를 충족하고도 남아서 수출할 수 있을 만큼 넉넉하다. 그러나 브라
질 국내 수요가 계속 증가하고 사회 기반 시설이 감당하지 못하면
어떻게 될까? 자본이 부족한 상황에서는 충분히 가능한 이야기이
다. 수출 계약을 준수하느냐, 브라질 유권자의 분노를 마주하느냐.
정부는 어떤 선택을 할 것인가? 이런 질문이 제기된다는 것만으로
도 동아시아의 정부 관계자와 기업 인사들은 불안한 것이다.

브라질이 알코올 연료 생산에서 지배적인 역할을 하고 에탄올 기
술을 선도하는 것은 국제적으로 에탄올 사용을 늘리는 데서 브레이
크로 작용하고 있다. 수십 년 동안 중동이나 베네수엘라처럼 정치
적으로 억압받고 불안정한 지역에서 수입한 석유에 의존해야 했던

세계 각국은 브라질의 새로운 에너지원에 의존하고 싶지 않은 것이다. 또 브라질에서 개발한 최첨단 에탄올 기술을 사용하면서 브라질에 로열티를 지불하는 일이나 국제적인 위기가 닥쳤을 때 그 기술을 못 쓰게 될까 봐 걱정하는 일도 바라지 않는다. 브라질의 이미지가 나아지고 있고 브라질이 고객들에게 확신을 심어 주기 위해 노력함에도 불구하고 여전히 걱정과 우려가 존재한다.

"우리는 에탄올 계의 사우디아라비아가 될 생각이 없다. 생산량에서 자신이 없다는 게 아니라, 에탄올이 세계적인 원자재가 되려면 대형 바이어와 판매자들이 더 늘어나야 하는데, 그것이 우리의 진짜 목표이다." 브라질의 에탄올 생산자 모임인 국립사탕수수농산업조합National Sugarcane Agro-Industry Union의 에두아르두 까르발류Eduardo Carvalho 조합장이 2006년 상파울루에서 한 말이다.

2007년 3월 브라질을 방문한 조지 W. 부시는 에탄올 산업의 수도인 상파울루에서 양해 각서에 서명했다. 세계 에탄올의 70퍼센트를 생산하는 미국과 브라질 양국이 에탄올 연료의 사용과 생산을 장려한다는 내용이었다. 이는 사탕수수 에탄올을 생산하는 카리브해와 중미 국가들을 돕고 브라질의 경험을 되살린다는 취지였다. 또 브라질은 기술과 장비를 팔 새로운 시장을 얻고 미국은 자기 뒷마당에 믿을 수 있는 재생에너지를 확보한다는 의미가 있었다. 부수적으로는 베네수엘라의 독재자 차베스의 힘과 재정을 약화시키려는 의도도 있었다.

브라질은 이 합의를 통해 세계무대에서 에너지 수출국이자 주역으로 설 수 있게 되었다고 생각한다. 브라질 외무부의 에너지 담당자 앙또니우 시모이스Antônio Simões는 이렇게 말했다. "이것은 문서 그 이상이다. 지난 20~30년간 봐 왔던 어떤 것보다 강렬한 수렴점 이다. 브라질은 이득을 볼 것이다. 미국도 이득을 볼 것이다. 그리 고 제3의 국가들도 이득을 볼 것이다. 참여한 모두에게 윈윈이 될 것이다."

시모이스는 이 합의가 열대 아프리카와 아시아의 태국 같은 사탕 수수 재배 국가에서 에탄올 생산을 늘리고 브라질의 영향력을 확대 하는 발판이 되기를 희망했다. "장점은 가난한 나라가 석유 수입에 드는 돈을 줄이고 에탄올을 수출해 돈을 벌 수 있다는 것이다. 그렇 게 해서 사회 프로그램에 투자할 돈이 늘어날 것이며 에너지 생산 국가가 지금의 15개국이나 20개국이 아니라 100여 개국이 되어 에 너지 생산이 민주화될 것이다."

합의에 대한 장밋빛 기대에도 불구하고 부시 정부는 후속 작업을 거의 하지 않았고 2009년 오바마가 정권을 잡으면서 사탕수수 에 탄올에 대한 미국의 열광은 일시에 증발하다시피 했다. 일리노이 주의 상원의원이었던 오바마는 옥수수 재배 지역을 대표했다고 할 수 있는데, 일리노이의 에탄올 산업은 비효율적이었다. 오바마는 재생에너지에 관심을 보였고 경제적·과학적 정당성이 거의 없음에 도 외국이 아닌 미국 땅에서 재생에너지를 생산하고 싶어 했다.

"수입 석유를 브라질 에탄올로 대체하는 것은 미국의 국가적·경 제적 안정에 아무 도움이 되지 않는다. 또 미국의 에너지 독립에도 방해가 될 것이다." 2008년 선거운동 중에 오바마가 중서부에서 한 말이다. 대통령이 된 지금은 자신이 말했던 것처럼 브라질 에탄올에 부과된 관세를 없애지 않고 유지하고 있다.

에탄올을 우선시하던 브라질에도 변화가 생겼다. 2007년 암염 하층이 발견되기 전 브라질 정부는 에너지 자급자족을 이루는 유일한 전략은 에탄올이라고 생각했다. 그러나 암염 하층에서 엄청난 양의 원유 매장량을 확인하자 에탄올이 마법의 총알이 되리라는 희망도 빛을 잃고 있다. 여전히 브라질 정부는 에탄올 프로그램에 투자하고 지원하지만 열정이 식었고 가속도도 잃었다. 예를 들어 석유 이윤의 몇 퍼센트를 에탄올 프로그램에 투자할지, 암염 하층 개발 비용을 에탄올 프로그램에서 충당할 수 있을지 불확실하다. 국제 포럼에서의 브라질 태도도 변했다. 한때 가장 열렬한 녹색 재생 에너지의 지지자였던 브라질은 이제 화석 연료 소비를 장기화하는 데 관심을 기울이고 있다.

오늘날 에탄올 생산은 교차로에 서있다. 앞으로 몇 년 안에 어려운 결정을 내려야만 한다. 설탕에 대한 브라질의 첫 경험은 식민 시대로 거슬러 올라간다. 수백만 명의 원주민과 아프리카인이 노예 생활을 했고 사탕수수 경작을 위해 자연을 파괴하는 등 온갖 착취와 폭력이 난무했다. 국제 환경 단체들은 벌써부터 브라질 에탄올 사업의 가파른 성장으로 아마존이 급속도로 파괴되고 있다고 경고한다. 몇몇 나라의 인권운동 단체와 노동조합은 에탄올 산업의 노동자 실태가 식민 시대만큼 열악하다면서 브라질 에탄올의 수입을 막으려고 한다.

그나마 노동자 인권 문제는 덜 걱정해도 될 상황이다. 에탄올 산업이 기계화되고 있고 정부가 사탕수수 재배 농장 관리에 노력을 기울이고 있기 때문이다. 브라질에서 에탄올용 사탕수수를 3분의 2 가량 생산하고 있는 상파울루 주의 경우, 이미 절반은 기계로 수확 하고 있고 2015년까지 수작업으로 하는 수확이 단계적으로 중단될 것으로 보인다. 반면 아마존에서의 에탄올 생산은 우려할 만한 일 이고 브라질의 계획, 관리, 행정 능력이 시험대에 오르게 될 것이 다. 특히 최근 아마존에서 대두 생산량이 급증했을 때 정부가 미덥 지 않은 수행 능력을 보였기 때문에 더욱 그렇다.

사탕수수는 아마존의 심장부에서는 잘 자라지 않는다. 폭우와 1 년 내내 높은 온도 때문에 수확량이 적다. 한 정부 연구에 따르면 1 에이커당 사탕수수 수확량은 아마존이 상파울루보다 25퍼센트 적 다. 또 아마존 사탕수수는 당도가 높지 않아서 사탕수수 1톤에서 얻을 수 있는 설탕의 양이 상파울루 사탕수수의 절반이다. 그러나 정부의 허가를 받아 아마존 변두리 지역에서 사탕수수 경작이 가속 화되고 있다. 지방정부에서 '아마조니아 레가우'Legal Amazônia라고 규정한 '강등된' 땅에는 사탕수수를 재배할 수 있는 것이다. 그런데 모니터링이 제대로 되지 않아 설탕 가공 공장이 밀려들고 최대로 가동하면서 정부 정책을 위반하는 일이 잦다. 브라질의 환경 단체 와 좌파 정당들은 법을 엄격히 하고 시행을 강화하려 하지만 아직 큰 성과가 없다.

브라질 물리학자로 과학기술부 장관과 상파울루 주 환경부 장관 을 지냈던 조제 고우뎅베르그José Goldemberg는 상파울루 주에만 천 만 헥타르에 달하는 휴경지가 있어서 아마존에 추가적인 피해를 주 지 않고 브라질에 필요한 에탄올을 생산할 수 있다고 주장한다. 또 상파울루 사탕수수 재배지는 아마존에 비해 항구와 도시에 훨씬 가깝기 때문에 탄소 발자국을 줄이고 에탄올 운송비를 낮출 수도 있다.

최근 일부 비평가들은 2008년에 본 것처럼 에탄올이 식품 가격을 상승시키고 가난한 나라에서는 폭동까지 일으킨다고 비난했다. 아직 논란의 여지가 있지만 실제로 직접적인 관련이 있다면 브라질의 사탕수수 에탄올이 아니라 북반구에서 생산되는 옥수수 에탄올 때문일 것이다. 미국과 기타 지역에서는 일시적인 에탄올 호황에 편승하기 위해 농경지를 옥수수 재배지로 바꿨지만 브라질은 이 같은 제로섬게임의 덫에 빠지지 않았다. 앞에서 언급했듯이 브라질에는 아직 경작하지 않은 비옥한 땅이 풍부해서 다른 농작물의 경작지를 줄이지 않고도 사탕수수를 재배할 수 있다.

에탄올이 본질적으로 비효율적이며 오염성이 높다는 주장은 회의적이다. 다시 한번 얘기하지만 사탕수수와 옥수수의 차이는 매우 크다. 사탕수수에서 에탄올로 변환한 단위 에너지가 8인 반면 옥수수 에탄올의 에너지는 2가 되지 않는다. 또 일부 연구에서 에탄올이 오존 수치를 높일 수 있다고 지적하지만, 사탕수수의 에너지 효율이 앞서 말한 바처럼 높다면 옥수수 추출 에탄올보다는 온실가스 배출량을 줄일 수 있다.

최근 에탄올 프로그램의 성공에 힘입어 브라질 정부는 디젤 연료를 대신할 수 있는 유기적이며 재생 가능하고 생분해될 수 있는 대체품 연구에 엄청난 돈을 투자하고 있다. 이른바 바이오디젤 프로그램으로 대두, 야자수 오일, 해바라기, 목화, 심지어 해조류까지 연구하고 있다. 특히 마모나mamona라는 관목에 집중하고 있는데 브라질 북동 지역에서 많이 자라며 검은 씨를 맺는다. 피마자유의 원료인 마모나는 브라질에서 전통적으로 설사약으로 사용되었다. 그런데 점성과 용해성이 좋아서 지금껏 연구한 다른 식물이나 동물성 지방에는 없는 적응성을 갖고 있다. 북동 지역 출신인 룰라 대통령은 이 식물의 잠재력에 매료되어 삐녀웅 망수pinhão manso 같은 다른 원료를 선호하는 사람들의 반대를 무릅쓰고 마모나 개발에 힘을 실어 주고 있다. 그러나 그의 후임자가 똑같은 열의를 보일 것인지는 의문이다.

2010년 초기 결과는 제한적이지만 희망적이다. 인구 200만 명이 거주하는 남부의 도시 꾸리치바Curitiba에서는 바이오디젤을 사용한 버스가 달리고 있으며 2010년 말까지 500여 개 도시의 주유소에서 바이오디젤을 주유할 수 있도록 할 계획이다. 이 프로그램은 초기 시험 단계로, 바이오디젤과 오염 연료로 악명이 높은 보통 디젤을 혼합할 계획을 갖고 있다. 2013년에 2~5퍼센트의 소량으로 시작해 나중에는 20퍼센트까지 올릴 계획이다. 이때는 자동차 엔진을 교체하지 않아도 된다. 그러나 계속 긍정적인 결과가 나오면 바이오디젤만 100퍼센트 사용하는 자동차를 제조해야 될 것이다.

에탄올에 대한 국제적인 논쟁이 끊이지 않음에도 불구하고 브라질은 주도권을 확실히 하고 에탄올 생산의 효율성을 높이기 위해 노력하고 있다. 여기에는 생산량을 늘리고 비용을 절감할 수 있도록 기술을 개선하는 것도 포함된다. 예를 들어 과거에는 즙을 모두 짜낸 사탕수수 줄기 잔여물은 쓰레기로 폐기되었다. 그러나 지금은 잔여물에서 전력을 뽑아 에탄올을 만드는 과정에 이용하고 다른 부산물들은 사탕수수를 심은 경작지의 비료로 사용한다. 일부 제당 공장은 생산한 전력이 남아서 국가에 팔 정도이다. 고우뎅베르그는 이 과정에서 생산되는 전력량이 2015년까지 1천만 킬로와트가 되리라 예측했는데, 이는 브라질의 최대 수력발전소 이따이뿌의 전력 생산량과 맞먹는 양이다.

게다가 브라질에게 희소식인 것은 유전자 변형 사탕수수의 경작으로 수확량이 더욱 증가할 것으로 예상된다는 점이다. 1990년대 후반, 정부 지원을 받은 브라질 과학자들은 사탕수수 게놈 지도를 만들었고 당도가 더 높은 유전자를 만들기 시작했다. 이는 에탄올 생산자와 코카콜라, 네슬레 같은 세계적인 음료수 및 사탕 제조업체의 관심사였다. 브라질은 즉각 사탕수수 유전자 변형을 시작할 수 있었지만 시장을 잃을 수도 있다는 두려움 때문에 유전자 조작에 대한 논쟁이 가라앉을 때까지 기다렸다.

또한 브라질은 살충제와 해충, 심지어 가뭄까지 견딜 수 있는 새로운 사탕수수를 개발하거나 변종을 만드는 것에도 관심이 있다. 브라질 과학자들은 이미 다양한 사탕수수 품종을 만들어 평균 8.3 대 1의 비율로 산출하던 에너지를 10 대 1 이상으로 끌어올렸고 20 대 1로 높일 계획을 하고 있다. "우리는 생산성을 막을 천장은 없다고 본다. 적어도 이론적으로는 없다." 이 분야의 대표 연구소인 사탕수수기술센터의 따데우 앙드라지Tadeu Andrade 소장이 2006년 내가 방문했을 때 한 말이다.

어마어마한 석유 및 천연가스의 발견과 사탕수수 에탄올에 대한 자부심에 취해서 잠재 발전량의 4분의 1만 사용하고 있는 수력발전 능력을 브라질 사람들조차 간과하곤 한다. 이 잠재성은 세계의 최대의 강인 아마존에 집중되어 있다. 그러나 이런 잠재성에도 불구하고 수력은 브라질의 에너지 자원 순위에서 세 번째로 계속 밀려나 있다.

이론상으로는 맞는 상황이 아니다. 물은 풍부하고 재생 가능한 깨끗한 에너지원이다. 이 점은 원자력과 비슷하지만 수력은 생명에 위협이 없고 방사선과 관련한 부정적인 일들이 없으며 오염의 주범인 석탄과도 대조된다. 에탄올이나 암염 하층에 매장된 석유와 달리 수력은 새로운 기술이나 혁신적인 발명도 필요하지 않다. 게다가 킬로와트시 당 전력 생산 비용이 낮다. 그러나 군부독재 시절에는 댐 건설의 사회적·환경적 영향에 대한 관심이 부족했고 뒤이은 민간 정부에서는 적절한 계획이 부재하는 등 정부의 오판으로 수력발전의 이미지가 좋지 않으며 아직도 이를 극복하지 못하고 있다.

브라질의 잠재력이 워낙 커서 이제 겨우 표면을 건드렸을 뿐인데도 중국과 캐나다에 이어 세 번째로 수력발전량이 많은 상황이다. 브라질에서 소비되는 전력의 80퍼센트 이상은 수력에서 나온다. 1980년대 파라과이와 접경한 빠라나Paraná 강에 세운 이따이뿌 댐 덕분이다. 1984년 당시, 196억 달러 규모의 초대형 댐 이따이뿌는 단연 세계 최대의 수력발전소였다. 지금은 중국 양쯔강의 삼협 댐이 세계 최대이지만 여전히 이따이뿌 댐은 20개의 터빈으로 1만4천 메가와트의 전력을 생산하고 있다. 이는 세계에서 다섯 번째로 큰 발전소이며 브라질에서 소비되는 전력의 거의 20퍼센트를 제공하고 있다. 이후 20여 년이 지나면서 북동쪽의 서웅프랑시스꾸 강을 따라 소브라지뉴Sobradinho, 빠울루아퐁수Paulo Afonso, 성구, 남동쪽에 일랴소우떼이라Ilha Solteira, 미나스제라이스에 푸르나스Furnas를 건설했다.

위에 언급한 댐과 기타 댐들은 브라질의 산업 중심지인 상파울루-리우데자네이루-벨루오리종치로 이어지는 삼각지대 주변에 건설되어 이 지역의 공장과 소비자들에게 전기를 공급하고 있다. 그러나 브라질 경제가 성장하면서 에너지가 더 많이 필요하게 되었고 정책 담당자들은 다른 곳에도 눈을 돌려야 될 상황이 되었다. 1980년대 초, 빠라Pará 주의 아라구아이아Araguaia 강에 건설된 뚜꾸루이Tucuruí 댐은 8,300메가와트 용량으로 인구 밀집 지역에서 떨어진 곳에 처음으로 건설된 경우이다. 당시 군부독재 시절이어서 환경단체와 원주민 단체의 항의를 억누를 수 있었다.

1985년 민간 정부가 들어서면서 댐 건설 승인 절차는 더 복잡해졌다. 뚜꾸루이 댐이 나쁜 선례를 보여 준 측면도 있다. 브라질 군부는 급하게 80억 달러짜리 프로젝트를 진행하면서 댐 뒤에 2,850제곱킬로미터의 인공호수를 지으면서 나무를 전부 제거했다. 그 결과 초목이 분해되면서 수백만 톤의 이산화탄소와 메탄이 발생해 뚜꾸루이 지역이 대도시 상파울루보다 더 많은 온실가스를 배출하게 됐다.

또한 모기의 습격이 너무 심해서 일부 주민은 이사를 가야 할 정도였으며 과학자들은 댐의 물이 산성화되어 터빈을 부식시킬까 봐 걱정하게 되었다. 댐을 건설하기 위해 북동 지역에서 아마존으로 내려온 수천 명의 노동자들을 고용하고는 주거 제공 대책도 없었다. 그로 인해 댐 건설이 끝나자 뚜꾸루이 주변에 빈민가가 우후죽순처럼 생겼고 빈민들이 모인 이곳은 폭력과 술집, 매춘으로 악명이 높다.

원래 브라질의 전력 부문은 페트로브라스를 모델로 생각했다. 1962년, 정권을 잡은 좌파 성향의 정부는 국영 독점 기업인 엘레트로브라스Eletrobras를 세웠다. 1964년 우익 군부 쿠데타 이후에도 엘레트로브라스와 자회사들은 자유 시장 원칙을 따르기보다는 정부의 전략적이고 정치적인 목적에 따라 운영되었다. 예를 들어 1974년부터 1992년까지 전기 가격은 브라질 전역이 모두 똑같았다. 지역마다 수요에 차이가 있다거나 전송 거리가 달라서 조정해야 한다는 말은 통하지 않았다. 또 전기세를 조정해 인플레이션을 잡는 수단으로 사용하기도 했는데 그다지 성공적이지는 못했다. 매출은 대개 정부 재정이나 특별소비세에서 나오는데, 부족할 경우 해외 부채를 끌어와야 했으므로, 결국 브라질의 해외 채무 부담이 증가했다.

1980년대 중반 민주주의가 회복되면서 두 가지 중요한 변화가 일어났다. 첫째, 1988년에 개정된 브라질 헌법은 전기 소비세를 폐지했다. 이로써 엘레트로브라스는 중요한 자본 창구를 박탈당했다. 둘째, 국제금융 기구들이 환경 단체와 댐 건설 예정 지역 원주민 단체의 반발에 신경 쓰면서 수력발전 프로젝트에 해주던 낮은 이율의 대출을 꺼리게 되었다. 결과적으로 1990년대 전반기에 전력 발전과 전송에 대한 투자가 부족해졌다. 당시 연간 평균 1,250메가와트 용량밖에 늘리지 못했고 이는 산업 호황과 중산층 증가에 따른 수요 급증에 한참 미치지 못했다.

상황이 이렇게 되자 1995년 정부는 엘레트로브라스의 독점권을 종식시키고 송배전 부문을 민간 투자에 개방한다. 1년 뒤에는 독립적인 전기 규제 기관을 만들었고 1998년에는 전력 발전 부문에도 민간 자본이 참여할 수 있도록 했다. 정부의 이런 조치에 민간 부문에서는 열광적으로 반응했다. 10년도 되지 않아 브라질 송배전량의 3분의 2와 전력 발전량의 4분의 1을 민간 투자자가 차지했다. 현재 엘레트로브라스는 라틴아메리카의 최대 전력 회사로 정부 지분은 50퍼센트에 불과하며 건전한 이윤을 창출하고 있다.

엘레트로브라스의 독점권이 종결되자 수력발전소와 송배전으로 즉시 투자가 몰려들었다. 그러나 실제 운영을 시작하기까지 긴 시간이 걸리기 때문에 전력 공급량이 수요 증가 속도를 따라가지 못한 채 새천년을 맞이하게 되었고 브라질의 에너지 망은 과부하에 걸릴 지경이었다. 2000년의 전력 소비량은 1990년보다 58퍼센트 늘어난 반면 같은 기간 발전소 용량은 겨우 32퍼센트 증가했다.

2001년, 70년 만의 최악의 가뭄이 강타하면서 시스템은 통제할 수 없는 지경이 되었다. 여러 곳에서 댐의 수위가 평소의 절반보다 낮아져 전력 생산 능력이 현저하게 떨어졌다. 결국 까르도주 대통령은 2001년 중반 전력 배급제를 시행했고 전력 소비를 15퍼센트에서 25퍼센트까지 줄이도록 명령하면서, 일반 소비자보다 산업과 상업 분야의 희생을 요구했다.

전기 소비를 줄이지 않으면 벌금을 부과하거나 아예 전기를 끊는 상황이 2002년 초반까지 이어졌고 경제, 특히 산업 생산 부문이 큰 타격을 입었다. 2000년 4.4퍼센트였던 경제성장률이 2001년에는

1.5퍼센트까지 떨어졌고 정규직 노동자들은 일자리를 잃거나 시간제 일자리로 옮겨야 했다. 2002년 대통령 선거에서 룰라와 노동자당이 승리한 결정적인 요인이 에너지 위기는 아니었지만 까르도주가 지명한 후보인 조제 세하José Serra에게 짐이 되었던 것은 사실이다. 정부가 좀 더 관리를 잘하고 적극적으로 역할을 수행했다면 위기를 피할 수 있었을 것이라는 비난이 조제 세하에게도 쏟아졌다.

뚜꾸루이의 실패 후 몇 년 동안, 정책 담당자들은 작은 프로젝트에 우선순위를 두기 시작했고 그렇게 해서 작은 댐 수십여 개가 건설되었다. 아마존의 바우비나Balbina 댐과 사무에우Samuel 댐이 이런 배경에서 건설되어 운영되고 있다. 그러나 바우비나 댐은 침수시킨 지역의 크기에 비해 생산되는 전력량은 적고 온실가스 배출량은 높아서 환경주의자들의 분노를 샀다. 그런데 2001년 에너지 위기를 겪으면서 전력 회사는 큰 그림을 보라며 로비하고, 블랙아웃이 경제적으로 미칠 영향을 경고했다. 그리고 2002년, 경제개발에서 국가의 역할 증대에 동조하는 룰라 대통령이 집권하자 엘레트로브라스와 그 후원자들은 뚜꾸루이 댐에 버금가는 메가 프로젝트를 추진하기 시작했다.

이 프로젝트에서 가장 중요한 댐은 아마존 동쪽의 성구 강에 예정되어 1만1,100메가와트를 생산할 벨루몽치Belo Monte 댐과 아마존 서쪽의 마데이라Madeira 강에 예정되어 6,400메가와트를 생산할 상뚜앙또니우지라우Santo Antônio-Jirau 댐이다. 벨루몽치 댐은 1990년대 초에 보류되었다가 2007년 상당한 재정적·환경적 도전에도 불구하고 되살아났다. 계획대로 되면 벨루몽치 댐은 세계에서 세 번째로 큰 수력발전소가 되고 150억 달러의 비용이 소요되며 뚜꾸루이의 두 배가 넘는 열대우림 6,100제곱킬로미터가 침수될 것이다. 상뚜앙또니우 댐은 사실 두 개의 독립적인 댐으로, 볼리비아 국경에서 100여 마일 떨어진 댐은 세계에서 여섯 번째로 큰 수력발전소가 되고 90억 달러의 비용이 들것으로 예상되며 540제곱킬로미터의 정글이 물에 잠기게 된다.

이 두 수력발전소는 한쪽에는 정부와 건설회사가 서고 반대편에는 환경론자와 원주민들이 서서 싸우는 전쟁터가 되었다. 댐 지지자들은 지금의 댐 건설은 이따이뿌 댐이나 뚜꾸루이 댐을 건설하던 시절보다 훨씬 친환경적이라고 주장한다. 한편 반대자들은 환경 피해를 줄이고 원주민을 보호할 대책이 충분하지 않으며 정부가 약속한 정책 가운데 많은 것에 실효성이 있는지 의심된다고 주장한다. 그리고 상뚜앙또니우의 경우, 볼리비아의 모랄레스 대통령이 브라질이 약속을 어기고 있다면서 국제사법재판소에 기소하겠다고 협박하고 있는 상황이다.

두 수력발전소의 문제점은 댐 예정지가 대다수 인구와 산업지대가 몰려 있는 남부의 전력망으로부터 멀리 떨어져 있어 수천 마일의 전송선이 필요하다는 것이다. 다시 말해 아마존 열대우림의 수많은 나무를 베어야 하기 때문에 비용이 많이 들고 환경파괴도 엄청날 것이다. 전기가 이렇게 장거리를 거쳐 오면 30퍼센트 정도 새어나가기 때문에 경제적 실행 가능성 측면에서도 의문이 제기되고 있다.

장거리 전송 문제에 대한 해결책으로 아마존 동쪽에 최대 5개의 공장을 짓자는 얘기도 있다. 산업용 금속을 가공하는 공장을 짓고 벨루몽치 댐에서 전기를 공급하자는 것이다. 이 계획의 최대 수혜자는 중국이 될 것으로 보인다. 중국 기업들은 이 지역에 공장을 지어 알루미늄, 철, 구리, 니켈을 가공하겠다는 의지를 앞다투어 밝히고 있다. 그런데 여기서 가공된 제품은 브라질 산업 지역에서 사용되거나 그 지역 개발에 쓰이기보다는 중국으로 수출될 가능성이 높다. 이 계획이 환경적으로도 인기가 없지만 정치적으로도 인기가 없는 이유이다.

"아마존에서 전기가 집약된 모든 것에는 중국이 관련되어 있으며 공식적인 지원도 늘고 있다. 주요 수혜자는 브라질이 아니라 중국임에도 불구하고 말이다. 중국은 최소한의 투자만 할 것이며 아마존에 오염 문제를 남길 것이다." 『아마존의 수력발전 프로젝트』 *Hydroelectric Projects in the Amazon*의 저자이자 『아마존 어젠다』*Amazon Agenda*의 편집장인 루시우 플라비우 삥뚜Lucio Flavio Pinto가 한 말이다.

이와 같은 비판에 맞서 엘레트로브라스와 정책 담당자들은 페트로브라스가 아마존에 설치한 가스 파이프라인처럼 덜 환경파괴적인 모델을 적용하고자 노력하고 있다. 그 일환으로 아마존의 새로운 에너지 개척지로 떠오르고 있는 따빠주스 강에 1만700메가와트를 생산할 수 있는 5개 댐 복합 시설 건설을 제안했다. 댐 건설지까지 길을 만들고 수천 명의 노동자를 수용할 기숙사를 건설하기보다 강에 플랫폼을 설치하자고 제안한 것이다. 노동자들이 댐 건설 기간 중에 현장에서 사는 대신 2주씩 교대로 현장에 가서 플랫폼에서 생활하자는 안이다. 이렇게 하면 댐 건설 지역의 산림 벌채를 줄일 수 있을 뿐만 아니라 댐 건설로 어수선한 틈을 타 불법으로 나무를 베고 목장을 만드는 일도 막을 수 있다.

2001년 에너지 위기로 인해 좋은 점이 있다면 브라질 국민들이 전과 다르게 에너지를 절약하게 되었다는 것이다. 오늘날 브라질의 1인당 에너지 소비량은 미국의 10분의 1이고 OECD 회원국 도시 거주민 평균의 5분의 1밖에 되지 않는다. 또 위기가 와도 어려움을 겪지 않으려면 에너지원을 다양화해야 한다는 것도 깨달았다. 한편 민간 투자, 매력적인 전력 발전 가격, 안정적인 규제 체제가 필요한 것도 안다. 덕분에 이웃한 아르헨티나와 칠레가 매년 겨울마다 전력 부족과 블랙아웃을 걱정하는 반면, 브라질은 그런 걱정을 덜었다.

그러나 안심할 수만은 없다. 브라질의 전력 소비는 세계에서 아홉 번째로 많고 경제 호황과 중산층 증가로 계속 더 늘어날 것으로 보인다. 1970년 전기를 쓸 수 있는 브라질 가정은 겨우 3분의 1에 불과했지만 지금은 99퍼센트에 이른다. 1990년대 중반, 엘레트로브라스가 민영화되었을 때 20년 동안 보장받은 외국인 투자자의 권리는 2010년 중반이면 만료된다. 정부가 계약을 갱신할지, 새로 입찰을 할지 분명하지 않지만 결정은 전직 에너지 장관이었던 호세프 대통령이 내리게 될 것이다. 1990년 초반을 연상시키는 수요와 공급의 불균형도 불안해 보인다. 사실 룰라 대통령 시절 엘레트로브라스의 대표였고 당시 에너지 부족을 경고했던 루이스 삥게울리 호자Luiz Pinguelli Rosa 박사는 2010년대 초반에 다시 에너지 위기가 올 것이라고 경고하고 있다.

결론적으로, 오늘날 브라질의 에너지 시스템은 세계에서 탄소의

존도가 가장 낮으며 에너지 소비량의 절반은 오염이 덜한 재생 에너지가 차지하고 있다. 많은 나라들이 희망하지만 이루지 못한 것을 브라질은 해냈으며 코펜하겐에서 열린 기후변화회의 등의 자리에서도 목소리를 낼 수 있게 되었다. 그러나 전력 공급과 수요의 간극을 메꾸기 위한 새 수력발전소가 궤도에 오르기까지 일시적인 해결책으로 지난 10년간 석탄 같은 오염성 연료를 사용하는 화력발전에 의존해 왔다.

이런 경향은 2015년 이후 전력 영역의 불확실성 때문에 더욱 걱정스럽다. 여기에다 거대한 잠재력을 지닌 암염 하층과 아마존에 더 깊숙이 들어가 사탕수수를 재배하고 싶은 유혹까지 합쳐지면 세계 여러 나라의 부러움을 사던 브라질은 바닥으로 추락하는 상황에 빠질 수도 있다. 그런 후퇴는 큰 실수가 될 것이며 이는 브라질을 위해서도 다른 나라들을 위해서도 막아야 한다. 브라질은 이미 아마존 관리 태도와 정책으로 환경에 엄청난 피해를 입혔기 때문이다.

아마존
: 정글 속의 민족주의와 피해망상

2005년 2월 12일 토요일 아침, 지역 지주들이 고용한 청부업자들이 미국 출신의 도로시 스탱Dorothy Stang 수녀에게 여섯 발의 총탄을 발사했다. 도로시 수녀는 손에 성경을 들고 농민 지도자들을 만나기 위해 아마존횡단고속도로에서 북쪽으로 몇 마일 떨어진 정글 속 오솔길을 걷고 있다가 사망했다. 몇 달 뒤 내가 현장을 방문했을 때 그녀가 쓰러졌던 자리에 그녀의 이름이 새겨진 소박한 나무 십자가가 세워져 있었다. 살인 청부업자들은 여전히 그 지역을 어슬렁거리며 도로시 수녀가 헌신했던 농민들을 위협하고 농민들이 키운 작물과 보금자리를 파괴하고 있었다.

도로시 수녀의 생명을 앗아간 갈등은 1970년대부터 수녀가 일하며 살던 지역에 브라질 정부가 아마존횡단고속도로를 건설하겠다고 발표하면서 시작되었다. 이 발표로 땅값이 치솟았고 벌목꾼, 목장주, 투기꾼들이 브라질 전역에서 몰려들어 나무를 베어 쓰러뜨리고 밀림에 불을 놓고 제재소를 만들고 강을 오염시키고 야생동물을 죽이고 가축 떼를 끌고 오고 오랫동안 이 땅에서 살던 농민들을 폭력으로 쫓아내려고 했다.

"아마존은 우리 것이다"라는 슬로건은 브라질 사람들이 유치원에 들어갈 때부터 시작해 평생 반복적으로 주입되어 민족주의자들의 주문이 되었다. 일부에서는 이 슬로건을 다음과 같이 해석한다. "우리는 우리 땅을 우리 마음대로 할 수 있다. 다른 나라 사람들은 상관할 바가 아니다." 노예제나 다름없는 착취도 상관하지 말라고 한다. 유럽보다 넓은 아마존은 지난 40년 동안 5분의 1이 불타고 나무가 잘려 나가고 파괴되었다. 브라질이 목장, 대두 농장, 고속도로, 제재소와 제철소, 수력발전소, 철도, 광산, 천연가스와 석유 유전을 만드는 것이 과연 진정으로 경제를 발전시키는 것인지, 혹은 세상에 단 하나밖에 없는 자연 자원을 불필요하게 파괴하는 것은 아닌지 물어볼 일이다.

아마존이 세계 최대의 열대우림이라는 말로는 이곳을 찾은 사람들이 느끼는 신비감과 경외감을 표현할 수 없다. 아마존 네그루Negro 강 상류의 원주민 마을을 방문했다가 내가 탄 모터보트의 연료가 떨어진 적이 있다. 내가 가이드에게 "무슨 일이냐"라고 묻자 그는 말없이 카누 노를 건네주었다. 그리고 3시간 동안 연료를 살 수 있는 가장 가까운 마을에 이를 때까지 우리는 음산한 고요 속에서 노를 저었다. 간간히 침묵을 깨는 것은 큰부리새의 울음소리와 끽끽

대는 원숭이 소리, 알 수 없는 동물들이 풀 속에서 바스락거리는 소리뿐이었다. 주변의 나무들은 벌레와 새의 보금자리였고, 60미터 넘게 쑥쑥 자라 구름 한 점 없는 푸른 하늘로 사라졌다. 배의 모터 소리가 익숙한지 개미핥기와 세계에서 가장 큰 설치류인 카피바라는 놀라는 기색도 없이 우리를 바라보았다. 화려한 색깔의 나비 떼는 강가를 따라 날개를 팔락거리면서 흙 속의 소금을 섭취했다. 강물에서는 호기심 많은 돌고래와 수달이 배 주변을 맴돌았고 물고기는 물에서 튀어 올라 공중에서 춤추듯 한 바퀴 돌면서 햇빛에 비늘을 반짝였다.

그러나 정글이 항상 목가적인 것은 아니다. 우연히 진흙탕에 걸어 들어갔을 때는 늪에 빠진 것처럼 헤어나기 어려웠다. 불개미와 벌에 물려 열이 오른 적도 있고 고온다습한 기후 때문에 땀이 흐르면 파리 떼가 몰려들고 해질녘이 되면 모기떼가 몰려와 집중할 수가 없었다. 가장 무서운 동물은 재규어나 악명 높은 피라냐가 아니라 흡혈메기였다. 흡혈메기는 작은 바늘처럼 생긴 물고기인데 인체의 구멍 속으로 파고들 수 있다. 그래서 생리 중인 여성이나 대소변을 보는 사람들에게 흡혈메기를 조심하라는 경고문이 강가 여기저기에 붙어 있다.

아마존에는 겨우 브라질 인구의 10퍼센트가 살지만 영토의 60퍼센트를 차지하고 있으며 가장 값진 자연 자원을 많이 보유하고 있다. 브라질 인구의 대부분은 남쪽 해안가 도시들에 집중해 있기 때문에 아마존은 항상 멀고 낯선 곳이었다. 실제로 가본 사람이 상대적으로 적기 때문에 적대적이고 익숙하지 않은 곳이기도 하다. 그러나 브라질 사람들에게 아마존은 개척 시대의 서부가 미국인들에게 그렇듯 신화적 아우라를 간직한 곳이다.

브라질 밖의 사람들에게 아마존은 지구 담수의 원천이며 가장 많은 식물과 어류, 조류의 서식지로 기후변화의 위협 때문에 전쟁터가 되고 있는 곳이다. 온실가스 배출 수위가 높아져 아마존이 이산화탄소를 산소로 변환하는 기능을 할 수 없을 때가 언제일지는 과학자들도 모른다. 그러나 브라질 사람들이 아마존을 너무 빨리 파괴하고 있어서 세계가 이른바 티핑 포인트●에 매년 더 가까워지고 있다는 것에는 과학자들도 동의하는 바다. 이 티핑 포인트를 넘어서면 기후변화는 더 이상 되돌릴 수 없게 될 터인데, 삼림 파괴를 확실히 줄이지 않으면 10~20년 내로 그 지점에 닿게 될지 모른다. 따라서 이 같은 국가의 보물에 대한 브라질의 정책은 국내외적으로 큰 의미가 있다.

열대우림이 대규모로 개발되기 시작한 것은 50년 전부터이다. 그 후 개발 이익에 관심이 컸던 정부 당국자와 기업들은 열대우림의 '겨우' 20퍼센트만 개간하고 있으니 걱정하지 말라고 했다. 그러나 과학적 증거는 반대를 가리킨다. 브라질국립우주연구소의 발표에 따르면 건기가 시작되는 매년 7월, 파괴가 집중적으로 일어나 미국의 뉴저지 주(또는 이스라엘이나 사르디나 섬)만 한 넓이의 우림이 사라지고 있다. 브라질 정부는 엄격하게 법을 집행하겠다고 말하지만 건기에 농경지와 목장을 만들기 위해 정글을 불태운 연기가

● 작은 변화들이 쌓여 작은 변화 하나만 더 쌓이면 갑자기 큰 영향을 초래할 수 있는 단계.

너무 자욱해서 그 지역을 비행하기 어려울 정도이다.

역설적으로 브라질의 높은 기술력 덕분에 정부가 지상에서 관리하지 못하는 것을 우주에서 확인할 수 있다. 이론적으로 정글을 무책임하게 개발하는 사람을 밝히고 처벌할 수단이 있음에도, 장기 계획을 세우는 것은 브라질의 전통적인 특성이 아니며 법 집행도 철저하지 않다. 그러나 브라질은 2009년 12월 코펜하겐 기후변화 정상 회담에서 온실가스 배출을 40퍼센트 줄이겠다고 약속했다. 브라질 온실가스의 절반은 열대우림 파괴에서 나온다. 다시 말해 이 약속을 지키는 것이 브라질 최대의 환경적 과제가 될 것이다.

지속 가능한 개발보다 노골적인 개발을 강조한 결과, 브라질은 세계에서 네 번째로 많은 온실가스를 배출하고 있다. 현재는 중국, 미국, 인도네시아가 브라질보다 많은 이산화탄소를 뿜어내고 있지만 이 추세가 계속되면 브라질은 곧 인도네시아를 추월할 것으로 보인다. 그런데 브라질은 사람들의 낭비적인 라이프 스타일이나 화석 연료에 의존한 산업 성장 때문에 이산화탄소를 배출하는 미국, 중국과는 다르다. 브라질의 온실가스는 아마존 열대우림을 파괴하면서 생긴 것이다. 그래서 코펜하겐에서 한 브라질의 약속이 중요하다.

나는 1978년 처음으로 아마존을 여행했다. 당시는 군부독재 정권이 "사람이 없는 땅을 땅 없는 사람에게 제공한다"는 슬로건을 걸고 아마존을 개방하기 시작한 시기였다. 내가 처음 들른 곳은 볼리비아와의 접경지대인 아마존 서부의 홍도니아Rondônia 주 끝이었는데 3,200킬로미터 떨어진 브라질 남쪽에서 온 가난한 농민들이 정글 속에 땅을 일궈서 가족들을 위한 오두막을 짓고 울창한 나무들을 쳐내며 농장을 세우고 있었다. 이 농민들은 '식민인'colonos으로 불렸고 정착지에는 새 희망New Hope이니 전진Progress이니 하는 낙관적인 이름을 붙였지만 이 유토피아에 대한 지원은 부족했다. 여기서 농민들이 키운 유카, 대두, 파인애플 같은 작물을 근처 마을까지 운반할 도로가 없어 그 많은 수확물을 썩히거나 동물 먹이로 주었다. 투기꾼들은 불법적으로 땅의 소유권을 주장했고 이들이 고용한 총잡이jagunços들은 임차인들을 쫓아냈다. 사실상 경찰력이 부재한 곳이었기 때문에 모든 것이 극도로 혼란스러워 보였다. 이런 곳이 바로 도로시 수녀와 쉬꾸 멩지스Chico Mendes●가 활동하던 곳이었다.

현재 브라질 정부는 아마존에 대한 실질적인 통치권을 행사하지 않고 있다. 이렇게 된 부분적인 이유는 아마존 생태계에 대한 세계의 관심과 우려 때문이다. 세계의 정부 지도자들과 과학자들은 성명을 발표하고 환경 단체와 원주민 인권 단체는 국제적인 캠페인을 벌이며 영화 〈아바타〉Avatar의 감독인 제임스 카메론James Cameron 같은 유명 인사가 방문해 언론이 집중되고 의혹과 관심이 쏠린다. 브라질 사람들은 "아마존은 우리의 것이다"라고 주장하지만 그들도 알고 있다. 브라질은 아마존에 지배권을 행사할 수단이 없고 지역 주민에게 기본적인 서비스도 제대로 제공하지 못하고 있다. 그 결과 브라질 사람들은 피해망상에 걸린 것처럼 외부인들, 특히 미

● 아마존 열대우림과 원주민 보호를 주장하다가 암살당한 시민운동가.

국이 브라질이 아마존을 소유한 것을 질투하고 아마존을 자기들 마음대로 통제하고 싶어 한다고 생각한다.

"환경문제와 원주민 문제는 단지 핑계에 불과하다." 2007년 내가 입수한 브라질 군 정보기관의 보고서에서는 아마존에 대한 국제사회의 비난을 이렇게 표현하고 있었다. 또한 이 보고서는 미국 같은 "패권국가"가 "자신들의 지배력을 유지하고 키우기 위해" 그린피스, 국제보호협회, 열대우림행동네트워크, 세계자연기금 등의 단체를 도구로 활용하고 있다고 주장했다.

브라질 사람들에게 그런 음모는 사실이 아니라고 설득하려 해도 믿지 않는다. 오히려 그들은 아마존에 대한 국제사회의 투자나 관심을 음모의 증거라고 생각한다. 1920년대에 헨리 포드는 아마존으로 흘러 들어가는 따빠주스 강을 따라 대규모 고무 농장을 세우려고 시도했고, 1970년대에 억만장자 선박왕 대니얼 루드비히 Daniel Ludwig는 일본에서 생산한 종이와 알루미늄을 배에 싣고 와서 지구 반대편 아마존에 물류 창고를 지으려 했지만 모두 실패했다. 포드와 루드비히 두 사람 모두 브라질의 정치 상황을 오판했고 정글에서 대규모 작업을 수행하는 것이 얼마나 어려운지 간과했다. 비슷한 이유로 다른 해외투자가들도 위축되어 있으며 그 결과 아마존은 계속 경제적으로 낙후되어 있다.

음모론을 뒷받침하는 증거라는 것들이 정말 허황된 경우도 많다. 그중에는 1990년대에 미국 중학교 지리 교과서에 실린 지도라면서 아마존이 국제 컨소시엄의 관리를 받고 있다고 적힌 것도 있었다. 지도에 대한 설명 글은 비문법적이어서 영어가 모국어인 사람이 쓰지 않은 것이 분명했으며, 심지어 브라질 사람들이 "비지성적이고 원시적"이기 때문에 아마존을 통제할 수 없으니 빼앗아서 전 세계 인의 보호 구역으로 만들어야 한다는 주장이 실려 있었다.

브라질 정부와 미국 대사관은 오랫동안 이 조잡한 거짓말을 진화하려 했지만 성공하지 못했다. 오히려 더 황당한 이야기가 확산되었다. 하버드대학교의 출판물에 아마존을 시작으로 브라질을 해체하자는 글이 실렸다거나 미국의 한 장성이 브라질의 아마존 정책이 무책임하므로 미국이 아마존을 침략해야 한다고 의회에서 말했다는 식의 이야기이다. 또한 1817년 해군 제안서에는 브라질의 "불안정함"을 지지하며 브라질 북동부와 아마존을 떼어내 미국의 관할 아래 독립 공화국으로 만들자는 내용이 있다는 말도 있다. 앨 고어도 황당한 이야기의 희생자가 되었다. 2007년 앨 고어가 노벨 평화상을 수상했을 때 브라질 언론은 그가 "브라질 사람들의 생각과 반대로 아마존은 그들의 소유가 아니며 우리 모두의 것이다"라고 말했다고 썼다. 그러나 앨 고어는 그런 말을 한 적이 없다. 실제로는 공화당 상원의원 로버트 캐스턴Robert Kasten이 1989년 브라질 환경 운동가 쉬꾸 멩지스의 장례식에서 한 말이며 앨 고어는 그런 말을 한 적이 없다고 즉시 부인했다.

인터넷에 올라오는 선동적 표현의 근원을 추적하기란 쉽지 않지만 아마존에 대한 피해망상적인 글은 거의 100퍼센트 민족주의 그룹의 사이트로 연결된다. 이 그룹은 퇴역한 군 장교나 1985년 군부독재 종식과 함께 없어진 국가 정보기관 출신들이 이끌고 있다. 당연한 말이지만 이들 민족주의자들은 경제개발의 가속화와 군부의 역할 증대를 옹호한다. 반대로 공산당이나 노동자당의 극단주의자들이 이런 사이트를 운영하기도 한다. 이들의 언어와 논지는 옛날의 적이자 가해자였던 우파들, 군부독재 시절에 향수를 느끼는 괴짜들의 것을 반복하고 있다.

최근에는 더 영향력 있고 강력한 그룹이 등장해 외국인들이 아마존을 탐낸다는 신화를 선동하고 있다. 바로 아마존 대규모 파괴에 책임이 있는 사업 관계자들로 목장주, 벌목꾼, 광부, 건설사, 쌀 재배자들이며 대부분 남쪽에서 이주한 사람들이다. 이들은 자신들이 식민 시대에 내륙지역을 개발했던 '방데이랑치'의 현대 버전이라면서 강하고 번영하는 브라질을 건설하고 있다고 주장한다. 그러나 실상은 애국심을 이용해 자기 주머니를 불리고 있으며 일부는 필요한 노동력을 확보하기 위해 노동자를 노예 부리듯 하고 있다. 또 미국의 비슷한 그룹들처럼 과학자와 환경 단체를 비난하고 기후변화 의견을 반박하거나 자신들은 아마존에 어떤 해도 입히지 않았다고 주장한다.

나는 지난 몇 년 동안 댐 건설 같은 프로젝트를 논의하기 위해 열린 수많은 공개 청문회에 참석했다. 동쪽으로는 셩구 강의 아우따미라Altamira, 서쪽으로는 마데이라 강의 뽀르뚜벨류Porto Velho에도 다녀왔다. 그런 곳에는 항상 미국 또는 미국, 유럽, 일본의 3국 위원회 또는 세계자연기금의 창시자인 네덜란드의 베르나르트 왕자가 아마존에 대해 모종의 계획을 세우고 있다는 내용의 전단지를 나눠주는 사람들이 있었다. 그들은 이런 외국의 음모를 중단하기 위해서는 아마존에서 브라질의 힘을 강화해야 하는 데 가장 좋은 방법은 경제개발에 제약을 두지 않는 것이라고 주장한다.

이것은 지역 주민의 애국심과 일자리 창출 요구를 동시에 충족시키는 영리한 전략이다. 브라질에서도 환경 운동이 활발하며 환경 운동가가 정부 주요 요직을 차지하기도 한다. 예를 들어 1990년 꼴로르 대통령은 호전적 성향의 생태학자 조제 루첸베르게르José Lutzemberger를 환경부 장관으로 임명했고 개인적 위험을 감수하고 군부의 핵 프로그램을 반대한 물리학자 조제 고우뎅베르그를 과학기술부 장관으로 임명했다. 이때 환경 운동 그룹은 정책에 변화가 생길 것을 크게 기대했다. 그러나 꼴로르는 부패 스캔들로 1992년 탄핵되어 사임했고 환경 운동가가 다시 요직을 차지하기까지 10여 년의 세월이 지나야 했다.

그린피스나 세계자연기금 같은 국제 환경 단체의 브라질 지부가 지속 가능한 개발을 촉진하려고 하면 땅 투기꾼, 목재상, 목장주, 광산업자들은 민족주의 카드를 펼치면서 환경 운동가의 신뢰성과 애국심에 의혹을 제기한다. 이는 40여 년 전 아마존횡단고속도로 건설부터 계속되어 온 익숙하고 오래된 패턴이다.

아마존횡단고속도로는 4,800킬로미터 길이에 많은 구간이 비포장이지만 브라질 도로망의 척추로 브라질 곳곳을 이어 주며 정부의 통제권을 강화하는 수단이다. 또 가난한 북동부를 시작점으로 한 것은 수백만 명의 소작농이 이곳에 몰려와 농가를 꾸리고 정착하길 바라는 의도였다. 의도대로 성과를 이룬 면도 있지만 오히려 삐아우이Piauí, 마라녀옹, 세아라Ceará 같은 북동부의 가난한 주 농민들이 고임금이라는 헛된 약속을 믿고 노예노동자로 전락하기도 했다.

1970년대 군부 정권은 재정착 프로그램을 통해 경제 발전뿐만 아니라 북동 지역 농민들이 공산주의로부터 멀어지길 기대했다. 그러나 원주민 추장을 뜻하는 '까시께스'caciques로 불리는 아마존의 전통적인 정치 지도자들은 아마존횡단고속도로와 정착민 유입을 자신들의 권력과 부를 확대할 기회로 보았다. 1980년, 아마조나스 Amazonas 주의 장기 집권 주지사였으며 상원의원에 출마한 지우베르뚜 메스뜨리뉴Gilberto Mestrinho는 배를 타고 아마존의 강을 오르내리며 선거운동을 이어 갔다. 부패로 인해 10년 동안 정지당한 정치권력을 되찾기 위해 나온 것이었다.

1929년에 태어나 2009년 죽을 때까지 영향력을 행사한 메스뜨리뉴는 말을 너무 잘해서 별명이 돌고래였다. 아마존에는 돌고래가 남자로 변신해 젊은 여자들을 꼬드겨 침대까지 간다는 전설이 있다. 그는 열대우림이 아마조나스 주의 발전과 성장을 방해하는 장애물이라고 주장했다. 내가 선거운동을 취재할 때의 일화인데, 메스뜨리뉴가 자신이 당선되면 필요한 사람 누구에게나 전기톱을 제공하겠다고 했을 때 가장 큰 환호성이 터져 나왔다. 당시 브라질 법은 목재와 동물 가죽 거래를 금지하고 있었는데, 그는 규제를 없애고 대신 농민들이 숲을 개간할 수 있도록 허가하는 새로운 법규를 만들겠다고 맹세했다. 그의 목표는 "새로운 아마조나스"를 창조해 농민들이 "더 이상 우림에 질식당하지 않는 것"이다.

이런 약속은 아마존에서 대대로 살아 온 주민들 귀를 솔깃하게 했다. 그들은 '산동네 사람'을 조롱해 낮추는 말인 '까보끌루스'caboclos 라고 불리거나 그보다는 점잖게 '강변 주민'이라는 뜻의 '히베이리

뉴스'ribeirinhos로 불렸다. 그들을 정부는 언제나 무시했고 남부의 교양인들은 말주변도 없는 촌놈으로 여겼다. 그들의 삶은 언제나 어려웠고 지금도 어렵다. 상당수가 아예 자본주의 경제 밖에 있으며 낚시, 사냥, 농사 등으로 생계를 이어 가고 있다. 말라리아, 댕기열부터 리슈마니아 병●과 샤가스 병●●까지 열대병에 걸려 어린 나이에 사망하는 경우도 많다. 나는 도로시 수녀를 1970년대에 처음 만났는데 그녀를 비롯한 소수의 사람만이 그들을 걱정할 뿐이다.

"여기서 사는 것은 정말 힘들지만 그래도 이곳이 우리가 아는 유일한 세상이다. 가게도 없고 학교도 없고 병원도 없고 전기도 없고 경찰도 없고 교회도 없다. 점잖게 표현하자면 우리 조상들이 살던 방식과 거의 비슷하다." 2005년 테페 강에서 수마일 떨어진 솔리몽이스 강변의 대피소를 방문했을 때 세바스티어웅 바띠스따 뻬레이라Sebastião Batista Pereira가 내게 했던 말이다. 그는 악어가 자신의 돼지와 닭을 잡아먹고 아이들을 위협하는데 악어 사냥을 금지한 정부 규제에 대해 불평했다.

1966년 군부독재는 아마존에 부족한 사회 기반 시설을 제공하기 위해 아마존개발청Superintendency for the Development of the Amazon, SUDAM이라는 기관을 만들었다. 그러나 이는 시간이 흐르면서 실제 혜택을 받아야 하는 지역 주민들보다 메스뜨리뉴와 자데르 바르발류Jader Barbalho 같은 지역 정치인들에게 하늘에서 내린 선물 같은

● 편모충에 의한 전염병.

● ● 수면병의 일종.

것이 되어 버렸다. 수많은 계약이 정치 지도자의 친구와 지인에게 쏠려 무용지물이 되었고 오히려 환경에 피해를 입혀 2001년 연방 정부는 이 기관을 없애기로 했다.

2000년에 아마존의 인구조사 수행의 어려움에 대한 기사를 준비하다가 개발 계획이 아마존식으로 빗나가 버린 사례와 마주한 적이 있다. 나는 솔리몽이스 강 삼각주를 돌아다니는 인구조사관 가운데 26세의 프랑시France와 동행하게 되었다. 프랑시는 교사직을 구할 수가 없어 인구조사관이 된 여성이었다. 배를 타고 100여 명의 아이들이 있는 작은 섬을 방문했는데 아무도 학교에 다니지 않았다. 할당된 예산이 바닥나서 학교 건설이 중단됐기 때문이다. "나는 이 곳의 교사가 되기 위해서라면 뭐든지 하겠다. 하지만 필요한 곳에 돈이 절대로 오지 않는다. 언제나 정치인들과 그 친구들 주머니로 들어가 버린다." 집집마다 방문하던 중 프랑시가 아쉽다는 듯이 말했다.

외부인이 아마존의 통제권을 잡으려 한다는 브라질 사람들의 피해망상은 원주민을 제5열, 즉 적과 내통하는 집단으로 의심하게 만든다. 민족주의자들은 오랫동안 원주민들이 브라질 언어와 문화를 포용할 의지가 없다고 불평해 왔다. 원주민 입장에서 보면 이는 그들의 문화와 정체성을 없애기 위해 500년 동안 지도층에서 늘 해온 말일 뿐이다. 이 문제는 토착 원주민인 야노마미Yanomami 족과 와이와이WaiWai 족이 있는 아마존에서 특히 첨예하다.

아마존횡단고속도로 건설 이후, 브라질 정부에 경제적·사회적으로 포위된 느낌을 받은 원주민들은 스스로를 보호하기 위해 자신들에게 동정적인 국내외 조직이나 개인과 손을 잡았다. 여기에는 로마 가톨릭교회의 원주민선교협회부터 유사 환경 단체인 서바이벌 인터내셔널Survival International, 스팅 같은 팝가수가 포함되었다. 군부와 민족주의 동조자들은 원주민의 자기방어 노력을 불신의 눈초리로 본다. 그들에게 원주민의 법적 지위는 오랫동안 어린아이나 다름없었으며 이제는 아마존에 존재감을 늘리려는 비양심적인 외국인들의 졸개일 뿐인 것이다.

2002년 야노마미 족 보호 구역을 방문한 적이 있다. 이들은 수천 년 동안 브라질과 베네수엘라의 접경지대에 살았다. 그런데 최근 부족민들의 반대에도 불구하고 브라질 군대가 수루꾸꾸Surucucu라는 보호 구역에 군사 기지를 세우자 나를 초대해 불만을 토로했다. 군인들은 최소 18명의 야노마미 족 소녀들을 임신시켰고 여러 사람에게 성병을 전염시켰으며 야노마미 젊은이들을 군인으로 징집하려 했다. 내가 이런 처참한 상황을 기사로 쓰자 브라질 군대와 국방부는 아마존에서 브라질의 통치권을 빼앗기 위해 이번에는 "야노마미 족 카드를 쓴다"면서 이것이 "체계적이고 반복적인 캠페인"의 일부라고 비난했다.

이 문제는 지난 40년간 원주민 인구가 급증하면서 악화되고 있다. 16세기에 스페인과 포르투갈 탐험가들이 처음 아마존에 왔을 때 원주민이 몇 명이었는지 정확히 모르지만 600만 명으로 추산되며, 아마존의 큰 강 주변에 큰 마을이 줄지어 있었던 것으로 보인다. 그러나 1970년 원주민 인구는 겨우 20만 명으로 줄어들었고 이러다 완전히 사라질 것이라는 비관론도 있었다. 그런데 2000년 인구조사에서는 세 배로 늘어나 60만 명에 이르렀고 2010년에는 75만 명으로 추산되었다.

원주민 부족들은 몇 십 명씩 모여 유목 생활을 하는 경우가 많은 데 이들의 바람대로 전통적인 삶의 방식을 유지하려면 넓은 지역을 돌아다녀야 한다. 그런데 원주민 수가 늘어나면서 이들을 수용할 정착지가 더 필요하게 되었다. 그 결과 보호 구역 내 좋은 땅을 두고 경쟁이 심해졌고 보호 구역 확대 요구도 늘고 있다.

이런 요구는 아마존 개발에 관심 있는 그룹의 화를 북돋울 뿐이다. 원주민의 반대편에 목장주, 대두 재배업자, 자원이 풍부하고 비옥한 아마존을 개발하고 싶어 하는 기업 등이 서서 대결하는 구도가 되었다. 이 대결에서 직접적인 당사자가 아닌 브라질 사람들은 대부분 개발론에 동조한다. 원주민 인구가 증가했다지만 여전히 전체 인구의 1퍼센트에 불과한 것은 브라질 영토의 10퍼센트가 원주민 보호 구역으로 지정되어 있기 때문이다. 특히 인구가 밀집된 남부의 반응은 다음과 같다. "원주민들은 도대체 얼마나 더 원하는가? 그들의 요구는 언제 끝나나?"

10여 년 전, 브라질 정부는 하뽀자세하두소우Raposa-Serra do Sol라는 새 보호 구역을 지정하려고 했다. 브라질 최북단에 위치한 곳으로 베네수엘라와 가이아나 접경에 있으며 마꾸쉬Macuxi 족과 와삐샤나Wapixana 족의 전통적인 고향이다. 그러나 쌀 재배업자, 다이아몬드 및 금 광산업자, 벌목꾼, 밀수업자들이 점점 그 지역을 잠식해 들어갔고 심지어 전 주지사였던 사람은 보호 구역 안에 주말 별장까지 지었다. 보호 구역에 구멍이 뚫리자 그걸 핑계로 군대가 들어

왔으나 원주민들을 서툴고 오만하게 대하는 바람에 도리어 분노를 샀다. 2004년과 2007년에 내가 직접 목격한 바이다.

정부 법령에 따르면 그 땅의 공식적인 소유주는 원주민이다. 그러나 백인 반대파들은 총으로 무장한 채 며칠 동안 고속도로를 막고 원주민 족장들을 위협했다. 정부는 언제나처럼 이런 범법자들을 처벌하거나 주동자를 추방할 의지가 없음을 보여 줬다. 대신 협상을 너무 오래 끌어서 책을 쓰는 지금 보호 구역은 서류에만 존재하고 있는 실정이다.

일부 원주민은 외부 세계와의 접촉을 꺼린다. 이런 부족들은 특히 미개발 상태인 페루, 볼리비아와 접경한 아마존 서부에 몰려 있다. 이들은 과거와 달리 외부에 자신들보다 훨씬 기술적으로 앞선 삶의 방식이 존재한다는 것을 안다. 그러나 자신들이 아는 세상 너머에 통합되면 어떤 일이 벌어질지 두려워하고 있다.

원주민 담당 정부 기관인 국립원주민재단FUNAI에는 '세르따니스따'sertanistas라는 원주민들과 처음으로 접촉하는 용감한 요원들이 있다. 100여 년부터 역할을 했던 이들의 신조는 "필요하다면 죽는다. 하지만 절대 죽이지 않는다"였다. 그러나 이들도 지금 남아 있는 부족들이 외부 세계와 접촉을 주저한다는 것을 알기에 세르따니스따의 시대도 끝나 간다는 것을 인정한다. 대표적인 세르따니스따인 시드니 뽀수엘루Sydney Possuelo는 자신이 부족들과 접촉해 입힌 피해에 대해 후회한다면서 현장에서 물러났다.

아마존은 너무 광대하고 연방정부의 통제권은 미약해 임금 노예 같은 사회적 학대가 과거뿐만 아니라 현재에도 만연하다. 이는 19

세기 말부터 20세기 초까지 이어진 고무 호황기의 주요 문제였다. 수천 명의 가난한 농민들이 정글의 외딴 플랜테이션에서 오늘날 기준으로 매우 비인간적인 조건에서 일해야 했다. 그러다 영국 기업들이 고무 생산지를 동남아시아로 옮긴 후 잠시 문제가 사그라들었다. 그러나 최근 수출 목적의 농업, 벌목, 광업으로 아마존 경제가 현대화되면서 문제가 다시 수면 위로 떠오르고 있다. 로마 가톨릭 교회의 추산에 따르면 한 해에 적어도 2만5천 명의 노동자가 노예로 일하며 정부가 매 건기마다 현장을 급습해 1천 명 이상의 노예를 해방시키고 있다.

아마존의 노예제는 사람을 직접 사고파는 고전적인 방식을 취하지 않는다. 북동부 가난한 주 출신의 농민들이 노동 계약서에 사인하면 정글 깊숙이 있는 작업 현장으로 수송된다. 그곳은 도로, 주택가, 심지어 전화와도 150킬로미터 이상 떨어져 있는 곳이다. 그들은 현장에 도착하고 나서야 계약한 임금을 못 받게 될 것임을 깨닫는다. 게다가 숙소와 음식뿐만 아니라 작업에 필요한 도구와 장비까지 황당한 액수의 돈을 지불하고 이용해야 한다. 이런 물건들은 회사가 운영하는 유일한 가게에서만 팔기 때문에 노동자들은 곧 빚더미에 앉게 된다. 그리고 그 빚을 갚을 때까지 떠날 수 없으며 떠나려고 하면 종종 총으로 위협하고 오래 머물면 머물수록 빚은 늘어난다.

2001년 또깡띵스Tocantins와 씽구 강 사이에 빠르게 성장하고 있는 지역을 한 달 넘게 돌아다닌 적이 있다. 1970년대에 처음 방문했을 때는 열대우림이 빽빽했는데 2001년에는 목장과 브라질너트

대농장, 벌목장, 제재소, 벽돌 공장, 석탄 공장이 사방에 있었다. 종교 및 인권 단체에서는 이렇게 다양한 산업이 발달한 배경에 노예노동이 있다고 했는데 나는 그것이 과장이 아님을 확인했다.

12년 동안 4곳의 목장에서 노예 상태로 일하다가 풀려난 고미스 Gomes는 이렇게 말했다. "우리는 아침 6시부터 밤 11시까지 강제로 일해야 했다. 하지만 그들은 내가 그들에게 빚을 졌다면서 일한 시간만큼 돈을 주지도 않았다."

정글의 벌목장에서 일하는 노동자들의 숙소는 지푸라기 오두막으로, 비가 샜다. 음식은 부족했고 그나마 제공되는 음식 대부분이 썩어서 가축 먹이로도 줄 수 없는 것들이었다. 과로와 전염병으로 노동자가 아프면 약값 역시 임금에서 제했다. 문제를 일으키는 노동자, 특히 임금을 요구하는 노동자는 죽여 버렸다.

"나는 글을 읽을 줄 모른다. 여섯 번인가 그들의 명령으로 신분증과 서류를 불태웠는데 도망치려던 노동자들의 것이었던 것 같다. 정글에서 뼈 무더기를 발견한 적도 있는데 아무도 그 얘기는 입에 올리지 않았다."

6년 뒤 노동자들의 보호자라고 주장하는 전직 노조위원장이었던 룰라가 정권을 잡았다. 그러나 브라질이 수출 호황을 누리게 되었고, 사정은 크게 달라지지 않았다. 반노예 단체의 요청으로 아마존의 대표적인 주인 빠라 주와 마라녀웅 주를 다시 방문해 또깡띵스 강의 동쪽을 여행하게 됐다. 수많은 진흙 가마에서 피어오르는 연기를 고속도로에서도 볼 수 있었다. 이 가마들은 노예노동을 이용해 불법으로 베어 낸 나무를 태워 석탄으로 만들었다. 그리고 이 석탄은 또깡떼스 강가에 인구 25만 명이 거주하는 마라바Marabá의 제철소로 운송되어 강철의 기본인 선철을 만드는 데 사용된다. 이렇게 만들어진 선철은 미국과 유럽으로 수출되어 자동차와 가정용 가전제품을 만드는 데 사용된다.

"내 경험으로 볼 때 석탄 가마는 목장보다 더 나쁘다. 언제든 나를 죽일 수 있는 무장 경비들이 둘러싸고 있고 질병이 곳곳에 도사리고 있다. 먹을 것은 벌레가 잔뜩 꼬인 쌀과 콩뿐이고 열기를 막아줄 방화복도 없이 반바지와 샌들만 입고 오랜 시간 일해야 한다." 10대 때부터 임금 노예로 들어가 30세가 된 소우자Sousa가 나와의 인터뷰에서 한 말이다.

소우자와 청각, 언어 장애인인 동생은 10년 넘게 노예 생활을 하다가 마침내 도망치기로 결심했다. "수백 킬로미터의 정글을 걷고 나서야 고속도로에 닿을 수 있었다." 소우자의 이야기는 그 지역 반노예 단체에 의해 사실로 입증되었다. "우리는 속는 것에 지쳤고 더 이상 참을 수 없었다. 그들은 끊임없이 거짓말을 하는데 그것에 저항하거나 정의를 찾을 방법이 없었다."

아마존의 임금 노예에 대한 브라질 정부의 대처는 국제사회에서의 이미지를 실추시키고 있으며 모순적이다. 문제를 해결하기 위해 지난 15년 동안 목장, 벌목장, 광산을 급습해 자신의 의지와 무관하게 잡혀 있는 노동자들을 풀어 주고 고용주에게 밀린 임금을 지불하도록 한 것은 잘한 일이다. 그러나 이는 많은 경우 반노예 단체와 해외 소비자 단체의 항의 때문에 마지못해 엉성하게 진행되었다. 브라질 정부는 외국의 비난을 오히려 더 비난하면서 국내의 지지를 이끌어 내려고 한다.

브라질 정부 입장에서 볼 때 임금 노예를 비난하는 외국인들은 환경을 걱정하는 외국인들과 똑같이 아마존을 빼앗아 가려는 사람들이다. 브라질이 성공해서 미국과 다른 선진국에 수출하는 것을 시샘해 이 시장에 브라질이 진출하는 것을 막고 있다는 것이다. "브라질의 경쟁력이 높아질수록 우리 앞길에 장애물도 많아질 것이다. 국가가 발전하면 그전에는 편했던 것들이 불편해지기도 한다." 아마존의 선철 산업에 대해 부정적인 이야기가 나왔을 때 룰라의 첫 번째 임기 동안 상공부 장관을 지낸 루이스 푸흐랑Luiz Furlan이 한 말이다.

수출을 증대할 의무가 있는 상공부 장관이 이런 태도를 보이는 것은 이해가 된다. 그러나 브라질 노동자를 보호할 책임이 있는 노동부 장관도 거의 비슷한 반응을 보였다. 미국 하원의 소위원회에서 브라질 선철 산업에서 행해지는 부당한 노동에 관한 청문회를 열고자 했을 때, 당시 노동부 장관이자 정부 입각 전 노동조합의 수장이었던 루이스 마리뉴Luiz Marinho는 이렇게 말했다. "미국 의회는 미국인들을 걱정해라. 브라질 노동자는 우리가 알아서 하겠다."

그렇다고 노동부 장관이 노예노동을 잘 처리하는 모습을 보여 준 것도 아니다. 노동부의 감사팀 직원들과 함께 빠라 주와 마라녀웅 주를 방문한 적이 있다. 노예노동자들이 뽑혀 들어갔다가 의지와 상관없이 붙잡혀 있는 곳들이었다. 감사팀 직원들은 용감했고 자기 일에 헌신적이었다. 그러나 예산과 장비가 부족해서 일을 제대로 할 수 없었다. 경찰은 쓸모없거나 아예 감사팀과 동행하지도 않았다. 감사팀 중 몇몇은 목장주와 노예 소유주들이 고용한 총잡이들에게 살해당하기도 했다. 자동차에 넣을 휘발유가 없거나 자동차가 고장 났는데 교체할 부품이 없어 작전이 중단되거나 연기되는 일도 다반사이다.

이는 연방정부의 환경 보호 기관인 IBAMA와 원주민의 보건부터 토지 경계까지 원주민 정책을 총괄하는 FUNAL이 직면한 문제이기도 하다. 문제가 광범위해지면서 근본적인 난제에 부딪혔다. 개발도상국이 흔히 그렇듯 브라질 정부는 예산이 빠듯해서 아마존과 그 지역 주민들을 보호하기 위해 필요한 조치를 모두 취할 능력이 없다. 그렇다고 해외 자본을 받거나 외국인이 적극적인 역할을 맡도록 두기에는 아마존에 대한 브라질의 장악력이 약해지는 것 같아서 두렵다. 그 결과 아마존에 경제적으로 이해관계가 있는 국내 세력과 그 지역 정치인들에게 힘을 실어 주게 되었으며, 이들 중 일부는 노예노동을 고용한 사업장의 소유주이다.

그나마 지난 10여 년간의 긍정적인 신호는 계몽되고 젊은 지도자 세대가 등장했다는 것이다. 첫 번째 신호는 서쪽 끝의 작은 주 아끄리Acre에서 감지되었다. 이곳에서 세계적으로 유명한 환경주의자이자 고무 채취 노동자들의 리더였던 쉬꾸 멩지스가 활동했으며 1988년 암살당했다. 그의 동지였던 조르지 비아나Jorge Viana는 1998년 아끄리의 주지사로 당선되었고, 4년 뒤에는 또 다른 조력자이자 고무 채취 노동자의 딸로 정글에서 자란 마리나 시우바Marina Silva가 상원의원으로 당선되었다. 두 사람 모두 당시 야당이었던 좌파 성향의 노동자당 소속으로, 그 지역으로 모여들던 목축업자나 벌목업자들과 달리 그 주의 원주민이었다.

이들은 아마존을 새로운 시각으로 보도록 만들었다. 열대우림을 주의 번영에 방해가 되는 장애물로 보는 대신 적절하게만 다루면 오히려 성장의 원동력이 될 수 있다고 본 것이다. 우선 소수 인원만 고용하는 목장을 만들기 위해 숲을 개간하는 것을 금지했다. 대신 열대우림의 경제적 지속성에 기반한 장기 프로젝트를 장려했다. 여기에는 재정적 인센티브와 시장을 보장해 '까보끌루'들이 고무 농장에 돌아오도록 독려하는 프로젝트도 포함되어 있다. 쉬꾸 맹지스의 고향인 샤뿌리Xapuri를 방문했을 때 특히 흥미로운 프로젝트가 있었는데 환경적으로 인증 받은 농장에서 생산한 고무로 '녹색 콘돔'을 제조하는 것이었다. 이 회사는 이탈리아 타이어 제조업체인 피렐리에도 고무를 공급하기로 계약했다.

피렐리의 등장이 보여 주듯이 아끄리 주정부는 전통적인 외국인 혐오증을 내려 두고 외국인과 동업 관계를 구축했다. 주도인 히우 브랑꾸Rio Branco에서 내가 처음 조르지 비아나를 만났을 때 그는 자신의 목표를 "아끄리 주가 아마존의 핀란드가 되는 것"이라고 말했다. 다시 말해 광대한 열대우림의 자원을 이용해 고부가가치 상품을 수출하고 서비스를 확대하고 싶다는 것이다. 그 결과 미국과 유럽의 많은 대학 및 환경 단체가 협력해 아끄리 주로 연구원을 파견하고 이 지역의 식물을 이용해 향수, 연고, 의약품 같은 상품을 만드는 프로젝트를 돕고 있다. 덕분에 열대우림 파괴는 극적으로 줄어들었고 농민과 고무 노동자의 수입은 제법 늘었다. 이는 아마존의 다른 지역 농민 단체들 사이에 뜨거운 관심을 불러일으켰다.

2003년 룰라가 대통령이 되었을 때 이러한 새로운 접근이 다른 지역으로 퍼져 나갈 것이라는 희망이 있었다. 환경주의자들이 노동자당의 일원이었고 룰라가 환경부 장관으로 임명한 사람이 다름 아닌 마리나 시우바였으므로, 처음에는 낙관주의가 팽배했다. 그러나 룰라는 개발이 먼저이고 환경은 둘째라는 것을 재빠르게 입증했다. 마리나 시우바는 BR-163 고속도로의 포장을 늦출 수 있었다. 이 고속도로는 아마존의 심장을 관통하기 때문에 개발을 원하는 대두 재배업자들에게 시급한 사안이었다. 그런데 마리나 시우바는 대부분의 논쟁에서 패했고 룰라는 농업부 장관과 상공부 장관의 편을 들었다. 개발주의자들에게 아마존은 세계의 빵 바구니이며 아시아 신흥 산업국가로 수출하는 상품의 원천이다. 결국 2008년, 마리나 시우바는 장관직에서 사퇴했다.

한편으로는 국제 환경 운동과 협력하고 지속 가능한 개발을 추구하는 지도자들도 생겨났다. 이 중 가장 중요한 인물은 아마조나스의 주지사 에두아르두 브라가Eduardo Braga이다. 아마조나스는 브라질에서 가장 큰 주로 프랑스, 독일, 영국, 이탈리아를 합친 것보다 크다. 비아나 주지사와 시우바 장관이 직면했던 문제는 그들의 주가 작아서 항상 주변부로 밀려나 있었다는 것이다. 반면 아마조나스는 아마존에서 가장 큰 부분을 차지하며 심지어 이름에도 아마존이 들어가 있다. 브라가 주지사는 인터뷰에서 내게 이렇게 말했다. "해외에 가면 사람들은 내가 아마존 전체의 주지사인 줄 안다."

브라가 주지사는 상파울루 출신의 저명한 생태학자를 자신의 환경 부서 책임자로 임명하고 '그린 자유 무역구'Green Free Trade Zone

를 만들어 아마존 주민들이 나무를 베어 정글을 파괴하거나 주도인 마나우스로 이주하지 않고 고무, 약초, 향초 등을 재배할 수 있도록 지원했다. 아마조나스 주의 남동쪽과 인접한 마뚜그로수 주는 대두 재배로 빠르게 황폐해지고 있다. 브라가 주지사는 이 영향을 차단하고 경제적인 대안을 찾기 위해 노력하고 있다.

브라가는 2006년 재선에 성공했고 두 번째 임기도 혁신적일 것으로 보인다. 재선되고 몇 달 만에 마나우스에서 브라질 최초의 기후변화법에 서명한 것이다. 이 선구자적인 법은 '회피된 정글 파괴' avoided deforestation에 금전적 가치를 매긴다. 다시 말해 아마존 주민과 원주민이 정글을 파괴하지 않음으로써 아마조나스 주와 세계에 '환경적 서비스'를 제공하면 그만큼의 금전적 보상을 해준다는 얘기이다. 그리고 외국 정부와 국제 환경 단체로 하여금 투자자와 보증인, 정글 유지 감시인 역할을 맡도록 했다. 아마존 주민들은 더 이상 나무를 베지 않아도 되고 그 보상을 북반구의 후원자들이 해주는 것이다.

브라가가 이렇게 적극적으로 외국인을 개입시키자 브라질 중앙 정부, 특히 외무부의 반발이 거세졌다. 브라질의 외교정책은 다른 나라와 마찬가지로 자국의 관심사가 우선이다. 국제 기후변화회의에서 브라질의 위치는 아마존에 의해 결정되었다고 해도 과언이 아니다. 사실 브라질 정부는 오랫동안 집권당이 어느 당이냐에 상관없이 외무부를 선두로 '회피된 정글 파괴'에 대한 보상을 하자는 모든 국제 협약을 거부해 왔다.

이런 태도는 1992년 리우데자네이루에서 시작해 1997년 결론을 맺은 교토의정서와 2000년대까지 확실히 이어지고 있다. 브라질은 세계 주요 환경 오염국임에도 불구하고 개발도상국의 오염 배출을 제한하는 조치에 반발했고 국제사회의 노력을 저지하기 위해 특히 중국과 협력했다.

"모두가 알듯이 부자 나라야말로 가스 배출 60퍼센트에 대한 책임이 있다. 그러므로 그들이 책임져야 한다. 이미 가난 자체가 희생이기 때문에 신흥국들이 희생해야 한다는 생각은 인정할 수 없다." 2007년 G8 모임에서 룰라 대통령이 한 말이다.

미국 부시 행정부의 대담한 접근과 달리 브라질의 전략은 소극적이어서 더 효과적이라 할 수 있다. 그러나 결과가 부정적인 것은 마찬가지이다. 미국이 회의장을 박차고 나가 국제적 이미지를 손상시켰다면, 브라질은 회의에 참석했지만 회의 진행을 막아서 '오늘의 화석상'을 수상했다. 이는 환경 단체들이 회의 진행을 모니터링해 미국과 사우디아라비아 같은 방해자에게 수여하는 상이다.

예를 들어 브라질은 탄소배출권 거래 제도를 만들려는 국제 협약 제정을 오랫동안 방해했다. 탄소배출권 거래제는 미국 공화당도 반대하고 있지만 대부분의 개발도상국은 지지한다. 왜냐하면 선진국이 자동차와 공장에서 내뿜는 온실가스를 보상하기 위해 제공하는 돈, 기술, 무역상의 이득 등의 혜택을 보는 쪽이 개도국이기 때문이다. 그러나 브라질은 다른 시스템을 선호했다. 선진국이 내놓은 돈으로 기금을 만들고 개도국이 스스로 알아서 가장 필요하다고 여기는 부분에 사용하도록 하자는 것이다.

정기적으로 브라질을 상대한 바 있는 타국 정부와 환경 조직은

이 제안에 대해서 의구심을 갖거나 반대하고 있다. 그러나 브라질의 적극적인 협력이 없다면 기후변화 문제에 실질적으로 대응할 수 없다는 것을 알고 있으므로 밖으로 우려의 목소리를 내지는 못하는 상황이다. 다만 사적인 자리에서 브라질의 제안은 통하지 않을 것이라고 얘기한다. 기부자들이 동의하지 않을 테니 말이다.

가장 큰 문제는 관리 감독의 부재이다. 아마존 내 삶의 수준을 높이겠다며 브라질 정부가 지원한 프로그램들의 전력을 알기 때문에 해외 기부자들은 돈이 어디에 어떻게 쓰이는지도 모르는 채 수백만 달러를 내놓지 않을 것이다. 해외 기부자들이 자금 이동 기록을 내놓으라고 하면 브라질은 '통치권에 해를 입히는 내정간섭'이라며 반발한다.

'최고의 방어는 공격이다'라는 말처럼 브라질은 아마존의 비정상적 관리를 비난하는 선진국들에게 맞공격을 하고 나섰다. 2008년 룰라는 이렇게 말했다. "자기 삼림도 관리 못하고 자기가 가진 것도 보존 못해서 모든 것을 파괴하고 대기로 온실가스를 내뿜는 사람들을 인정할 수 없다. 그들은 브라질의 일에 간섭하지 말아야 한다." 이 발언은 브라질에서 인기를 끌었으며 미국과 유럽의 녹색 동조자들에게는 죄책감을 유발했다.

브라질의 이런 입장은 부시 대통령이 미국 정권을 잡고 교토의정서에서 한발 더 나아가려는 시도를 모두 저지할 때는 괜찮았다. 그러나 오바마 대통령이 백악관에 입성하면서 브라질은 그동안의 방해자로서의 입장을 견지하거나 합리화하는 것이 어려워졌다. 룰라와 그의 정부는 아마존의 삼림 파괴가 눈에 띄게 줄었다면서 자신들이 적극적으로 노력하고 있다는 증거라고 하지만 수치를 좀 더 신중하게 살펴봐야 한다. 전통적으로 매년 7월 발표되는 숫자는 정부 정책보다는 경제 상태와 더 관련이 있다. 경제가 호황이면 삼림 파괴가 늘어나고 상황이 나빠져서 경제가 위축되면 삼림 파괴 역시 줄어든다.

이런 일들이 있었기 때문에 2009년 코펜하겐 기후변화 정상 회의에서 브라질이 보여 준 태도 변화는 희망적이다. 회담 한 달 전, 브라질은 기존의 비타협적인 태도를 철회하고 다음 10년 동안 탄소 배출량을 크게 줄이겠다고 약속했다. 평행선을 달리던 중국, 인도, 남아프리카공화국, 미국과 함께 브라질도 논의에 참여했고 코펜하겐 협정이라는 결과문을 도출했는데, 공식적으로 선진국의 재정 지원으로 "벌목 및 삼림 파괴로 인한 배출 문제를 줄이고 삼림 조성을 통해 온실가스 배출을 줄이자는 것"에 합의했다.

브라질은 자신들의 정책 변화가 중국과 인도에 압박을 준 것이라고 주장한다. 그러나 일부에서 지적하듯이 부속 협정은 여기에 서명한 다섯 국가를 법적으로 구속하지 않으며 이산화탄소나 온실가스 배출 감축에 대한 강제성도 없다. 게다가 브라질은 '정치적 제스처'라 할 '자발적 감축'만을 맹세하고 있다. 이를 정치적 제스처라고 하는 이유는 북반구의 선진국들에게 수치심을 주어 그쪽에서 가스 배출을 더 많이 줄이고 개도국을 '타깃'으로 삼지 말라는 의도가 있기 때문이다. 어쨌든 브라질의 목표는 2020년까지 삼림 파괴를 80퍼센트까지 줄이는 것이며, 쉽지 않은 게 사실이다.

룰라 대통령이 물러나는 2011년, 미국이 부시에서 오바마로 바꿔면서 보여 준 극적인 변화를 기대하기는 힘들 것 같다. 룰라의 후임을 자처하는 사람들은 마리나 시우바를 제외하고 환경 운동에 호의적이지 않다. 게다가 브라질 대통령 가운데 누구도 아마존 보존을 위해 경제성장과 발전을 희생하려 하지 않을 것이다. 리우데자네이루와 상파울루의 상류층 일부의 지지를 제외하고, 어떤 정치인도 아마존의 개발 제한을 주장해서 정치적 지지를 얻은 적이 없다. 대부분의 브라질 사람에게 아마존은 국가를 위해 쓰일 자원이 담긴 보물 상자이며 지도자들에게도 그런 태도를 기대한다. 이런 생각은 앞으로도 당분간 계속될 것으로 보인다. 결국 문제의 주변만 건드리고 근본적인 해결은 하지 않으면서 제한적으로만 진척해 나갈 것이라는 이야기다.

브라질은 앞으로 10년 동안 아마존 정책의 대대적인 변화를 약속했다. 그동안 브라질의 문제이니 남들은 신경 쓰지 말라고 했던 태도를 바꿔 세계와 연계하려는 용기와 의지를 보여 준 정부는 크게 박수받을 만하다. 그러나 과거 아마존의 역사를 얼룩지게 한 깨진 약속과 실패한 프로그램을 볼 때, 각종 협상 때 로널드 레이건이 즐겨 인용했고, 특히 세계 안보에 의미가 있는 이 말을 기억해 둘만하다. "신뢰하되 검증하라."

09

국가의 품격을 갖추기

2009년 10월 2일, 국제올림픽위원회IOC는 2016년 하계 올림픽 개최지로 시카고, 마드리드, 도쿄 등을 제치고 리우데자네이루로 결정했다. 오바마를 비롯한 각국 정치권의 압력에도 굴하지 않은 대담한 결정이었다. 개최 결정지인 코펜하겐으로 날아간 룰라 대통령은 감격에 겨운 나머지 손수건으로 눈물을 훔치며 기자회견에 임했다. "오늘, 브라질인인 것이 그 어느 때보다 자랑스럽습니다." 라이브로 중계된 텔레비전 카메라 앞에서 그가 날린 멘트였다. "세계 시민으로 거듭나는 날입니다. 우리에 대한 편견을 극복한 날입니다. 또한 오늘은 브라질이 이류 국가에서 일류 국가로 발돋움한 날이기에 충분히 축하할 만합니다. 세계가 우리에게 경의를 표한 것이고, 브라질 시대의 도래를 인정한 것입니다. 우리 역시 세계 시민임을 입증했습니다."

룰라의 이러한 감성적인 언사를 이해하려면 1960년대로 돌아가야 한다. 이때 브라질과 프랑스는 어업 분쟁을 벌였는데, 당시 샤를 드골 프랑스 대통령이 "브라질은 품격 있는 국가가 아니다"le Brésil n'est un pays sérieux라고 불평했다는 것이다. 물론 드골이 이렇게 이야기했을 리 없다. 일부 발언만 채록해 재구성한 기자의 보도가 그렇다는 것이다. 그럼에도 불구하고 이 표현은 브라질의 이미지에 직접적인 타격을 주었고, 국제무대에서는 리더로서의 역할을 수행하는 데서 사사건건 발목을 잡았다. 오늘날에도 브라질에 대한 이와 같은 수사는 국제사회에서 조금이라도 더 크거나 잘사는 국가들이 브라질을 '품격 없는 국가'라고 무시하는 명분을 제공해 주고 있다.

브라질이 국제사회에서 소망이 하나 있다면 제대로 된 국가로서 위상을 떨치는 것이다. 특히 브라질은 강대국으로부터 대접 받길 바란다. 브라질은 강대국으로서의 위상을 타고 났다고 자부하며, 이를 바탕으로 주변국의 존경을 받고 싶어 한다. 브라질에 각인된 이미지가 축구와 삼바, 해변과 비키니뿐이라는 사실에 스스로 안절부절 못하며 쩔쩔맨다. 미국이나 유럽의 간행물에서 부에노스아이레스가 브라질의 수도라거나 브라질에서는 스페인어가 사용된다는 등의 실수가 발견되기라도 하면 브라질 사람들은 강력하게 반발한다. 실제 1982년에 로널드 레이건이 국빈 만찬장의 건배사에서 "볼리비아 국민을 위하여"라고 했듯이, 혹시라도 국가원수가 의전상의 실수를 한다면 브라질 사람들이 자신의 처지를 비관하고 세상이 자신들을 모른다고 탄식하는 소리가 커질 것이다.

브라질은 무역이나 국가 안보와 같은 중요한 이슈보다는 자국의 위상을 높이는 추상적인 목표에 더 관심을 가진다. '친절한 브라질 국민'을 브라질의 국민성 중 하나라고 생각하고 외부 관광객을 따뜻하게 대하지만 그 이면에는 고질적인 치안 문제가 있다. 반세기 전에 브라질의 국민성을 고찰한 극작가이자 소설가인 네우송 호드리게스Nelson Rodrigues는 브라질 사람들이 "잡종 콤플렉스"complex de vira-lata에 시달리고 있다고 했다. 'Vira-lata'는 문자 그대로는 '깡통 줍기'라고 해석할 수 있다. 이는 겁먹은 개가 음식을 찾기 위해 쓰레기통을 전전하는 모습을 나타내며, 호드리게스는 열등감에 시달리는 브라질 사람들을 보며 이러한 이미지를 떠올렸다. 열등감이 브라질 사람들의 자부심을 저해하고, 외부인들을 상호 존중과 평등 속에서 대하는 능력에 나쁜 영향을 미친다고 믿었다.

　어쩌면 브라질은 스스로를 강대국의 후발주자로 생각할지도 모른다. 미국처럼 브라질은 젊은 나라다. 하지만 브라질은 그들이 가진 힘을 잘 보여 주지 못하고 있다. 역사상 오랫동안 브라질은 전형적인 개발도상국으로서 영토 유지와 식량, 주거, 교육 분야에 집중해야만 했다. 브라질의 군사력은 미약하고 인력 또한 부족하다. 유능한 외교부가 있지만 외교에 소극적이다. 거대한 영토와 풍부한 자원을 가지고 있음에도 불구하고 국제무대에서 마치 중소 국가들처럼 우유부단하고 자신 없는 태도를 보인다. 이에 어리둥절했던 어느 미국 대사는 나에게 브라질의 모습을 복싱에 비유하며, 복싱 선수가 "자신의 체급보다 낮은 곳에서 싸우는 것"과 같다고 말했다.

　사상 첫 남미 올림픽 개최를 위한 준비 과정에서 브라질은 세계적으로 인정받으려는 욕망을 적나라하게 드러냈다. 브라질 정부는 오랫동안 올림픽 유치를 위해 열심히 로비 활동을 벌였다. 올림픽 개최가 확정된 금요일 오후, 수십만의 사람들이 리우데자네이루의 꼬빠까바나 해변에서 브라질 국기와 좋아하는 축구팀의 깃발을 흔들며 폭죽을 터트리고 색종이 가루를 뿌리며 열광했다. 커다란 스크린에서 올림픽 개최국이 발표됨과 동시에 룰라 대통령의 모습이 나타날 때, 그들은 삼바 리듬에 맞춰 춤추고 노래하면서 서로 포옹하고 키스했다.

많은 브라질 사람들에게 이번 리우데자네이루 올림픽은 스포츠 대회를 개최하는 것 이상의 의미가 있으며, 이번 승리를 통해 떠오르는 스타로서 세계적인 인정을 받았다고 생각한다. 심지어 누군가는 일본의 1964년 도쿄 올림픽, 중국의 2008년 베이징 올림픽처럼 이번 올림픽은 브라질이 글로벌 무대로 나아가게 해줄 '축복'이라고 말한다. 브라질 국기를 얼굴에 그린 한 여성은 텔레비전 인터뷰에서 "드디어 우리의 시대가 왔다. 다른 경쟁자들에게는 그저 또 다른 올림픽 대회일 테지만 우리에게는 브라질의 능력을 세계에 보여주고 자긍심을 높이며, 새롭게 나아 갈 수 있는 이전에는 없었던 기회이다"라고 말했다.

브라질이 러시아, 인도, 중국이 속한 브릭스를 적극적으로 받아들이려 하는 것도 대외적인 존경과 인정을 받기 위해서이다. 브릭스 개념은 월스트리트의 마케팅 도구로 2003년 골드만삭스에서 만들어졌으며, 그룹 내 중대한 문화적·정치적 차이를 고려하지 않는다. 브라질은 과거에 아르헨티나, 콜롬비아, 베네수엘라 등의 국가와 함께 분류되곤 했지만, 러시아, 인도, 중국과 함께 국제 무역 통상의 판도를 바꿀 수 있는 브릭스로 묶이며 21세기의 신흥 경제국으로 분류되어 기쁘다 못해 우쭐대고 있다. 객관적이든 아니든, 과거 '개발도상국'이나 '신흥국가'라는 명칭을 싫어했던 것에 비해, 브라질은 '브릭스 그룹'이라는 표현에는 만족하는 편이다.

그러나 강대국의 대열에 합류하기 위해 '제대로 된 국가'로 인정받고자 하는 브라질의 야망은 가끔씩 도를 지나쳐 실수를 저지르기도 했다. 브라질의 핵 프로그램이 대표적인 사례다. 이는 친선국 및 동맹국 사이에 작고 불필요한 갈등과 의심을 만들었다. 우주 산업 또한 브라질이 망신당한 사례다. 브라질은 국제연합안전보장이사회의 상임이사국으로 진출하고자 10년간 노력했지만 이루지 못했다. 다른 외교적 실수도 많이 한다. 서투른 전략과 부적절한 행동 때문에 대국으로 성장할 기회가 번번이 좌절되었다. 2010년 5월 미국과 동맹국으로부터 등을 돌리고 터키와 함께 이란의 핵 제재 결의안에 반대 의견을 표한 사건이 있었다.

브라질 사람들은 자국이 오랫동안 저평가되었고 의도치 않게 가끔 모욕도 당한다고 생각한다. 처음 브라질을 접한 외국인들은 이러한 과민 반응을 잘 느끼지 못할뿐더러 친절함의 이면도 보지 못한다. 그리고 무심코 브라질 사람들에게 실례되는 말로 기분을 상하게 한다. 깊게 자리 잡은 불안정성과 무시당한다고 느끼는 성향은 예기치 못한 상황이나 대화 중에 나타날 수 있다.

거대한 영토와 큰 야망을 가진 브라질은 스스로를 약소국이 아닌 강대국들과 비교해 왔다. 이러한 태도 때문에 주변국에 대한 브라질의 이해도는 점점 떨어졌으며 특히 아르헨티나, 볼리비아, 파라 과이에 대해 높은 우월감을 가졌다. 예를 들어 나는 브라질 사람들이 종종 아르헨티나 사람을 '그링고'[*]라고 부르는 것을 들었다. 또한 인디오 인구가 많은 국가의 사람을 '바퀴벌레'라고 부르기도 한다. 브라질은 라틴아메리카와 등진 채, 더 멀리 있는 다른 국가들처럼 되기를 열망했다.

초기 브라질은 유럽을 갈망했다. 모국어가 포르투갈어임에도 불구하고 프랑스처럼 되기를 열망했다. 다른 어떤 국가보다도 닮고 싶었던 프랑스는 신흥 독립국 브라질의 꿈을 키워 주었다. 프랑스의 문화, 의복, 매너를 따라했고, 프랑스식 교육법이나 프랑스 여행을 매우 가치 있게 생각했다. 프랑스 오를레앙 왕가의 영향을 강하게 받은 브라질 대법원에서는 프랑스어 단어를 기꺼이 섞어 쓰기도 했다. 고등교육을 받은 브라질 사람들이 선호하는 외국어는 단연 프랑스어였으며, 왕실을 포함한 브라질의 상류층은 명망 높은 프랑스 가문과의 혼사를 적극 추진했다. 그 후 이탈리아와 독일로부터 많은 이민자들이 유입되었음에도 불구하고 브라질은 변함없이 프랑스를 동경했다.

최근 브라질의 시야는 멀리 일본, 중국, 인도로 넓어졌다. 브라질 인구의 대다수가 흑인이지만 브라질의 기득권층은 아프리카와 비교되는 것을 극구 사양해 왔다. 브라질은 아프리카를 단지 시장으로 생각하고, 열등하고 실패한 국가로서 본받을 점이 전혀 없다고 간

● 라틴아메리카에서 미국인을 비하하는 호칭.

주한다. 반면 위에 언급한 세 국가는 어떠한 도움 없이 가난과 저개발로부터 스스로 자립해 선진국 대열에 들어갔다며 호기심과 함께 존경해 왔다. 일본의 경우, 약 200만 명에 달하는 일본계 브라질 이민자들의 존재가 양국의 유대 관계를 더욱 끈끈하게 만들고 있다.

지난 100년 동안 브라질에게 가장 중요해진 국가는 미국이다. 서반구에서 두 국가는 표면적으로 유사한 점이 많다. 브라질과 미국 모두 넓은 대륙으로 사람들을 이주시키기 위해 선구자들이 고난과 역경을 겪으며 일궈 낸 국가들이다. 미국 서부 정복사는 브라질에서 여전히 전설로 여겨지며 심지어 '파로에스치'faroeste● 라는 단어는 제멋대로, 폭력적으로 국경에 정착한다는 뜻으로 쓰인다.

양국 모두 노예제도 및 원주민의 몰살에 관한 부정적인 이미지를 없애고자 고군분투했으며, 세계 각국에서 수백만 명의 이민자들을 수용하며 오늘날의 모습을 구축해 왔다. 또한 그들은 스페인어를 사용하는 무리와는 다른 정체성을 확립하고자 노력했다. 전반적인 사회 분위기가 낙관적이었으며, 낮은 신분일지라도 누구나 노력하면 정상으로 오르는 것이 가능하다고 생각했다. 이는 두 국가에서 자국이 신의 축복을 받아 역사적으로 중요한 역할을 담당하고 있다는 '예외주의'로 해석된다. 브라질 사람들은 '명백한 운명'Manifest destiny●● 개념을 이해하고 좋아하지만 이 용어를 사용하지는 않는다.

● 서부극이라는 뜻.

●● 미국의 팽창기였던 19세기 중후반에 유행한 이론으로, 미합중국은 북미 전역을 정치적·사회적·경제적으로 지배하고 개발할 신의 명령을 받았다는 주장이다.

브라질이 미국에게 집착에 가까운 관심을 보인 배경에는 다양한 이유가 있다. 자세히 살펴보면, 양국이 여러 특징을 공유하기 때문에 미국이 주된 비교 대상이 되었으며 다른 국가보다 더 많은 점을 비교해 볼 수 있었다. 하지만 일부 브라질인들은 미국이 세계의 초강대국으로 성장하긴 했지만, 그만큼 문제점도 많다고 생각한다. 미국의 성공을 인정하기 싫은 것이다. 브라질인들은 물질적이든 정신적이든 성과를 측정하거나 실패를 정당화하기 위해 자신들의 약점을 이야기할 때 미국의 문제점을 꼽는다. 만약 리우데자네이루나 상파울루의 총기 사망률이 매우 높다면, 뉴욕이나 로스앤젤레스에서는 더 문제가 심각하다는 주장이 나올 것이다.

이와 같은 태도가 양국 관계를 악화시키리라고, 미국인들은 깨닫지 못하거나 생각조차 하지 않는 것을 브라질 사람들은 반감을 가지면서도 우려한다. 수백만의 브라질 사람들은 미국을 동경하고 '미국이 할 수 있다면 우리라고 왜 못하겠어?'라고 생각한다. 제로섬게임의 관점에서 본다면, 바로 브라질의 희생 덕분에 미국이 현재의 위치까지 오를 수 있었다는 해석도 있다. 더 나아가 몇몇 좌파 지식인들은 초기부터 브라질이 강대국이 될 수 있었음에도 불구하고 미국이 저지했다고 말한다. 이는 대학뿐만 아니라 외교 아카데미에서도 교재로 쓰이는 『브라질에 있어서 미국의 존재감』*The Presence of the United States in Brazil*의 저자이자 존경받은 역사가인 루이스 아우베르뚜Luiz Alberto의 주장이다.

아마도 미국인들이 가장 관심 갖는 것은 '누가 비행기를 만들었는가'일 것이다. 브라질인들은 비행기를 라이트 형제가 아닌 아우베르뚜 상뚜스두몽뜨Alberto Santos-Dumont가 만들었다고 주장한다. 상뚜스두몽뜨는 인생 대부분을 파리에서 보냈으며, 백만장자 커피 농장주의 아들이다. 브라질인들은 부자가 되기 위해 라이트 형제가 상뚜스두몽뜨의 업적을 빼앗았다며 그들을 사기꾼이라고 생각한다. 상뚜스두몽뜨는 라이트 형제가 키티호크Kitty Hawk에서 단독 비행에 성공하고 3년 뒤인 1906년 처음으로 비행기를 조종했고 개인의 이익보다는 모두를 위해 에일러론[보조 날개]과 수상기를 포함한 비행기의 설계도를 완성했다. 반면 라이트 형제는 1903년 어떠한 검증도 없이 비밀리에 일을 진행했으며 발사기의 도움을 받았기 때문에 유효하지 않다고 볼 수 있다는 주장이다.

100년 후 상뚜스두몽뜨는 국가적 영웅으로 부상함과 동시에 브라질이 세계적으로 얼마나 부당한 대우를 받고 있는지를 보여 주는 상징이 되었다. 키가 컸던 상뚜스두몽뜨는 모자와 옷깃이 빳빳한 정장을 즐겨 입었는데 그 모습이 담긴 사진을 파나마에서 종종 만날 수 있다. 또한 상뚜스두몽뜨의 업적을 기념하기 위해 만들어진 그와 그의 비행기 14-Bis에 대한 노래, 시, 그림, 책 등이 있다. 리우데자네이루의 도심 공항과 길, 광장, 학교 등은 그의 이름을 따서 만들어졌다. 브라질 학교에서 학생들은 라이트 형제를 존경하는 미국인들의 행동이 '정직하지 않으며 무례한 일'이라고 배운다. 상뚜스두몽뜨는 발명품을 제대로 인정받지 못한 채 그것이 무기로 사용된다는 것을 알게 된 후 매우 비통해하며 자살했고, 그 책임은 미국인에게 있다는 목소리도 있다.

상뚜스두몽뜨에 대해 들어 본 적이 없는 대부분의 미국인들은 브라질 사람들이 열정적으로 그의 업적을 옹호하는 것을 알게 되면 매우 놀란다. 또한 그들은 미국이 브라질의 아마존 통제권을 약화시키려고 한다는 주장을 듣고 경악한다. 이는 미국의 브라질에 대한 무관심과 의식의 부족 때문이다. 브라질 사람들은 미국을 동경하지만 미국은 그렇지 않다. 많은 미국인들이 브라질에 거의 무관심한 반면 브라질은 미국과의 관계를 매우 중요하게 생각한다. 미국에게 브라질은 여러 국가 중 하나일 뿐이며 위기 상황일 때만 관심을 갖는다. 대이란 핵 제재가 브라질 때문에 교착 상태에 빠졌을 때처럼 브라질의 협력이나 도움이 갑자기 유용하거나 또는 방해가 되는 상황 말이다.

룰라 대통령과 외교부 장관 세우수 아모링Celso Amorim은 2003년 취임 후 역사상 미국과의 관계가 "이처럼 좋았던 적은 없었다"고 지속적으로 언급했다. 하지만 브라질과 미국 외교관들이 모두 이를 비공식적으로 언급한 것을 보면 다소 과장된 언사라고 볼 수 있다.

지난 50년 가운데 미국-브라질 관계가 최악이었던 때는 1977~1981년이었다. 미국은 지미 카터가 집권했고, 브라질은 군부독재 시기였다. 카터 대통령이 집권한 이후 인권 관련 이슈로 갈등이 지속되었으며, 이는 무기 구매와 핵 확산 이슈로까지 번져 결국 1978년 3월 카터가 브라질을 방문하게 되었다. 순방 내내 그는 긴장감 속에 브라질의 시민사회 비평가들과 군부독재에 반대하는 인사들을 만나야 했다.

양국의 관계가 가장 좋았던 것은 그로부터 20년 후인 1990년 후반, 빌 클린턴과 까르도주가 집권했을 때라고 생각한다. 두 정상은 진심으로 서로를 좋아했고, 같은 이념과 세계관을 가지고 있었기 때문에 대통령직에서 물러난 후에도 계속 친밀한 관계를 가졌다. 그 결과 1998년 후반부터 1999년 초까지 브라질이 경제 위기를 겪었을 때 미국은 까르도주를 위해 경제적 지원을 아끼지 않고 브라질의 위기 탈출을 지원했으며, 세계은행과 국제통화기금에도 브라질을 도와 달라고 호소했다.

반면 까르도주와 부시는 기름과 물 같은 사이였다. 부시는 까르도주를 사회학과 경제학 분야의 책을 쓴 저명한 지식인으로서 잘난 체한다고 생각했다. 마치 까르도주는 대학교수이고 부시는 게으른 학생 같았다. 까르도주는 부시의 무지함과 지적 게으름에 놀랐다. 한 예로 2001년 까르도주가 백악관을 방문했을 때 브라질 흑인들에 관한 이야기를 나누었고 부시는 그 이야기를 들은 후 브라질에 아프리카 후손이 산다는 것에 놀랍다는 반응을 보였다. 이 이야기가 브라질에 알려졌을 때 혹자는 웃음을 터트렸고 경멸했으며, 또는 브라질이 무시받은 것에 대해 치를 떨었다. 백악관은 사실이 아니라고 부인했지만 현장에 있었던 사람들은 내게 사실임을 확인해 주었고, 나도 그들을 의심하지 않는다.

룰라가 집권한 이래 브라질과 미국의 관계는 우호적이고 건설적이었다. 이데올로기 차이에도 불구하고 룰라가 농담으로 그를 "부시 동무"라고 부를 정도로 두 사람은 잘 지냈다. 아마도 두 정상은 바비큐를 좋아하고 올바른 모국어를 사용하지 않는 등 여러 공통점을 지녔기 때문일 것이다. 또한 외국 경험이 없고 제한된 세계관을 가지고 있으며 세계 정치, 외국인, 외국 문화에 대해 알지 못한 채

일을 시작했다. 게다가 지적 호기심도 많지 않았으며, 외국 정세와 세계관에 대해 보좌관들에게 의지하는 경향이 있었다. 부시의 고문관은 콘돌리자 라이스Condoleezza Rice였고, 룰라의 고문관은 상파울루의 좌파 교수이자 오랜 시간 노동당의 국제부에서 일했던 마르꾸 아우렐리우 가르시아Marco Aurélio Garcia였다.

개인적으로 룰라는 버락 오바마를 굉장히 좋아했다. 부시 이후 오바마가 정권을 잡은 뒤 브라질은 양국의 관계가 더욱 가까워질 것이라고 생각했다. 2009년 4월 런던에서 열린 G20 정상회담에서 오바마와 대화를 마친 후 룰라는 인터뷰에서 오바마에 대해 "라틴 아메리카가 미국과 새로운 관계를 만들 수 있는 기회이다. 또한 그는 우리와 비슷하게 생겼다. 만약 사람들이 오바마를 리우데자네이루에서 만났다면 그를 리우데자네이루 사람이라고, 바이아에서 봤다면 바이아 사람이라고 생각했을 것이다"라고 말했다.

룰라는 오바마에게 적극적으로 호감을 표했다. G20 정상회담에서 방송국 카메라가 룰라 대통령이 오바마 대통령에게 다가가는 것을 중계할 때 룰라는 "제가 좋아하는 오바마가 바로 여기 있습니다. 그는 세상에서 가장 유명한 정치인입니다. 바로 그의 외모 때문이죠"라고 말했다. 브라질인들은 종종 국가 정상들의 개인적인 관계를 통해 양국의 관계를 평가한다. 미국에서는 사실 무시당했지만, 이 같은 허심탄회한 소통 장면을 목격한 브라질 사람들은 미국이 드디어 룰라 정부와 정책을 지지하기 시작했으며 드디어 노력한 대가를 얻었다고 생각했다.

대통령이 바뀌면서 양국 간 분위기도 변하는 것처럼 보였지만,

양국의 핵심 이슈는 여전히 이전과 같았다. 독단적이었던 부시와 달리 오바마는 2009년 군사 쿠데타가 일어난 온두라스와 같은 지역 내 문제를 룰라와 함께 논의하고 해결해 나가고자 노력했다. 그러나 미국과 브라질은 결국 해결점을 찾지 못했다. 미국이 우세했으며, 브라질은 분개했다. 이란의 핵 제재 이슈에서도 브라질과 미국 정부는 의견이 달랐고 계속 충돌했다. "브라질은 이란을 볼 때 이란만 보는 게 아니라, 브라질도 본다." 2010년 4월 마르꾸 아우렐리우 가르시아 보좌관이 국제관계연구소 코디네이터인 마치아스 스뻭또르Matias Specktor에게 한 말이다.

브라질은 미국과의 관계에서 일관된 태도를 보이지 않았다. 친미를 주장하지만 반미주의자의 입장 또한 수용했다. 룰라가 퇴임한 후 취임한 새로운 노동당 대통령 지우마 호세프 역시 마찬가지였다. 호세프는 룰라와 마찬가지로 대외 정책 경험이 없었으며, 그 시절 참모들에게 계속 의존하는 수밖에 없었다.

브라질의 국내 정치는 말과 행동에 차이가 있다. 룰라는 오바마처럼 전면적인 개혁을 공약으로 세우면서 대통령으로 당선되었다. 그러나 국내적으로는 월스트리트가 좋아하는 까르도주 전 대통령의 시장 친화적인 태도를 계속 이어 나갔다. 룰라가 자본주의를 포용하자 여당인 좌파까지 실망했고, 지금은 반정부 인사이자 비평가로 활동하는 노동당 창립 멤버인 쉬꾸 지 올리베이라Chico de Oliveira는 룰라 집권 1년차에 마치 "까르도주가 9년째 집권하는 것"과 같다고 언급했다.

대부분의 국가에서 외교정책은 전쟁이나 국가적 위기 상황을 제외하고는 거의 말뿐일 때가 많고 오직 소수의 엘리트들만 관심을 가진다. 브라질도 마찬가지다. 룰라는 좌파가 느끼는 배신감을 외교정책으로 달래 주었다. 국제 이슈와 관련해 '좌파의 입장에서 발언하며' 그동안 미국이 그에게 원했던 '우파 경제정책'을 펼친 것에 대한 좌파의 노여움을 풀어 주는 것이다. 그 결과 브라질은 제3세계라고 불리는 국가 커뮤니티에서 애매한 위치에 서게 되었다. 그러한 애매한 위치는 브라질, 중국, 남아프리카를 한 그룹으로 묶는 '남남 협력'과, 브라질은 무역을 강조하고 아랍은 이스라엘 이슈를 언급하며 서로 다른 목적으로 흐지부지 된 아랍-남미 정상회담의 스폰서십에서 볼 수 있다.

룰라는 오바마에게 매우 호의적이었지만, '미국의 심기를 건드리지 않는 선'에서 일정 거리를 유지하며 독립적 입장을 취했다. 부시가 집권할 당시에는 이 전략이 타당성이 있어 보였다. 부시만큼 라틴아메리카에서 인기 없던 미국 대통령은 없었으니 말이다. 지금은 타당성이 떨어졌음에도 브라질은 계속해서 미국을 방해하거나 불평하는 등 도발적인 행보를 보였다. 예를 들어 2009년 브라질은 무역 증대라는 명목으로 이란 대통령 마무드 아마디네자드를 브라질로 초대했고, 마무드 대통령이 브라질리아에 머무는 동안 환대를 베풀었다. 또한 룰라는 이란의 핵무기 개발을 옹호했으며, 이란과 브라질의 핵연료 거래를 발표한 2010년 테헤란 정상회담에서도 같은 입장을 표명했다. 이 협정이 결렬되자 룰라는 이를 오바마 정권의 탓으로 돌렸고, 브라질 언론은 브라질 축구 대표 팀 유니폼을 이란 대통령에게 선물한 룰라의 행동을 비난했다.

룰라는 "새로운 지도자의 출현을 아무도 원하지 않는다. 그런데 누가 미국이 중동이나 세계의 보안관 노릇을 하라고 했는가?"라며 더 많은 참여자들과 새로운 글로벌 거버넌스가 필요하다고 덧붙였다. 브라질로 돌아오자마자 룰라와 가르시아는 2010년 10월 대선 이전 브라질 순방 요청을 거절한 오바마의 행동에 어리둥절해 했고, [국무 장관인] 힐러리 클린턴이 순방을 방해했다고 언론에 흘렸다. 그 이유는 그녀가 이루지 못한 [이란과의] 합의를 룰라가 이뤄낸 것에 대한 반감과 빌 클린턴과 까르도주 전 대통령[까르도주와 룰라 사이가 나쁨]의 우정 때문이라는 것이다.

그러나 핵 문제를 둘러싼 미국과 브라질의 갈등은 이번이 처음이 아니다. 브라질은 브릭스의 네 국가 중 유일하게 원자폭탄을 보유하고 있지 않으며, 이 사실은 좌파와 우파 가릴 것 없이 민족주의자들의 가슴에 응어리가 되었다. 이들은 강대국이 되기 위해서는 핵을 보유하는 것이 필수라고 주장했다. 과거에 이들은 핵폭탄 제조를 시도한 적이 있는데, 혼란과 불필요한 문제만 야기했다. 예를 들어 1964~1985년 군부독재 시기에 브라질의 3군[육·해·공]은 핵보유를 위한 비밀 계획을 각각 진행한 바 있다.

그러나 군사정권이 몰락한 후 문민정부는 미국과 동맹국들의 압박으로 핵실험을 서서히 중단했다. 조제 사르네이 대통령은 아르헨티나와 핵 협력 및 정보 교환 협정을 맺으며 브라질 군사정권 당시의 핵실험에 대해 해명했다. 꼴로르 대통령은 공식적으로 군사정권 시절 핵실험을 인정했고 이를 수행하기 위해 건설된 아마존 지역의 공군 기지 통로를 폐쇄했다. 1994년 이따마르 프랑꾸 정부는 1967

년 발효된 라틴아메리카의 비핵 지대 조약인 뜰라뗄롤꼬Tlatelolco를 비준했다. 그리고 까르도주가 집권할 당시 브라질은 1998년 핵 비확산 조약에 서명했다.

이로써 브라질 핵 문제와 관련된 모든 질문과 의심에 답을 하는 것 같았으나, 2002년 리우데자네이루에서 선거운동을 할 당시 룰라는 이 문제를 다시 언급했다. 한 연설에서 룰라는 브라질과 같은 나라들이 핵무기를 포기해야 하는 것은 부당하다며 핵 비확산 조약을 비판했다. "나는 이미 핵을 보유한 국가들 또한 핵무기를 철폐해야 한다고 생각한다. 핵무기를 보유한 선진국들이 다른 국가의 핵 보유를 금지하고 비활성화 하려는 것은 정당하지 않다. 그들은 핵무기를 지닌 반면 우리 개발도상국들은 새총만 가진 채로 남겨졌다. 만약 누군가가 우리에게 무장해제를 요구하고 새총만 가지고 있으라 하며 대포를 가지고 온다면, 그게 무슨 짓인가?"

이에 대해 브라질과 해외에서 거센 반응이 일어나자 룰라는 브라질이 핵무기를 개발하려는 의도가 아니라며 '해명'했다. 그러나 2003년 1월 룰라가 대통령으로 취임하자마자 과학기술부 장관 호베르뚜 아마라우Roberto Amaral는 더 직접적인 발언으로 물의를 빚었다. 아마라우 장관은 BBC와의 인터뷰에서 "원자 주기 연구는 브라질에게 중요한 과제"라고 언급하며 이는 잠재적인 외부의 위협을 차단하기 위한 것이라고 말했다. 하지만 이웃 국가와 우호적인 관계를 유지하는 것과는 관계없이 브라질을 위협하는 가장 큰 문제는 외국 군대가 아닌 마약 거래상과 밀매상이다.

아마라우 장관은 "브라질은 평화로운 나라이며 평화 옹호국이다.

하지만 우리는 기술적인 부분을 포함해 준비된 국가가 되어야 한다. 우리는 게놈, DNA, 핵분열 등 어떤 과학 분야도 포기할 수 없다"라고 말하며 국제적인 논란을 일으켰고 브라질은 다시 외부의 압력을 받았다. 브라질리아에서 열린 뉴스 브리핑에서 리포터의 질문에 룰라 대변인은 "정부는 오직 평화적인 목적에서 핵 연구를 지원할 것"이라고 말했다.

그러나 룰라의 첫 임기 이후, 국제원자력기구IAEA는 리우데자네이루에 위치한 우라늄 농축 시설을 사찰하고자 했으나 브라질 해군의 통제하에 거부당하며 갈등이 발생했다. 브라질 관계자들은 "100퍼센트 브라질 기술"로 운영되고 있는 시설이며, 당국 관계자들은 이것이 브라질의 과학 기술 기밀 사항을 빼앗아 가려는 국제적인 음모라고 말했다. 사실상 원천 기술은 온전히 브라질 것이 아니며 독일에서 들여온 것이고, 파키스탄 또한 같은 방식으로 개발한 적이 있다. 그러나 브라질 정부는 그들만의 노하우가 유출되면 피해를 입을 수 있다는 이유로 사찰을 거부했다.

결국 브라질은 시설의 일부만 사찰하도록 허락하며 국제원자력기구와 타협점을 찾았다. 그러나 2009년 발표한 프랑스와의 무기 협정은 브라질이 10년 안에 핵 잠수함을 보유하게 될 수도 있다는 내용을 포함하고 있었으며 이러한 이슈는 곧 일어날 미래의 모습을 재현하는 것이었다. 30년 넘게 브라질 해군은 전력도 공급하고 잠수함도 움직일 수 있는 다목적 원자로를 개발하려 애써 왔다. 브라질의 주장에 따르면 이와 같은 원자로는 사찰을 포함한 국제 규범의 통제를 받을 사안은 아니라는 것이었다. 국제원자력기구와 미국의 관계자들은 브라질의 독자적인 행동이 북한이나 이란과 같은 국가를 통제하는 데 어려움을 준다고 불평했다. 이런 점에서 감시관들에게 핵 원자로 검사 및 국가의 핵 이슈와 관련된 서류 조사 권한을 부여하는 핵확산금지조약NPT의 '추가의정서'에 브라질이 격렬하게 반대하며 조약을 맺지 않은 것은 주목할 만하다.

더 큰 궁금증은 적이 없는 브라질이 왜 애초에 핵 잠수함을 갖기를 원하는가였다. 브라질 해군은 브라질의 영해와 상파울루, 리우데자네이루의 해변을 따라 매장되어 있는 방대한 석유 및 가스를 지키기 위해서라는 입장을 발표했다. 브라질이 총 8천 킬로미터가 넘는 긴 연안을 보유한 것은 사실이다. 그러나 2008년 12월 발표한 브라질의 국방 전략 보고서를 분석한 미 해군 분석가는 석유와 관련된 주장을 언급하며, "이는 핵 잠수함에 대한 방대한 투자를 정당화하지 못한다"라고 말했다. 핵 잠수함은 석유를 채굴할 수 있는 연안을 방어하는 데 적절하지 않으며 이는 브라질이 단지 강대국이라는 이미지를 갖기 위해 진행되는 프로젝트라고 비판했다.

브라질은 군사정권 시절부터 우주 분야에 관심을 보였으며 이 또한 핵 잠수함과 같이 강대국이 되고자 하는 노력의 일환이었다. 우주 개발은 1960년대 후반 군사독재 시절부터 '거대한 브라질'로 발전하려는 목적에서 시작되었고, 브라질은 적은 연료로 인공위성을 쉽게 궤도에 접근시키고자 적도에 발사대를 설치해 미국이나 소련 등 다른 경쟁국들과 차별화하려 했다.

기지는 아마존 동쪽 끝, 아우깡따라Alcantara 지역에 빠른 속도로 설립되었다. 하지만 브라질 정부가 꾸준히 우주 시설에 투자해 왔음에도 불구하고 중국, 인도와는 달리 계획을 실현하기 위한 예산을 확보하는 데는 실패했다. 군의 주도하에 이루어져 시작부터 베일에 싸여 있던 이 프로젝트는 자금난에 시달렸으며, 연구원들은 열악한 환경에서 연구를 지속할 수밖에 없었다. 결국 브라질이 만든 인공위성은 발사에 세 번 실패했고, 2003년 8월 발사대가 붕괴하며 현장에 있던 21명의 연구진이 사망하는 사태에 이르렀다.

브라질의 인공위성 프로그램은 민간에 의해 운영되며 전 세계적으로 협력을 확대하고 있다. 그 예로 브라질과 중국은 서반구를 중심으로 극궤도에서 지구를 도는 공동 개발 인공위성을 네 번 발사했다. 브라질 당국은 미국의 수확량과 곡물의 생장, 날씨 패턴을 모니터링하면서 시장가격 변동에 대한 대응책을 마련할 수 있을 것이라며, 브라질의 경제적 이익을 위해 인공위성을 발사하는 것이라고 밝혔다. 하지만 이 인공위성 시스템을 통해 중국과 브라질이 결국 모니터링할 수 있었던 것은 미국의 병력과 군사기지였다.

로켓 개발이 군 통제하에 이루어졌기 때문에 미국은 핵심 기술을 얻으려는 브라질의 노력을 제지했으며 동맹국에게도 이에 협조할 것을 당부했다. 미 당국자들은 브라질이 오랜 시간 이라크의 핵 프로그램을 지지해 왔기 때문에 로켓을 테러리스트의 손에 넘길 가능성이 있다며 이를 염려했다. 사담 후세인 시절 브라질은 이라크에 로켓을 수출했고, 이라크의 비밀 핵 프로그램을 위한 우라늄을 제공했으며, 우라늄을 채굴할 수 있도록 도왔을 뿐만 아니라 지하 우라늄 처리 시설을 설계해 주었다. 1990년 사담 후세인이 쿠웨이트를 침공할 당시 전 우주항공센터장 후구 삐바Hugo Piva가 브라질 미사일 전문가 팀과 이라크에 있었던 사실이 밝혀졌다. 후구 삐바는 훗날 브라질의 로켓 프로그램을 가속화하기 위해 암시장에서 로켓 부품을 구했다고 이실직고했다.

이후 브라질은 20년 전 소련의 붕괴를 경험한 러시아 전문가들과 함께 브라질의 비밀 공군 기지 설립 등 치밀한 계획을 세웠다. 러시아 전문가들은 대학에서 강의를 하거나 상파울루 동쪽의 서웅 조제두스깡뿌스에서 진행되는 우주 프로그램의 고문을 맡기 위해 브라질로 이주했다. 또한 1990년대 중반 브라질 공군은 가끔씩 로켓의 필수 부품을 러시아에 요청해 자국으로 은밀하게 반입했다. 부품이 야간 투시경 운반 선적물 속에 숨겨져 공군 비행기를 통해 깡뿌스로 들어오기도 했다. 브라질 공군은 민간에 우주 프로그램을 팔기 위해 브라질의 순수 기술임을 강조했고, 러시아의 역할을 절대로 누설하지 않았다.

1997년 브라질은 국제 우주정거장을 건설하는 16개 국가 중 한 나라로 선정되었다. 이는 까르도주 대통령의 위신을 높인 일임과 동시에 과학 및 기술 분야에서 브라질과 협력하길 원했던 미국 클린턴 정권의 로비 활동과도 관련이 있다. 브라질은 우주정거장의 6구역을 세우기 위한 1억2천만 달러의 예산을 확보할 것을 약속했으며, 그 대가로 과학 실험을 위한 우주정거장의 이용과 브라질 우주인의 선발을 요구했다.

그러나 브라질은 약속한 돈을 준비하지 못했다. 까르도주 정부는 적도에 위치한 아우깡따라 기지에서 저렴하게 통신위성을 발사할 미국 및 여러 해외 기업들 덕에 지속적인 수익을 올릴 수 있을 것으로 기대했다. 그런데 [이후 집권한] 노동당이 미국과의 협약을 무산시키는 바람에 계획에 차질을 빚었다. 노동당은 이 협약은 미국이 군사적으로 아마존을 침략할 수 있는 발판을 마련해 주는 것이며 브라질의 통치권이 위협받을 수 있다고 주장했다. 마감일을 지키지 못한 브라질은 결국 2003년 나사NASA와 재협상한 후 800만 달러 정도의 예산으로 역할을 대폭 축소해 참여하는 것으로 결정했다. 그 예산 또한 마련하지 못해 ISS 컨소시엄은 브라질을 결국 쫓아냈고, 우주 탐사업계에서 브라질의 신용은 땅에 떨어지고 말았다.

그러나 브라질은 우주 프로그램에서 존재감을 드러내기 위해 계속 욕심을 냈다. 2006년 미국과의 협력을 반대했던 노동당 정부는 간신히 1,050만 달러를 마련했고, 러시아에 이 돈을 지불하며 나사 우주비행사 훈련을 이수한 마르꾸스 뽕치스Marcos Pontes가 소유즈 우주선에 탑승할 수 있게 해달라고 요청했다. 우연치 않게 뽕치스가 우주 비행을 한 날은 비행기 발명가인 상뚜스두몽뜨가 날개가 고정된 비행기 운행을 처음 성공한 날로부터 100주년을 맞이한 날이었다. 뽕치스가 비행하는 동안 언론은 그를 "우주 여행객", "별나라 히치하이커"라며 비꼬았다. 그러나 룰라 정부는 이 우주 비행을 브라질의 성공으로 묘사했다. 룰라 대통령은 뽕치스와 전화상으로 대화를 나누었고 학교에서 학생들은 우주정거장에서 그가 수행한 여덟 가지 임무에 대해 배우고 있다. 국내에는 브라질이 세계적으로 과학 분야에서 좋은 평판을 얻는 것처럼 알려졌지만, 실상은 그 반대였다.

2009년 브라질 독립기념일인 9월 7일 직전, 프랑스 대통령 니콜라 사르코지Nicolas Sarkozy가 브라질리아를 방문했다. 저녁 만찬에서 두 정상은 브라질 전통주인 까이삐리냐와 위스키를 많이 마셨고, 만찬 중 양국의 국방 협력을 포함한 '전략적 파트너십'에 대해 논의했다. 공동 선언의 일부는 상징적인 부분도 있었지만 그들이 밝힌 세부 사항에는 공격용 제트기 36대, 수송 헬리콥터 50대, 탱크, 잠수함 4대와 핵 잠수함 등 브라질 역사상 가장 큰 규모의 무기 계약이 포함되었으며 총 비용은 120억 달러가 넘었다.

브라질은 군사 강국이 아니다. 큰 전쟁은 역사상 오직 한 번뿐이었는데, 1864~1870년에 비교적 작은 국가인 우루과이 및 파라과이와 벌였던 전쟁이었다. 이 전쟁을 통해 많은 비용을 지불했고 여러 골치 아픈 일도 많았으므로, 이는 브라질의 정책에서 평화주의를 더욱 강조하는 계기가 되었다. 브라질에는 육·해·공군이 있으며 현재 현역 군인은 37만5천 명 정도이다. 외부의 위협에 노출되어 있지 않은 상황에서 125년 전 왕국이 공화국 체제로 바뀌면서 군의 기능은 국경 경계, 국내 안정화 및 정치 개입에 그치게 되었다.

1985년에 21년간의 군부독재 정권이 무너지며 이러한 역할마저 줄어들고 있다. 또한 1991년 메르코수르Mercosul *가 체결된 당시 적대적 관계였던 브라질과 아르헨티나는 동맹을 형성하며 모든 핵 프로그램을 포기하고 상호 사찰에 동의하는 조건으로 새로운 조약을 비준했다. 그 후로 정부의 국방 예산이 삭감되었다. 지난 5년간 브라질의 공군 비행기 773대는 예비 부품 부족으로 인해 예정되었

---

* 남미 4개국이 무역 장벽을 전면 철폐하면서 1995년부터 출범한 남미공동시장.

던 비행의 반 이상을 진행하지 못했다. 군 예산이 대폭 축소되어 군복과 숙소 제공이 어려워지면서 19세의 징집병들은 숙식을 집에서 해결했다.

그 결과 브라질군은 스스로를 유지하기 위해 어떠한 임무라도 수행하며 영향력을 유지하고자 노력할 수밖에 없었다. 현역 및 퇴역 공직자들은 미국을 비롯한 외세가 아마존을 노리고 이를 빼앗으려 한다고 주장했고, 1990년 전성기에 도달했다가 지금은 쇠퇴한 콜롬비아 무장 혁명군과 1960년대부터 콜롬비아 정부와 갈등을 겪고 있는 좌파 게릴라 및 마약 카르텔 등이 아마존 국경을 위협하고 있다고 말했다.

돈과 경험을 얻으려 브라질 군대는 콩고, 키프로스, 동티모르, 아이티 등 다양한 지역의 유엔 평화유지군 임무에 꾸준히 참가했다. 승산 없는 부패한 갈등에 휘말리는 것에 불안함을 느낀 브라질 참모들이 의구심을 가졌음에도 불구하고 때때로 군은 도심 작전에도 투입되어 마약 밀수단에 대항해 경찰들을 도왔고 범미주 경기 Pan-American Game와 같은 큰 행사가 있을 경우 안전을 위해 시내 곳곳에 투입되었다.

브라질은 프랑스와의 '전략적 파트너십'으로 많은 것을 얻을 수 있다. 우선 아직 제대로 정비되지 않은 브라질의 공군과 해군이 반짝반짝한 신무기를 잔뜩 구비했고, 만족감과 자긍심을 갖게 되었다. 룰라 대통령은 이것으로 충분히 정당화된다고 생각했을지도 모른다. 좌파인 룰라 대통령은 군사정권과의 갈등을 겪었고 노동 운동을 기반으로 했기 때문에 안보에 대해 의심하고 있던 반대파를 안심시키고자 노력했다. 룰라는 국민의 애국심을 고취할 수 있는 강한 군사력이 필요하다고 주장했다. 브라질의 군사력이 외국에서 임무를 수행하기에는 충분하지 않을 수 있지만 적어도 강대국이 되고 싶어 하는 다른 신흥국가들과 마찬가지로 하나의 도구는 될 수 있었다.

군사력 증강을 지지하는 사람들은 브라질의 해저에 매장되어 있는 석유 보호 등의 방어 수단으로서 군의 역할이 필수적이라고 주장했다. 만약 브라질이 강력한 군사력을 보유하고 있다면 8장에서 언급했던 아마존에 대한 외부인의 관심에 위협을 느끼는 것은 피해망상일 것이다. 예전부터 브라질의 영토를 외국에 빼앗길 수도 있다는 불안감을 느껴 온 군인들과 애국주의자들은 석유가 매장된 해안을 '블루 아마존'이라고 부른다. 브라질은 드골의 뒤를 이은 사르코지가 "각별한 관계"를 맺기 위해 브라질까지 와서 드골 시대보다 더 강하고 부유하게 성장한 이 나라에 각종 물건(무기)을 판매하려 노력하는 것을 보며 은근히 만족했을 것이다.

브라질이 새로운 무기를 가졌다는 것이 갑자기 이웃 나라를 노리게 된다는 것을 의미할까? 그런 일은 일어나지 않을 것이다. 의회를 포함한 브라질 국민들은 2006년 볼리비아의 에보 모랄레스 대통령이 브라질의 국영 석유 회사인 페트로브라스가 일부 지분을 보유한 에너지 기업을 국유화하자 격분했고, 이는 브라질을 위협하려는 것이라고 주장했다. 이 사건은 우호적으로 해결되었지만, 브라질에게 무척 불리한 협상이었다. 브라질은 또한 파라과이와 국경지대에 있는 이따이뿌 댐이 생산한 전력의 수입 가격과 관련해서도 갈등 끝에 불리한 협상을 진행했다.

브라질은 단지 뒤처지지 않으려고 노력하고 있는 것이다. 이번에는 베네수엘라의 대통령인 우고 차베스를 따라잡으려 했다. 차베스는 최근 몇 년간 60억이 넘는 돈을 러시아산 무기 구입에 투자하며 탱크와 대공미사일, 수호이 전투기, 헬리콥터, 디젤 잠수함 및 최신 버전의 돌격 소총인 AK-103을 구입했다. 그는 이러한 무기들이 방어용이라고 강조했지만, 결국 베네수엘라가 남미 어디든 공격할 수 있는 능력을 가졌다는 것을 의미한다. 모랄레스 대통령이 집권한 후 베네수엘라와 볼리비아는 군사 협정을 체결했고 볼리비아는 군사 훈련 및 무기 공유와 국경 병력 강화를 위해 베네수엘라에 병력을 요청했다. 브라질은 자연스럽게 차베스의 저의에 의문을 갖게 되었다.

차베스는 브라질의 적이 아니며 항상 스스로를 브라질과 룰라 대통령의 친구라고 말했다. 그러나 그는 과거 10년 동안 브라질 정책 결정자들의 골칫거리였다. 브라질은 스스로를 라틴아메리카의 리더라고 생각했고, 2003년 첫 집권할 당시 룰라의 넘치는 카리스마와 화려한 노동운동 이력은 브라질이 더욱 눈에 띄는 역할을 맡을 수 있으리라 생각하도록 만들었다. 이는 누가 대통령이 되건 상관없이 오랜 브라질의 야망이었다. 이러한 열망이 라틴아메리카의 다른 좌파들과 유대 관계를 맺고 있던 노동당에 의해 구현된 것이고, 브라질의 노동당은 스스로를 라틴아메리카 신좌파의 선구자라고 여겼다.

그러나 브라질의 리더들은 차베스가 스포트라이트를 독차지하고 국제무대에서 라틴아메리카 대륙의 리더로서 자리매김을 원하는 브라질의 열망을 밀어냈다고 생각했다. 이러한 긴장감은 룰라가 집권한 후로 두드러졌다. 차베스는 브라질리아에서 열린 정상회담에 늦게 등장했고 그 후 긴장감은 더해 갔다. 브라질은 차베스가 제안한 모든 계획에 냉담한 반응을 보였으며 브라질이 관심 있고 영향력을 가진 분야에서는 더더욱 차가운 태도로 일관했다.

그중 가장 큰 거부감을 불러일으킨 제안은 카라카스부터 부에노스아이레스를 지나는 가스관 건설 문제였다. 이는 브라질, 아르헨티나, 우루과이, 베네수엘라를 지나는 천연가스관을 매설하는 대규모 프로젝트였다. 차베스는 또한 여러 국가의 군을 통합 지휘하는 남대서양조약기구 설립과 남미 뉴스 통신사, 지역 내 텔레비전 네트워크, 지역개발은행 설립을 제의했다. 차베스는 자기 자신을 이 체제의 리더로 여겼으며, 브라질은 더 나은 지역을 만들자는 차베스의 의견에는 표면적으로 동의했지만, 이런저런 갈등을 불러일으킬 것이라고 판단해 그가 발안한 내용을 깎아내리거나 심지어 방해했다. 브라질에게는 미국의 이익에 부합하고 미국의 지지와 승인을 얻을 수 있는 이슈가 곧 관심사였다.

큰 영토를 가졌으며 다른 문화 및 언어권이라는 이유로 과거에 남미에서 묻어 두었던 브라질에 대한 불만을 차베스가 미묘한 방법으로 표출하고 있는 것일지도 모른다. 브라질 사람들이 가장 무시하는 이웃 국가인 파라과이의 전 외교부 장관은 "미국과 멕시코의 관계는 마치 브라질과 우리의 관계 같다"라고 내게 말한 적이 있다. 군부독재 시절 볼리비아 외교관이 『브라질의 아류 제국주의』*The proc-*

*ess of Brazilian Sub-Imperialism*라는 책을 출간한 적이 있다. 우루과이의 저명한 지식인 가운데 한 명은 "미국의 제국주의는 필요에 의한 것인 반면, 브라질은 사명에 의한 제국주의다"라고 언급했다. 브라질은 스페인어를 사용하는 작은 이웃 국가들에 대해 우월 의식을 갖는 경향이 있으며 이 국가들의 글로벌 역량을 무시한다.

룰라 대통령은 첫 재임 기간에 거부권을 행사할 수 있는 유엔안전보장이사회 상임이사국으로 선출되기 위해 노력했다. 브라질은 오래전부터 매년 9월 개최되는 유엔 총회에서 첫 번째로 발언을 해왔고 거의 매년 안전보장이사회의 멤버로 선출되었다. 브라질의 외교부 장관은 브라질이 유엔에서 영향력을 가질 수 있도록 회의 안건에는 호의적인 태도를 보였으나 그 안건들을 진지하게 추진하지는 않았다. 브라질 외교관들은 만약 브라질이 라틴아메리카의 첫 안전보장이사회 상임이사국으로 선출되기 위해 과도하게 밀어붙인다면 멕시코, 아르헨티나와의 사이가 소원해질 수도 있다고 나에게 말했다. 멕시코 역시 브라질과 같은 꿈을 가지고 있으며 아르헨티나는 유엔안전보장이사회에 브라질과 번갈아 참석하길 바라기 때문이다.

그러나 룰라 정권은 당시 미국, 프랑스, 영국, 러시아, 중국으로 구성되어 있는 유엔 상임이사회에 진출하는 것을 브라질 외교정책의 우선순위로 두고 이를 달성하고자 노력했다. 아프리카 국가의 지지를 받기 위해 무역 자금을 제공하고 미지불 부채를 탕감해 주기로 약속했다. 브라질은 프랑스와 미국을 설득하고, 브라질이 주변국 사이에서만이 아니라 더 큰 역할을 할 수 있다는 것을 보여 주기 위해 칠레와 함께 유엔 평화유지군으로서 아이티에 주둔했다. 이 임무는 프랑스와 미국의 지휘하에 있었던 유엔군이 장 베르트랑 아리스티드Jean-Bertrand Aristide 대통령의 권좌를 복귀시킨 1994년 이래로 두 나라가 골치 아파했던 문제였다. 브라질은 아랍연맹에 좋은 평판을 쌓기 위해 중동 정책을 재정립했고 이스라엘과 파키스탄 옹호자들을 더욱 비판했다. 또한 중국에는 그들의 시장을 완전한 시장 경제로 간주하고, 중국이 세계무역기구WTO에 진입할 수 있도록 장벽을 낮추고 확실한 무역 이익을 제공했다.

미국은 공식적으로 브라질을 지지하지 않았지만 룰라의 노력으로 프랑스는 브라질의 상임이사국 진출을 지지했다. 그러나 대중국 외교가 역효과를 불러일으켰다. 신발이나 장난감과 같은 저렴한 중국산 제품들이 브라질에 다량 수입되면서 상파울루의 국내시장이 큰 타격을 입었고 지역 상인들은 격분했다. 그리고 중국은 유엔안전보장이사회 상임이사국 수를 늘리려는 계획에 거부권을 행사했고 브라질의 꿈은 무산되었다. 아울러 브라질은 상임이사국 진출의 꿈을 갖고 있는 인도 및 일본과 동맹을 맺는 오류를 범했다. 중국은 거부권을 사용할 수 있는 유일한 아시아 국가로 남길 원했기 때문에 상임이사국 확대를 반대했고 결국 브라질도 뜻을 이룰 수 없게 되었다.

브라질은 아이티에서 빠져나오기는커녕 2010년 1월 아이티에서 발생한 지진으로 지원을 더 늘려야 했다. 아이티의 아리스티드 대통령이 해임된 2004년, 룰라 대통령은 유엔 평화유지군 1,200명을 포르토프랭스로 파병하면서 미국 정부가 연이어 실패한 이 임무를 브라질이 성공시킬 것이라는 자신감을 나타냈다. 브라질과 아이티는 브라질 흑인들이 느끼는 범아프리카주의라는 공통점을 제외하고는 특별한 역사적 유대 관계가 없었다. 브라질은 아이티 국민들이 미국이나 유럽의 백인들보다 라틴아메리카와 손잡는다면 더 좋은 결과를 얻게 될 것이라며 '선린 우호 정책'을 언급했지만, 이는 매우 어리숙한 정책이었고 안정성과 평화를 가져오지 못했다. 국제사회가 약속한 경제원조가 실현되지 않았을 뿐만 아니라 지진으로 발생한 피해를 복구하기 위해 더 많은 원조가 필요하게 되었다. 브라질은 곤란한 상황에 빠졌으며, 이 임무를 수행하는 데 들어간 돈으로 브라질의 가난한 이웃을 도왔어야 한다며 끝이 보이지 않는 원조에 대해 비판하는 목소리가 커지고 있다.

유엔안전보장이사회 상임이사국 진출을 위한 브라질의 시도는 자국의 역할에 대한 심각한 계산 착오와 상식을 넘어선 이데올로기, 야망에 대한 도취를 드러냈다. 룰라 대통령은 국내적으로는 긍지와 자신감이, 국제무대에서는 자국의 이미지와 위상이 높아지길 바랐지만, 다소 무리수였던 것이다. 그러나 룰라 대통령은 이미 충분한 경고를 받았기 때문에 결과에 대해 어떠한 변명도 할 수 없었다. 브라질 외교부 장관은 오래전부터 이러한 시도가 상당히 위험하다는 것을 알고 있었고 너무 적극적인 태도를 취하지 않을 것을 당부했지만 룰라는 이를 무시했다. 결국 브라질은 외교적으로 큰 타격을 입었다.

1970년대 미 국무장관 헨리 키신저가 브라질을 방문했을 때 브라질의 앙또니우 아제레두 다 시우베이라Antônio Azeredo da Silveira

장관은 브라질리아에 있는 외교부 청사를 안내했다. 오스까르 니에메예르가 설계했으며 반짝이는 외관에 유리로 만들어진 매우 현대적인 건물이다. 훗날 앙또니우가 느낌을 묻자 키신저는 "매우 훌륭한 건물이었다"고 답하면서 "브라질은 이 건물에 상응하는 외교정책이 필요하다"고 덧붙였다.

브라질에는 매우 거대하고 전문화된 외교단이 있다. 외교부 건물은 '이따마라치'Itamaraty라고 불리는데, 이는 리우데자이네루가 수도일 당시 외교부 장관이 살았던 궁의 이름이다. 브라질 외교관들은 외국어에 능통하며 수준 높은 교육을 받았기 때문에 유엔이나 미주기구에서는 그들을 스카우트해 간다. 또한 그들은 브라질의 안보부 또는 과학기술부에서도 일한다. 라틴아메리카와 아프리카의 몇몇 국가들은 자국 외교관들을 브라질의 외교관 양성 기관인 히우브랑꾸 외교원으로 파견을 보내 왔는데, 이따마라치의 명성은 이 기관을 뛰어 넘었다.

빌 클린턴 집권 당시 나는 미국을 여행하며 미국 통상대표부의 상업 및 산업 조약과 지적재산권 협상을 담당하는 샬린 바셰프스키 Charlene Barshefsky와 이야기할 기회가 있었다. 그간 협상했던 국가 중 어느 국가의 역량이 가장 높았냐는 질문을 하며 답은 중국일 거라고 생각했다. 하지만 그녀는 놀랍게도 브라질이라고 답하며, "이따마라치는 늘 매우 유능하고 교양 있는 외교관들을 보낸다"라고 했다. 그들은 어떤 이슈든 의견 충돌이 발생하면 뛰어난 화술로 서로의 차이점을 이야기하고, 모두가 수용할 수 있는 타협점을 찾고자 한다고 덧붙였다.

키신저가 농담처럼 말했지만, 그녀가 언급한 말들은 모두 맞는 말이었고 오늘날까지도 그러하다. 브라질은 35년 동안 외국과 교류 및 협상하며 큰 야망을 키워 왔다. 그러나 전통적으로, 그리고 지금도 외교에 있어서는 수동적이다. 브라질은 중요한 신념이나 의도, 장기 전략 목표를 가지기보다는 단기간에 달성할 수 있는 목표에 따라 진로를 수정해 왔다.

브라질은 외교 관계에서 갈등을 최소화하고 가능한 적을 만들지 않는다는 원칙을 고수해 왔다. 그 결과 브라질은 미국 및 베네수엘라와 현재의 관계를 유지할 수 있었다. 미국과 베네수엘라는 적대적이지만, 브라질은 두 국가와 모두 원만한 관계를 유지하고 있다.

필연적으로 한 국가의 외교정책은 내부 관례와 사고방식을 반영한다. 브라질의 경우도 그렇다. 상호 관계에서 목적을 이루는 데 걸림돌이 되는 것들은 지양하고 타협점과 여지를 찾는 '제이치뉴'를 중요시한다. 2장에서 언급한 것처럼 '제이치뉴'는 서로 간에 다른 점이 존재하지 않고 모두가 사이좋게 같은 목적을 향해 나아가는 것을 말한다. 이 관습 덕분에 브라질은 세계적으로 외교 능력을 인정받았으며 종종 국제 분쟁의 중재 역할을 맡는다.

실제 이것이 의미하는 바는 대개 브라질은 모두와 원만한 관계를 가지길 바라며 그것이 종종 핵심적인 가치가 되지만, 이것이 명확하게 정의되거나, 표현되거나, 옹호되지 않고 있다는 것이다. 권위적인 통치로 고통받았던 브라질은 민주주의 챔피언을 자처했다. 파라과이나 온두라스 지역에서 문민정부를 위협하는 쿠데타가 발생했을 때 브라질은 법규에 따라야 한다고 주장했다. 그러나 유엔 총

회라면 쿠바의 인권 문제에 대해 규탄하지 않을 것이며, 기권하려 할 것이다. 브라질은 라틴아메리카를 대표하는 국가가 되기를 열망 하지만 자국과 밀접한 이슈에서 리더십을 발휘한 대가를 감수하는 것은 바라지 않는다. 이 때문에 라틴아메리카의 국가들은 브라질을 "경제 강국, 외교 소국"이라 표현한다.

예를 들면 1990년 남아메리카 경제 동맹인 메르코수르 출범 당 시 브라질은 아르헨티나, 파라과이, 우루과이가 회원으로, 칠레, 볼 리비아가 준회원으로 구성되는 구도를 계획했다. 하지만 2006년 이후 아르헨티나와 우루과이 국경 사이의 강둑에 우루과이가 펄프 공장을 설립하며 양국이 갈등을 겪었다. 논쟁이 악화되면서 양국은 브라질이 개입해 중재해 주길 바랐지만 브라질은 이에 연루되기를 거부했고, 이는 마치 브라질이 한쪽 편을 들어 누군가의 기분을 상 하게 하는 것을 두려워하는 것처럼 보였다. 그리하여 회원국 간 무 역 장벽 간소화 및 공동 통화 도입이라는 목표의 달성은 점점 지연 되고 있다. 우루과이는 이 과정에서 가장 많은 피해를 입었고, 브라 질이 원치 않는 미국과의 자유무역협정을 체결하려 계획하고 있다.

브라질이 모두를 동등하게 대우하고 누구의 편에 서는 것을 지양 하는 것은 매우 전통적인 접근이다. 이는 제2차 세계대전 당시에도 명백히 드러났으며 그 당시 미국 외교관들은 브라질의 이러한 접근 방식에 대해 인지했다. 처음에 브라질은 독재자 바르가스와 친나치 경찰청장 피우링뚜 뮐러Filinto Müller가 이상적으로 생각했던 독일 나치 정권 및 이탈리아 파시스트 정부와 좋은 관계를 유지하려고 노력했다. 그러나 진주만 공습 이후 미국이 본격적으로 전쟁에 개입하자 브라질은 미국의 동맹국이 되어 중립을 포기했고, 추축국과의 전쟁을 선포했다. 미국의 비위를 맞추기 위해 바르가스는 연합국을 지원하려 2만5천 명의 군대를 이탈리아에 파병했으며 동남아시아의 대 미국 원자재 공급이 일본에 의해 저지당하자 브라질은 미국 시장 공급을 위해 아마존 지역의 고무 생산을 재개했다.

오늘날 참전 용사들은 9월 7일 브라질의 독립기념일 퍼레이드에서 행진을 하며 영웅으로 대우받는다. 역사책에서는 브라질의 헌신을 과장하며 이탈리아로 파병 간 군인의 희생을 극찬했고, 나치 정권과의 초반 관계 및 관련성은 교묘하게 피해 갔다. 심지어 일부 브라질인들은 미국과 유럽의 역사가들이 전쟁의 승리를 도운 브라질의 역할을 대단치 않게 생각한다며 불평한다. 물론 브라질은 양측의 중간에서 이간질한 사실을 인정하지 않았다.

브라질은 10년 전 또는 20년 전보다 다른 국가들과 더 활발히 교류하고 있으며 그 과정 안에는 불화와 협력 모두 잠재되어 있어 좋든 싫든 브라질의 차기 대통령은 다른 어느 대통령들보다도 타국과의 교류에 힘써야 할 것이다. 브라질의 인지도가 올라가고 발언권이 강화되면서 외국인 투자가 급증할 뿐만 아니라 자유무역협정 FTA 체결이나 세계무역기구의 무역자유화 분야 협상 등에서 중요한 역할을 맡아 왔다. 하지만 궁극적으로 유엔과 부시 정권 관계자들이 브라질을 비난하고 의사 방해의 책임을 물으면서 결국 두 다자 협상은 모두 실패로 끝나게 되었다. 불공평하지만 이런 비판들은 사실 좋은 신호다. 왜냐하면 브라질이 더 이상 "아래 체급과 경쟁"하지 않고 마침내 국가적인 관심에 상응하는 인정을 받는 것이기 때문이다.

그러나 정치적인 면에서 브라질은 세계적으로 입지를 굳히기 위해서 계속해서 고군분투하며 성장통을 겪게 될 것이다. 위에서 언급한 아이티 사태는 브라질의 정신을 번쩍 들게 하는 경험이었고, 리더들이 국제적 위기에 대처하는 것이 얼마나 어려운 것인지 일깨워 주었다. 브라질이 종교, 윤리, 인종차별로 인한 전쟁이나 갈등을 겪고 있지 않은 것은 매우 다행이다. 그래서 브라질은 미국이나 주요 유럽 국가 등 동맹국이자 라이벌 국가 사이에서 이러한 문제가 발생하는 경우 편안히 국제 이슈의 관중석에 앉아 그들을 비난하는 경향이 있다. 아이티에서 얻은 교훈에도 불구하고 브라질은 비판과 잔소리를 멈출 생각이 없는 듯 보인다.

블루스 가수 비비 킹B.B. King은 한때 〈리더가 되기 위해선 대가를 지불해야 한다〉Pay the Cost to Be the Boss라는 노래를 쓰기도 했다. 국제 관계도 인간관계와 크게 다르지 않다. 브라질은 미국이 서반구를 지배하는 것에 대해 못마땅해 할 수도 있고, 현실에서나 상상으로 브라질이 열등하다고 생각하거나, 우고 차베스로 인해 라틴아메리카 국가들 사이에서 브라질의 역할이 다소 가려져 있다고 느낄 수도 있다. 또는 브라질은 자국의 이익을 추구하기 위해 더 침착하게 행동하며 브라질의 외견상 이미지에 무심해지는 것을 선택할 수도 있다. 그러나 브라질을 집요하게 괴롭혀 온 열등의식에서 벗어나기 전까지는 외생변수에 반응하는 수준의 대외 정책에 계속 얽매일 가능성이 있고, 다른 국가들은 브라질의 협력을 얻고 심기를 건드리지 않기 위해 계속 신중을 기해야만 할 것이다.

룰라와 까르도주 이후의 정치

1985년 우익 군사독재가 무너진 후, 브라질 정치는 두 인물이 지배하고 있다. 바로 까르도주와 룰라이다. 브라질 정치 규칙 1번은 공식적인 소속 정당이나 이념보다 개인의 품성과 인맥이 중요하다는 것이다. 브라질 사람들은 특히 좋아하는 정치인에게 별칭을 붙이길 좋아한다. 대통령은 간단히 바르가스라고 부르고 주셀리누 꾸비셰끼는 발음하다가 혀가 꼬여서 종종 그냥 JK라고 부른다. 까르도주도 신문에는 보통 FHC로 쓰이고 다 시우바도 그냥 룰라로 통한다. 브라질 외부 사람들이 듣기에는 지나치게 격의 없는 것처럼 들리지만 이 두 인물이 가진 친근함의 표시이며 다 시우바는 아예 법적으로 개명해서 투표용지에 '룰라'라고 기재되도록 했다.

룰라와 까르도주는 원래 동지로 독재 종식 투쟁을 함께 했고 그로 인해 똑같이 고통받았다. 까르도주는 10년 이상 칠레와 미국, 영국, 프랑스에서 망명 생활을 하며 대학에서 강의를 했다. 룰라는 브라질에서 쫓겨난 적은 없지만 오랫동안 핍박 받고 노동운동 지도자로 활동하다가 군부독재 시절 수감 생활을 하기도 했다. 그러나 민주주의가 부활하자 두 사람은 적이 되었다. 까르도주는 유럽 스타일의 사회민주주의를 선호했고 룰라는 2000년대 초까지 자본주의에 반대하고 마르크스주의를 옹호했다.

까르도주와 룰라는 브라질의 전혀 상반된 얼굴을 대표한다. 까르도주는 1931년 리우데자네이루에서 장군의 아들로 태어나 상파울루에서 자랐고 전통적인 엘리트로 브라질에서 선택받은 자에게 주어지는 최상의 혜택을 받았다. 사회학 박사이며 5개 국어를 하고 수많은 저서를 남겼다. 그래서 보통 사람의 정서가 부족했다. 자서전에서 자신은 축구 팬이 아니라고 밝혔는데 브라질 정치인으로서는 상상도 할 수 없는 일이다. 또 카니발도 별로 좋아하지 않았고 까샤사라는 브라질 럼주보다 프랑스 와인을 더 좋아했다. 그가 창립하고 대표한 브라질사회민주당PSDB은 중도파와 온건 좌파가 모여 있어 영국의 노동당이나 독일의 사민당과 비슷하다.

반면 룰라는 전형적인 브라질 사람이다. 1945년 10월 가난한 북동부의 뻬르낭부꾸 주의 농민 가정에서 태어나 어릴 때 트럭 짐칸에 타고 2,400킬로미터를 이동해 상파울루로 와 길거리에서 오렌지를 팔고 공장에서 노동자로 일했다. 5학년 때 학교를 그만뒀고, 지금까지도 공적인 자리에서 포르투갈어 구사를 하며 실수하는 일이 잦아 룰라의 말실수만 모아 놓은 웹사이트가 있을 정도다. 까샤사, 위스키, 맥주를 모두 좋아하고 논쟁할 때 축구를 인용하는 것을 좋아한다. 그리고 노동자당을 창당했다.

1990년대에 두 사람은 대통령 선거에 출마했고 까르도주가 두 번 다 확실한 표 차이로 이겼다. 까르도주가 임기를 다 마친 2002년에야 룰라는 네 번의 도전 끝에 좌파 성향을 누그러뜨린 덕분에 대통령 선거에서 이길 수 있었다. 두 사람은 개인적·이념적으로 서로 다른 점이 많지만 브라질 역사에서 보기 힘든 경제성장 시대와 사회 안정기를 공동으로 이룩했다.

민주주의가 부활하고 첫 10년은 분위기도 좋지 않았으므로, 이는 더욱 놀라운 업적이다. 1985년 땅끄레두 네비스가 대통령에 지명됐지만 취임식 직전에 사망했다. 그 결과 북동부 과두제의 일원으로 보수적 성향이 강했던 부통령 조제 사르네이가 대통령이 되어 민주주의로의 전환을 이끌게 되었다. 그는 노련한 정치인으로 정치 협상에는 능했지만 경제에서는 실패했고 부패 스캔들로 신임을 잃은 채 퇴임했다.

1989년 마침내 투표권을 행사할 수 있게 된 브라질 사람들은 꼴로르를 대통령으로 뽑았다. 꼴로르는 하는 일도 없이 많은 월급만 챙겨 가는 관료들을 공격해 개혁가 이미지를 굳혔고 이로 인해 대통령이 될 수 있었다. 그러나 알라고아^Alagoa라는 작은 주의 주지사이자 의회에서 저격수로 유명했던 상원의원의 아들이었던 꼴로르 자신도 북동부 과두제의 일원이었다. 결국 40세에 대통령이 된 지 1년 만에 부패 스캔들에 휘말렸다. 1992년 9월 탄핵을 당하자 그해 말에 공식적으로 쫓겨나기보다 스스로 사임하는 쪽을 택했다.

뒤를 이어 미나스제라이스 주의 전 상원의원인 이따마르 프랑꾸가 대통령이 되었다. 이따마르는 여성 편력이 심했고 성격이 불같고 변덕이 심했으며 1993년 인플레이션이 2천 퍼센트까지 치솟자 몹시 당황했다.

까르도주는 대통령이 되기 전에 이미 경제 안정 프로세스를 시작했다. 이따마르 행정부의 재무부 장관으로서 1994년 헤알 플랜을 실행한 것이다. 덕분에 수십 년간 지속된 인플레이션이 끝나고 경제가 성장해 그해에 열린 선거에서 룰라를 이길 수 있었다. 1995년 1월 대통령이 된 까르도주는 법을 제정해 정부 조직 개혁을 시작했다. 특히 관료의 월급을 제한하고 지방재정에 대한 중앙정부의 지원을 제한했다. 이렇게 해서 남은 돈과 비효율적인 국영기업을 민영화해서 얻은 돈을 과감하게 사회간접자본에 투자했을 뿐만 아니라, 인종, 계급, 가난에 대해 공부한 학자답게 교육과 장기 사회 프로그램에도 투자했다.

까르도주의 8년 재임 동안, 고등학교 등록은 3분의 1이 늘었고 대학에 입학하는 학생의 수는 두 배가 되었으며 학교에 결석하는 어린이들의 숫자가 1990년대 초반 20퍼센트에서 3퍼센트로 뚝 떨어졌다. 동시에 영아 사망률이 25퍼센트 줄었고 에이즈로 인한 사망도 3분의 2로 줄었다. 또 땅이 없던 농민 60만 가구가 자기 땅에 재정착했는데 이는 지난 30년 동안의 두 배에 이르는 수치이다. 2002년 유엔개발계획UNDP은 까르도주에게 뛰어난 리더십을 보여준 데 대해 상을 수여하면서 교육, 보건, 농업개혁 분야의 "인간 개발에 있어 중요한 진전"을 이룩했다고 명시했다.

까르도주가 룰라에게 물려준 가장 큰 선물은 정치적 안정일 것이다. 2003년 1월 대통령 취임식은 40년 만에 처음으로, 국민이 선출한 대통령이 그다음으로 국민이 선출한 대통령에게 정권을 이양하는 자리였다. 까르도주는 선거 자금 기부를 규제하고 지방 토호의 힘을 제한하며 정치에 필요 이상의 영향력을 행사하는 군소 정당의 도움 없이 통치할 수 있도록 하는 개혁법을 통과시키지는 못했다. 그러나 사법부에 대한 존경이 자리 잡도록 했고, 의회를 행정부와 동일하게 대우했으며, 의회 지도자들과 민주적으로 협상하는 자리에 같이 참여했고, 언론이 자유롭게 비판할 수 있는 환경을 만들었다. 또 까르도주는 군을 민간 통제하에 두었는데 군부가 오랫동안 정치에 개입한 나라에서 중요한 성취를 이룬 것이며 정권 이양이 순조로웠던 이유 중에 하나이다. 까르도주가 퇴임할 때 여론조사에서 브라질 사람들은 그를 역사상 가장 좋은 대통령으로 뽑았다.

까르도주는 따라가기 힘든 선례를 남겼지만 룰라도 나름대로 비슷한 성과를 이룩했다. 처음에는 자본주의와 '단절'하겠다고 약속하고 기업인을 해충이라며 공격했지만 대통령이 된 후 현명한 판단력으로 까르도주가 시작한 시장 친화적 개혁을 이어가기로 한다. 룰라의 이런 자세는 월가를 안심시켰고 헤알화의 환율이 사상 최저로 떨어졌다. 또 룰라는 까르도주에게 공功이 돌아가지 않도록 새로운 이름을 붙이기는 했지만 사회 프로그램을 승계하고 확장했다. 룰라의 시대가 막을 내리고 있을 때 브라질은 전 세계로부터 인정을 받았다. 그 증거가 2016년 리우데자네이루 올림픽 개최로, 룰라는 자신의 퇴임 선물로 올림픽 개최를 따내기 위해 열심히 캠페인에 집중했다.

한편 룰라 재임 8년은 돈의 액수와 스캔들의 횟수로 볼 때 브라질공화국 역사상 가장 부패했다고 볼 수 있다. 그러나 여러 여론조사에서 브라질 국민들은 브라질리아에서 벌어지는 뇌물, 사기, 부정직, 불법 행위, 정실 인사를 혐오하지만 룰라를 비난하지는 않고 대신 의회와 내각 관료들에게 분노하는 것으로 나타났다.

룰라에게는 권위주의적인 면모도 있다. 2004년 내가 그의 음주 습관에 대해 쓴 기사를 보고는 화가 나서 독재 시대에 자신을 억압했던 그 법을 이용해 나를 쫓아내라고 명령하기도 했다. 대법원에서 그에게 권력남용이라면서 금지명령을 내리자 결국 명령을 취소했다. 당시 판결문은 이렇게 적고 있다. "민주주의 법을 따르는 국가에서 자유가 현직 행정부 수반의 편의에 굴복되어서는 안 된다. 브라질 국민과 마찬가지로 외국인도 법에 의해 기본 권리를 보장받아야 한다." 당시 언론을 통제하고 위협하려는 노력도 있었으나 의회가 승인하지 않았다.

룰라 행정부는 브라질 국민에게 대체로 긍정적인 평가를 받는다. 다른 나라도 마찬가지겠지만 브라질 국민들도 투표의 기준은 재정 상황이고 그 점에서 후한 점수를 받는 것이다. 수입이 늘었으며 부의 분배도 실질적으로 개선되었고 지난 20년간의 인플레이션은 아득한 기억이 되었다. 교육 분야가 아쉽지만 사회간접자본에 대한 장기 투자와 인간 개발은 상당히 늘었다. 게다가 주변 국가와 평화를 유지하고 주요 수출국이 되었으며 통화가 안정되어 달러 대비 가치가 상승해 브라질 중산층이 미국과 유럽에서 휴가를 편하게 즐길 수도 있게 되었다.

오늘날 브라질은 확실히 전환점에 서 있다. 25년 전 민주주의가 부활하고 처음으로 2010년 새로운 인물이 대통령 후보로 나섰다. 2011년 1월 지우마 호세프 대통령의 시대가 열리면 그녀의 주요 과제는 지난 16년 동안 까르도주와 룰라가 이뤄 낸 긍정적인 균형을 향상시키는 일이 될 것이다. 쉽지는 않을 것이다. 호세프가 룰라만큼 대중적인 인기가 없고 카리스마가 부족해서가 아니다. 브라질이 성장하면서 수많은 결함이 복잡한 정치 시스템과 얽혀 더욱 악화될 것이 분명하고 부패가 심해질 것이기 때문이다. 호세프와 그녀의 계승자들은 이 두 문제를 해결해야 할 책임을 짊어지고 있다.

두 문제의 근본적인 원인은 브라질의 특이한 비례대표제이다. 1988년 브라질 역사상 아홉 번째로 헌법에 명시된 비례대표제는 미국처럼 승자 독식제가 아니라 득표율에 따라 입법부 자리를 할당하는 방식이다. 그래서 국회의원 선거에 선거구가 없다. 정당은 전국 단위로 후보자를 모으고 같은 정당의 후보자들은 당선 가능성을 높이기 위해 빠른 번호를 받으려고 경쟁한다. 결국 선거 기간에 정당 간에 경쟁을 하는 게 아니라 정당 안에서 충돌이 일어나고 돈이 많은 후보가 경쟁력을 갖는다. 그리하여 의원들의 충성심은 부족하며 정당은 만성적으로 약하고 규율이 서지 않는다.

또한 정치인들은 자신과 추종자들에게 유리한 조건을 찾아 이 정당에서 저 정당으로 자주 옮긴다. 브라질에서는 어느 한 당의 후보로 의원직에 당선되었지만 의회에는 다른 당의 의원으로 들어갔다가 임기가 끝날 때는 또 다른 제3의 당 의원으로 나오는 경우도 흔하다. 브라질에 정치 개혁이 시급한 이유로 자주 인용되는 한 의원은 여덟 번이나 당적을 옮겼는데 그중 세 번은 똑같은 당에 잠깐씩 속해 있기도 했다.

브라질에는 20개 이상의 정당이 있다. 가장 최근에 창당된 것은 2011년 상파울루 시장인 지우베르뚜 카사브Gilberto Kassab가 창당한 사회민주당PSD이다. 소위 군소 정당 가운데는 의회에 자리가 없는 정당도 있지만 다른 정당들과 무질서한 경쟁을 할 만큼의 득표는 하고 있으며 어떤 대가를 치르고라도 표를 늘리고 싶어 한다. 또 선거를 간소화하고 군소 정당이 정치 시스템에 들어오는 것을 막으려는 시도를 번번이 막아선다. 1999년 4월 인터뷰에서 까르도주 대통령은 자신의 두 번째 임기의 눈부신 업적은 정치 시스템의 개혁이 될 것이라고 약속했다. 그러나 10년 이상이 지난 지금, 그가 말한 개혁은 "대여용 두문자어"acronyms for rent● 들의 비정상적인 힘 때문에 단행되지 못했다.

이렇게 혼란스러운 비례대표제 때문에 대통령이 권한을 갖고 통치하는 것은 어렵고 때론 불가능하다. 1989년 꼴로르 대통령이 압도적인 득표로 당선될 수 있었던 것은 법적 조건을 충족시키기 위해 여러 작은 정당이 모인 그룹의 후보로 나와서였다. 노동자당 후보로 나선 룰라의 경우도 마찬가지다. 민주주의가 부활하고 25년이 지났지만 사르네이 대통령을 제외하고는 어떤 대통령도 자기 당이 의회의 다수당이 되는 즐거움을 누리지 못했다.

● 브라질의 정치 속어로 군소 정당을 의미함.

그 결과 법을 통과시키는 데 필요한 다수를 만들기 위해 끊임없이 협상해야 하고 법안이 바뀔 때마다 여러 당의 동맹 관계도 변한다. 어떤 대통령은 그의 기질이나 경험 덕분에 이런 상황에 유연하게 대처했다. 의회를 만든 사르네이 대통령은 1985~1990년의 재임 기간에 일시적인 동맹을 형성하는 데 가장 탁월했던 대통령이었다. 까르도주도 학자 출신이었지만 놀라울 정도로 정치 협상에 능했다. 대표적인 예가 1997년 대통령이 재임할 수 있도록 헌법을 수정하는 협상을 이끈 것이다. 반면 룰라는 노사 협상에 자주 임한 노동계 지도자로서의 많은 경험에도 불구하고 이런 과정에 서툴렀다.

　당연히 이런 상황은 입법 과정을 왜곡해 부패의 만연으로 이어졌고 브라질 정치 시스템의 특징이 되었다. 대통령 또는 그의 보좌관, 대통령이 속한 정당의 대표가 통과시키고 싶은 법에 다른 당의 의원이 찬성표를 던져 주면 대가로 그 의원이 밀고 있는 프로젝트를 지원해 주는 식이다. 이런 식으로 타협이나 지지의 대가를 제공하는 형태의 거래는 모든 민주주의 체제에서 일어날 수 있다. 그러나 현재 브라질에서 의원의 지지를 얻으려는 노력은 정도를 넘는다. 의원의 친인척이나 애인에게 일을 하지 않아도 월급을 지급하는 일자리를 제공하거나 통신과 운송처럼 돈 되는 사업을 감독하는 기관을 맡기거나 아예 대놓고 표를 산다.

　군부독재 이후, 모든 행정부가 이런 방법을 썼다는 증거를 곳곳에서 찾아볼 수 있다. 그중 가장 악명 높은 예는 멩살러웅mensalão('큰 월급') 스캔들로 룰라의 첫 번째 임기 말에 터졌고 차기 대통령 후보로 유력했던 룰라의 참모들이 사임하면서 2010년 대통령 선거에도 간접적인 영향을 미쳤다. 2005년 대통령과 연합세력을 이룬 작은 당의 당수가 증언한 바에 따르면 노동자당에서 국회의원들에게 연합 세력에 합류하는 조건으로 40만 달러를 주고 당적을 바꾸면 매달 1만2,500달러를 지급하겠다고 약속했다는 것이다. 공식적인 조사 결과 다수의 의원이 연루된 것으로 밝혀졌다. 이 중 일부는 사임하거나 정치적 권리를 박탈당했고 40여 명은 검사에게 기소당해 2011년 현재 법정 다툼을 이어가고 있다.

돈이든 다른 수단을 동원해서이든 이와 같은 입법 매수는 1988년 헌법 이전부터 있었다. 포르투갈어로 이른바 '끄리엥뗄리스무' clientelismo는 브라질 정치에 깊숙이 박혀 있어 군부독재 20년 동안에도 죽지 않았다. 사회학자 아우구스뚜 지 프랑꾸Augusto de Franco 는 끄리엥뗄리스무를 "복종과 특혜가 수직적으로 연결된 독재적 규제 방식"이라고 정의했다. 룰라의 후계자들은 분명 이런 썩어 빠진 통제 불가의 시스템을 계승할 것이다. 이 시스템이 근절되기 전까지 그들은 끊임없이 거래를 해야 하는 엄청난 일들을 해야 하며 통치 권한도 계속 제한될 것이다.

그렇다면 까르도주와 룰라의 시대가 끝나면 어떻게 될까? 브라질 국민들은 카리스마 넘치는 지도자에게 애정을 쏟고 싶어 하지만 어려울 것으로 보인다. 2010년 대통령 선거에서는 브라질을 대표하는 두 정당에서 이례적일 만큼 자질이 부족한 두 후보를 지명했다. 브라질사회민주당 후보인 세하는 그의 패배 인정 연설에서 2014년 대선을 고려하고 있다고 얘기했으며 노동자당의 후보 호세프는 경직된 연설로 유권자들의 공감을 잘 이끌어 내지 못한다는 평판에 대한 부담감을 갖고 선거 유세를 시작했으나 첫 인상을 크게 바꾸지 못하고 선거를 끝냈다. 이런 후보자 지명이 소극적인 선택으로 보일지 아니면 반대로 브라질 대통령 정치학의 특성이 근본적으로 변하리라는 예고인지, 또는 그저 단순한 우연이므로 다시 반복되지 않을 것인지 판단하기는 아직 이르다. 그러나 지금의 상황이 아무도 예상 못한 것임은 분명하다.

세하(최근의 대통령 후보 가운데 이름이 아니라 성으로 알려진 유일한 사람임)와 지우마 호세프는 몇몇 이슈에서는 다르겠지만, 둘 다 지적인 이미지이며 내각에 있을 때 빛을 발하는 기술 관료이지만 국정을 운영할 만한 자질은 거의 없다. 사실 세하는 2002년 선거에서 2천만 표를 얻어 룰라에게 22퍼센트나 뒤진 적이 있다. 세하의 인생 스토리는 나름 흥미롭고, 룰라처럼 초라한 출신에 사회적으로 성공했으며 정치적 박해도 받았다. 그러나 세하는 이탈리아 이민자 가정에서 자라고 외국에서 망명 생활을 한 것과 같은 개인사를 이용해 유권자의 표를 얻는 것을 꺼렸다. 대신 자신의 지적 성과를 강조하고 행정 능력을 갖춘 사람으로 비치는 것을 선호했다. 세하와 지우마는 경제·사회 문제에 대해 기본적으로 같은 입장이기 때문에 세하가 다시 대권에 도전할 생각이라면 성격이 온화해 보이도록 이미지를 바꿔야 할 것이다.

조제 세하처럼 지우마 호세프도 경제학자이며 이민자 가정 출신이다. 아버지는 1930년대에 불가리아에서 브라질로 왔는데 친척들 얘기에 따르면 고향에서 직물 사업에 실패해 빚과 임신한 아내를 남겨 두고 왔다고 한다. 그러나 미나스제라이스에 정착한 뒤, 건설과 부동산 관리 사업으로 성공했다. 지우마는 1947년 12월 벨루오리종치에서 삼남매 중 둘째로 태어나 사립학교, 피아노 레슨, 프랑스어 가정교사, 하인, 회원제 사교클럽에서 보내는 주말 같은 중산층의 유복함을 누리며 자랐다.

부모의 격려로 지우마는 독서광이 되었고(지금도 독서광이다) 덕분에 사회의 부당함에 일찍 눈을 떴다. 1964년 군사 쿠데타 직후 고등학교를 졸업했는데 이미 급진파가 되어 학생운동에 뛰어들었다. 독재 정권을 전복시키려는 공산주의 운동에 가담했고 21세에 불법 게릴라 조직인 인민해방대National Liberation Command에 가담했다.

1년 뒤, 경찰과 정보요원이 자금 조달을 위해 은행을 턴 인민해방대 구성원들을 체포하기 시작하자 지우마는 대학 공부를 중단하고 이름을 바꾼 채 숨어서 지냈다. 그 후 지우마의 조직은 혁명무장선봉대Revolutionary Armed Vanguard와 합쳤고 지우마는 리우데자네이루와 상파울루의 안가로 옮겨 가 무기와 돈을 구해서 숨기고 마르크스 이론을 가르치며 조직의 재정을 책임졌다.

지우마가 무장 저항 단체에서 얼마나 중요한 역할을 했는지에 대해서는 지우마의 경력이 화려해질수록 논란이 분분하다. 지우마가 숨어서 지내던 때 군 정보 당국과 검사는 보고서에서 그녀가 "군부 타도의 잔 다르크"이며 "상당한 자금을 관리"했다고 썼다. 또 "급진 좌파가 추진한 혁명 계획의 브레인이고 상당한 지적 능력의 소유자"라는 평도 있다. 그러나 지우마의 전 동료는 최근 한 언론 인터뷰에서 이를 부정했다. 비밀경찰이 일부러 지우마가 중요한 것처럼 과장해 그녀를 체포하거나 죽였을 때 자랑하려고 했다는 것이다.

이런 이유 때문에 지우마가 군부독재 시절 가장 악명 높았던 '혁명을 위한 몰수'에서 어떤 역할을 했는지 정확히 규명하기는 어렵다. 부패한 상파울루의 전 주지사 아데마르 지 바후스Adhemar de Barros 의 정부情婦 집에서 1969년 250만 달러가 든 금고가 도난당하는 사건이 발생했다. 혁명무장선봉대는 "훔쳤지만 정당했다"라는 슬로건을 걸고 지 바후스 전 주지사가 국민의 세금으로 부를 쌓았으니 그의 불법적인 돈을 몰수하면 국민적 공감을 얻을 수 있을 것이라고 생각했다. 지우마는 여러 인터뷰에서 이 사건과 자신은 관련이 없다고 밝혔다. 그러나 군과 정보 당국은 지우마가 사전 계획과 금고의 돈 처리에 모두 관여했다고 주장하고 있으며, 위조된 것일 수도 있지만 그 공식 문서가 최근까지도 돌아다녔다.

반정부 게릴라 투쟁에서 어떤 역할을 했든 지우마는 1970년 1월 중순 상파울루에서 체포됐고 감옥에서 심한 고문을 당했다. 훗날 지우마는 사법부에 소송을 제기하면서 구타와 전기 고문을 당했고 공중에 매달렸다고 적었다. 1972년 말 석방된 지우마는 남자친구 (나중에 결혼한다)가 복역 중이던 뽀르뚜알레그리로 가서 경제학 공부를 다시 시작해 1977년 학업을 마쳤고 그해에 유일한 자녀인 딸 빠울라를 낳았다.

이때부터 지우마의 정치 활동은 전통적인 정당 시스템 안에서 이루어졌다. 처음에는 룰라의 노동자당에 가입하지 않고 바르가스의 후계자를 자처하며 2002년과 2006년 선거에서 룰라의 집권을 반대하는 민주노동당에 가입했다. 지우마는 민주노동당의 싱크탱크인 경제학통계학재단Foundation for Economics and Statistics을 이끌었고 민주노동당이 정권을 잡자 뽀르뚜알레그리 시의 재무 장관과 에너지·광물·통신 장관을 역임했다. 1999년 노동자당이 다시 정권을 잡으면서 지우마에게 에너지 장관을 제안했다. 지우마는 제안을 받아들였고 민주노동당 수뇌부가 그만두라고 할 때도 계속 장관직에 머무르면서 결국 2000년 당적을 바꿔 노동자당에 입당했다.

이후 지우마는 급부상한다. 2002년 대통령 선거 때 에너지 정책 부서에서 일하다가 룰라의 눈에 띈다. 노동자당이 승리하면 이 부서 책임자가 에너지 장관이 될 것으로 예견되었으나 룰라는 지우마를 임명해 분석가들을 놀라게 했다. 룰라의 참모들에 따르면 지우마의 효율성, 조직 운영 기술, 이슈와 숫자를 꿰뚫는 능력, 압력에 대처하는 자세, 자신의 입장을 주장하는 힘 등에 룰라가 매료되었다고 한다.

그러나 2003년 브라질리아에 발을 내디딘 지우마는 여전히 알려지지 않은 존재였다. 룰라의 후계자로 부상했지만 경선을 통해서가 아니라 룰라 정권을 뒤흔든 부패 스캔들에 연루되지 않아 순전히 부전승으로 차지한 자리였다. 처음 노동자당이 승리했을 때 룰라가 마음에 뒀던 후계자는 다른 두 사람이었다. 룰라의 열성적인 추종자였고 오랜 기간 당원이었던 두 사람은 바로 히베이러웅쁘레뚜의 전 시장이자 룰라의 재무 장관으로 임명된 앙또니우 빨로시Antônio Palocci와 조제 지르세우José Dirceu 정무 장관이다. 이제 갓 입당한 지우마는 뒷자리에 밀려나 있었으며 아무도 언급하지 않았다.

그러나 빨로시와 지르세우는 룰라의 첫 임기 동안 각각 부패 스캔들에 연루되었다. 지르세우는 2005년 중반 멩살러웅에 연루됐고 빨로시는 2006년 초반 브라질리아의 고급 주택에서 비밀리에 로비스트를 만난 것으로 드러났다. 지르세우는 국회의원으로 복귀했지만 2005년 후반 탄핵되어 10년 동안 정치적 권리를 박탈당해 2010년대 중반까지 공직을 맡을 수 없게 되었고 결국 뒤에서 영향력을 행사하는 브로커가 되었다. 빨로시도 국회의원으로 돌아왔지만 최근까지 조용히 지내고 있다. 들리는 얘기로는 두 사람 모두 재기의 기회를 노리는 중이고 노동자당도 이들의 이미지 세탁을 꾀하고 있지만 명예 회복은 매우 더디게 진행되고 있다.

룰라가 따분하게 여기던 관례적인 통치 일상을 대신하며 총리 역할을 했던 지르세우의 빈자리를 채울 사람으로 지우마가 선택되었다. 2005년 중반 지우마는 룰라의 내각에서 가장 능력 있고 흐트러짐 없는 멤버임을 입증한다. 이런 자질이야말로 대통령궁에 꼭 필요했기 때문에 지우마는 곧 정무 장관에 임명되었다. 그녀가 행정 문제를 차례차례 해결해 갈수록 룰라의 호감은 점점 더 커졌고 마침내 2008년, 야심을 키우던 몇몇 주지사와 국회의원이 있었지만 지우마가 룰라의 후계자가 된다.

룰라의 최측근이자 문제 해결사로서 지우마는 거의 매일 룰라를 만났고 해외 순방과 국내 일정도 종종 따라다녔다. 실제로는 두 살 차이밖에 나지 않지만 2009년 룰라의 언론 담당 비서에 따르면 "두 사람은 부녀지간 같다"고 했다. 그렇다고 노동자당 내에 불만의 소리가 없었던 것은 아니다. 그 이유는 지우마가 급부상하면서 다른 사람들의 야심을 꺾었기 때문만은 아니다. 지우마는 행정 능력과 경험을 자랑하지만 룰라의 후계자로 지명된 시점까지 한 번도 선출 공직에 나가 본 적 없이 뒤에서 선거를 관리하고 후보를 위해 정책을 써 주는 일을 했다. 즉 옆에서 도와주었을 뿐, 자신이 스포트라이트를 받거나 대중 앞에서 연설을 한 적이 없었던 것이다. 그래서 지우마가 대통령 후보가 되지 못하면 룰라가 어떤 대안을 갖고 있을지 궁금증이 커지기도 했다.

거칠고 험한 전국적인 선거판에서 직접 뛰어 보지 못한 것이 지우마의 결정적인 단점이 될 수는 없다. 칠레의 미첼 바첼레트Michelle Bachelet도 보건부 장관과 국방부 장관을 지내고 2005년 대통령 후보로 나왔을 때 정치 신인이었다. 그러나 새로운 역할의 어색함을 어머니와 같은 따뜻함으로 채웠고 긍정적인 반응을 얻었다. 반면 지우마는 선거운동 기간 동안 이런 재능을 보여 주지 못하고 룰라의 카리스마와 지원에 의지했다.

사실 지우마가 선거운동에서 보여 준 결점은 룰라의 오른팔이 될 수 있었던 그녀의 장점이기도 했다. 지우마의 연설 스타일은 영감을 주기보다 강의를 하는 것 같고 때로 퉁명스럽고 참을성이 없고 거의 독재자 같았다. 지우마의 지성이나 역량을 의심하는 사람은 없었다. 그러나 브라질 정치에서 성공하려면 필수적인 유권자와의 사적인 관계 형성에 미숙한 지우마를 같은 노동자당원들마저 걱정했다. 2008년, 지우마는 부드러운 인상을 주기 위해 성형수술을 했다. 그러나 당시 이런 농담이 유행했다. "지우마는 언제쯤 성격을 수술할까?"

첫 선거가 대통령 선거였던 지우마는 과거 전력에 대해 철저한 검증을 받아야 했는데 이는 반정부 투쟁에만 국한되지 않았다. 그녀는 공식 전기傳記에서 브라질의 명문대학에서 경제학 석사와 박사 학위를 땄다고 주장했다. 그러나 2009년 한 잡지사에서 조사한 결과 거짓으로 드러났고 지우마는 경력을 위조했다는 비난을 받았다. 또 건강에도 의문이 제기되었다. 2009년 4월, 지우마는 암 종양을 제거했고 림프종을 앓고 있으며 항암 치료를 시작했다고 발표했다. 지우마는 회복한 것 같지만 브라질 유권자들은 1985년 취임식 직전 쓰러져 사망한 땅끄레두 네비스의 악몽을 떠올렸다.

지우마가 브라질 최초의 여성 대통령 후보는 아니었지만 실제 선거에서 이길 가능성이 높은 당을 대표하는 최초의 여성 후보였다. 강한 여성 지도자에게 흔히 그렇듯 '철의 여인'이라는 별명이 붙자 지우마는 2009년 잡지 인터뷰에서 성적인 편견에 "구속"straightjacket 되는 상황에 대해 불평했다. "나는 강해서가 아니라 여자이기 때문에 비난받고 있다. 나는 연약한 장관들에게 둘러싸인 강인한 여자다." 어쨌든 똑같은 배경과 자격 요건을 갖춘 남성 후보가 나왔다면 없었을 흥분과 호기심이 형성되어 지우마에게 유리하게 작용했다. 남성우월주의가 팽배한 브라질이지만 유권자들은 주저 없이 여성을 주지사, 시장, 국회의원으로 뽑는다.

지우마가 승리하자 우려는 잦아들고 다시 그녀의 전문 분야인 경제에 초점이 맞춰졌다. 브라질은 최근 급속한 경제성장으로 혜택을 누렸기 때문에 대표적인 두 정당 모두 시장 친화적인 경제정책을 고수하고 있다. 따라서 어느 당의 후보가 룰라의 후임이 되든 갑자기 경제정책을 바꾸지는 않을 것이다. 그렇다고 과거 바르가스나 굴라르뜨의 포퓰리즘을 따르거나 브라질 판 우고 차베스가 등장하지도 않을 것이다. 물론 대중의 인기에 영합하는 정치인이 소수 있고 추종자들도 있다. 예를 들어 2002년 대통령 선거에서 포퓰리즘 공약을 내건 시루 고미스Ciro Gomes와 앙또니 가로치뉴Anthony Garotinho는 2500만 표를 얻어 30퍼센트의 득표율을 보였다.

좌파를 대변했던 전통적인 공산당을 대체해 더 현대적이고 덜 독단적인 개념으로 1980년 창당한 노동자당 내에서도 국가통제주의에 대한 향수가 있다. 역사적으로 노동자당은 트로츠키파Trotskyites를 비롯한 '강경파'부터 해방신학 옹호자, 환경운동가, 유럽식 사회민주주의자까지 여러 계파로 구성되어 있다. 창당 초기부터 룰라는 당의 구심점이었고 노련하게 여러 계파를 이끌었다. 뒤늦게 입당한 지우마가 이들을 통제할 수 있을지는 미지수이다. 당원들은 룰라가 사회주의를 버린 것이 아니라 노동자당이 '잠시' '현재 조건'에 의해 요구되는 자본주의를 택한 것이라고 생각하고 있다.

룰라의 대통령 임기 말년은 승리의 환호로 가득 차 있어 지우마가 상당한 부담을 느낄 것으로 보인다. 노동자당은 최근 브라질의 발전은 순전히 룰라의 공이라고 여긴다. 전임 대통령 까르도주의 기여와 중국발 국제 원자재 호황은 무시하는 것이다. 룰라와 노동자당이 손을 대면 성공하고 절대 실패하지 않는다는 믿음은 암염 하층의 석유와 천연가스 개발을 국가가 관할하겠다는 발상으로 이어졌고 이번에 노동자당이 세 번째로 집권하게 되자 그 가능성은 더욱 커졌다.

지우마가 아프면 시장이 민감하게 반응하기 때문에 그녀의 임기는 암 재발에 대한 두려움으로 점철될 것이다. 암이 재발하면 지우마는 치료를 받아야 하고 병이 심각하면 부통령 미셰우 떼메르 Michel Temer가 권한대행을 맡게 될 수도 있다. 미셰우 떼메르는 세 차례 하원의장을 지냈고 노동자당원이 아니라 연합 세력인 브라질민주운동당PMDB 소속이다. 브라질민주운동당은 군부독재 시절 군부가 허락한 야당 세력의 모임에서 출발했는데 현재는 분명한 이데올로기가 없고 대통령이 누가 되든 권력을 잡고 유지하고 싶어 하는 의원들의 피난처로서 존재한다. 브라질민주운동당의 많은 의원이 까르도주와 룰라 행정부에 매력적인 연합 세력이 되었다.

떼메르는 1940년생으로 상파울루 출신의 변호사이며 매우 실용적이고 비이념적인 사람이다. 여러 면에서 1985년 땅크레두 네비스 대통령 당선자의 죽음으로 대신 대통령이 된 부통령 당선자 조제 사르네이와 닮았다. 노련한 정치인이자 협상가로 경제에는 거의 문외한이고 반대파들의 주장에 따르면 윤리 의식도 별로 없다. 노동자당에서 떼메르를 지우마의 러닝메이트로 지명했을 때 부패 수사 두 건에 이름이 오르내렸다. 하나는 건설회사에서 뇌물을 받은 것이고 다른 하나는 맹살러웅과 관련됐다. 떼메르는 자신은 어떤 종류의 불법도 저지르지 않았으며 정적들의 "비열하고 부도덕한" 덮어씌우기라고 주장했다. 분명한 것은 떼메르가 브라질의 중요한 정치·경제 문제에 대해 어떤 확실한 신념을 갖고 있는지 알 수 없다는 점이다.

룰라는 이제 법이 정한 대로 대통령 연임까지 마쳤지만 그의 정치 경력은 끝나지 않을 것으로 보인다. 그가 어떤 정치 행로를 걸을

지는 아직 확실하지 않지만 조용히 은퇴를 할 것 같지는 않다. 대통령의 임기를 단 2회로 제한하는 미국 헌법과 달리, 브라질은 전직 대통령이 최소 한 번의 임기를 쉬면 다시 세 번째 임기에 도전할 수 있다. 룰라의 인기가 높고 대통령 선거가 실시되는 2014년에 그의 나이는 69세로, 바르가스가 마지막으로 대통령 집무실을 차지한 그 나이가 된다.

지우마가 대통령에 당선됐지만 룰라는 계속 노동자당 안에서 영향력을 행사할 생각이며 원로 정치인보다는 정계의 실력자로서 역할을 하고 싶어 한다. 그의 바람이 어디까지 실현될지 추측하는 것은 불가능하다. 다만 지우마의 당선이 거의 100퍼센트 룰라의 지원 덕분이기 때문에 룰라가 자신이 차기 대통령이 되기 위해 지우마를 4년간 먼저 대통령 자리에 앉힌 것 아니냐는 추측도 난무한다. 그러나 2014년에 룰라가 대통령 후보에 나오도록 현직 대통령이 순순히 물러난다는 것은 상상하기 어려운 일이다.

최소한 룰라는 노동자당의 정책 기조에 자신의 목소리를 내려 할 것이고 노동자당도 이를 막을 수는 없다. 1980년 창당 이후 룰라는 유일한 지도자였고 룰라를 비롯한 수뇌부는 룰라의 자리를 이어 갈 젊은 지도자를 양성하지도 않았다. 좋든 나쁘든 노동자당은 한 사람과 동일시되어 있기 때문에 당의 운명도 그 리더의 이미지에 의존할 수밖에 없다.

마치 룰라의 복귀를 위한 길을 닦듯이 개인숭배가 진행되고 있다. 2010년 1월 대통령 선거가 막 시작되는 때에 〈룰라, 브라질의 아들〉Lula, the Son of Brazil이라는 영화가 개봉되어 흥행에 성공했다.

역대 브라질 영화 제작비 가운데 가장 많은 액수인 1천만 달러가 투입되었고 같은 제목의 공식 전기를 바탕으로 제작되었는데 룰라의 출생부터 1980년 노동자당이 창당된 직후 그의 어머니가 돌아가실 때까지만 다뤄서 룰라 재임 시절 부패 스캔들과 논란을 피했다. 영화 제작자들은 룰라에게 매수당했다는 비난을 피하기 위해 정부의 돈을 받지 않았다고 주장한다. 그러나 정부와 입찰 계약을 한 최소 3개의 건설 회사가 제작비를 댔으며 최종 결과물은 비평가들의 표현을 빌리면 '과도하게 이상화되고 사실에 충실하지 않은 룰라의 감상적인 초상화'였다.

한편 전국적 이념 정당인 브라질사회민주당의 현재 위치는 노동자당과 완전히 다르다. 스타 정치인에 의존하지 않고 이데올로기적 일관성이 있을 뿐만 아니라 독보적으로 인기 있는 선두주자가 없어 당에 개인의 색깔을 입혀 자신을 메시지를 전달하지도 않는다. 까르도주는 상파울루 시내의 사무실에서 브라질사회민주당의 내부 정치에 관여하고 있으며 때로 킹메이커 역할을 시도하고 있다. 그러나 그가 브라질사회민주당의 유일한 수뇌도 아니고 그의 특성상 내부 권력 경쟁을 유도한다. 그는 당이 살아남으려면 경쟁이 필요하다고 생각한다. 그리하여 까르도주의 바람이 좌절되기도 하고 그의 목소리가 동료 당원들의 목소리에 묻히기도 한다.

이런 환경에서 부상한 젊은 리더 가운데 가장 미래가 밝아 보이는 사람은 1960년생인 아에시우 네비스Aécio Neves이다. 전직 대통령 땅끄레두 네비스의 손자인 아에시우는 처음에는 할아버지의 개인 비서로 일하면서 정치를 배웠다. 할아버지인 땅끄레두 네비스는 별명이 '늙은 여우'일 정도로 협상의 대가였다. 대통령 취임식 직전에 쓰러져 비극적으로 생을 마친 땅끄레두 네비스에 대한 브라질 사람들의 동정심이 손자인 아에시우에게로 전이된 것일 수도 있다. 이름에 유명한 집안의 성이 들어간 것 외에도 아에시우는 이혼해서 십대의 딸을 키우고 있는데 이것이 그의 잘생긴 외모, 매력과 더불어 좋은 쪽으로 작용하고 있다.

아에시우의 가장 큰 자산은 고도의 정치 기술과 행정가로서의 이력이다. 1986년 국회의원에 당선됐고 40세 생일 직후에 하원의장이 되었다. 2002년 브라질에서 두 번째로 인구가 많은 미나스제라이스의 주지사로 선출됐는데 그때까지 그 자리에 오른 사람 가운데 최연소였다. 게다가 전임자였던 이따마르 프랑꾸가 적자 상태로 물려준 주 재정을 첫 번째 임기를 마치며 적자가 0인 상태로 회복했다. 2006년 주지사에 재선출되었고 세 번 연속 주지사를 할 수 없기 때문에 2009년에 대통령 선거 출마 선언을 했다가 철회하고 상원의원 선거에 나가기로 했다.

브라질사회민주당의 많은 사람들과 달리 아에시우는 룰라와의 관계도 우호적이다. 두 사람의 관계가 너무 좋은 나머지 룰라는 아에시우에게 브라질사회민주당에서 연합 세력인 브라질민주운동당으로 옮기라고 했다. 만약 이때 아에시우가 브라질민주운동당으로 옮겼다면 룰라의 후계자가 될 수도 있었다는 소문이 브라질리아에 돌기도 했다. 그러나 아에시우는 계속 야당에 남기로 했고 2014년이나 그 후에 브라질사회민주당의 대통령 후보가 될 가능성이 높다.

아에시우에게 상원의원직은 향후 8년간의 정치적 안식처일 뿐만 아니라 대통령 선거에 필요한 전국 단위 노출의 기회를 제공할 것이다. 그는 리더십 또한 뛰어나다. 2002년『뉴욕타임스』의 편집장 하월 레인스Howell Rains가 브라질을 방문했을 때 당시 하원의장이던 아에시우와 나까지 셋이서 점심을 먹은 적이 있다. 햇빛에 그을리고 자신감 넘치는 아에시우는 대화를 주도했고 식사가 끝나고 아에시우가 떠난 뒤 편집장은 이렇게 말했다. "미래의 브라질 대통령과 식사한 것 같다. 많은 사람들이 아에시우를 미래의 브라질 대통령으로 꼽는다. 건강 문제나 개인적인 스캔들만 없으면 아에시우는 그 예언을 실현할 것으로 보인다."

그러나 정치 시스템이 완전히 바뀌지 않는 한, 브라질 대통령은 어느 당 출신이더라도 현대적 의미의 행정 수반이 되기 힘들다. 경제는 군부독재 말기부터 시작된 변화로 21세기로 진입했지만 정치 시스템은 아직 한참 뒤처져 구시대의 자세와 관행에 얽매여 있다. 이 격차는 최근 더 넓어졌고 새롭게 축적된 막대한 부는 불평등을 심화하고 있다. 새 억만장자들과 그들이 통제하는 기업은 자신들의 이익을 위해 민주주의 원칙을 훼손하고 있다.

개혁이 효과를 거두기 위해서는 브라질 정치학자들과 선량한 정치 관료들이 원하는 몇 가지 요소들이 반드시 포함되어야 한다. 우선 선출직 관료들이 당적을 바꾸는 것을 금지하거나 제한해야 한다. 또 비례대표제로 국회의원과 주 의원을 뽑지 말고 지역구 단위로 선출해야 한다. 그리하여 지금처럼 뒤에서 거래하듯 후보를 정하지 말고 경선을 통해 뽑아야 한다. 1인 1표 원칙에 근거해서 의석을 재할당하는 일도 필요하다. 이렇게 하면 가족 과두제가 주도하고 있는 북동부 주의 힘은 줄어들고 선거구가 더 크며 교육받은 사람들이 많고 후진적인 관행의 근절을 요구하는 상파울루, 미나스제라이스, 리우데자네이루, 히우그랑지두술 같은 주가 혜택을 받을 것이다.

선거자금법이 통과된다면 즉각적인 변화를 불러올 것이다. 현재는 후보와 정당이 받은 후원금을 전부 밝힐 수 없어 은밀한 거래와 부패를 부추긴다. 브라질의 모든 주요 정당은 속어로 '박스 투'Box Two라고 하는 비자금을 운용하면서 선거에 쓰이는 돈을 충당한다. 이 비자금의 상당 부분을 차지하는 것이 건설 회사처럼 정부와 계약을 원하는 기업이나 자신들의 이익에 도움이 되는 법안의 통과를 원하는 사람들이 몰래 뒤에서 전달하는 돈이다. 이는 대부분 현금으로 전달되며 해외은행 계좌를 통해 브라질 국내로 들어와 선거 비용과 정치 선전에 쓰인다.

40여 년 전, 내가 처음 왔을 때와 비교하면 브라질 정치는 극적일 정도로 향상되었다. 당시 군부독재자들이 가장 두려워했던 일이 실제로 일어났다. 좌파 노조 지도자가 대통령으로 당선됐고 그 뒤를 이어 게릴라 멤버가 대통령이 되었지만 1960년대 초기에 민주주의 붕괴를 초래한 불안정은 일어나지 않았고 브라질 정치의 성숙함을 보여 줬다. 선출직 관료들은 투옥되거나 권리를 박탈당할 걱정 없이 자신들의 생각을 자유롭게 말할 수 있다. 언론은 목소리를 높일 수 있고 전투적이며, 사법부는 행정부를 비판할 수 있게 되었다. 시민, 종교인, 전문직업인, 환경 단체 모두 정치과정에서 자신의 역할을 하고 있다.

브라질 민주주의는 시끄럽고 불완전하기도 하지만 전체적으로 브라질 국민에게 적절했다. 다음 과제는 수백 년 된 독재적 관행의 자취를 없애는 것이다. 그러지 않으면 유권자들의 지지를 잃고 지난 25년 동안 이룩한 발전은 다시 퇴보할 것이다.

Abreu, Alzira Alves de. 1999. *Dicionário Histórico-Biográfico Brasileiro*. Rio de Janeiro: Fundação Getúlio Vargas.

Albin, Ricardo Cravo. 2006. *Dicionário Houiass Ilustrado da Musica Popular Brasileira*. Rio de Janeiro: Paracatu.

Almeida, Alberto Carlos. 2006. *Por Que Lula?*. Rio de Janeiro: Record.

Almeida, Roberto de. 1998. *Relações Internacionais e Política Externa do Brasil*. Porto Alegre: Editora UFRGS.

Araújo, Joel Zito. 2000. *A Negação do Brasil*. São Paulo: Senac.

Bandeira, Luiz Alberto Moniz. 1978. *Presença dos Estado Unidos no Brasil*. Rio de Janeiro: Civilizacão Brasileira.

Bellos, Alex. 2002. *Futebol: Soccer*, The Brazilian Way. New York: Bloomsbury USA.

Bernardes, Roberto. 2000. *Embraer: Elos Entre Estado e Mercado*. São Paulo: Hucitec.

Botelho, Raul. 1977. *Proceso del Subimperialismo Brasileño*. Buenos Aires: Eudeba.

Buarque de Holanda, Sérgio. 1993. *Raizes do Brasil*. Rio de Janeiro: José Olympio.

Bueno, Eduardo. 1998. *Coleção Terra Brasilis*. 4 vols. Rio de Janeiro: Objetiva.

Cabral, Sérgio. 1996. *As Escolas de Samba do Rio de Janeiro*. Rio de Janeiro: Lumiar.

Cardoso, Fernando Henrique. 2006. *A Arte da Politíca: A História Que Vivi*. Rio de Janeiro: Civilização Brasileira.

_____ and Geraldo Muller. 1977. *Amazônia: Expansão do Capitalismo*. São Paulo: Brasiliense.

Carrasco, Lorenzo. 2005. *Ambientalismo Novo Colonialismo*. Rio de Janeiro: CapaxDei.

Castro, Ruy. 1990. *Chega de Saudade: A História e as Histórias da Bossa Nova*. São Paulo: Companhia das Letras.

Chacon, Vamireh. 1998. *História dos Partidos Brasileiros*. Brasília: UnB.

Conti, Mario Sérgio. 1999. *Notícias do Planalto*. São Paulo: Companhia das Letras

Costa, Haroldo. 2009. *Fala, Crioulo: O Que É Ser Negro no Brasil*. Rio de Janeiro: Record.

DaMatta, Roberto. 1997. *A Casa e a Rua*. Rio de Janciro: Rocco.

_____. 1984. "O Que Faz O Brasil, Brasil." Rio de Janeiro: Rocco.

_____ and Elena Soárez. 1999. *Aguias, Burros e Borboletas: Um Estudo Antropológico do Fogo do Bicho*. Rio de Janeiro: Rocco.

Del Priore, Mary. 2005. *História do Amor no Brasil*. São Paulo: Contexto.

_____. 2004. *História das Mulheres no Brasil*. São Paulo: Contexto.

Diniz, Andre. 2006. *Almanaque do Samba*. Rio de Janeiro: Jorge Zahar.

Farias, Patricia Silveira de. 2006. *Pegando uma Corn na Praia: Relações Raciais e Classificação de Cor*. Rio de Janeiro: Biblioteca Carioca.

Fausto, Boris. 2006. *Getúlio Vargas*. São Paulo: Companhia das Letras.

Freyre, Gilberto. 2000. *Ordem e Progresso*. Rio de Janeiro: Record.

_____. 2000. *Sobrados e Mucambos*. Rio de Janeiro: Record.

_____. 1998. *Casa-Grande e Senzala*. Rio de Janeiro: Record.

Furtado, Celso. 2007. *Formação Economica do Brasil*. São Paulo: Companhia das Letras.

_____. 1978. *A Hegemonia dos Estados Unidos e o Subdesenvolvimento da America Latina*, Rio de Janeiro: Civilização Brasileira.

Gaspari, Elio. 2004. *A Ditadura Encurralada*. São Paulo: Companhia das Letras.

_____. 2003. *A Ditadura Derrotada*. São Paulo: Companhia das Letras.

_____. 2002. *A Ditadura Envergonhada*. São Paulo: Companhia das Letras.

_____. 2002. *A Ditadura Escancarada*. São Paulo: Companhia das Letras

Gawora, Dieter. 2003. *Urucu: Impactos Sociais, Ecológicos e Econômicos*. Manaus: Valer.

Coldenberg, Mirian. 2002. *Nu & Vestido: Dez Antropólogos Revelam a Cultura do Corpo Carioca*. Rio de Janeiro: Record.

Guimarães, Samuel Pinheiro. 2006. *Desafios Brasileiros na Era dos Gigantes*. Rio de Janeiro: Contraponto.

Hirst. Monica and Andrew Hurrell. 2009. *Brasil-Estados Unidos: Desencontros e Realidades*. Rio de Janeiro: Fundação Getúlio Vargas.

Ituassu, Arthur and Rodrigo de Almeida. 2006. *O Brasil Tem Jeito?* Rio de Janeiro: Jorge Zahar.

Kamel, Ali. 2006. *Não Somos Racistas*. Rio de Janeiro: Nova Fronteira.

Lafer, Celso. 2004. *A Identidade Internacional do Brasil e a Política Externa Brasileira (Passado, Presente e Futuro)*. São Paulo: Perspectiva.

Lessa, Ricardo. 2008. *Brasil e Estados Unidos: O Que Fez a Diferença*. Rio de Janeiro: Civilização Brasileira.

Margolis, Maxine L. and William E Carter. 1979. *Brazil: Anthropological Perspectives*. New York: Columbia University Press.

Marx, Anthony. 1998. *Making Race and Nation: A Comparison of the United States, Brazil and South Africa*. New York: Cambridge University Press.

Mendes, Candido. 2002. *Lula: A Opção Mais Que o Voto*. Rio de Janeiro: Garamond.

_____. 1998. *A Presidência Afortunada*. Rio de Janeiro: Record.

Nascimento, Abdias do. 1978. *O Genocidio do Negro Brasileiro: Processo de um Racismo Mascarado*. Rio de Janeiro: Paz e Terra.

Novais, Fernando. 1997. *História da Vida Privada no Brasil: Contrastes da Intimidade Contemporânea*. São Paulo: Companhia das Letras.

Paraná, Denise. 2003. *Lula: o Filho do Brasil*. São Paulo: Fundação Perseu Abramo.

Parker, Richard G. Bodies. 1991. *Pleasures and Passions: Sexual Culture in Contemporary Brazil*. Boston: Beacon Press.

Pinto, Lucio Flavio. 2002. *Hidrelétricas na Amazônia*. Belém: EJP.

Prado, Caio. 1971. *The Colonial Background of Modern Brazil*. Berkeley: University of California Press.

Prado, Eduardo. 1980. *A Ilusão Americana*. São Paulo: Ibrasa.

Rega, Lourenço Stelio. 2000. *Dando um Jeito no Jeitinho*. São Paulo: EMC.

Ribeiro, Darcy. 2006. *O Povo Brasileiro*. São Paulo: Companhia das Letras.

Rohter, Larry. 2008. *Deu no New York Times*. Rio de Janeiro: Objetiva.

Santos, Roberto. 1980. *História Econômica da Amazônia*. São Paulo: T. A. Queiroz.

Skidmors, Thomas E. 1967. *Politics in Brazil 1930-1964*. London: Oxford University Press.

Souza, Tarik. Tem Mais. 2003. *Samba: Das Raizes à Eletrônica*. São Paulo: Editora 34.

Spektor, Matias. 2009. *Kissinger e o Brasil*. Rio de Janeiro: Jorge Zahar.

Staden, Hans. 2008. *Duas Viagens ao Brasil*. Porto Alegre: L & PM.

Varnbaren, Francisco Adolfo de. 1978. *História Geral do Brasil*, 3 vols. São Paulo: Melhoramentos.

Veloso, Cactano. 1997. *Verdade Tropical*. São Paulo: Companhia das Letras.

Wayley, Charles. 1971. *An Introduction to Brazil*. New York: Columbia University Press.

2011년 1월 1일, 지우마 호세프는 2차 선거에서 1억650만 표, 즉 56퍼센트의 득표율로 조제 세하를 꺾고 브라질의 첫 여성 대통령으로 당선되었다. 지우마는 취임 선서에서, 유럽과 미국의 지속되는 경제 위기에도 불구하고 브라질은 2010년 세계에서 세 번째로 높은 7.5퍼센트의 경제성장률을 기록했고 헤알화는 달러와 유로에 비해 강세를 보이고 있다고 자신 있게 이야기했다. 수출과 외환 보유고가 늘어나고 있을 뿐만 아니라 브라질의 경제와 정치 또한 위상이 높아지고 있다고 말했다. 동시에 군을 포함한 다른 주요 기관들이 대통령 취임에 대해 조용한 반응을 보이고 있음을 근거로 국내 정치도 어느 때보다 안정적이라고 말했다.

지우마는 임기 첫 해 동안 본인의 실용주의 노선을 진정으로 보여 주려 했다. 일례로 경기 과열과 인플레이션 압박이 누적되어 위기에 처한 경제 상황을 맞이해, 최저임금 인상을 제한하거나 정부

지출을 억제하는 등 소속 당의 반대에도 불구하고 성장 둔화 정책을 시행했다. 외교정책에 있어서도 즉시 그리고 공공연하게 이란과 거리를 두려 했다. 이란의 여성 차별과 인권 유린을 비판했고, 리비아에서 북대서양조약기구NATO의 개입과 카다피의 실각을 초래할 유엔 표결에서 기권하는 등 독립적인 대 중동 정책을 추진했다.

이 기권 사실은 버락 오바마 미국 대통령이 브라질리아에 공식 방문하면서 알려졌다. 부시 행정부였다면 이 사실은 아마도 방문 기간 동안 분위기를 냉각시켰을 것이다. 하지만 오바마는 2016년 하계 올림픽 유치에 성공한 리우데자이네루를 축하하고 브라질의 석유, 가스, 통신 산업에 장비를 팔고 싶어 하는 미국 기업을 홍보하기 위한 방문에서, 미국은 브라질을 더 이상 단순한 지역 강자로 여기지 않는다고 명쾌하게 언급했다. 그는 "브라질은 글로벌 리더이며 세계의 리더"라고 말했다. 또한 "브라질은 원조 수원국에서 공여국으로 변화했으며 세계가 핵무기 없이 나아가야 할 방향을 지시해 주고 있다. 직면한 기후변화를 위해서도 앞장서 노력하고 있다"며 추켜세웠다.

국내적으로 지우마와 지지자들은 도시 폭력과 대도시의 불법 정착민 같은 사회문제를 해결하기 위해 노력했다. 만약 이런 문제들이 해결되지 않는다면 2014년 월드컵과 2016년 하계 올림픽 때 브라질의 이미지가 실추될 수 있다. 그래서 '경찰평화조직'은 범죄가 들끓고 마약으로 얼룩진 리우데자이네루의 빈민 지역에서 무장 갱단들에 대응했다. '경찰평화조직' 프로그램은 사실 2008년 후반에 시작되었으나 지우마의 당선과 함께 큰 힘을 얻은 것이다. 특히 경찰을 부패하고 비효율적인 집단으로 여겨 온 슬럼가 거주민들에게 큰 지지를 받았다. 도시의 범죄에 대한 승리를 선언하기는 매우 이르지만, 적어도 전망이 좋은 시작이라고는 할 수 있다.

비슷한 노력의 일환으로, 빈곤층과 농민들의 삶을 개선하는 사회 프로그램 또한 강화되었다. 빠른 경제성장과 함께 북동쪽에서 산업 지역인 남부로의 이주가 줄어들었으며 심지어 역전 현상이 나타나기도 했다. [남부에서 일하던] 노동자들이 깡삐나그란지, 까루아루, 뻬뜨롤리나주아제이루와 같은 도시에 새로 생기는 공장에 새로운 일자리를 찾으러 고향으로 돌아갔기 때문이다. 대도시 교외에 거주하는 수백만 명이 정부 지원의 주요 수혜자로, 정부의 지원은 주거, 교통, 보건, 교육 개선 등을 위한 것이다. 연간 교육 일수를 180일에서 200일로 늘리는 등 과거에는 고려되지 않았던 것들이 법제화되었다.

연안에서는 석유와 가스가 계속 발견되고 있고, 땅에서는 풍작을 이루고 있다. 브라질의 이런 강점은 외국자본을 끌어들이는 데 일조했다. 2011년 국제연합무역개발회의UN Conference on Trade and Development, UNCTAD에서 발간한 자료에 따르면, 2년이 채 안 되는 기간에 브라질의 외국인 직접투자 유치 규모는 15위에서 4위로 도약했다. 브라질 정부는 2011년의 투자 유입액이 600억 달러라고 밝혔다. 또한 브라질의 가장 큰 대기업은 해외투자를 하는 주체로 성장했고, 미국의 패스트푸드 체인 버거킹을 상파울루투자그룹이, 거대 정유 회사 수노코의 지분을 석유화학 회사 브라스껭이 취득한 것과 같이 외국 기업을 인수하기도 한다. 달러 및 유로 대비 헤알화 강세가 브라질 기업의 해외 기업 인수의 원동력이 되고 있으며, 통계에 의하면 현재 브라질 기업의 해외 기업 인수 건수가 브라질에 진출하는 외국 기업보다 많다.

이 책의 영문 초판본이 출간된 2010년 9월부터 브라질의 경제성장은 상업적 측면이나 소비 증가 등 어떤 형태로든 이미 과거의 이탈리아와 대영제국 시기를 앞질렀다. 세계 6대 경제 대국으로 부상한 브라질은 한 세기 내에 프랑스를 따라잡아 '다섯 번째 대국'이 되겠다는 정부 목표를 달성할 것이라는 연구도 있다. 초기에는 브라질이 정말로 중국과 인도와 같이 분류될 가치가 있는지에 대한 회의론도 있었다. 하지만 브라질의 강점과 기회 요인이 점점 더 명확해지면서 회의론자들의 목소리는 점점 작아지는 것처럼 보인다.

지우마의 임기 첫 해에 룰라 정부 시절 부패에 연루된 당사자들을 계속 기용하면서 경고등이 켜지기도 했다. 예를 들어 룰라의 개인 비서였으며 대규모 자금 세탁과 뇌물 스캔들의 배후로 지목된 노동자당의 지우베르뚜 까르발류Gilberto Carvalho를 교체하지 않았다. 그리고 지우마의 초대 비서실장인 앙또니우 빨로씨Antônio Palocci는 2006년 파면당하기 전까지 룰라 정부의 재무 장관이었다. 브라질 언론의 말을 빌리면, 그는 자연스럽게 "지우마의 지우마"가 되었다. 이것은 대통령보다 열세 살이나 어린 빨로씨가 스포트라이트를 받으며 권력을 휘두를 것이며, 2014년 지우마가 재선에 성공할 경우 차차기 2018년 선거에서 지우마의 후계자로 나올 수도 있다는 것이다.

그러나 6월, 빨로씨는 한 번 더 사임해야 했다. 언론 보도에 따르면, 불명예를 안고 떠난 시점부터 금의환향한 4년의 공백기 동안 수백만 달러 가치의 부동산을 취득해 왔던 것으로 밝혀졌다. 부동산 취득 자금에 대해서도 설명하지 못했다. 몇 개월 후, 국방부 장관 네우송 조빙Nelson Jobim을 제외한 5명의 다른 장관들도 부패 혐의로 사임했다. 네우송 조빙은 언론 인터뷰에서 빨로씨의 후임인 여성 상원의원 글레이지 호프망Gleisi Hoffman이 브라질리아에 대해 잘 모른다는 이유로 그녀를 약하고 부적절하다고 말한 적이 있는데, 이 때문에 지우마가 화를 냈다.

그러나 각각 다른 사례에서 문제가 된 장관(교통부, 농업부, 관광부, 체육부)들은 노동자당과 연합 정부를 구성하고 있는 소규모 정당 사람들이었다. 그들은 본인과 정당을 위해 뇌물이나 리베이트 등의 방법으로 불법 자금을 조성한 혐의로 고발되었다. 이전의 두 정권(까르도주는 장관을 두 명만 교체했고, 룰라는 단 한 명도 교체하지 않았음)과 매우 비교되는 이러한 낙마에 대해 여러 해석이 존재한다. 지우마는 그녀의 내각에서는 무능함과 부정부패는 용납하지 않을 것이라 했고 이런 점에서 자신의 원칙을 지키고 있다는 것이다. 그러나 부패가 더욱 횡행하고 어느 때보다 심각한 문제이며 통제 불가하게 되었다고 해석하기도 한다. 막대한 부패 자금이 브라질 경제를 뒷받침하고 있기 때문이다.

두 해석 모두 일리가 있고, 상호 모순적이지도 않다. 그러나 두 가지는 매우 확실하다. 군소 정당은 여권에 대한 지원의 대가로 자금을 요구할 뿐만 아니라, 공공기관을 캐시카우, 즉 사익 추구의 수단으로 본다는 것이다. 그러나 이전의 룰라나 까르도주와 마찬가지로 지우마 정부도 군소 정당의 지원 없이는 통치가 불가능하기 때문에, 파면된 장관이 소속된 정당을 불법 행위로 책임을 묻거나 내각에서 배제하는 대신 같은 정당 출신을 각료로 또 임명한다.

10월 말, 브라질공산당 소속이자 룰라 내각으로부터 유임된 체육부 장관이 NGO와의 계약에서 10퍼센트의 리베이트를 요구한 혐의로 해임되었고 문제가 되었다. 이 자리가 그리 중요한 요직은 아니지만, 이전에 언급한대로 브라질은 2014년 월드컵과 2016년 하계올림픽의 개최를 앞두고 있었기 때문이다. 매우 수익성이 높은 계약이 많지만, 동시에 엄격한 공정에 따라 시공이 이루어져야 했다. 국제축구연맹은 이미 월드컵 인프라 건설의 지연에 대해 불만을 표했다. 그래서 브라질은 두 개의 축제를 개최할 자질에 대해 의문이 제기되는 일이나 부정부패 및 정치적 호의로 인한 사고를 감당할 여유가 전혀 없다. 지우마는 부패, 파벌주의, 투명성 부족 등으로 점철된 브라질올림픽위원회와 브라질축구연맹과의 부적절한 관계를 즐겨 온 체육부 장관을 이미 파면했으나, 불행히도 더 큰 문제의 소지가 여전히 존재한다.

예상했듯이 지우마는 파편화된 노동자당을 컨트롤하는 어려움에도 직면했다. 내부의 파벌은 그녀의 빠른 부상을 질투하고 아직도 이념적 선명성에 의심을 품는다. 노동자당은 2011년 5월 당대표를 지우마 우호 세력에서 그녀의 라이벌과 친한 후이 파우꺼웅Rui Falcão으로 바꾸었다. 라이벌 중 하나인 조제 지르세우는 2005년 멩살러웅 스캔들에 연루되어 실각하기 전까지 룰라의 강력한 후계자로 여겨지던 사람이다. 또한 당 지도부는 아직 법원의 판결이 나지 않은

맹살러웅 당시 당의 회계를 맡았던 젤루비우 소아리스Delúbio Soares
를 다시 끌어들였다. 파우꺼웅은 [당대표에] 당선되자마자 "2010년
엔 모든 것이 지우마 책임이었다. 이제부터는 노동자당 책임이다"
라고 말했다.

그러나 모든 정치적 계산은 2011년 10월 29일 룰라가 후두암에
걸려 항암 치료를 시작했다는 사실이 발표된 후 미궁으로 빠지게
되었다. 의사의 권고에 따라 룰라는 적어도 몇 개월간 말을 할 수
없게 되었고 그의 상태에 따라 2012년 중간 선거에서 노동자당의
대표로서 선거를 지원하는 일도 제한될 것이다. 브라질 정치 분석
가들은 이런 룰라의 상황으로 적어도 당분간은 지우마의 우호 세력
이 줄어들 것이라고 말했다. 또한 공천이나 잠재적인 동맹을 관리
하는 과정에서 당내의 불만이 증가할 것으로 내다보았다. 이전의
여러 선거를 통해 입증된 바 있듯이 룰라는 노동자당에서 권위를
인정받고 당내 질서를 잡을 수 있는 유일한 리더이다.

그럼에도 불구하고 반대파, 특히 사회민주당과의 관계는 다소 개
선되었다. 이전에는 까르도주에 대한 룰라의 병적인 수준의 질투
및 적대감, 까르도주가 공개적으로 룰라의 심기를 건드리며 느꼈던
희열 등으로 인해 적대 관계를 개선하는 것이 불가능했다. 하지만
지우마는 까르도주를 비롯한 상파울루, 미나스제라이스 등의 사회
민주당 출신 주요 주지사들에게 권위적이지 않고 부드럽게 대했다.
나아가 까르도주를 대통령궁의 공식 석상에 초청해 텔레비전 카메
라 앞에서 나란히 저녁식사를 하기도 했다. 결과적으로 정치권은
부패로 얼룩졌을지라도 룰라 정권 시기보다 편 가르기가 이완된 것

으로 보인다.

지우마와 세하가 서로 다르다는 것을 보여 주기 위해 낙태와 외교정책 등 지엽적 문제에 치중하고 있을 때, 노동자당과 사회민주당은 브라질이 따라야 할 경제적·사회적 모델에 대해 폭넓게 합의했다. 이로 인해 2010년 선거 캠페인에서는 적개심을 줄이고 미래의 더 나은 협력을 위한 기반을 닦을 수 있었다. 그 결과 지우마는 연정에 필수적인 작은 정당과의 불미스러운 거래를 하지 않아도 되었다.

국가의 장기적인 미래를 위해서는 지우마와 그 팀이 급격한 성장과 부의 확대로 인해 야기된 병목현상에 어떻게 대처할지가 관건이다. 지우마의 재무 장관이었던 구이두 망떼가Guido Mantega는 "관리 가능한 문제"라고 낙관했지만, 이는 브라질의 성장세를 늦춰 경제 및 사회가 다음 단계로 성장하는 데 장애가 될 수 있다. 이미 주요 부문에서 노동력 부족 현상이 가시화되기 시작했고, 부실한 교육과 교통, 통신 시스템의 부족 문제도 이전보다 뚜렷해졌다.

일례로 2011년 말 발표된 세계은행의 글로벌 경쟁력 관련 연구에 따르면 브라질은 전력 접근, 사업 환경, 건설 허가 취득 부문에서 183개국 중 126위를 기록해 6단계 하락했다. 라틴아메리카에서 베네수엘라보다는 높지만 칠레, 멕시코 심지어 페루보다 상당히 낮은 순위이다. 또한 미국의 싱크탱크인 컨퍼런스보드Conference Board에서 발표한 연구에 따르면 브라질 노동자들의 생산성이 뒤처지며 그 원인은 일면 교육과 투자의 부족 때문이다. 2010년 브라질 노동자는 평균적으로 미국 노동자의 5분의 1, 한국 노동자의 3분의 1

수준의 부를 생산했다. 보고서에 따르면 2005년부터 2010년까지 브라질 노동자의 생산성은 매년 2.1퍼센트씩 증가했는데, 이는 브릭스 국가 가운데서 상당히 뒤처지는 수치이며 중국은 이들 중 9.8퍼센트로 가장 우수하다.

관련된 다른 문제도 있다. 생산성 증가를 뛰어넘는 임금 상승이 최근 인플레이션 압박을 부추기고 있다는 것이다. 중앙은행은 2011년의 인플레이션이 최근 10년 만에 처음으로 자체 상한선인 6.5퍼센트를 상회했다는 사실을 인정했다. 중앙은행은 2012년에는 4.5퍼센트로 정한 상한선 아래로 내려갈 것이라고 보고 있다. 하지만 브라질 의회는 이 수치를 5.5퍼센트로 예측하고 있는데, 월드컵과 올림픽을 위해 도로, 공항, 항구, 운동장 등에 막대하게 투자하고 있음을 고려하면 매우 현실적인 수치로 보인다.

또한 브라질은 여전히 외부 요인에 취약하다. 2010년의 경제 과열을 가라앉히기 위해 정부는 높은 이자율을 노리고 들어오는 단기 자금에 대한 세금을 부과했다. 하지만 미국과 유럽의 더블딥 경기 침체나 유로 약세는 지우마 정부도 피하고 싶었던 경제성장 둔화를 곧장 초래했다. 브라질은 2008년에 시작된 글로벌 경기 침체로 야기된 최악의 상황을 피할 수 있었는데, 이는 6장에서 다루었듯 신중한 정책의 덕분이다. 하지만 두 번째 위험에 더 노출되어 있는데, 바로 브라질의 주요 무역 대상국인 중국 경제가 둔화될 가능성이 있다는 것이었다. 2011년 말에 브라질 재무 장관은 2012년의 예측 경제성장률을 4퍼센트 이하로 정정했다. 이 수치는 북미와 유럽 기준으로는 괜찮은 성장세지만, 브라질과 같이 성장 단계에 있는 국가에게는 다소 실망스러운 수준이다.

그럼에도 불구하고 브라질 사람들은 여전히 낙관적인데, 근거가 아주 없는 것은 아니다. 물론 브라질 국민들도 잘 알고 있듯이 퇴보할 가능성도 여전히 있다. 내가 브라질을 돌며 인터뷰를 하고 강의를 하다 보니 사람들은 종종 묻곤 한다. 10년 후에 내가 『브라질의 몰락』*Brazil on the Decline*이라는 책을 쓰지 않으리라는 보장이 있느냐고. 내 답은 항상 똑같다. 보장 같은 건 없다. 다만 나라의 미래가 당신의 손에, 그리고 당신이 시민으로서 내린 결정에 달렸다고 말이다. 지금으로선 이와 같은 비극적인 일이 일어날 것 같지 않다. 다만 대부분의 지표에 따르면 브라질은 지금 수준의 신흥 중견국 또는 약간 커진 규모로 다소 희귀한 강대국의 아류 정도로 남을 것으로 보인다.

| 감사의 글 |

이 책의 시작은 1970년대로 거슬러 올라간다. 당시 나는 브라질 곳곳을 여행한 뒤 리우데자네이루로 돌아오면 장인어른, 처남과 얘기를 나누곤 했다. 그때마다 가족들은 내 경험을 꼭 책으로 쓰라고 제안했다. 그래서 제일 먼저 데이비드 윌리엄 아마랄과 신발 파라뇨스 해펠리에게 감사를 표한다. 유감스럽게도 두 분은 이 책의 출판을 보지 못하고 돌아가셨다.

해펠리 아마랄 여사님과 유클레아, 루시 이모님을 비롯해 아내의 사촌들과 조카들인 레오나르도, 아나, 라파엘, 파울라, 비토르, 루시아나, 프레드, 프리실라, 모니카, 주앙, 로레나, 테오도로, 마그다에게 고마움을 전한다. 나를 처음으로 마라카냥 축구경기장과 노르데스티나 시장Feira dos Nordestinos* 에 데려간 것도 이들이고 카니발

---

* 리우데자네이루 최대의 시장.

리허설 때 사게이루 삼바학교에 초대해 준 것도 이들이다. 덕분에 브라질을 내부에서 경험할 수 있었다.

또 레오나르도 데 멜로 해펠리와 아나 파리니에게 감사한다. 2008년과 2009년, 이 책을 준비하고 집필할 때 리우데자네이루와 테레소폴리스에 숙소를 제공해 주었다. 보타포고의 아파트를 집필실로 내준 안토니오 칼라두와 데보라 마테디에게도 감사한다. 이 책의 4분의 1을 쓰면서 창밖에 펼쳐진 슈가로프 산과 보타포고의 바다를 실컷 감상할 수 있었고 리우데자네이루의 거리 음악을 들을 수 있었다.

내가 『뉴욕타임스』의 리우데자네이루 국장으로 지낸 9년 동안, 매니저였던 메리 갤런터닉으로부터 귀중한 도움을 받았다. 그녀는 체계적인 기억력을 갖췄을 뿐만 아니라 브라질의 많은 사람을 알았으며, 또는 아는 것 같았으며, 지식을 나와 공유했고 유용한 제안을 많이 했다. 루이스 카를로스 고메스와 마그노 실바는 내게 브라질의 최신 속어와 은어를 알려 줬고 조구 두 비슈, 카니발, 삼바, 텔레비전 드라마 같은 대중문화와 브라질식 삶을 설명해 줬으며 부패하거나 인종차별적인 경찰들을 어떻게 상대할지 가르쳐 줬다.

한편, 수년 동안 브라질의 사회학자, 인류학자, 역사학자, 정치평론가, 경제학자, 과학자와 토론(때로 논쟁)하며 많은 것을 배웠다. 그들과 내가 항상 의견 일치를 본 것은 아니며 이 책의 일부는 다음에 만날 때 논쟁거리가 될 수도 있다. 하지만 로베르토 다마타, 질베르뚜 두파스, 데이비드 플라이셔, 엘리오 가스파리, 조제 골뎀베르그, 헬리오 재규어리브, 펠리페 람페리아, 볼리바르 라무니에, 고故

다시 리베이로, 루벤스 리쿠페루의 글을 읽거나 대화를 나누면서 브라질에 대한 내 비전이 정립되었다.

브라질에서 취재할 때 종종 헌신적인 사진작가들과 동행했는데 덕분에 브라질 자연과 사람의 아름다움을 진정으로 보고 느낄 수 있었다. 이 자리를 빌려 랄로 데 알메이다, 존 마이어, 주앙 실바, 아드리아나 제브라우스카스에게 감사하며 특히 고故 니콜라스 레이나드에게 깊은 감사를 전한다. 니콜라스는 아마존 여행에 최적의 동반자로 재능 있는 예술가였으며 아마존에 대해 모르는 것이 없었다. 2004년 11월 11일, 마나우스 북쪽 히우네그루에서 항공기 추락 사고로 유명을 달리하면서 나는 사랑하는 친구를 잃었고 아마존은 가장 열성적인 전문가를 잃었다.

아마존에서는 호의를 베풀어 주는 사람이 없다면 일하는 것이 불가능하다. 나는 30여 년 동안 쉰 차례가 넘게 아마존을 방문하면서 많은 이들의 도움을 받았다. 1978년 첫 방문 때, 벨렘에서 루시우 플라비우 핀토를, 마나우스에서 마르시우 수자를 만난 이후, 두 사람의 팬이 되었다. 이들은 아낌없이 내게 지식을 나눠 주었고 따스하고 유머가 넘쳤다. 과학적 의문은 마나우스에 아마존 국립연구소의 필립 핀사이드와 벨렘에 아마존 환경연구소의 댄 넵스태드가 해소해 줬다. 또 수많은 가톨릭 사제, 수녀, 노동자들이 잘 곳과 먹을 것을 제공해 줬고 어떤 얘기를 쓸지 고민할 때 아이디어와 자료를 마련해 줬다.

특히 감사를 드리고 싶은 사제 세 분이 있다. 먼저 제임스 라이언은 시카고 출신으로 1942년 헨리 포드의 타파주스 강의 고무 프로젝트 담당 사제로 아마존에 왔고 후일 산타렘의 주교를 지냈으며 2002년 89세에 숨을 거둘 때까지 나의 소중한 친구였다. 싱구의 주교였던 에우리코 크라우틀러 신부님과 마라바의 주교였던 알라노 페나 신부님은 불쑥 찾아가 현관문을 두드리는 이 유대인 방랑자를 환대와 우정, 뉴스거리로 맞아 주었다.

40여 년 동안 브라질을 연구하면서 받은 축복 중에 하나가 브라질 문화에 흠뻑 빠질 수 있었다는 점이다. 음악가 가정에서 자란 나는 질베르토 질, 카에타노 벨로조와의 대화가 무척 즐거웠고 브라질의 예술적 자산을 이해하는 데 큰 도움이 됐다. 조르지 아마두, 파울로 코엘료, 모아시르 실리아르, J. 보르게스, 칼리뇨스 브라운, 주앙지뉴 트린타 감독 같은 예술계 거장들을 만나며 깊은 영향을 받았고 브라질 문화에 대한 내 호기심을 채울 수 있었다.

미국에서 도움을 준 분 중에 가장 먼저 감사할 사람은 『뉴욕타임스』의 편집부이다. 조셉 렐리벨드는 나를 브라질로 보내 줬고 여러 주제를 다룰 수 있도록 권한과 경비를 지원해 주었다. 낸시 러브의 격려와 충고로 내 여정이 덜 힘들었고 마음의 부담도 덜했다. 팔그레이브 맥시밀란Palgrave Macmillan 출판사는 이 책을 쓸 기회를 줬고, 내 편집자 루바 오스타셰프스키는 적절한 질문과 충고, 뛰어난 집중력으로 내가 말의 아마존 정글에서 길을 잃지 않도록 이끌어 줬다. 또 이번 일에 직접 관여하지는 않았지만 브라질 편집인 호베르투 페이스와 브루노 포르토도 언급하지 않을 수 없다. 이 책에 앞서 포르투갈어로 쓴 책, 『뉴욕타임스의 보도』*Deu no New York Times*를 편집하면서 두 사람과 활발하게 토론과 논쟁을 한 덕분에 이 책도 쓸 수 있었다.

하지만 누구보다 감사를 표하고 싶은 사람은 아내 클로틸드 아마랄 로티이다. 나에게 처음으로 브라질을 가르쳐 준 사람이며 아내를 통해 처음으로 브라질 사람들을 만났다. 포르투갈어를 말하고 쓸 수 있도록 가르쳐 줬고 무엇을 읽고 보고 듣고 먹을지 권유함으로써 마침내 내가 이 책을 쓸 수 있도록 이끌어 줬다. 아내가 없었다면 나는 중국을 연구하는 학자가 되어 브라질이라는 엄청난 모험을 하지 못했을 것이다. 어떤 말로도 표현할 수 없을 만큼 아내의 희생과 변함없는 헌신에 감사한다.

이 책은 저널리스트의 시각으로 브라질을 해부한 입문서이다. 중남미 전문 기자인 래리 로터는 1999년부터 2007년까지 리우데자네이루에 거주하며 『뉴욕타임스』의 남미 지부장을 역임했다. 2008년에는 브라질 엥브라뗄Embratel 외신기자 상을 수상하기도 했다. 동시에, 2004년에는 룰라 대통령의 음주 습관을 폭로해 구설수에 오르고 브라질에서 추방될 위기에 몰리기도 했다. 저자가 가진 브라질에 대한 애증의 시선이 고스란히 이 책에 녹아 있는 배경이다. 덕분에 우리는 산전수전 다 겪은 외신기자의 관점에 빙의해 역사, 대중음악, 산업과 경제, 정치와 국제관계를 넘나들며 브라질 사회의 본질에 접근할 수 있다. 그의 글은 사회과학적 분석에 인문학적 감성을 동시에 담고 있어 날카롭지만 유연하며, 구조적 문제점을 지적하지만 유쾌함을 남겨 놓는다.

먼저 1장 역사 파트에서는 대항해시대의 산물인 아메리카 대륙의 발견 이후 포르투갈 식민 시대를 거쳐 독립하고 공화정을 이룩하고 노예제를 폐지했지만 군부의 정치 참여의 길을 열었던 19세기의 혼돈, 커피와 목축으로 문을 연 20세기의 풍요와 포퓰리즘, 군부 통치, 민주화로 숨 가쁘게 이어지는 현대 정치사가 펼쳐진다.

2장에서는 브라질 사람들의 낙천주의와 유희적 삶의 기원에 대해, 그리고 시스템이 완벽하게 자리 잡지 않은 상태에서 비공식적인 문제 해결의 방식이자 삶의 방식으로 자리 잡은 제이뚜(또는 제이치뉴)에 대한 설명이 흥미롭다. "태양은 모든 사람에게 떠오르지만, 수단이 좋은 사람은 그늘에 있을 수 있다"라는 속담이 상징하는 브라질 계급 사회의 공공연한 불공정함에 대해서도 비판적 시각으로 고찰한다.

3장에서는 2억 인구의 국가에서 모든 인종이 함께 공존하고 있는 현실을 해부한다. 저자는 브라질 인종 문제의 현실은 겉에서 보는 것보다 훨씬 복잡하고 모호하며, '인종 민주주의' 담론으로 포장되어 있지만 인종 이슈는 자긍심의 원천이 되기보다는 브라질의 비밀, 숨은 수치심이라고 말한다.

이 책의 진가를 제대로 느끼려면 '트로피컬 라이프 스타일'을 묘사한 4장을 바로 펼쳐 봐도 좋다. 브라질 사람을 처음 만나면 통상 세 가지 질문을 한다. '어느 축구팀을 응원하니? 카니발에서 어느 삼바 클럽을 응원하니? 어느 해변에 자주 가니?' 이방인으로서 이 질문에 대답할 수 있다면 그 사람은 이미 브라질 사람이 다 된 것으로 환영받는다. 이만큼 해변 문화, 카니발, 축구의 3대 대중문화는 트로피컬 라이프 스타일의 진수이다.

한편 보사노바·삼바 음악, 건축가 오스까르 니에메예르에 익숙하지 않다면 음악, 미술, 건축, 문학 등 브라질의 문화예술을 전반적으로 소개한 5장은 다소 병렬적이고 생소한 장일 것이다. 브라질 문화는 시작부터 유럽, 아프리카, 토착 원주민의 문화가 섞여 있었다. 이에 더해 브라질은 외국에서 들어온 예술 창작물, 예를 들면 19세기 프랑스 소설, 20세기 할리우드 영화, 영국 팝 음악을 수용하고 변형해 자국의 독특한 특성과 취향을 담은 새로운 문화 산품으로 재조합한 뒤 다시 외국에 수출한다. 이 5장은 융합 문화의 사례를 적절히 담아낸 훌륭한 분석이다.

6장과 7장은 브라질의 산업과 농업, 그리고 이를 뒷받침하는 풍부한 에너지원을 소개한다. 오늘날 브라질은 20세기 내내 발목을 잡았던 경제 불안을 뒤로하고 브릭스의 일원으로서 세계에서 가장 균형 잡히고 다각화된 경제를 자랑하는 나라 중 하나로 부상했다. 세계를 먹여 살리고 있는 농산품, 산업화를 뒷받침하는 광물 및 원자재에서부터 첨단 항공기에 이르기까지, 석유에서 에탄올 그리고 재생에너지에 이르기까지 브라질의 거대 경제를 지탱하는 모든 요소가 소개되어 있다. 그러나 성장 잠재력이 큰 만큼 불평등 이슈, 교육과 보건 등 미비한 사회 정책 등은 선진국으로 나아가기 위해 앞으로 풀어야 할 숙제가 아닐 수 없다.

브라질을 논하면서 아마존을 둘러싼 환경과 개발 이슈를 빼놓을 수 없다. 8장에서 저자는 이를 "아마존: 정글 속의 민족주의와 피해망상"이라는 제목으로 격하게 비판한다. 수도를 이전할 정도로 북부 아마존의 개발을 국가 발전의 기회로 삼고자 하는 브라질은 '아마존은 우리 것이다'라는 조작된 당위성을 다양한 경로, 특히 교육을 통해 국민들에게 주입한다. 덕분에 유럽보다 넓은 아마존은 지난 40년 동안 5분의 1이 불타고 나무가 잘려 나가 광활한 원시림은 목장, 대두 농장, 고속도로, 제재소와 제철소로 빠르게 변하고 있다. 환경 보존을 원하는 국제사회의 입장과 경제성장을 희생하지 않으려는 브라질의 완고한 의지는 그동안 평행선을 달려왔다. 앞으로 양측이 진정한 컨센서스를 이루느냐가 중요할 것이다.

국제 관계와 정치 이슈를 다룬 9장에 따르면 브라질은 국제무대에서 품격을 갖춘 국가로 거듭나기 위해 노력해 왔다. 2014년 월드컵 개최와 2016년 리우데자네이루 올림픽 유치 당시 가장 많이 들리던 이야기가 브라질이 세계에서 인정받게 되었다는 것이다. 역사가 길지 않고 저소득과 불평등에 여전히 신음하지만, 인구, 영토, 자원 등에서 강대국이라 자부하는 브라질은 그들이 가진 힘을 잘 보여 주지 못하고 있었다. 오랫동안 브라질은 전형적인 개발도상국으로서 영토 유지 및 식량, 주거, 교육 분야에 집중해야 했기 때문이다. 한편으로는 국경을 맞댄 국가가 7개국에 이름에도 주변국과의 분쟁이 거의 없는 훌륭한 관리 능력을 보여 주었다. 그러나 남미의 강국에서 한 걸음 나아가 글로벌 강대국으로 발돋움하기까지는 다소 아쉬운 점이 있다. 특히 저자는 핵 프로그램, 우주 산업, 유엔 안전보장이사회 상임이사국 진출 등의 실패 원인을 서투른 전략과 부적절한 행동에서 찾는다.

이 책은 10장 정치 이슈를 다루면서 끝을 맺는다. 군부독재 이후 브라질 현대 정치를 양분했던 까르도주와 룰라, 군소 정당을 양산한 혼란스러운 비례대표 선거제, 그로 인한 합종연횡과 고비용 정치, 그리고 부정부패 등을 집중 조명한다. 저자는 구조의 문제를 지적하는데, 정치 시스템이 완전히 바뀌지 않는 한 브라질 대통령은 어느 당 출신이더라도 현대적 의미의 행정 수반이 되기 힘들다는 것이다.

동시에 독자들은 이 책이 커버하는 시점 이후 급변한, 그리고 지금도 현재 진행 중인 브라질의 다이내믹한 정치 상황에 주목하며 읽었으면 한다. 일단 룰라의 뒤를 이었던 지우마 대통령이 2016년 브라질 연방 상원의 투표로 탄핵당했고, 당시 부통령이자 연정 파트너였던 중도 우파 브라질민주운동당PMDB의 리더였던 떼메르가 대통령직을 승계해 2018년 말까지 임기를 수행했다. 떼메르는 룰라-지우마의 노동자당PT의 연정 파트너였지만 중도 우파를 표방한 탓에 친시장 정책으로 선회한 바 있다. 그 사이 국영 석유 회사인 페트로브라스를 통해 대규모 건설사의 뇌물이 정치권으로 흘러 들어 간 대규모 스캔들이 터지면서 브라질은 물론 페루, 콜롬비아 등 라틴아메리카 정국이 큰 혼돈을 겪은 바 있다. 그 여파로 2018년 말 브라질 대선의 유력한 후보였던 룰라 전 대통령이 구속되어, 극우파인 사회자유당의 보우소나루가 대통령에 당선되었다.

정치의 중요성을 강조하는 열린 결론은 브라질뿐만 아니라 한국 사회에도 큰 과제를 안겨 준다. 공히 한국과 브라질의 경제는 군부 독재 말기부터 시작된 변화로 성장세를 거듭했지만, 정치 시스템은 아직 한참 뒤처져 구시대의 자세와 관행에 얽매여 있다. 성장의 결실도 공정하게 분배되고 있지 못하다. 계층 간 격차와 불평등은 더 커졌다. 즉 새롭게 축적된 막대한 부는 무소불위의 자본을 잉태했고, 어렵게 정립한 민주주의 원칙이 훼손될 수 있다는 점을 우리는 경험했다. 결국 정치와 경제는 하나의 축이다.

이 책은 조금 더 일찍 한국에 소개되어야 했지만 옮긴이의 게으름 탓에 다소 출판이 늦어졌다. 오랜 시간 인내해 준 서울대학교 라틴아메리카연구소의 담당 선생님들 그리고 후마니타스에 경의를 표한다.

2020년
곽재성

주한 브라질문화원이 심는 나무

브라질만큼 이름만 들어도 설레는 나라가 또 있을까 싶다. 카니발, 아름다운 해변, 축구, 아마존 밀림 등등 활기차고 흥겹고 신비로운 경험이 보장된 느낌을 주는 나라가 브라질이기 때문이다. 하지만 브라질의 위상은 그 이상이다. 우리가 잘 몰라서 그렇지 국제무대에서 브라질은 종종 대국이라는 표현이 어울리는 나라로 평가되고 있다. 세계 5위의 면적, 2억 명을 상회하는 인구는 대국으로서의 한 단면에 불과할 뿐이다. 유엔안전보장이사회의 상임이사국 확대, 개편이 이루어질 경우 라틴아메리카를 대표하는 상임이사국이 당연히 될 나라일 정도로 국제정치의 주역이 바로 브라질이고, 풍부한 천연자원과 노동력 덕분에 경제적으로 늘 주목을 받아 온 나라가 바로 브라질이다. 그뿐만 아니라 세계 열대우림의 3분의 1을 차지하고 있어서 지구의 허파 역할을 하고 있는 아마존 밀림은 기후변화나 생물의 종 다양성 같은 인류의 미래를 둘러싼 시험장이다. 또한 5세기 전부터 다양한 인종, 다양한 문화가 공존하면서 풍요로운 문화를 일구어 낸 나라가 브라질이고, 세계사회포럼을 주도적으로 개최하면서 '또 다른 세상은 가능하다'는 희망의 메시지를 전 세계 확산에 기여한 나라가 브라질이다.

하지만 지구 반대편에 있는 머나먼 나라이다 보니 한국에서는 브라질의 진면목을 제대로 인식하기 힘들었다. 심지어 라틴아메리카 국가이다 보니 일종의 '라틴아메리카 디스카운트'가 작용하기도 했다. 브라질 이민이 시작된 지 반세기가 넘었고, 최근 한국과 브라질 사이의 정치·경제 교류가 상당히 늘었는데도 불구하고 상황은 크게 변한 것이 없다. 그래서 주한 브라질 대사관과 서울대학교 라틴아메리카연구소가 협약을 맺고 두산인프라코어의 후원으로 2012년 3월 16일 주한 브라질문화원을 설립하게 된 것은 대단히 뜻깊은 일이었다. 한국과 브라질의 문화 교류 증진이야말로 세계화 시대에 양국 간 우호를 다지는 길이자 브라질에 대한 한국인의 올바른 인식 제고를 위해 필수 불가결한 일이기 때문이다. 실제로 브라질문화원은 브라질의 다채롭고 역동적인 문화를 소개하기 위해 2012년부터 전시회, 브라질데이 페스티벌, 영화제, 음악회, 포르투갈어 강좌 개설 등 다양한 활동을 해왔다.

하지만 브라질에 대한 올바른 이해를 위해서는 문화 교류 외에도 더 전문적인 노력이 필요하다는 것이 주한 브라질문화원 개원 때부터의 인식이었다. 이에 브라질문화원은 열 권의 빠우-브라질 총서를 기획·준비했고, 이제 드디어 그 결실을 세상에 내놓게 되었다. 한국과 브라질 교류에서 문화원 개원만큼이나 의미 있는 한 획을 굿게 된 것이다. 총서 기획 과정에서 몇 가지 고려가 있었다. 먼저 브라질문화원이 공익단체임을 고려했다. 그래서 상업적인 책보다는 브라질 사회와 문화를 이해하는 데 근간이 될 만한 책, 특히 학술적 가치가 높지만 외부 지원이 없이는 국내에서 출간이 쉽지 않을 책들을 선정했다. 다양성도 중요한 고려 대상이었다. 빠우-브라질 총서가 브라질 사회를 다각도로 조명할 수 있는 토대가 되었으면 하는 바람에서였다. 그래서 브라질에서 유학하고 돌아와 대학에서 강의를 하고 있는 사람들로부터 자신의 전공 분야에서 필독서로 꼽히는 원서들을 추천받았다. 그 결과 브라질 연구에서는 고전으로 꼽히는 호베르뚜 다마따, 세르지우 부아르끼 지 올란다, 세우수 푸르따두, 지우베르뚜 프레이리 등의 대표적인 책들이 빠우-브라질 총서에 포함되게 되었다. 또한 시의성이나 외부에서 브라질을 바라보는 시각 등도 고려해 슈테판 츠바이크, 에두아르두 비베이루스 지 까스뜨루, 래리 로터, 재니스 펄먼, 베르너 베어, 크리스 맥고완/히까르두 뻬샤냐 등의 저서를 포함시켰다. 이로써 정치, 경제, 지리, 인류학, 음악 등 다양한 분야의 고전과 시의성 있는 책들로 이루어진 빠우-브라질 총서가 탄생하게 되었다.

놀랍게도 이 총서는 국내 최초의 브라질 연구 총서다. 예전에 이런 시도가 없었던 것은 국내 브라질 연구의 저변이 넓지 않았다는 점이 크게 작용했다. 하지만 아는 사람은 안다. 국내 출판 시장의 여건상 서구, 중국, 일본 등을 다루는 총서 이외에는 존립하기 어렵다는 것이 가장 큰 이유라는 것을. 그래서 두산인프라코어 대표이사이자 주한 브라질문화원 현 원장인 손동연 원장님에게 심심한 사의를 표한다. 문화 교류와 학술 작업의 병행이 한국과 브라질 관계의 초석이 되리라는 점을, 또 총서는 연구자들이 주도해야 한다는 점을 쾌히 이해해 주시지 않았다면 이처럼 알차게 구성된 빠우-브라질 총서가 탄생하지 못했을 것이기 때문이다. 주한 브라질문화원 개원의 산파 역할을 한 에드문두 S. 후지따 전 주한 브라질 대사님에게도 깊은 감사를 표한다. 문화원 개원을 위해 동분서주한 서울대학교 라틴아메리카연구소 전임 소장 김창민 교수와도 총서의 출간을 같이 기뻐하고 싶다. 또한 문화원 부원장직을 맡아 여러 가지로 애써 주신 박원복, 양은미, 김레다 교수님들께도 이 자리를 빌려 그동안의 노고를 특별히 언급하고 싶다. 쉽지 않은 결정이었을 텐데 총서 제안을 수락한 후마니타스 출판사에도 깊은 감사를 표하는 바다. 마지막으로 기획을 주도한 전 부원장이자 현 단국대학교 포르투갈어과 박원복 교수와 서울대학교 라틴아메리카연구소 우석균 HK교수에게도 특별한 감사를 표한다.

잘 알려져 있다시피 '브라질'이라는 국명의 유래는 한때 브라질 해안을 뒤덮고 있던 '빠우-브라질'Pau-Brasil이라는 나무에서 유래되었다. 총서명을 '빠우-브라질'로 한 이유는 주한 브라질문화원이 국내 브라질 연구의 미래를 위해, 그리고 한국과 브라질의 한 차원 높은 교류를 위해 한 그루의 나무를 심는 마음으로 이 총서를 기획하고 출간했기 때문이다. 이 나무가 튼튼하게 뿌리 내리고, 풍성한 결실을 맺고, 새로운 씨앗을 널리 뿌리기 바란다.

서울대학교 라틴아메리카연구소 소장 김춘진